KB241228

KB241228

몸과
문화

몸과 문화

인간의 몸을 해석하는 다양한 문화 담론들

1판 1쇄 발행 2009년 4월 30일
1판 5쇄 발행 2016년 4월 28일

지은이 ㅣ 홍덕선 · 박규현
펴낸곳 ㅣ 성균관대학교 출판부

등록 ㅣ 1975년 5월 21일 제 1975-9호
주소 ㅣ 110-745 서울특별시 종로구 명륜동 3가 53
전화 ㅣ 02) 760-1252~4
팩스 ㅣ 02) 762-7452
홈페이지 press.skku.edu

ⓒ 2009, 홍덕선 · 박규현

ISBN 978-89-7986-795-4 03000
값 23,000원

몸은 인간 경험의
거대한 영역이다.
때로는 신비의 대상이며,
형이상학적 탐구의 대상이고,
때로는 개인의 심리적 분석과
내향적 관찰의 터전이 되며
때로는 사회적 · 정치적 · 문화적 문제들이
서로 충돌하고 경쟁하는
이데올로기와
미학의 경기장이 된다.

| 빌렌도르프의 비너스 |

인류 역사상 최초의 인간 조각상은 기원전 24,000~22,000년대에 제작된 것으로 추정
되는 〈빌렌도르프의 비너스〉이다. 이 조각상은 매우 과장된 여성의 몸매를 표현하고
있는데, 사실적이기보다는 여성의 몸을 이상화시킨 형체로서 다산과 풍요를 희구하는
원시인의 상징이었던 것으로 보인다.

〈빌렌도르프의 비너스〉(기원전 24,000~22,000년경), 자연사 박물관, 비엔나

| 크니도스의 아프로디테 |

그리스인들은 자연을 신성의 원천으로 여겼기에, 인간의 형상은 신성을 최상으로 표현할 수 있는 매개물이라 생각했다. 따라서 그리스 신전에 조각된 신인동형神人同型은 신들이 인간의 이미지를 본떠서 상상되었다기보다는, 오히려 신체야말로 찬란한 신성을 반영한다고 믿었던 데서 유래한 것이다. 이제 인체를 통해 숭고한 정신미와 풍요로운 관능미가 탁월한 조화를 이루게 된다.

프락시텔레스의 〈크니도스의 아프로디테〉의 로마시대 모작, Palazzo Altemps 국립로마박물관

| 라오콘 |

라오콘의 일화는 올림포스의 신들이 무력한 인간들에게 행하는 무정하고 잔인한 이야
기 중의 하나이며, 진실을 말했기 때문에 수난을 당하는 무고한 인간의 무시무시한 광
경이다. 이 인물군상은 해부학상의 사실주의, 다채로운 표정, 격렬한 감정표현으로 미
켈란젤로를 비롯한 르네상스 화가들에게 깊은 충격을 안겨주었다.

로도스 섬, 세 조각가의 〈라오콘〉(BC 150~50?), 바티칸 박물관, 로마

| 아우구스투스 황제의 조각상 |

아우구스투스 황제의 조각상은 이후 로마 조각 예술의 표본이 되었다. 시대마다 이상적인 인물상을 그려나가는 것은 동일하지만, 신화의 인물을 대상으로 하는 그리스 조각상과는 달리 로마 제국의 조각상은 현실적인 인물이 그 대상이었다. 더불어 공공 예술의 성격을 지닌 로마의 조각상은 실제 역사 속에 살았던 영웅을 신격화시키는 이중의 성격도 갖는다. 자연히 사실적인 측면 이외에 신성의 상징성을 함께 부각시킨다.

〈아우구스투스 황제의 조각상〉(20년경), 바티칸 박물관, 로마

예수 그리스도가 지닌 인성/신성의 본질은 언제나 종파 간 교리의 치열한 논쟁점이었다. 신성과 대립되는 예수 그리스도의 인성은 인간의 육체가 지닌 유한성, 물질성, 그리고 원죄성을 뜻한다. 기독교 교리에서 예수 그리스도의 몸은 인간과 신을 중재하는 매개체였던 만큼, 그 몸에 대한 언급은 중세의 기독교적 사고를 이해하는 데 핵심이 된다.

안드레이 류블료프의 〈성삼위일체〉(1410년), 트레티야코프스키 미술관, 모스크바

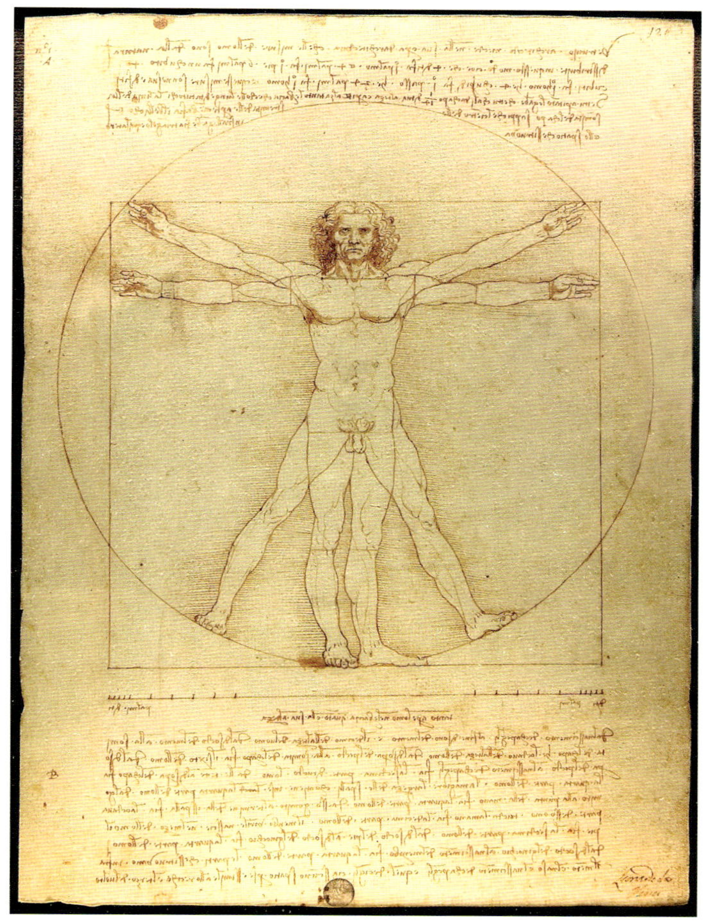

| 비트루비우스의 비례론에 대한 도해 |

신체의 비례를 나타내는 이 도해는 르네상스 시기 신체의 이상형인 '균형잡힌 인간' 이
라는 관념을 구현하고 있다. 조화로운 신체상의 '척도' 는 운동과 정지, 행위와 사색,
그리고 좌우의 긴장된 다리와 이완된 다리 사이의 관계를 통해 성취되었다. 상반되면
서도 서로를 보완해주는 이 모든 역학이야말로 인물상에 한층 광범위한 철학과 문화적
성향을 집약하는 내적 균형을 불어넣어 주는 것이다.

레오나르도 다빈치의 〈비트루비우스의 비례론에 대한 도해〉(1485-90), 아카데미아 미술관, 피렌체

| 그랑 오달리스크 |

이슬람 왕실의 여자들이 거처하는 곳을 재현한 이 그림은 사실상 서구인들의 환상을 투사한 것이다. 동양의 여성에 대한 서구인의 성적 에로티시즘을 앵그르는 그대로 반영한다. 사실성을 벗어나 신체를 왜곡시켰던 이유도 이러한 서구인의 오리엔탈리즘의 욕구를 충족시키는 것이다. 이러한 오리엔탈리즘의 이면에는 여성의 몸을 에로티시즘의 대상으로 생각하는 남성적 사고도 반영되어 있다. 여성과 남성의 몸이 각각 대변하는 이미지가 분리되고 있는 것이다.

앵그르의 〈그랑 오달리스크〉(1814), 루브르 박물관, 파리

| 목욕 후 |

인상파 화가 중에 르누아르는 여성 인물화를 즐겨 그린 화가이다. 여성 누드는 그의 중심 주제였다. 그는 인상파의 다양한 색채술을 사용하여 여성의 육체적 관능성을 그려나갔다. 대기 속에서 진동하는 빛, 그 빛을 흡수한 다채로운 색상, 그리고 친근한 구성으로 여성의 몸이 지닌 관능성을 그대로 재현하였다.

르누아르의 〈목욕 후〉(1888)

| 걸어가는 남자 |

로댕은 육체적 신체의 가장 순수한 리듬과 힘에 초점을 맞추면서 자신의 조각 작품을
파편화시켰다. 신체의 전체 모습이 조화되는 유기적 인격체가 아니라, 동작의 에너지
를 집중시키는 신체의 일개 부분만을 잘라놓은 것이다. 어느 면에서 보면 그의 작품에
는 전통적인 주제는 사라지고 오늘날의 예술작품에서 흔히 보는 '무제'라는 제목이
그의 작품에 더 어울릴 듯싶다.

로댕의 〈걸어가는 남자〉(1900), 로댕 박물관, 파리

| 절규 |

뭉크의 〈절규〉는 표현주의의 표제인 고통과 절망을 압축적으로 보여주는 작품으로 심리적 고통과 불안을 경험한 사람들 모두에게 그 감정의 세계를 대변해준다. 색체와 형체 모두 인간의 실존적 불안감과 폐쇄 공포증의 감정을 한껏 고양시킨다. 현대문명의 발전은 삶의 낙관적인 전망을 보여주기는커녕 오히려 인간의 잠재의식 속에 깊이 파묻힌 가장 근원적이고 원초적인 존재의 불안감을 더욱 부추길 뿐이다.

뭉크의 〈절규〉(1893), 뭉크 박물관, 오슬로

| 1808년 5월 3일 |

고야의 〈1808년 5월 3일〉은 그 전날인 5월 2일 나폴레옹 군대에 저항한 민중의 봉기에 대해 프랑스 군대가 그 주동자를 처형하는 장면이다. 흥미로운 것은 처형을 집행하는 프랑스 군인들의 모습에는 얼굴이 그려져 있지 않다는 점이다. 얼굴은 몸 전체를 대신해주기도 하는 것이다. 그림에는 다만 기계처럼 가지런히 금속성을 드러내고 있는 총구들만 강조되어 있을 뿐, 군인들의 인간적인 체취는 흔적이 없다. 폭력에 젖어 있는 주체들의 비인간화와 기계화로 인간의 몸이 소멸된다고 볼 수 있는 것이다.

고야의 〈1808년 5월 3일〉(1814), 프라도 미술관

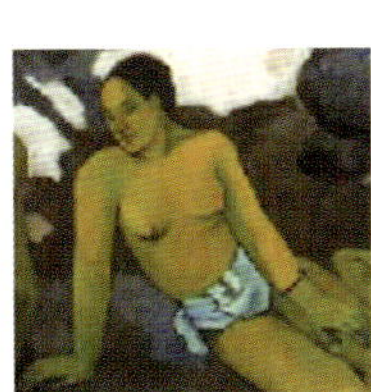

| 우리는 어디에서 왔는가? 누구인가? 어디로 가는가? |

고갱은 인간본연의 원시적 순수성을 주로 여성의 육체를 통해 표현한다. 그는 유럽이 코르셋과 거들 덕분에 여성을 인위적인 존재로 만들고, 여성을 예민한 연약성과 육체적 열등성이라는 특징 속에 가두려하며, 보호하는 체하며 성장의 가능성을 모두 박탈한다고 보았다. 반면, 그를 매혹시켰던 타이티 여인의 관능은 동양의 신비한 베일에 싸인 숨겨진 관능이 아닌 자연 속에 혼용되어 스스로의 알몸을 적나라하게 드러낸 관능이다.

고갱의 〈우리는 어디에서 왔는가? 누구인가? 어디로 가는가?〉(1897), 보스턴 미술관

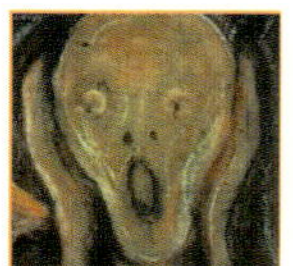

몸과 문화

인간의 몸을 해석하는
다양한 문화 담론들

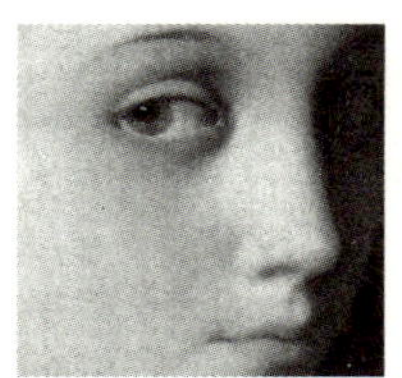

성균관대학교
출판부

차례

머리말

제 1 부 ㅣ 몸에 대한 물음들

제 2 부 ┃ 몸의 문화적 표상

몸은 우리에게
어떤 의미로 다가오는가

우리의 몸에 대한 명칭에는 육체, 신체, 육신 등 여러 가지가 있다. 그리고 그 쓰임새도 문맥에 따라 다르다. 건강과 관련해서는 신체라는 표현이 쓰이지만 종교와 관련해서는 육신이라는 표현이 쓰인다. 이렇게 몸의 명칭이 쓰임새에 따라 달라지는 이유는 무엇일까? 그것은 몸의 명칭들은 모두 물리적 실체를 가리키지만 그 대립되는 개념인 정신, 영혼, 마음과 대비해서 쓰일 때는 몸의 명칭이 달라지기 때문이다. 그만큼 몸은 물리적 실체이면서도 상당한 추상성이 담긴 이름이다. 이 책이 풀어가고자 하는 것은 바로 몸의 다양한 의미들을 여러 문맥에서 살펴보는 일이다.

우리가 모종의 인문학적 사유들을 끌어들이지 않고 몸에 관해 쉽게 떠오르는 대로 열거해본다면 어떤 것들이 있을까? 먼저 지금의 시류와 관련하여 몸짱, 얼짱, 성형수술, 인터넷 속의 아이콘, 혹은 멋진 밸리댄스나 요가 동작, 영어속담에 'You are what you eat.' 이란 말이 있듯

요즘 매일 같이 TV에 소개되는 음식들, 지난 2005년 말 온 나라를 시끄럽게 만들었던 줄기세포나 더 나아가 복제인간 등이 있을 것이다. 혹은 당장 집안에 누가 아픈 사람이 있다면 건강이나 죽음의 문제를 떠올릴 수 있다. 미술에 관심이 있다면 비너스상이나 회화 속의 나체화를 떠올릴 수 있을 것이다. 외국 여행에서 막 돌아온 사람이라면 몸과 피부색을 연결해볼 수도 있다. 한편 '몸'에 대한 인문학적 담론들을 이미 접한 경우라면 메를로-퐁티라는 철학자나 프란시스 베이컨이라는 화가의 독특한 개념들을 떠올릴 수도 있을 것이다. 이처럼 몸과 관련하여 떠오르는 것들은 생각보다 각양각색이다.

우리에게 몸이란 주제는 '나' 또는 '너'라는 말처럼 너무나 당연하여 오히려 생소하게 다가오지만, 조금만 시간을 갖고 깊이 생각해본다면 실상 그것은 수십 권의 책으로도 제대로 정리할 수 없을 만큼 무한한 사고를 필요로 한다는 것을 알 수 있다. '나'라는 자아를 규정하는 일이 수세기에 걸친 철학적 작업을 요구하였듯이, '몸'이란 주제 역시 이성철학의 끝자락 속에서 니체, 프로이트, 메를로-퐁티와 더불어 본격적으로 논의되긴 하였으나, 사실 고대로부터 지금까지 이어오는 사상사에서 또는 예술사에서 꾸준히 거론된 주제다. 몸의 연구는 궁극적으로 인간에 대한 연구와 다르지 않다. 몸은 "유일한 나"라는 것을 증명하는 나의 분신이요 상징체이기 때문이다. 몸의 역사가 바로 인간의 역사다.

지난 10년간 몸에 대한 우리의 관심은 놀라울 정도로 높아졌다. 이를 반영한 듯 몸에 대한 학문적인 연구도 광범위한 분야에서 다양하게 전개되고 있다. 전통적으로 몸에 대한 연구는 인류학, 의학, 스포츠, 또는 레저 분야에서 주로 이루어져 왔지만, 사실상 역사학, 문화학, 사회학, 철학, 신학, 예술 등에서도 몸은 중요한 대상으로 꾸준히 연구되어 왔다. 다만 최근 들어 이들 분야가 새로운 관점에서 몸의 세계를 접근해 들어가기 때문에 새롭게 보일 뿐이다. 이러한 연구에서 쉽게 파악되는 사항 중의 하나는 몸이라는 연구대상이 그 어느 영역보다도 인접 영역들과 긴밀한 상호관계를 맺고 있다는 점이다. 몸은 인접 학문의 연구를 수용하며 이루어지는 종합적이고 통합적인 연구 영역이다.

대학에서 학생들에게 교양과목으로 "몸과 문화"를 가르치며 필자가 느꼈던 어려움도 바로 이러한 점에 있었다. 각 연구 영역별로 몸에 대한 전문 연구서는 많이 있어도, 이들을 통합하는 입문서들은 이외로 쉽게 찾아볼 수 없었다. 이들을 통합하면서도 전체를 조망하는 인문학적 시선으로 정리한 입문서를 쓰려는 계획을 세운 것도 수업 중에 부딪치는 어려움을 당장 해소해야 하는 필요성 때문이었다. 얄팍하지 않은 묵직한, 몸에 대한 교양 입문서를 간략하게 써가겠다는 계획으로 시작했지만, 어느덧 이 책도 그다지 가벼운 책은 아닌 게 아닌가 하는 걱정도 든다.

본서는 크게 2부로 나누어 서로 다른 입장으로 몸에 대해 접근했다. 제1부 전반부는 '몸'에 관련된 생각 내지 물음들을 생물학적, 철학적, 심리학적 물음, 문화인류학적 물음, 역사적 물음으로 나누어 던져보았다. 쉽게 말하면, 몸에 대한 질문들을 몇 가지의 카테고리로 묶어 생각해보자는 것이다. 물론 각각의 물음들이 단 하나의 갈래에 속하는 것만은 아니다. 생물학적 물음이 윤리적 물음이 되기도 하고, 철학적 물음이 심리학적 물음이 되기도 한다. 또한 인류학적 물음은 사회적 물

음과 병행하는가 하면, 역사적 물음은 심리학적 물음을 바탕으로 진전
되기도 한다. 곰곰이 따져보면 분명 하나의 물음이 여러 측면에서 논
의되는 경우가 오히려 한 측면에서 논의되는 경우보다 더 많을 것이
다. 그럼에도 불구하고 그것들을 몇 갈래로 나누어 생각해보려는 것
은, 우리가 몸에 대해 체계적으로 생각해 보는 기회를 갖고, 무엇보다
몸의 범주가 얼마가 방대하고 깊은 사유를 요구하는가를 우선적으로
깨닫고자 함이다.

　본서는 전반부에서 몸에 대한 여러 사유를 끌어낸 다음, 제2부 후반
부에서 이러한 사유들이 문화의 여러 담론에서 어떤 식으로 표상되는
지를 구체적으로 살펴보도록 구성되었다. 우리가 살아가는 사회 속에
서 몸은 하나의 물리적 실체일 뿐만 아니라 추상적 이미지기도 하다.
실제로 몸에 대한 인식을 역사적으로 고찰해보면 시대마다 각기 다르
다. 가령 미인에 대한 기준이 시대마다, 인종마다 각기 다른 이유가 여
기에 있다. 문화를 형성해 가는 우리의 삶은 몸의 이미지를 꾸준히 변
형시켜 가며 살아간다. 심지어 같은 문화권의 동일한 사회에서도 사람
마다 각자의 인생관이 다르듯 몸에 대한 인식과 이미지도 편차를 보인
다. 따라서 제2부에서는 서구의 고대로부터 현 시대까지 몸의 이미지
가 문화의 담론 속에 어떤 식으로 표현되고 있는지를 다루어본다.

　제1부의 제1장에서는 생물학적 물음을 던져 보았다. 생물학적 물음
이란 인간이 하나의 생명체로 세상에 태어나서 살아가고, 병들고, 죽
는 문제에 관련된다. 즉 우리 인간이 어머니의 몸에서 아기로 태어나
성인으로 자라고, 노인이 되고, 마침내 죽음에 이르게 됨을 말한다. 또
한 사람들은 서로 다른 키, 몸무게, 눈·코·입의 형태를 지니고 있으
며 그 외의 신체조직들도 서로 다르다. 신체 내부로 들어가면 피와 살

과 뼈로 이루어진 존재로, 뇌의 크기도 그 꼬임새도 모두 다르다. 이 세상에 그렇게 많은 사람들이 살고 있지만 똑같은 사람은 한 명도 없다. 몸은 바로 이 세상 어느 누구와도 똑같지 않은 '유일한 나'라는 것을 증명해준다. 그렇다면 이 '유일한 나'의 몸은 어디에 기원을 둔 것인가? 인간의 몸은 어떻게 해서 다른 생물들과 다른 구조를 지니게 되었는가? 그리고 우리 인간의 몸은 어디로 향하는가? 우리는 이에 대한 질문을 시간상 극단에 놓인 주제인 다윈의 진화론과 더불어 최근의 인간 복제에 대한 논의를 통해 살펴보았다. 우리는 인류의 선조가 원숭이일지도 모르며 오스트랄로피테쿠스, 호모에렉투스, 호모사피엔스, 네안데르탈인 등으로 진화되었다는 사실을 알고 있다. 발견된 그들의 두개골을 가지고 재현해 본 인간의 모습은 계속해서 변해 결국 지금의 인류의 모습에 다다른 것이다. 다시 말해 몸은 변화하고 있다. 좀 더 멀리 생각해보자면 그러한 진화체로서의 몸 뿐 아니라 앞으로는 발명체로서의 몸도 기다리고 있다. 리들리 스콧이 감독한 영화 〈블레이드 러너〉에 등장하는 유전자 조작을 통해 만든 복제인간이나 인간의 기억까지 이식받은 복제인간이 앞으로 존재하지 않으리란 법은 없다. 인간은 약육강식의 세계에서 살아남기 위해 자신의 몸을 온갖 디지털 매체로 감싸거나 몸의 일부분을 변형시킬지도 모른다. 신이 자신의 모습을 본떠 인간을 만들었다면, 인간이 자신의 모습을 본뜬 로봇이나 복제인간에게 자신을 내어주게 되지 않으리란 보장도 없다. 여하튼 우리는 원숭이에서 진화한 인간이 기계로 변한다면 그것도 인류학의 범주에 넣어야 할 것이다. 끔찍하기도 하지만 인간의 상상력은 끝이 없고 상상했던 일들은 실제로 이루어진다는 것을 이제까지의 역사가 증명하고 있으니 말이다.

　모든 인간은 결국 죽음에 이른다는 사실로 인해 제1장의 생물학적 물음은 제2장의 철학적 물음으로 자연스럽게 이어진다. 죽음의 문제는 사후의 세계와 영혼의 문제에 맞닿아 있기 때문이다. '죽음으로 향하는 인간' 이라는 문제는 예로부터 가장 중요한, 그리고 인류 최초의 철학적 물음이었다. 초기 인류인 네안데르탈인이 시체를 매장하는 법을 알았고 우리나라의 도처에 선사시대의 고인돌이 존재하는 것을 보면, 죽은 자에 대한 공포건 숭배건 간에 아주 오랜 옛날부터 죽음에 대한 사유가 이루어졌음을 의미한다. 거기에다 몸으로 보면 끝이지만 사후세계를 인정할 경우 영혼으로 보면 시작이기에 영혼과 신이라는 문제를 중요하게 생각했던 동·서양의 철학은 죽음이란 주제를 끊임없이 다루고 있다. 니체, 키에르케고르, 하이데거, 사르트르 등이 발전시킨 생철학이나 실존철학 혹은 인도철학 등이 그러한 예가 되겠으나, 사실상 대부분의 철학자들의 책 속에는 죽음이란 주제가 들어있기 마련이다. 서양철학의 예를 들면 소크라테스는 죽음을 두려워하지 않았다고 한다. 그는 몸을 벗어난 자유롭고 선한 영혼의 세계를 진리의 세계로 생각하였던 것이다. 플라톤 역시 몸을 영혼을 가두고 있는 감옥으로 보아 지혜를 사랑하는 철학자에겐 그 감옥을 벗어나는 죽음이란 결코 두려운 것이 아니라고 말하고 있다. 제2장에서는 이러한 죽음의 문제, 몸과 영혼, 그리고 마음에 대한 동서양의 사유들을 플라톤, 스토아학파, 동양의학 등을 통해 살펴보았다.

　제3장에서는 왜 지금 새삼스럽게 몸에 대해서 생각하는 것일까에 대해 생각해보았다. 이는 몸의 억압을 떨치고 몸에 제 기능을 부여하려는 현대인의 노력에서 찾아야 할 것이다. 누구든 눈을 가려놓고 3개월 정도를 지내면 시력을 거의 상실한다고 한다. 즉 쓰지 않으면 그 기

능은 사라진다. 이처럼 우리 현대인은 문명의 발달과 여러 연장들의
도움을 통해 스스로의 몸을 사용하지 않게 되면서 어쩌면 몸의 많은
기능들을 이미 잃어버린 인간일지도 모른다는 질문을 인류학자들이,
철학자들이, 심리학자들이, 예술가들이 던지고 있다. 물론 진화라는
측면에서 보자면 잃어버린 신체의 기능 대신 더 나은 다른 것이 있다
고 생각할 수도 있겠으나, 몸의 상실이 혹시 인간본성의 상실과 같이
가고 있는 것은 아닌가라는 점도 생각해보아야 할 것이다. 예를 들어,
레비-스트로스가 말하는 '야생의 사고'란 인류가 자신의 자유롭고 순
수한 본능을 잃어버린 동시에 인간 사유능력의 절반인 몸의 사유능력
즉 감성을 잃어버린 것이 아닌가하는 의구심을 말해준다. 야생의 사고
는 수많은 정보나 이성의 합리적 판단에 일찌감치 판단력을 내어준 사
고가 아닌 몸의 본능을 동반한 개인 스스로의 적극적이고 생생한 사고
를 가리킨다. 우리는 3장에서 몸에 제 기능을 부여하려고 노력한 사람
으로 프로이트와 고갱, 그리고 니체의 예를 들어 설명해보고자 하였다.

프로이트의 심리학은 문학이나 예술이 20세기에 와서 철학적 사유
의 중심에 서도록 돕기도 하였으니, 그것은 감각과 감성의 깨어남을
주장하였기 때문이다. 데카르트가 이성을 통해 신과 같은 절대적 무엇
을 깨달을 수 있다고 보았다면, 문학가나 예술가는 감각과 감성을 통
해 그것을 알 수 있다고 할지 모른다. 피카소나 고갱 같은 화가는 온전
하고 순수한 원시상태의 감성과 감각을 그대로 지닌 몸을 찾아 아프리
카와 타이티로 떠난다. 한편 울프나 조이스가 시도한 '의식의 흐름'이
라는 글쓰기에서는 그 의식이 이성의 의식이라기보다는 다름 아닌 몸
의 의식에 속하는 것으로 해석되기도 한다. 지금 21세기에 와서 데카
르트가 이성을 통해 도달하고자 했던 절대가 고갱이나 고흐, 혹은 백

남준이 도달하고자 했던 절대보다 더욱 지고한 것이라고 주장하는 이는 드물 것이다. 오히려 후자의 사람들이 추구하였던 그 무엇이 관념적인 신이 아닌 살아있는, 움직이는, 명백한 힘이라고 주장하는 이들도 적지 않으리라 본다.

그렇다면 물질문명의 극치가 모습을 드러내고 세계대전이라는 인류의 자멸적 파괴행위를 겪은 20세기, 그리고 21세기에 와서, 인류가 새삼 자신의 기원에 대해 관심을 기울이는 것은 어떤 연유에서일까? 제3장에서 살펴보았듯이 현대사회에서 순수한 인간본성 혹은 감성의 상실 때문이라고 보아야 할 것이다. 그럴 경우 인류학이 철학의 해결사 역할을 하게 되니, 실제로 인류학자 레비-스트로스는 현대철학에서 구조주의의 선구자로 추앙받기에 이르렀다. 제4장에서는 프로이트의 심리학적 물음을 에드워드 홀의 인류학적 물음으로 발전시켜 몸과 문화의 상관관계를 살펴보았다. 인간의 무의식에 잠재되어 있는 것이 바로 오래 전 자신의 모습이듯, 인류학자들은 원시종족들에게서 우리 인류의 무의식을 보고자 했다는 점에서 인류학과 심리학은 유사하다. 그리하여 프로이트의 영향을 받은 인류학자 에드워드 홀은 현대문화 속에 잠재된 숨겨진 문화를 '문화의 무의식'이라 부르기도 한다. 그는 문화는 드러내는 것보다 감추는 것이 훨씬 많다고 보았으며, 그 기층문화를 고찰함으로써 인간의 행동이 근거하고 있는 복잡한 기반이 진화의 역사에서 각기 다른 시대에 구축되었다는 사실을 입증하고자 하였다. 그리하여 그는 개인의 행동을 넘어선 공동체의 행동이 근거하는 지반에 주목한다. 홀이 세계 각 지역의 문화를 연구하면서 가장 먼저 주목한 바는 사람들의 동작이었다고 한다. 홀은 한 문화권의 사람들이 동작에서 있어 유사성을 보이는 것을 '동작의 동시성'이라 부르며, 이것은 범인류적 현상이라고 본다. 그는 인간의 몸의 리듬이 자신이 속한 문화의 리듬을 따라가므로 우리가 어떤 낯선 지역에 동화되어 살고 싶다면 우선 동작부터 그 지역의 리듬에 따를 것을 권한다. 다시 말해, 몸은 나를 넘어선 타인들, 더 나아가 타문화권의 사람들과 진정한 소통을 하기 위한 제일 기초적인 언어인 것이다.

제5장에서는 본서의 첫 주제였던 죽음의 문제로 되돌아가 보았다. 하지만 여기서는 한 개인의 죽음이 아닌 집단의 죽음, 즉 한 '몸' 의 사라짐이 아닌, 여러 '몸들' 의 사라짐에 주목하였다. 인류역사상 가장 오랫동안 '몸들' 의 사라짐을 초래한 것은 바로 전쟁이다. 20세기에 집단적 죽음을 불러온 사건은 아우슈비츠이다. 수백만의 유대인들이 가스실에서 죽어간 이 사건은 사실 세계 역사 어디에서나 크고 작게 반복되어 오고 있다. 현재는 인류에게 엄청난 재앙을 불러올 수 있는 핵무기와 생화학무기가 발달하였기에 아우슈비츠보다 더한 제노사이드가 발생할 수 있는 것도 사실이다. 본 장에서는 '몸들' 의 사라짐을 불러온 나치의 유대인 대량 학살과 더불어 전쟁을 그려낸 화가들인 고야와 피카소의 작품 세계를 들여다봄으로써 인간에게 내재된 폭력성과 잔인성이 얼마나 보편적이고 반복 가능한가를 확인하였다.

제6장에서는 일본에서의 원자폭탄 투하와 프랑스에서의 2차 대전 당시의 상황에 관련된 알렝 레네의 영화 〈히로시마 내사랑〉을 통해 역사의 증언과 몸에 새겨진 기억의 문제를 다루어보았다. 알렝 레네는 아우슈비츠의 비극이야말로 사라진 역사적 사실이 아니라 여전히 남아있는 기억의 흔적이라고 보며 그에 대한 부단한 기억행위 자체를 역사를 증언해야 하는 우리의 의무로 본다. 영화는 역사의 증언을 수행하는 것으로 '몸' 이 행하는 기억과 망각의 역할을 보여주고 있으며, 그

한계로서 히로시마 혹은 아우슈비츠가 인간성의 절대적 파멸을 가리키는 것이며, 따라서 그 실재에 대한 증언은 불가능하다는 점까지도 보여주고 있다.

제2부는 인간의 몸이 문화 속에 재현되어가는 다양한 양상을 살펴보았다. 몸 담론이란 이처럼 여러 측면의 물음들에서 살펴보았듯이 뼈와 살로 이루어진 인간의 '몸'만을 이해하기 위한 것이 아니며, 죽음, 영혼, 인간의 기원과 미래, 예술 등에까지 그 범주가 확장된다. 몸에 대해 현대적인 새로운 시각을 갖게 해준 것은 단연 심리학과 인류학, 그리고 문학과 예술로 보아야 할 것이다. 인류학자들은 인류의 원시세계를 찾아 나서며 인간의 기원에 대해 다시 질문하기 시작했으며, 심리학자들은 이성에 의해 억압되어 왔던 무의식이라는 인간심리의 미지의 지평을 열어보였다. 그리고 어쩌면 그 어느 누구보다 20세기 인문학의 전체적 흐름을 돌려놓은 이들은 예술가들일 것이다. 인류학자들과 심리학자들이 새롭게 발견한 지평들은 이미 예술가들의 작품 속에 존재했기 때문이다. 고야는 프로이트나 융이 알려준 심리의 층보다 깊고 심오한 면을 드러내 보였으며, 고갱과 피카소는 레비-스트로스보다 앞서 아프리카로, 타히티로 향하면서 원시세계의 순수성과 생명력을 인식하여 작품으로 표현하였으니, 그들의 작품 속에 우선적으로 드러나는 것은 원초적인 생명력을 나타내는 몸인 것이다.

시대 순으로 고찰하는 방식을 택하였지만, 몸에 대한 고대인의 특정한 사유는 현대에까지 이어져오는 연속성이 있는가 하면, 새롭게 확산되는 몸의 인식도 자연히 생겨난다. 이러한 몸 인식의 연속성과 새로움을 비교해 가면 몸에 대한 종합적이고 통합적인 사유를 얻어낼 수 있을 것이다.

우리의 몸은 사회적 관계를 맺는 주체이며 다른 몸들과 교류하고 있는 유기적 생명체이므로 몸이 지닌 생명력과 힘을 포기해서는 안 된다. 또한 몸은 의사소통을 위한 주요수단이며, 소통의 내용과 상관관계를 지닌다는 점도 간과해서는 안 된다. 이것은 궁극적으로는 온전한 개인, 즉 자신의 순수한 본성을 간직한 개인이 온전히 사회적 관계 속에 얽혀들며 온전한 사회체를 이루는지에 대한 사회적 · 정치적 물음으로 연결된다.

베르나르 베르베르의 소설 『개미』는 몸이 사회적 · 정치적으로 어떤 물음들을 던질 수 있는가를 잘 보여준다. 이 책은 천재 곤충학자 에드몽 웰즈의 의문에 싸인 죽음으로 인해 인간세계와 개미세계가 얽혀들어 전개되는 추리소설로, 베르나르 베르베르가 12년간 개미들을 관찰하여 얻은 결과물이기도 하다. 이 책의 전언은 '다른 눈으로 세상 보기' 이며 이는 우리가 타인을 이해하거나 다양한 문화를 바라보는 데 있어서 견지해야 할 태도이다. 작가는 인간이 인공위성을 쏘아올리고 별들을 여행하고 사이보그 인간이 발명되는 이때 오히려 인간의 발밑에 있는 아주 작은 세상으로 시선을 돌릴 것을 권유한다. 이는 소크라테스의 '너 자신을 알라' 에 대답하기 위한 방법으로서 개미의 시선으로 세계를 보는 것이며, 이때 우리는 우리 지구, 우리 자신, 우리 몸에 대해 이전보다 더 세심한 관찰을 할 수 있다는 것이다. 개미들은 지구의 주인은 자신들이라고 생각하며, 그들에게 인간은 그들을 파괴하는 거대한 존재이다. 이는 각각의 생명체는 자신들의 몸이 허락하는 범위 내에서만 인지하고 행동할 수 있다는 점을 보여준다. 개미 대신 인간을 대입시키면, 인간 역시 자신이 지닌 몸의 한계로 인해 우주를 완전히 알지 못한다는 말이 된다. 한계를 지닌 몸은 여러 방식으로 통제되며 사회를 이루어온 것이다. 프랑스의 철학자 푸코는 우리가 그 사회적 통제의 메커니즘을 읽기 시작하면 세계를 재해석, 재구축할 수 있을 것이라고 보며 성의 감시나 광기의 감금 등 사회의 몸에 대한 통제 메커니즘을 해석한 바 있기도 하다.

우리는 모두 사회 속에서 여러 사람들과 관계를 맺으며 몸에 대한 통제를 받기도 하고 몸을 통해 소통하며 살고 있으며, 로빈슨 크루소처럼 무인도에 홀로 사는 인간은 없다. 몸에 대한 담론은 인간과 인간, '몸들' 간의 자유로운 소통과 공존을 통해 '몸'이 지닌 순수한 에너지를 승화시켜 생명력이 가득한 삶과 문화를 향유하자는 데 그 지향점을 두고 있다. 너무나도 익숙한 '나의 몸'이라서 그만큼 무심하게 잊어왔던 '내 몸'에 대해 이 책이 보다 깊은 이해로 나아가는 길을 열어준다면 더 없는 행복이 되겠다.

이 책을 쓰기까지 많은 도움을 주었던 분들에게 이제야 고마움을 전한다. 그 분들의 이름을 일일이 나열하지는 않겠지만 그 고마움을 늘 마음에 담고 있다는 걸 이 자리를 빌려 고백하고 싶다. 또한 처음 필자에게도 그다지 익숙치 않았던 이 분야를 개발하도록 기회를 마련해준 성균관대학교 학부대학과 우수도서 후보로 뽑아 재정적 지원을 해주었던 학교 출판부에도 감사의 말을 표하고 싶다. 그리고 예정했던 원고 마감일보다 1년이나 늦었지만 묵묵히 인내하며 편집과 교정을 맡아준 에디터에게 고마움을 전한다.

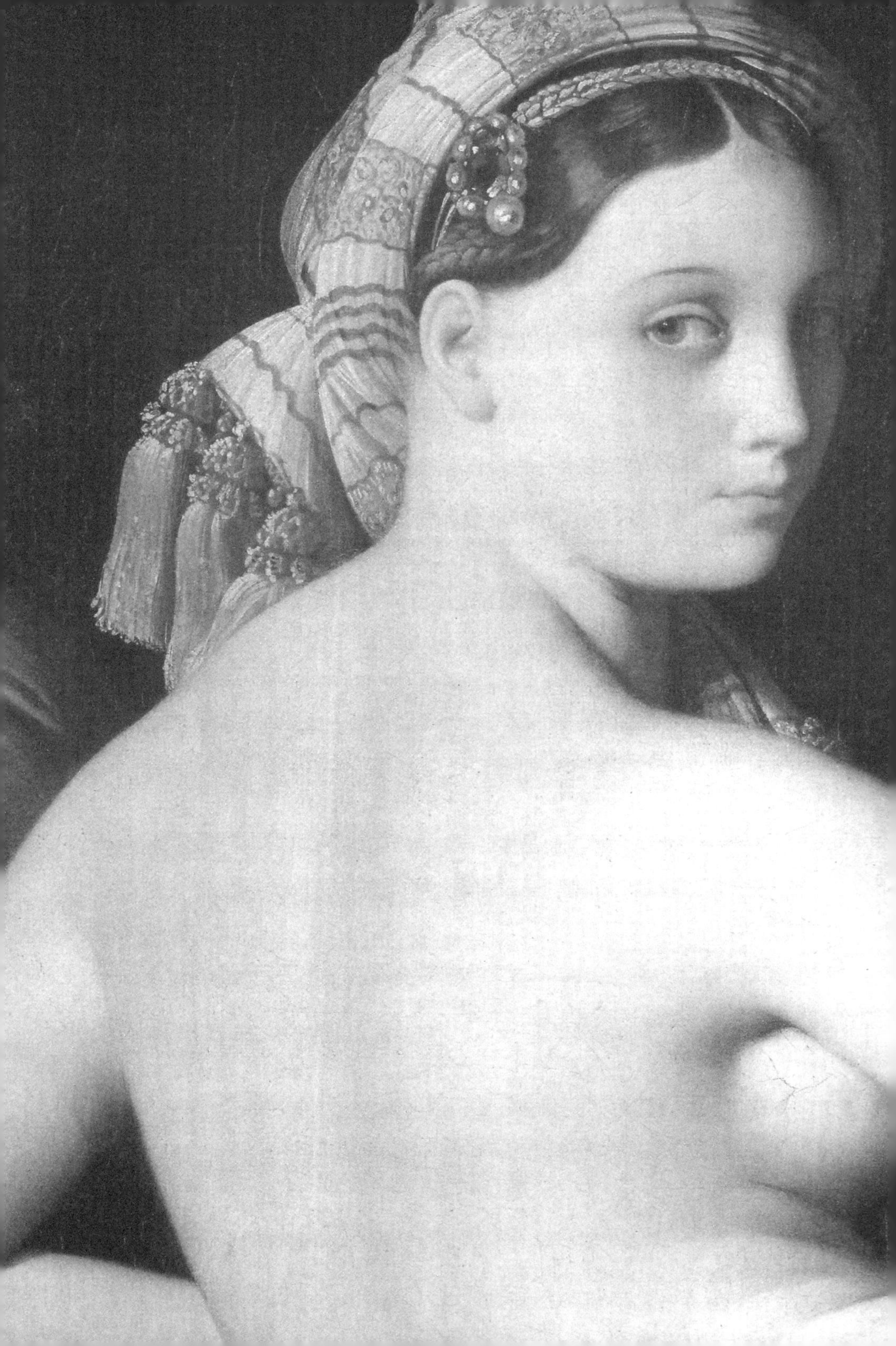

제 1 부

몸에 대한 물음들

1

몸에 대한
생물학적 물음

1. 인간은 어디서 왔는가?

다윈 진화론의 혁명

다윈의 연구 시작

영국의 생물학자인 다윈(Charles Robert Darwin, 1809~1882)은 1859년에 『종의 기원』을 기원을 발표했다. 진화론을 담고 있는 이 책은 과학 분야뿐 아니라 인문학 전반에 영향을 끼쳤으며 오늘날까지도 그 영향력을 행사하고 있다. 특히 당시 서구의 지배적 종교였던 기독교는 다윈의 진화론으로부터 상당한 충격을 받았고 양자의 입장은 지금까지도 논쟁 중에 있다.

원래 다윈은 의사인 아버지를 따라 대학에서 의학을 공부하였다. 그러나 수술 실습 중 찢어진 살과 흐르는 피를 보며 적성에 맞지 않음

다원
Charles Robert Darwin, 1809~1882

을 알고 신학 쪽으로 길을 틀었다. 당시 영국에서 사제는 어느 정도 안락한 생활을 보장받는 직업이었고 학구적이고 사색적인 자신의 성격에 잘 맞는다고 생각했던 것이다. 케임브리지 대학에서 신학 학사까지 받은 그는 자연스레 사제의 길을 갈 것처럼 보였으나 다시금 인생의 행로를 수정한다. 그는 수많은 독서 속에서 의학도 신학도 아닌 생물학과 지질학에 관심을 가지게 되었고, 어느 날 뜻하지 않은 제안을 받게 된다. 비글호를 타고 수년 동안 항해를 하며 세계의 이곳저곳을 탐사할 수 있는 기회를 얻게 된 것이다. 마침내 비글호에 오르게 된 그는 생물학자와 지질학자로서의 삶을 본격적으로 걷게 된다.

처음에 그는 갈라파고스 제도의 지도를 작성하면서 그 섬들에 살고 있는 식물과 동물을 연구했다. 이때 그는 동식물 표본들을 채집하면서 놀라운 사실을 알게 되었다. 그것들 대부분이 다른 곳에서는 발견되지 않고 오직 갈라파고스 제도에서만 발견된다는 점이었다. 파충류, 새, 고사리 등 그 어느 것을 살펴보아도 고유종, 즉 단 한 곳에만 서식하는 동식물들의 비율이 무척 높았다. 다원은 갈라파고스 제도의 종들이 그 자체로 작은 세계를 이루고 산다는 것을 깨달았다. 몇 년이 지난 뒤, 그는 자신이 채집한 표본들을 다시 조사하면서 같은 동물이라도 섬마다 다르다는 것을 알았다. 이 관찰로 인해 그는 수많은 동식물들이 어떻게 지구상에 출현하게 되었는지, 그 기원에 대한 원대한 생각을 품게 되었다. 이는 또한 인간의 기원과 진화에 대한 생각에까지 이른다.

한편 다윈은 서부해안에 도착해 지질 탐사용 망치를 들고 안데스 산맥의 암석 형성과정을 조사하기도 했는데, 그곳은 석화된 나무숲과 조개껍데기 화석들이 널려 있는 바위로 뒤덮인 산맥이었다. 그는 화산이 폭발하는 장면을 보기도 하고 지진을 경험하기도 하면서, 지표면이 요동치고 끊임없이 변화하는 사실을 관찰하고는, 생명의 물리적 조건들이 유동적으로 변화한다고 결론지었다. 다윈은 19세기 나아가 전 역사에서 가장 획기적인 사고의 전환을 가져온 책들 중의 하나인 『종의 기원』(1859)을 발간한다. 그의 진화론에 대한 사고는 이 책의 마지막에 대단히 시적으로 정리되어 있다.

여러 가지 종류의 많은 식물이 자라 숲에는 새가 노래하고, 갖가지 곤충이 날아다니며, 습기 찬 흙 속을 벌레가 기어 다니는 것을 찬찬히 살피면서, 그런 개개의 생물이 제각기 기묘한 구조를 가지며, 상호간에 매우 다르고, 서로 매우 복잡한 연쇄로 얽혀 있지만, 그런 생물들이 모두 우리 주위에서 작용하고 있는 법칙에 의해 산출되었다는 것을 생각하는 일은 참으로 흥미롭다. 이러한 법칙을 가장 넓은 의미로 취할 때 생식을 수반한 성장, 거의 생식 속에 포함된다고 해도 좋을 유전, 생활의 외적 조건의 간접 및 직접적인 작용에 의해 생기는, 또 용불용用不用에 따라 생기는 변이성 및 생존경쟁을 일으키고, 또 그 결과로서 자연도태가 일어나고, 형질의 분기와 개량이 덜 된 종류의 절멸을 수반하는 높은 증가율이 산출될 것이다. 이와 같이 하여 자연과의 투쟁에서, 즉 기아와 죽음에서, 우리가 생각할 수 있는 최고의 일, 다시 말해 고등동물의 생성이 귀결되는 것이다. 생명은 그 여러 가지 능력과 함

몸에 대한 생물학적 물음

게 맨 처음에 조물주에 의해 소수의 것, 혹은 단 하나의 형태로 불어넣어졌다는 이 견해, 그리고 이 혹성이 확고한 중력의 법칙에 의해 회전하는 동안에 그토록 단순한 발단에서 극히 아름답고 이와 같이 가장 경탄할 만한 무한의 형태가 생겨나고 또한 진화되고 있다는 이 견해 속에는 장엄함이 깃들어 있다.[1]

다윈은 자연법칙에 대한 경탄을 표현하면서 어렵사리 세상에 내놓게 된 책 『종의 기원』을 끝마친다. 그는 의사에서 신부, 신부에서 진화론자로 인생의 방향을 틀면서 드디어 자신이 평생에 걸쳐 연구하고자 하는 것을 찾아낸 것이다.

자연선택

다윈이 『종의 기원』에서 제시한 것은 '왜 어떤 종은 멸종하고 어떤 종은 살아남을까?'에 대한 물음과 그에 대한 대답이다. 이 물음과 대답은 궁극적으로 '어떻게 인간이 살아남은 종으로 존재하는가?'로 이어진다.

위의 질문에 대해 가장 커다란 실마리를 제공한 사람은 맬서스(Thomas Robert Malthus, 1766~1834)[2]이다. 맬서스는 런던의 빈민가를 통해 인구증가 문제를 탐구한다. 맬서스에 따르면, 번식을 통해 인구는

---

1. 다윈, 홍성표 옮김, 『종의 기원』(서울: 홍신문화사, 2006), 500쪽.
2. 맬서스는 영국 고전파 경제학자의 한 사람으로 『인구론An Essay on the Principle of Population』(1798)을 집필하였다. 그는 이 책에서 빈곤과 악덕의 근원이 인구의 과잉에 있고 그것은 사회제도의 변혁으로 해결할 수 없는 냉엄한 자연법칙의 결과라고 말한다. 그는 기하급수적으로 증가하는 인구에 비해 식량은 한정되어 필연적으로 기근과 빈곤, 악덕이 발생한다고 보았다.

식량 자원의 양을 초월하는 수준까지 증가한
다. 주변의 자원은 부족해지고, 그로 인해 삶
은 끊임없는 생존 투쟁이 된다. 바로 이것이
다윈이 찾던 힘이자, 사멸할 생물들과 생존하
여 번식할 생물들을 구분하는 보이지 않는 원
리였다.

맬서스
Thomas Robert Malthus, 1766~1834

　다윈이 보기에 맬서스의 주장은 세계의 동
식물에도 적용될 수 있는 것이었다. 투쟁 개
념과 자연에서의 끊임없는 변이라는 사실을
결합함으로써, 다윈은 어떤 개체들은 그들을 유리하게 해주는 변이를
지닌 채 태어난다는 것을 깨달았다. 그 자손들은 변이를 통해 얻어진
유리한 형질을 물려받게 되고 다음 세대에게 다시 그것들을 물려줄 것
이다. 결국 어떤 개체의 종은 변이를 통해 변종되고, 나중에는 독립된
종이 될 것이다. 다윈은 이런 힘을 '자연선택' 이라 불렀다. 그는 자연
선택을 통해 새로운 종이 진화하고, 인간 역시 그 흐름에서 벗어나지
않는다는 사실을 추후 『인간의 유래』(1871)에서 좀 더 상세히 서술하고
있다. 이 책에서 다윈은 인간의 신체기관 뿐만 아니라 정신능력도 자
연선택을 통해 변화해왔음을 서술하며, 여기서 더 나아가 책의 후반부
에서는 성선택의 논리를 끌어들인다.

　변이는 과거에도 현재와 동일한 원인으로 일어났으며, 보편적
이고도 복잡한 법칙에 따라 똑같은 영향을 받는다. 모든 동물은
생존할 수 있는 수보다 더 크게 불어나려는 경향이 있듯이 인간
의 조상도 그랬을 것이고, 그에 따라 생존경쟁과 자연선택이 필

몸에 대한 생물학적 물음

연적으로 있어났을 것이다. 그 후 더욱 많이 사용한 신체 기관의 유전효과가 크게 기여했을 것이고, 두 과정 사이에는 끊임없는 상호작용이 일어났을 것이다. 또 앞으로 살펴보겠지만 인간은 중요하지도 않은 여러 특징을 성선택으로 획득한 것 같다.[3]

　다윈은 인간이 살아남은 종으로 존재할 수 있었던 요인을 밝히기 위해 무엇보다 종이 개별적으로 창조된 것이 아니라, 같은 조상에서 갈라져 나왔다는 점과 자연선택이 변화의 주요한 힘이었다는 점을 『종의 기원』과 『인간의 유래』에서 계속해서 강조하고 있으며, 이는 진화론의 기본 토대가 된다.

창조론과 진화론의 충돌

오늘날에는 다윈을 진화론의 창시자로 부르지만, 진화에 대한 생각은 그 이전에도 오랫동안 논의되고 있었다. 지구 역사를 홍수, 화산 폭발, 지진과 같이 급작스런 사건들의 연속으로 보는 지각격변설이나 지질학적 과정이 끊임없이 오랫동안 서서히 균일하게 일어난다는 균일설 등이 그 예들이다. 새로운 관점들이 출현하면서, 각각의 종이 신에 의해 완벽하고 영구적인 상태로 창조되었다는 개념에 대해 새로운 의문이 제기되었다. 완벽하게 창조된 종들이 어째서 사라지고 어떻게 다른 대륙에서 새로운 종이 등장하는 것인가에 의문을 품은 학자들은 종이 고정적이고 변하지 않는 것이 아니라 매우 유동적이고 변할 수 있다는 점을 알아차렸다. 다윈의 할아버지인 에라스무스 다윈도 이 점을 간파

---

3. 다윈, 김관선 옮김, 『인간의 유래 I』 (파주: 한길사, 2006), 119쪽.

했다. 종이 자신의 환경에 맞게 적응 또는 변화한다고 주장했던 프랑스의 동물학자이자 철학자인 라마르크(Jean-Baptiste Lamarck, 1744~1829)[4]도 마찬가지다. 이러한 진화론에 대한 생각들이 드디어 결실을 맺을 시점에 다윈이 과학계에 등장한 것이다.

라마르크
Jean-Baptiste Lamarck, 1744~1829

　다윈의 과학적 작업은 과학세계에 휘몰아친 거대한 사상투쟁의 배경 속에서 살펴볼 필요가 있다. 다윈은 처음에는 자신의 생각을 발표하지 않으려 했다. 그것이 일으키게 될 논쟁의 중심에 서게 될까봐 두려워했기 때문이었다. 당시에 과학계와 사회에서 권위를 인정받던 전통적 사상가들은 성경의 내용이 진리라고 믿었다. 그들은 천지창조나 노아의 대홍수에서 볼 수 있듯이, 신이 초자연적인 힘과 기적으로 세계를 만들었다고 믿었다. 수천년 동안 서구사상은 성경이라는 토대 위에 서 있었던 것이다. 성경에는 신이 6일 동안 지구와 지구 위의 모든 것을 창조했고, 게다가 이 창조는 겨우 몇

---

4. 라마르크는 프랑스의 박물학자이자 진화론자로 용불용설用不用說을 주장한 사람으로 유명하다. 그에 따르면, 동물은 생활환경이 변함에 따라 습성이 변하고, 그 결과 새로운 습성에 의해 자주 사용되는 기관은 더 발달하고 그렇지 않은 기관은 퇴화한다고 보았다. 기린이 나뭇잎을 따먹기 위해 노력하다 목이 길어졌고, 이것이 유전된다는 예는 매우 잘 알려져 있다. 이에 비해, 다윈의 자연선택설은 생물마다 개체변이와 생존경쟁이 나타나는데, 환경에 유리하게 적응된 개체가 살아남고 그렇지 않은 개체는 도태된다고 보았다. 이것을 기린의 예에 적용해 본다면, 높은 곳의 잎을 더 잘 따먹을 수 있는 목이 긴 기린이 더 잘 먹고 더 많은 생식을 하므로, 수대를 거치게 되면 목이 긴 기린이 더 많아진다는 것이다. 이는 생물이 어떤 노력을 하여 진화가 이루어진 것이 아니라, 자연환경에 의해 생물에 변화가 이루어졌다(즉 자연선택)는 말이 된다.

몸에 대한 생물학적 물음

천 년 전에 일어났다고 말한다. 영국의 수학자 뉴턴을 비롯한 17세기의 많은 학자들은 성경에 나온 모든 인물의 수명을 더해서, 지구가 기원전 4천~5천 년 전에 창조되었다고 결론지었다.

반면 새로운 의견들을 내놓는 사람들은 과학으로 이해 가능한 물리적 힘, 즉 화학반응이나 중력 같은 자연적인 힘으로 세계를 설명하거나, 인간이 자연계와 떨어져서 존재하는 특별한 창조물이 아니라 자연계의 일부라고 주장했다. 보수적인 전통사상가들은 이들의 새로운 생각이 인간을 영혼 없는 단순한 기계로 만든다고 느꼈으며, 교회에 의해 통합되어 왔던 사회조직을 분열시킬지도 모른다고 걱정했다. 그들이 무엇보다 가장 꺼려한 것은, 종이 진화했다면 인류는 어디서 유래했느냐다. 다윈의 생각은 명확했다. 다윈은 인간을 포함한 모든 생명은 공통 조상에서 진화했으며, 원숭이가 인류와 가장 가까운 친척이라는 점도 인식했다.

『종의 기원』이 출간된 이후, 몇몇 학자들이 인간 진화의 문제를 다루기 시작했고, 그 중에서도 헉슬리(Thomas Henry Huxley, 1825~1895)는 1863년에 출간된 『자연에서 인간의 지위와 관련된 증거Evidence as to Man's Place in Nature』라는 책에서 인간이 구조적으로 고릴라나 침팬지와 연관되어 있다고 하면서 호모 사피엔스를 확고하게 동물계에 집어넣었다. 이렇듯 다윈의 진화론을 옹호하는 편에 선 사람들과 창조론을 옹호하는 편에 선 사람들의 이견은 당시뿐 아니라 현재에도 존재하고 있다.

다윈 진화론의 '자연신학' 비판

진화의 증거를 상세히 제시하고 새로운
종이 형성될 수 있는 메커니즘을 밝혀냈
던 다윈의 작업은 당시 지배적인 자연신
학과 밀접한 관련을 맺는다. 한때 케임브
리지에서 성공회 사제가 되기 위한 준비
를 했던 그는 대표적인 자연신학자 페일
리(William Paley, 1743~1805)의 책을 즐
겨 읽으며 영향을 받는다. 페일리에 의하

페일리
William Paley, 1743~1805

면, 우주의 설계자인 신은 전지전능하고 지적이며 인격적인 존재
로, 선한 의도를 가지고 특정한 목적에 따라 세계 속의 모든 사물
을 설계했으며, 설계된 사물들은 신의 뜻에 따라 조화와 질서로
가득한 선하고 행복한 세계 속에 살아가고 있다.

그렇지만 자연신학에 대한 다윈의 태도는 비글 호 항해를 통
해서 자연선택에 의한 진화로 바뀌게 되며, 신에 의해 잘 설계된
피조물은 이제 생존투쟁을 통한 진화의 산물로 이해된다. 이 변
화과정에서 다윈의 종교적 신념도 바뀐다. 비글 호의 승선 초기
에는 도덕성의 관점을 확증하기 위해 성서를 인용해서 그 선원들
을 놀라게 하지만, 『종의 기원』을 쓸 때는 이신론理神論적 입장이
되며, 말년에는 불가지론자가 되었다는 것이 다윈의 신앙과 과학
의 관계를 바라보는 일반적 입장이다.

몸에 대한 생물학적 물음

인간의 기원에 대해

다윈은 『종의 기원』의 행간에서 인간도 다른 동물들처럼 공통 조상에서 나와 진화를 거쳐 현재에 이르렀을 뿐, 신에 의해 창조되지 않았음을 분명히 암시하고 있다. 그의 이러한 생각은 『인간의 유래』에서 보다 분명히 드러난다.

> 나는 이 책을 통해 인간도 다른 모든 종과 마찬가지로 과거에 살았던 어떤 생명체에서 유래되었는지를 살펴보고, 인간의 진화 방식, 그리고 소위 말하는 인종간의 차이가 갖는 의의에 대해 고찰하려 한다. (…) 옛날에 살다가 지금은 사라진 하등동물과 우리 인간이 동일한 조상에게서 갈라져 나온 공동 자손이라는 결론은 결코 새로운 것이 아니다. 라마르크는 이미 오래 전에 사람과 동물이 한 조상에게서 갈라져 나온 공동 자손이라는 결론을 얻었다.[5]

『인간의 유래』 제1부에서 다윈은 인간은 특별하게 창조된 것이 아니라 다른 동물들과 마찬가지의 공통 조상으로부터 유래했으며, 인간과 동물 사이에는 연속성이 존재한다는 점을 보여주려 하였다. 우선 그는 인간이 하등동물에서 유래되었다는 신체상의 증거를 흔적기관, 배발생胚發生, 귀의 구조 등의 비교를 통해 밝혀내려 한다. 그는 이러한 비교를 통해 어떻게 인간과 그 외의 다른 모든 척추동물이 동일한 보편적 모형에 따라 만들어졌고, 왜 그들의 배발생 초기 단계가 모두 동

---

5. 『인간의 유래 I』, 40-41쪽.

일하며, 또 왜 그들이 특정한 흔적을 보편적으로 갖고 있는지에 대한 이유를 이해할 수 있다고 본다. 결론은 이들 모두가 동일한 계통에서 갈라져 나왔다는 점이다. 다윈은 "이러한 견해를 받아들이지 않는다면, 그것은 단지 선천적인 편견이며 우리의 조상이 반신반인半神半人에서 유래되었다고 선언하는 오만불손함이 우리에게 있기 때문"[6]이라고 말한다.

진화를 상징하는 원숭이의 모습으로 표현된 다윈의 캐리커쳐. 다윈은 1870년대에 폭넓게 받아들여졌다.

이어서 다윈은 인간이 하등동물에서 발생한 방법을 유전과 변이, 자연선택을 들어 설명하고 있다. 특히 자연선택을 논함에 있어 인간의 지적 능력까지도 진화론을 통해 밝히기 위해 인간의 언어 능력, 뇌와 연결된 손의 사용 능력, 뇌와 두개골의 크기, 직립 등이 하등동물과 어떠한 차이를 드러내고 있는지 이야기한다. 다음으로 그는 본격적으로 인간과 하등동물의 정신 능력을 감정, 호기심, 모방, 기억, 상상, 언어, 영적인 믿음, 도덕 등의 차이를 통해 비교한다. 다윈은 인간의 정신 능력이 다른 동물들과 비교가 안 될 정도로 우월함을 나열하고 인정하나, 정신 능력의 차이가 아무리 클지라도 그것은 정도의 차이일 뿐, 종차의 문제가 아님을 명백히 한다. 그는 "인간이 자랑하는 감각과 직관, 그리고 사랑, 기억, 주의력, 호기심,

---

6. 같은 책, 71쪽.

몸에 대한 생물학적 물음

모방, 사고력 등과 같은 여러 가지 감정과 능력은 하등동물에서도 미흡하나마 발견할 수 있으며, 개를 늑대나 재칼과 비교하면서 알 수 있었던 것처럼 이러한 능력은 유전적으로 어느 정도 진보될 수도 있다"[7]고 본다. 그는 다음 장에서 인간의 몇 가지 정신적 재능과 도덕적 재능이 점진적으로 발달하게 되는 과정의 여러 단계와 그 방법을 밝히고 있다.

다윈은 궁극적으로 『인간의 유래』에서 인간의 신체기관뿐 아니라 정신능력까지도 다른 생물체들과 마찬가지로 진화의 단계를 거친다는 사실을 차근차근 논증해나려고 했다. 그는 결론적으로 인간이란 종이 나타나기까지의 과정을 다음과 같이 정리한다.

애매한 부분이 없는 것은 아니지만, 척추동물의 가장 원시적인 조상은 현존 대추멍게의 유생과 비슷한 해산동물이었음이 분명하다. 이 동물에서 창고기처럼 완전한 조직화가 이루어지지 않은 어류 집단이 갈라져 나왔을 것이다. 그리고 여기서 경린어가 나오고 폐어 같은 어류로 발달했음에 틀림없다. 그런 어류에서 아주 작은 진보가 일어나 양서류가 출현했을 것이다. 우리는 조류와 파충류가 한때 매우 밀접하게 연결되어 있었다는 것을 살펴본 적이 있다. 그리고 단공류는 포유류를 파충류에 약하나마 연결시키고 있다. 그러나 현재로는 아무도 포유류, 조류, 파충류처럼 고등한 집단이 양서류, 어류 같이 하등한 척추동물에서 어떤 계열을 통해 유래되었는지 알지 못한다. 옛 단공류부터 옛 유대류까지 이어지는 단계

---

7. 같은 책, 206쪽.

와 이들 동물에게서 태반 포유류에까지 이어지는 단계를 이해하는 것은 어렵지 않다. 여우원숭이과로 거슬러 올라가 살펴보는 것이 나을 것이다. 여우원숭이과에서부터 원숭이과에 이르는 간격은 그렇게 크지 않다. 그 이후 원숭이과는 신세계 원숭이와 구세계 원숭이의 큰 두 갈래로 갈라졌다. 그리고 구세계 원숭이에서 아주 먼 옛날에 우주의 놀라움과 영광인 인간이 갈라져 나왔다.[8]

물론 인간의 높은 지적 능력과 도덕적 자질은 밝혀내기 가장 어려운 대상임을 다윈 자신도 인정한다. 그는 이렇게 적는다. "그러나 진화의 원리를 인정하는 사람이라면, 인간의 정신 능력과 큰 차이를 보이기는 하지만 결국은 한 종류인 고등동물의 정신 능력이 진보될 수 있다는 사실을 알아야 한다. 예를 들어 고등한 유인원과 물고기가 보이는 정신 능력의 차이나 개미와 깍지벌레가 보이는 정신 능력의 차이는 헤아릴 수 없을 정도로 크다. 그렇지만 가축도 정신 능력 면에서 서로 변이가 있는 것이 분명하며, 이런 변이는 유전되는 것으로 보아 동물 간에 정신 능력의 차이가 생기는 것은 특별히 불가능한 사건이 아니다. 자연 상태의 동물에게 정신 능력이 매우 중요하다는 사실에 대해서는 아무도 이의를 제기하지 않는다. 그러므로 자연선택을 통해 정신 능력이 발달하기 위한 조건은 충분한 것이다. 동일한 결론을 인간에게 확장시킬 수 있을 것 같다."[9]

다윈의 진화론, 즉 인간이 신에 의해 한 순간에 창조된 것이 아니라

---

8. 같은 책, 259쪽.
9. 다윈, 김관선 옮김, 『인간의 유래 II』(파주: 한길사, 2006), 559쪽.

몸에 대한 생물학적 물음

다른 동물들과 한 조상을 두고 차츰 진화해 온 동물이라는 논리를 통해 인간은 자신이 어디서 왔는지에 대해 다시금 생각해야 했고, 인간의 본성에 대해서도 새로운 각도에서 생각해야만 했다. 그러므로 몸 담론을 촉발시킨 대표적 사상가로서 우리로부터 가까운 프로이트나 니체의 윗자리에 다윈을 앉혀야 할 것이다.

2. 인간의 진보에 대한 의구심

근시안적 진화론자

생물진화론을 통한 진보에 대한 굳건한 믿음

다윈의 진화론은 생물학을 넘어 무엇보다 사회·문화적 영역에서 인간의 진보에 대한 믿음을 더욱 굳건히 해주었다. 진보의 개념은 그 이전에 이미 프랑스 계몽주의 철학의 중심 개념으로 자리 잡아 인간 행위의 적극성과 역동성을 표현하였으나, 진화론은 진보를 옹호하던 사람들에게 더욱 탄탄한 근거를 제시해 주었다고 할 수 있다. 많은 자연과학자들과 철학자들이 진화 사상에 관심을 보이기 시작하면서 진보 이념은 시간적 관점으로도 확장되어 생명의 진화에 투영되었고, 19세기에 처음으로 대두한 견실한 진화론으로 수용되었던 것이다.

생물의 발전사는 여태껏 중단된 적이 없고, 온갖 자연재앙에도 불구하고 생명의 연결고리가 끊어진 적은 없었다. 그래서 우리는 미래에도 이러한 연결고리가 계속 이어지리라고 생각한다. 언젠가 이 지구가 아득한 옛날처럼 다시 황폐해지고 텅 비워지리라고는 믿을 수 없기 때문이다. 한편으로는 세계 종말에 대해 두려움을 갖고 있으면서도, 다른 한편으로는 미래에 계속될 생명의 진보를 기대하는 것이다. 생물 진화의 영역에서 진보 개념을 살펴본다면 가장 중요한 것은 진화의 종착지가 호모사피엔스, 즉 인간이라는 점일 것이다. 이때 진화 과정의 목표는 적응이다. 진화는 서서히 단계적으로 진행되고, 그 과정을 통해 생물체의 기관과 행동양식은 꾸준히 개선된다. 이때 시기에 따라 주어진 환경에 가장 잘 적응한 생명체가 가장 진보적인 존재가 될 것이다.

진보의 개념은 계몽주의 사상이 거세게 휘몰아치고 산업혁명의 영향이 뚜렷해진 19세기에 들어서야 현세에 초점을 맞춘 범주로 이해되었다. 여기서 진보에 대한 믿음은 세상의 실타래를 손에 쥔 채 인간에게 최선의 것만을 선사한다는 세계 설계자에 대한 믿음과는 동떨어진 것이다. 이것은 인간의 능력에 대한 믿음, 우리 자신의 활동으로 세계를 개선시킬 수 있다는 가능성에 대한 믿음이었다.

이는 또한 유기체의 진화 과정에도 적용된다. 사람들은 더 이상 창조주에 의한 일회적 창조행위를 믿지 않게 되었다. 인

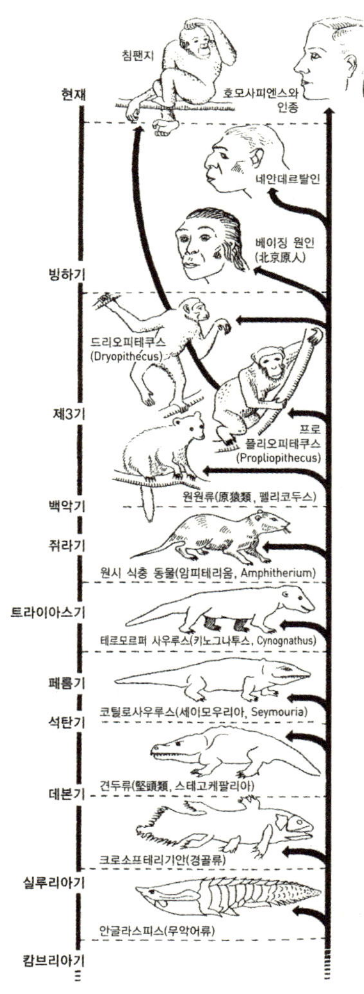

생물진화의 종착지인 인간

몸에 대한 생물학적 물음

간을 포함한 다양한 생물의 출현을 진화론으로 설명하는 해석에 동의하는 사람들조차 진화가 일정한 자연법칙 즉 인간을 향해 지속적으로 발전해 나가는 법칙에 따라 진행된다고 생각하였다. 계몽 사상가들은 인간의 등장은 필연적 사건이자 생물학적 진보의 마지막 단계로 보면서 인간의 특별한 소명과 책임을 진화 과정에서 도출할 수 있다고 생각했다. 최근의 진화단계들은 인간 종의 출현을 선취했고, 그렇게 오랫동안 갈망하던 만물의 영장이 마침내 걸어갈 길을 미리 다지기 위해 수백만 년 전에 몇몇 원숭이들이 나무에서 내려왔다는 것이다. 여기서 진보사상이란 결과적으로 오늘날의 인간이 지구 생명의 기나긴 진화 사슬에서 필연적인 결정체라는 이념이다. 인간이 원숭이와 비슷한 존재에서 나왔다는 사실을 아무런 문제없이 받아들이는 20세기의 많은 생물학자들은 인간의 출현을 진화적 진보로 해석하지 않을 수 없었다. 혹은 적어도 그것을 이제까지 진행된 진화에서 가장 위대한 성공작으로 해석했다

이러한 모든 생각은 주로 다윈의 전통에 굳건한 토대를 두고 있었는데, 인간의 진화 역시 종합이론의 테두리 내에서 다른 모든 생명체의 계통 발전에도 해당되는 분석 자료들—유전적 재결합, 돌연변이, 자연선택—로 설명 가능한 하나의 과정으로 보았다. 그럼에도 인간의 숭고함에 대한 경외감은 이들 모두에게 공통적으로 나타나는 특징이었다. 호모 사피엔스 역시 다른 종과 똑같은 원칙에 따라 발전해 왔고, 영장류에 속하는 생물학적 종이라는 사실이 수없이 확인되었음에도, 많은 사람들이 다른 측면에서 인간 종만의 특수한 위치를 부각시키려고 애썼다. 프란츠 부케티스(Franz Wuketis)는 '인류의 진화는 과연 진보의 역사일까? 라는 질문을 다음과 같은 방식으로 던진다.

그러나 진화가 목적론적으로 진행되지 않는다면 진보 사상이 어떻게 진화와 합치될 수 있을까 하는 의문이 생긴다. 상향 발전과 완전화와 같은 깜짝 놀랄 현상들이 정말 순수 기계론적으로 설명될 수 있을까? 여러 상이한 진화론에서 그렇게 중요한 역할을 담당했던 적응의 과정도 결국 목적론적 행위가 아니었을까? 다윈의 생각처럼 자연선택이 생물의 안녕을 위해 작용하는 것이라면 거기에는 또다시 목적론이 작동하고 있는 것은 아닐까? 하나의 의도라든지 아니면 고도의 질서 원칙을 가정하고 있는 것이 아니냐는 의미이다.[10]

프란츠 부케티스는 진보를 끌어들이고 상향 발전과 완전화의 이념을 허용한 모든 진화론은 결코 목적론과 완전히 결별할 수가 없다고 본다. 진화적 진보를 단순히 생존 조건에만 관련시킨다면 진보 이념은 매력을 상실하고, 목적론은 필요 없게 된다. 그러나 진보를 또다시 상향 발전과 완전화로 이해한다면 적어도 은밀하게나마 어떤 의도를 생각하지 않을 수 없고, 목적론이 자신의 사고 영역으로 슬그머니 스며드는 것을 막을 수가 없기 때문이다.

사회적 다윈주의의 오류

진화론이 인간의 목적론적 사고에 잘못 오용된 예들을 우리는 사회적 다윈주의에서 찾아볼 수 있을 것이다. 다윈의 진화론은 생물학에서뿐만 아니라 인문학적 시각에도 획기적 변화를 가져와 사회 이데올로기

---

10. 프란츠 부케티스, 박종대 옮김, 『자연의 재앙, 인간』(서울: 시아출판사, 2004), 157쪽.

몸에 대한 생물학적 물음

에 접목되어 사회적 다윈주의를 통한 진보 개념의 발전을 불러왔던 것이다.

다윈의 의도와는 관계없이, 유럽의 제국주의자들은 사회적 다윈주의에 다윈의 이론을 차용했다. 그들은 토착 자원이 넉넉해 갈등을 거의 모르는 지역에 총과 세균 등을 들고 들어가 주민들과 생태계를 제멋대로 약탈하고, 이를 적자생존과 약육강식 이론으로 정당화했다. 그리고 자신들이 믿는 유일신을 강요하며 주민들의 오랜 문화와 언어를 강제로 개편했다. 지금에 와서 이러한 행위를 후손들이 반성하고는 있지만, 현재에도 그에 못지않은 다국적 기업의 착취가 계속되고 있는 것이 현실이다.

사회적 다윈주의 이데올로기가 가장 오용된 것은 이에 연결된 우생학이 나치즘에 부합되는 이론을 제시했다는 점이다. 사회적 다윈주의에서 생명의 상향 발전에 대한 관념은 우생학으로 이어졌는데, 이것은 병자와 장애인들을 제거하고 열등한 인종과의 교배를 금지함으로써 문화 민족을 더욱 고결하게 드높여야 한다고 주장한 학문이다. 사회적 다윈주의의 이데올로기에 의하면 진보란 한편으로는 모든 열등한 민족들을 축출하고, 다른 한편으로는 문화 민족의 구성원들 가운데에서 살 가치가 없는 부류를 제거함으로써 획득될 수 있다. 이렇듯 진보가 생존능력이 없는 민족들을 없애버림으로써 달성되고, 더 강하고 고귀한 인종과 민족들의 팽창을 통해서 이루어진다는 야만적 생각은 급기야 나치의 유대인 학살을 통해 현실화되고 말았다.

자연의 재앙이 된 인간

다윈과 수많은 진화론자들은 진화의 과정에서 진보를 철저하게 믿었던 것 같다. 그렇지 않고서야 진보의 이념과 자연선택 사이에 존재하는 명백한 모순을 깨닫지 못했을 리 만무하다. 대체 자연선택은 어떻게 작용하는 것인가? 의인화해서 말하자면, 자연선택은 우연히 생성된 엄청난 수의 유전적 변이들 가운데에서 진화의 무대 배경이 가장 잘 어울리는 인자들만을 선별한다고 말할 수 있다. 어떤 개체들이 다음 세대에 자신의 유전 형질을 물려줄 기회를 잡게 될지는 미리 결정된 것이 아니다. 자연선택은 장기적인 목표를 알지 못하는 근시안적인 설계자일 뿐이기 때문이다.

심지어 유전적 다양성의 원인이 되는 다른 진화 메커니즘들—유전자 재결합, 돌연변이—은 아예 눈이 멀었다고 할 수 있다. 이 메커니즘들은 동일한 교미 방식을 지닌 상이한 두 개의 이성異性 개체가 우연히 결합함으로써 생긴다. 한 개체가 지닌 부모의 유전자 잠재력은 새롭게 섞여서 나타나지만, 이러한 뒤섞임에는 어떤 체계나 계획도 없다. 다윈의 자연선택 이론과 현대의 유전자학이 설명하는 바에 따르면, 전체 진화에는 어떤 의도나 목표도 없다. 모든 생물 개체는 우연히 생성된 유전자 변이다.

그렇지만 생물 개체가 생존능력을 갖추고 상당 시간 동안 생명을 유지할 수 있는가 없는가의 여부는 예측 불가능하면서도 전체적으로는 자연법칙을 따르는 많은 사건들에 의해 좌우된다. 또한 자연선택은 한쪽 날개만 가진 새라든가 이빨이 없는 표범처럼 어떤 특정한 변이들은 허용하지 않는다. 진화의 가능성은 다양하지만 그렇다고 임의적으로

몸에 대한 생물학적 물음

진행되는 것은 아니며 어떤 특정한 궤도 안에서 움직이는 것이다.

이로써 우리는 진화가 어떤 법칙에 따라 흘러간다는 사실을 인정하는 셈이다. 하지만 이는 진화의 모든 개별 사건들 및 무수한 생체구조와 종들의 출현이 처음부터 미리 정해져 있지 않다는 것을 의미하는 것이 아니다. 다만 각각의 게임에 특정한 규칙들이 있을 뿐이다. 그러나 그 규칙들이 각각의 게임 결과를 처음부터 결정하지는 않는다. 즉, 승자와 패자는 미리 정해져 있는 것이 아니다. 또한 여기서 거론한 법칙성이라는 것도 계획성을 의미하지 않는다. 비유적으로 말해서 '진화의 무계획성'이라고 말함이 적절할 것이다.

우리는 진화를 오늘날 우리가 알고 있는 결과들에 근거해서 재구성하려고 한다. 그렇기 때문에 진화에서는 모든 것이 어떤 특정한 계획에 따라 움직이고, 생명의 발전사는 단계적으로 현재 생존하는 종들로 접근했으며, 우리 인간이 그러한 발전의 최종 종착지라는 확신에 쉽게 빠져든다. 그러나 이는 명백한 오류다. 오늘날의 생물은 결코 최종 산물이 아닐 뿐 아니라, 처음부터 몸속에 현재 상태에 이르는 소질이 있었던 것도 아니다. 진화의 중단 없는 계획이란 그저 인간의 희망사항일 뿐이다. 이러한 희망은 인간의 환상, 즉 우리 인간이 모든 발전의 필연적 정점일 것이라는 환상에서 비롯되었다. 이는 심리적으로는 충분히 이해할 수 있는 일이지만, 진화의 실제 과정과는 아무런 관련이 없는 허구다.

우리는 진화가 끊이지 않고 일어나는 재앙들의 연속이라는 사실에도 주의를 기울여야 한다. 또한 인간 자신이 최대의 자연 재앙으로 상당히 짧은 진화 기간 동안 엄청난 규모의 파괴를 야기했음을 직시해야 한다. 모든 생물체가 자신의 환경에 관여하고 환경을 바꾸며 다른 생물들을 파괴하지만, 인간처럼 그렇게 주변 환경을 거대하고 전면적으로 침탈한 생물은 없었기 때문이다. 지구는 인간의 손에 의해 비교적 짧은 시간 안에 매우 처참하게 변했다. 자연의 측면에서 따지자면 인간 시대는 무엇보다 황폐화와 몰살의 시대를 의미한다. 인간은 자신의 지적 능력을 주로 지구에서 지배권을 획득하는 데 사용했을 뿐 아니라 그 과정에서 다른 종들을 전혀 배려하지 않았다.

아직도 많은 사람들은 우리 문명에 대한 비판의 소리를 들을 필요도 없는 비관주의자의 불평으로 무시해버리고, 우리의 문명 발전에 오류가 있다는 사실을 보여주는 여러 징후들을 인정하려 하지 않는다. 그들은 과학 기술의 힘으로 자연의 파괴를 치유할 수 있다고 생각한다. 하지만 현실을 직시하자면 우리는 과거의 자연 상태로 돌아갈 수도 없고, 다만 앞으로 나아가야 하며, 그로써 문명의 몰락을 가속화하는 모험 속으로 발을 디뎌야 하는 상황 속에 놓여 있다.

3. 생물학적 인간의 위기

인간 복제에 이르기까지[11]

유전자 조작으로 인한 생태계 교란

지금처럼 생명공학이라는 용어를 일상적으로 사용하기 이전에는 유전

---

11. 생명 복제에 대한 내용과 그 비판에 대해서는, 박병상, 『내일을 거세하는 생명공학』(서울: 책세상, 2002)을 주로 참고하였음을 밝혀둔다.

몸에 대한 생물학적 물음

공학이라는 용어를 썼다. 유전자를 연구하는 유전공학에 생명 복제를 연구하는 발생학을 추가하여 생명공학이라는 용어가 새로운 개념으로 등장하게 된다. 즉 생명공학은 생물이 아닌 생명을 대상으로 삼게 되었다는 것이다.

어떤 이들은 유전자 조작은 안전의 차원에서, 생명 복제는 윤리의 차원에서 바라보아야 한다고 말한다. 이는 유전자 조작은 윤리 문제가 없고 생명 복제는 위험하지 않다고 풀이될 수도 있다. 그러나 사실은 두 측면 모두 안전과 윤리의 문제를 공유하고 있으며, 둘은 그렇게 확연하게 구별되는 것이 아니다. 유전자를 조작한 미생물과 식물을 대량 복제해 환경으로 방출하고 있는 생명공학 산업계는 동물뿐만 아니라 인간도 이윤 추구 대상에서 예외로 여기지 않을 것이기 때문이다.

우선 우리는 성공한 돌연변이 생물체, 즉 연구자 입장에서 성공적으로 유전자를 조작한 생물들을 과연 환경에 방출해도 안전한지 의문을 던져보아야 한다. 이에 대한 답은 '아니오' 이다. 성공한 돌연변이 생물체들은 지금 이 시간에도 농작물로 식품으로 퍼져나가고 있지만, 불행하게도 결코 안전을 장담할 수 없기 때문이다. 생명공학자들은 위험 발생에 대한 확률이 매우 낮다고 강변하지만, 이질적인 유전자를 담고 있는 벡터가 숙주 유전자에서 다른 생물체의 유전자로 이동할 수도 있고, 이때 2차로 이동해 들어간 생물체가 무엇일지 아무도 짐작할 수 없다. 숙주와 동일종이거나 유사종일 가능성이 높겠지만, 사람의 유전자 속에 삽입될 가능성도 있다. 삽입된 위치에 따라 치명적일 가능성도 배제할 수 없다. 유사 종에 이동할 가능성이 수만 분의 1에 불과하므로 별것이 아니라 말할 수는 없다. 통계학적으로 무의미할 정도로 낮은 수만 분의 1의 확률은 생태적으로는 매우 유의미하며 진화적 측면에서도 치명적이라고 한다. 진화적으로 수백만 분의 1의 확률이 환경에 대한 생물종의 적응과 도태를 결정하기 때문이다.

GMOs[12]의 문제도 심각하다. 먹지 않으려면 굶어야 하는 농산물이나 식품은 안전에 대해 무방비 상태다. 대개의 의약품은 정제한 유전자의 산물이지만 GMOs는 유전자가 포함된 재생산 가능한 생명체다. 자연에서 수천 년 이상 검증된 농산물이나 독특한 음식 문화로 안전이 확인된 음식과 달리, GMOs는 기존 음식에 포함된 유전자와 실질적으로 전혀 동등하지 않다. 미국, 캐나다, 아르헨티나, 오스트레일리아, 칠레 등의 국가들에서 GMOs는 주로 수출용이거나 사료용이지만, 한국을 포함한 다른 나라들에서는 음식으로 섭취되는 경우가 허다하다. 최근 많은 논란이 된 광우병 소고기 문제도 바로 유전자 조작을 통해 재배된 농산물로 만든 사료를 먹은 소들의 변형 프레온에 의한 것이다.

농업자본이 주도하는 유전자 조작은 대개 특정 농약이나 바이러스 그리고 해충 구제를 목적으로 삼음을 강조한다. 그들이 개발하려는 것은 대부분 종자 또는 종묘이다. 즉 고질적인 바이러스와 해충의 피해를 항구적으로 예방하고, 특정 제초제에 내성을 갖게 함으로써, 제초 효과를 극대화할 수 있는 종자와 종묘를 개발한다는 것이다. 그러나 우리는 이것이 과연 농민들과 생산자를 위한 선의나 소비자를 위한 배려일까를 생각해보아야 한다. 질병과 해충 피해를 받지 않아 수확량이 늘고 제초제를 한 번만 뿌리면 그만인 농민도 좋고, 가격도 떨어질 것

---

12. '유전자재조합체Genetically Modified Organisms'의 약칭. 유전자의 인위적인 조작으로 창출된 생물로, 기본적으로 생산량 증대와 유통 및 가공의 편의를 위해 유전공학기술을 이용하기 때문에 기존의 육종방법으로는 나타날 수 없는 형질이나 유전자를 지니게 된다.

몸에 대한 생물학적 물음

이므로 소비자가 좋아해야 할 일처럼 보이지만 실상은 전혀 다르다.

GMOs 종자를 심은 농부는 식물은 이듬해에도 같은 작품을 파종하려 할 것인데, 기회를 포착한 농업 자본은 대개의 다국적 기업 상술이 그렇듯 첫해 파격적으로 싸게 팔았던 종자 값을 슬금슬금 올리려 들 것이다. 종자 값에 부담을 느낄 농부는 계약 위반을 감수하고 수확한 작물 중에서 파종한 씨앗을 숨기려 들겠지만 소용없는 짓이다. 그렇게 파종한 씨앗은 발아가 안 되거나 가을에 수확이 되지 않도록, 또는 특정 농약을 뿌려야 발아가 되도록 이미 유전자를 추가로 조작해 두었을 것이기 때문이다.

유전자 조작은 의료 기술에도 이용된다. 사람의 성장호르몬을 개발하여 왜소발육증 환자를 치료하고 있으며, 남녀 성호르몬을 개발하여 2차 성징을 극대화하는 한편 갱년기를 획기적으로 연장시키기도 한다. 그 외에도 의료 자본이 구상하는 유전자 조작 분야는 무궁무진하다. 인체 내분비 기능 저하로 인해 발생되는 불치병과 난치병을 포함한 수많은 질병뿐 아니라 각종 백신도 개발할 것이고, 다양한 암과 노화로 나타나는 퇴행성 질환들도 효과적으로 치료할 수 있을 것이라고 관련 생명공학자들은 예상한다.

하지만 질병을 치료하고 의약품을 연구·개발하기에 앞서, 질병의 근본 원인에 천착하고 그 원인을 제거하기 위해 노력하는 것이 보다 중요하다. 질병의 원인이 환경오염과 그로 인한 돌연변이의 증가 때문이라는 데 동의한다면, 환경을 보전하고 돌연변이 원인을 제거하는 데 최우선의 역점을 두고 환자를 위한 대안을 환자의 처지에서 적극 모색하는 것이 올바른 순서일 것이다. 질병의 원인은 그대로 두고, 그로 인해 발생된 말초적 증상을 치료하기 위해 유전자를 조작하여 환경을 교란시키는 것은 앞뒤가 맞지 않는 행위이다. 또한 유전자 조작을 만연시켜 돌연변이를 더욱 증가시킬 가능성이 농후하다는 점에 대해서도 주의를 기울여야 할 것이다.

생명 복제의 종착지인 인간 복제

동물 복제 연구는 의료 분야보다 축산 분야에서 활발하며, 축산에서 축적된 기술은 인간에 적용할 수 있게 된다. 따라서 인간 복제와 배아 복제를 연구하고자 하는 의료 전공 생명공학자나 발생학 전공 생명공학자는 가축 복제에서 획득한 수의학 전공 생명공학자의 이론과 기술에 상당히 의지하지 않으면 안 된다.

1981년, 생쥐의 수정란의 핵을 제거하고 그 자리에 발생 중 포배기 상태의 세포핵을 치환해 넣어 생쥐의 핵 이식 복제 실험에 성공한 이후 동물 복제 연구는 포유류 이상으로 그 대상을 격상시켰고, 전기 융합과 냉동 기술이 개발되어 동물 복제 기술은 획기적으로 개선되었다. 우리나라도 1992년 황우석 교수팀에 의해 '영롱이'와 '진이'라 이름 붙인 젖소와 한우를 연이어 복제해냈다. 미국에서는 인간의 복제 배아가 생산될 수 있다는 기사가 보도되었다. 그리고는 생명공학이 인간 복제에까지 이를 수 있다는 것이 알려지면서 생명윤리에 대한 논란이 거세게 일어났다. 과학기술의 윤리적 책임성 문제가 심각하게 거론되는 동시에 인간 배아를 복제한 연구자는 인간 창조가 아니라 질병 치료가 목적이며 자신들이 만들어낸 것은 개체가 아니라 세포일 뿐이라고 강조했다.

여러 논의들 중에서도 생명 복제와 생명 윤리를 논의하는 공개 토론 회장마다 단체로 나타나 인간 복제를 주장하며 우생학을 강조하는 라

엘리언 무브먼트(Raëlians Movement)[13]의 논리는 받아들이기 어려운 점이 많다. 배아 복제는 물론이고 현실 사회에서 선호하는 우수한 유전자로 치환한 배아를 체세포 핵 이식 방식으로 확보하고, 대리모 자궁을 이용해서라도 복제할 수 있어야 여성의 출산권과 양육권이 배려되는 복지 사회가 앞당겨진다는 논리는 어불성설이다. 난자를 과도하게 배란하는 과정에서 필연적으로 뒤따르는 고통을 더 우수한 인간의 탄생을 위해 여성이 감내해야 한다는 주장은 여성과 배아의 존엄성을 전혀 고려하지 않고 있는 것이며, 여성은 그저 남성에게 난자를 제공하면 그만인 존재라고 생각함에 다름 아니다.

생물학적 몸으로서 인간정체성의 위기

최근 몇 년 간 생명공학 분야의 발전은 그야말로 비약적인 것이었고, 그 결과물들은 우려를 자아내기에 충분했다. 이제 초기의 경계 심리는 느슨해지고, 그 결과물들을 점진적으로 수용하려는 태도들이 나타나고 있다. 이러한 태도는 30년 전 시험관 아기가 최초로 태어났을 때, 인위적으로 생명의 탄생에 개입하는 것은 도저히 용납할 수 없는 일이라며 격렬히 반대했던 경우들에 비하면 의외의 현상이라고 볼 수 있다.

---

13. 과학기술을 신봉하는 무신론적 종교이며, 이 단체는 세계 최초의 인간 복제 회사인 클로나이드Clonaid를 설립하기도 하였다. 과학 문명이 고도로 발달한 외계에서 미확인 비행물체UFO가 전하는 메시지를 유일하게 받을 수 있다는 교주 라엘은 인간 복제 기술을 이용해 9·11 테러에서 희생된 사람들의 살아 있는 세포를 찾아 복제하여 사랑하는 가족 품에 돌려보내자는 제안을 하기도 하였다.

이것은 생명 현상에 개입하는 과학자들의 연구 결과가 과학적·의학적 효용성 등을 지속적으로 획득하고, 또 실험의 성공률이 높아짐에 따라 생명 문제에 전통적으로 길잡이 역할을 해온 철학·윤리학·종교 등의 영향력이 날이 갈수록 쇠퇴하고 있는 경향과도 궤를 같이한다. 오늘날 생명체는 더 이상 인간이 개입할 수 없는 신성한 어떤 것이 아니다. 따라서 전통적으로 생명에 대해 가지고 있는 유기체적 관념이 새로운 생명공학적 생명 개념에 그 자리를 내어주고 있는 것이다.

그러나 오늘날 생명공학 연구에 대한 막대한 투자는 단순히 인간의 삶을 질적으로 향상시키려는 순수한 의도에서 이루어지고 있는 것이 아니다. 21세기 유망 산업의 하나로 손꼽히는 생명공학 기술의 경제적 잠재력은 무한한 것으로 알려져 있다. 이 기술이 차세대 국가 산업 경쟁력의 핵심으로 떠오르고 있는 것이다. 이 말은 결국 생명공학 기술이 기업의 이윤 창출과 밀접하게 연관되어 있음을 의미한다. 즉 과학 기술은 현대 자본주의 사회의 이해에 예속된 채 스스로의 통제력마저 상실하고 있다. 결국 생명공학은 연구의 순수했던 의도를 벗어나 그 기저에 잠재되어 있는 경제 논리에 따라 발전할 가능성이 농후하다.

인간 복제란 엄밀한 의미에서 보면 한 인간과 유전적으로 동일한 다른 한 인간의 탄생을 의미하는 인간 개체 복제의 경우에만 적용되는 말이다. 이러한 의미의 인간 복제는, 현재 기술적 가능성 여부는 제쳐 두더라도, 사회적 분위기 면에서 받아들여지기 어렵다. 그렇기에 이 분야에 종사하는 과학자들은 인간 개체 복제 대신에 인간 배아 복제 연구의 필요성을 강조한다. 즉 과학자들은 현재 자신들이 인간 개체 복제에는 전혀 관심이 없으며, 치료 목적을 위해 인간 배아 복제가 필요하다고 역설한다.

몸에 대한 생물학적 물음

　그 결과, 과학자들은 인간 생명체의 시작이라는 기준까지 자신들의 편의에 맞게 규정하려 한다. 법적으로 인간의 배아는 수정 후 8주까지 분화한 상태를 말하고 8주 이후는 태아라고 정의된다. 8주 이후의 배아는 모든 장기가 분화된 상태다. 여기서 과연 배아가 인간인가라는 문제가 제기된다. 배아 복제를 연구하려는 생명공학자들은 분화가 이뤄지지 않은 배반포 단계인 수정 후 14일까지를 배아 또는 전前-배아로 추가 규정한다. 수정 후 8주가 지난 뒤 이루어지는 낙태에는 법적 살인죄가 적용될 수 있지만, 배아 복제를 연구하려는 생명공학자들은 수정 후 14일 후의 배아를 생명으로 규정하자고 한다. 거기에는 14일 이후의 배아를 생명이라 치더라도, 그 이전은 단순한 세포 덩어리에 불과하다는 논리가 깔려 있다. 그래야 살인죄에 저촉되지 않을 것이고 더욱이 배아를 해체하는 데 양심의 가책을 면할 수 있기 때문이다. 출산에 기술이 개입하면서 인간 생명의 시작에 관한 다양한 기준이 도입된 것이며, 이는 목적에 따라 생명에 새로운 규정을 적용하려는 연구자들의 편의적 발상에서 비롯한 것이다.

　생명윤리가 무너지면 생명의 존엄성은 회복되기 어려울 것이다. 존엄성이 무너지면 우려하는 대로 생명은 단순한 이용 대상으로 추락하고 말 것이다. 인간의 생명뿐만이 아니다. 배아의 생명이나 동물의 생명 역시 그 존엄성이 무너지게 된다면, 그 여파는 인간 생명의 존엄성까지 차례로 미치게 될 것이다. 생명 복제 기술은 생명에 여벌을 만드는 기술이라 요약할 수 있지만, 그 기술은 지불 능력이 충분한 기득권만이 혜택을 받을 수 있을 것이다. 그로 인해 생명 소외 현상은 극에 달할 것이다. 인간 복제의 당위성을 주장하는 일부 인사들은 이미 태어난 복제 인간도 다른 인간과 마찬가지로 존엄하다는 점을 강조한다.

그러나 복제가 전제되는 인간의 생명은 더 이상 존엄할 수 없다. 인간의 존엄성이란 인간을 단순히 자연적 사물처럼 다루는 것이 아니라 인격적 존재로 대할 때 인간만이 가질 수 있는 고유한 가치이다. 칸트가 지적한 것처럼, 인간을 단순히 수단으로 대하지 않고 목적으로 대우할 때 인격적 존재로서의 인간이 가지는 고유한 가치가 인간의 존엄성이다. 이것은 인간이 지구상에서 결코 둘이 될 수 없는 존재이고, 다른 어떤 것에 의해서도 대체될 수 없는 고유한 인격성과 정체성을 가지고 있다는 기본 전제에서 출발한다. 인간의 개체 복제는 바로 이러한 기본 전제에 대한 가장 근본적인 도전인 것이다.

반면 인간 복제 옹호론자들은 복제에 반대하는 대부분의 사람들이 잘못된 과학적 사실에 의존하고 있음을 지적한다. 사람들이 흔히 빠져 있는 착각이란 복제를 통해 태어난 아이는 유전자를 제공한 원본 인간과 똑같이 생겼을 뿐만 아니라, 원본과 똑같이 생각하고 똑같은 인생을 살아갈 것이라는 생각이다. 그렇지만 옹호론들에 의하면, 한 사람의 고유한 특성은 고정된 유전정보에 의해 결정되는 것이 아니며, 특정한 한 사람이 지니는 고유성은 상호 작용과 환경에서 발생하는 다양한 요인들 간의 상호 작용으로 인해 조정되어 발현된 결과이다. 이렇게 한 개인의 세포 속에 들어 있는 유전 정보가 유전자 간의 상호 작용과 환경과의 상호 작용에 의해 발현되는 것을 표현형이라고 한다. 우리가 파악하는 어떤 사람의 개성은 바로 표현형인 것이다. 비록 유전정보가 동일한 두 사람이 있다고 할지라도 유전자와 환경 간의 상호 작용으로 인해 발현되는 표현형은 다르다. 체세포 복제 기술을 통해 태어난 복제 인간은 유전자형이 원본 인간과 동일하기는 하지만, 표현형은 동일하지 않다. 따라서 그들은 서로 다른 개성을 지닌다. 두 사람

몸에 대한 생물학적 물음

이 비록 유전자형은 동일할지 모르지만, 서로 다른 인간과 환경과 상호 작용하는 가운데 차이를 갖는 것이다. 복제 인간이 원본 인간과 동일한 정신을 지니는 것은 불가능하며 똑같은 환경을 가지는 것은 더더욱 불가능하다. 따라서 복제인간이 고유한 정체성을 가지지 못할 것이라는 주장은 생물학적으로 불합리한 개념이다.

하지만 원본인 나와 복제된 나가 동시에 존재할 때, 나의 정체성이 의문 속에 빠지게 될 것임은 분명하다. 게다가 복제 인간과의 관계는 나로부터 독립하여 존재하는 타자와의 인격적 관계가 아니라, 나와 나의 소유물이라는 사물 성격을 지닌 관계로 변질되지 않으리라는 보장도 없다. 물론 복제 인간이 개별적 인격성을 가지고 독립된 개체로 성장할 수 있다면, 그는 자신을 복제품이 아니라 원본이라고 여길 것이다. 그러나 복제 인간이 자신에 대해 물음을 던질 때, 즉 자신은 이 세상에 하나뿐인 유일한 존재로서의 원본이 아니라 누구를 본떠 만들어진 존재라는 것을 알았을 때 이들은 분명 심리적 혼란에 빠질 것이다. 인간은 남자와 여자 두 사람의 결합에 의해, 즉 인격적인 교제와 상호 간의 책임을 전제하는 성교에 의해서 출산되는데 한 사람의 체세포로부터 많은 복제 인간이 탄생한다면, 특히 이 과정에서 유전자 조작에 의한 맞춤형 아기의 탄생을 받아들인다면, 이것은 근본적으로 인간의 상호 의존성을 파괴하고, 인간의 인격성을 선택할 수 있는 제품의 기호성으로 추락시키는 결과를 낳게 된다. 이러한 결과는 기존의 부모와 자식, 부부 사이의 인륜적 관계에 대한 완전한 파괴로 이어질 것이다.

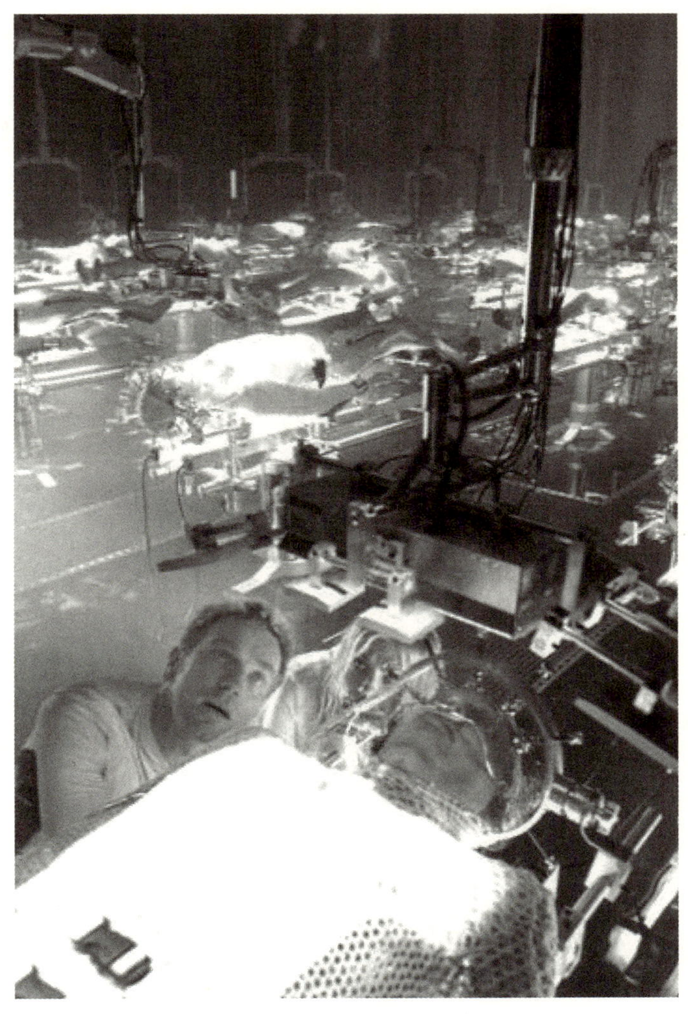

마이클 베이 감독의 영화 〈아일랜드〉(2005)는 복제인간들의 혼란스런 심리를 탁월하게 그려낸 바 있다. 이 영화는 자신들이 21세기 지구상에 살아남은 유일한 생존자라 믿고 오염되지 않은 곳 아일랜드에 뽑혀 가기만을 기다리며 격리된 생활을 하던 두 복제인간이 자신들의 원본 인간들에게 장기와 신체부위를 제공하기 위해 만들어진 존재임을 깨닫게 되는 내용을 담고 있다. 이것이 인간의 질병을 낫게 한다는 명목 하에 영합한 자본과 복제기술이 궁극적으로 잉태할 모습이 아니라는 보장은 없다.

몸에 대한 생물학적 물음

2

몸과 마음

1. 몸의 한계로서의 죽음

엔트로피 법칙과 생명의 법칙

17세기에 별세계를 관찰하던 갈릴레이가 코페르니쿠스의 지동설을 지지하여 당시의 종교재판에 의해 시련을 당한지 몇 세기가 흐른 뒤, 현재의 우리는 어느 누구도 신이 만든 네모난 지구 위에 사람들이 살고 있고 끝까지 가면 벼랑에서 떨어져 죽을 것이라고 생각하지 않는다. 갈릴레이 이후 과학은 계속해서 발전하여 현대물리학은 우주의 탄생과 죽음에 대한 새로운 가설들을 우리에게 끊임없이 소개하고 있고 그 증명을 시도하고 있다.

우주에 시작이 있는 한, 우리는 우주의 창조자가 있었다고 상상할 수 있다. 그러나 만약에 우주가 실제로 완전히 자급자족하고 경계나 끝이 없는 것이라면, 우주에는 시초도 끝도 없을 것이다. 우주는 그저 존재할 뿐이다. 그렇다면 창조자가 존재할 자리는 어디 있을까? (스티븐 호킹)[1]

현대물리학에 의하면, 지금부터 200억 년 전에 빅뱅이 있어 우주는 폭발을 일으켰다고 한다. 빅뱅설에 의하면, 별들은 처음에는 먼지에 불과하였다고 한다. 그 먼지들이 점차 축적되고 그로 인해 열이 발생하였고, 그 열에 의해 핵융합이 진행되다가 폭발을 일으켜 다시 먼지가루로 해체되거나 혹은 냉각되어버리거나 하였다고 한다. 이것이 우주에 펼쳐져 있는 별들의 탄생과 죽음에 관한 이야기다. 빅뱅설 이후, 우리는 우주에도 탄생과 죽음이 있다는 사실을 알게 되었다. 열의 발

1. 스티븐 호킹, 현정준 옮김, 『시간의 역사』(서울: 삼성출판사, 1988), 213쪽.

생과 냉각과 관련하여 우주의 물리적 탄생과 죽음을 좀 더 구체적으로 살펴보면, 우주는 태양의 에너지가 언젠가는 식어 죽음을 맞이하듯 운동에서 정지로의 일종의 퇴화과정이라는 엔트로피의 법칙을 따른다는 점을 알 수 있다. 유한한 시간 속에서 우주의 엔트로피는 언젠가는 최대치에 이를 것이고, 그렇게 되면 우주의 생성은 멈추어 버린다는 것이다. 그러나 물리적 우주의 엔트로피 법칙이 죽음을 향해 간다고 해서 그것이 끝은 아니다. 우주에는 엔트로피 법칙뿐만 아니라 생명의 법칙도 있으니, 새로운 생명을 창조하는 신비로운 법칙이 있기 때문이다. 다시 말해, 생명이 있는 개체를 잘 살피면, 적은 것에서 보다 많은 것으로, 단순한 것에서 보다 복잡한 것으로, 미생물에서 인간으로, 가장 빈약한 구조에서 고도로 다양한 조직으로 진행하가며 엔트로피의 법칙과는 정반대로 복잡하고 섬세한 의식을 향한 진화의 길을 가는 생명의 법칙을 볼 수 있다. 그 대표적인 예로서 인간을 들 수 있으니, 인간은 엔트로피 법칙의 운명에 맞서며 생명과 진화의 법칙을 부단히 발전시켜왔다고 볼 수 있다.

인간은 생물학적으로 육체의 사멸이라는 죽음을 향해 간다. 마치 풀 한포기가 새싹이 돋아나서 그 푸릇함을 뽐내다가 점차 누렇게 시들고 말라서 결국에는 그 흔적조차 사라지듯, 우리 인간은 그 누구도 예외 없이 숨을 들이마시고 내쉬는 하나의 생명체로 세상에 나와 아이의 몸에서 청년의 몸으로, 성인의 몸으로, 노인의 몸으로 점차 노쇠하여 결국에는 죽음에 이르는 것이다. 반면 종적인 차원에서 보자면, 인류는 자손의 번식을 통해 끊임없이 새로운 생명을 이어가고 있으며, 진화의 길을 가는 생명의 법칙 쪽에서 보자면 상상력을 끊임없이 펼치며 다양한 학문과 문화를 발전시키며 현재에 이르고 있다. 우리는 이전에는 전혀 생각지도 못했던 디지털 정보사회에 살고 있고 앞날의 사회모습은, 지금의 빠른 사회변화를 통해 보건대, 가히 예측불가능하다고 말할 수 있다.

동서양의 죽음관

이 세계에 몸이라는 유기체로 존재하는 우리 인류가 우선적으로 인식한 것은 엔트로피 법칙 다시 말해 죽음으로 향하는 스스로의 모습이었다. 여기서 죽음이란 살아있는 것의 죽음 즉 살아 있는 유기체가 시체로 변하는 좁은 의미로서의 죽음을 말한다. 이 세상의 살아있는 만물 중에 죽지 않는 것은 아무 것도 없으며, 이 세상 사람들 중에서 죽음을 피할 수 있는 자는 아무도 없다. 하지만 인간이 다른 종들과 다른 것은 죽음에 대해 생각할 줄 안다는 것이며, 더 나아가서 죽음을 준비하기도 하고, 생명을 연장시키려는 노력도 한다는 점이다. 인간만이 자기가 죽을 것을 알며, 따라서 진정한 의미에서 죽음의 문제는 인간에게만 제기되는 문제인 것이다. 예를 들어, 머나먼 원시시대의 네안데르탈인이 이미 시체매장이라는 제사의식을 치렀다는 점이나 레비-스트로스와 프로이트가 아직도 원시생활을 영위하는 종족에게서 무엇보다 죽음에 대한 공포와 경외심 그리고 그와 관련한 제사의식들을 발견하였다는 점은 인간

레비-스트로스
Claude Lévi-Strauss, 1908~

의 죽음에 대한 오래된 의식을 잘 대변해주고 있다. 인류최초의 문화형식은 바로 죽음에 대한 의식이라고 해도 틀린 말이 아닐 것이다. 그리고 이는 철학의 출발점이 되기도 한다.

죽음에 대한 물음 및 의식의 거행은 무엇보다 종교문화 속에 잘 드러나고 있어 동서양의 여러 종교들의 기원은 서로 제각기 죽음이란 무엇이고 어떻게 맞이해야 하는가를 강조하고 있다. 죽음에 대한 사유는 다양한 종교들 속에서 조금씩 다르게 전개되지만, 그 기원에는 인간이 몸의 한계로서의 죽음과 대면하게 된다는 공통된, 그리고 너무나도 당연한 경험이 자리하고 있는 것이다.

한국 무속신앙의 관점에서 바라본 죽음

우리나라에서 죽음에 대해 어떻게 생각하였는가를 알려면 우선 무속巫俗 세계관에 대해 살펴보아야 할 것이다. 비디오 아티스트 백남준이 한국의 혼을 표현하기 위해 죽은 자들을 불러내는 굿판이라는 형식을 빌리려 했듯, 김동리가 기독교신앙과 무속신앙과의 갈등을 그린 『무녀도』에서 여주인공인 무녀巫女 모화가 생명을 상징하는 물속에 잠겨 죽는 '접신' 행위를 통해 한국인의 혼에 대한 생각을 보여주었듯, 무속 세계관은 죽음에 대한 한국인의 오랜 전통적 생각이 무엇인가를 잘 알려준다. 그보다 나중에 들어와 소개된 불교, 유교, 천주교, 기독교 모두 사실상 무속 세계관이 그리고 있는 삶과 죽음에 대한 이해의 영향을 받아 우리나라 고유의 특징을 지닌 종교들로 발전해나갔다는 점은 이에 대한 여러 이의제기 가능성에도 불구하고 민중이라는 기층문화의 입장에서 보자면 부인할 수 없는 사실이다.

그렇다면 무속 세계관이 드러내는 삶과 죽음이란 어떤 것인가? 무

속 세계관은 죽음을 이승의 삶을 투영하는 저승이라는 이원론적 세계
관과 궤를 같이 한다. 말하자면 이승의 인간이 죽어 저승으로 간다는
것을 가정하며, 이때 이승에 남아 있는 육신 대신 혼이라는 것이 있어
저승을 향하는 것이며, 혼은 이승에서의 삶이 어떠했는가와 관련해 지
옥을 거치기도 한다는 것이다. 우리가 일반적으로 잘 알고 있는 무속
의식인 굿은 바로 혼을 달래 저승으로 보내는 것을 가장 중요한 목적
으로 삼고 있다. 우리나라의 대표적 큰 굿으로 '시왕맞이제'가 있는
데, 이 굿 안에는 천지창조신화와 인간의 탄생 및 죽음에 관련된 신화
가 담겨 있다고 한다.

　무속 세계관은 불교와도 매우 인접해 있는데, 그것은 인간의 환생과
영생을 믿는 윤회적 삶에 대한 인식 때문이다. 불교는 죽음을 분리, 시
간의 다함, 육신의 폐기 등으로 간단하게 생각하는 반면 생사의 경계
를 벗어나는 일에 그 중요성을 부여한다. 즉 심신의 수련을 통해 생사
의 번뇌를 넘어서 해탈의 경지에 이르는 것을 최고의 목표로 삼는다.
그러나 일반인들에게 해탈의 경지에 들어서기 위한 수련이란 너무 먼
것으로 느껴졌기에, 그들은 인간이 삶 속에서 행하는 선행과 악행이
죽은 뒤에 극락이나 지옥으로 가는 것과 혹은 다시 환생하는 것을 결
정짓는다는 인과응보설과 윤회설을 믿었다.

불교와 도교의 관점에서 바라본 죽음

불교에서 죽음을 어떻게 바라보는가에 대한 일반적인 생각은 아마도
생사에 초연해야 한다는 것일 게다. 하지만 실제 불교는 생사에 초연
하여 이승에서의 삶을 보잘 것 없다고 보는 것이 아니라, 죽음은 인간
으로서 피할 수 없는 현실임을 철저히 인식하여 죽음이라는 실상을 다

몸과 마음

른 차원에서 생각토록 이끌고 있다. 다른 차원의 사고란 삶에도 죽음에도 번민하지 않는 생명에 대한 추구를 의미한다. 불교에서는 이것을 업과 윤회를 벗어난 경지라고 하며, 이에 대한 명칭은 불교의 여러 종파마다 달라 열반, 생사즉열반生死卽涅槃, 불생不生, 불멸不滅, 감로甘露, 공空 등으로 불리고 있다.

그렇다면 어떻게 죽음을 다른 차원에서 볼 것인가. 그것은 무상無常에 대한 깨달음을 통해 가능하다. 불교의 현실 인식에 의하면 인생의 모든 고통과 고뇌는 실제로는 변하지 않는 것이 없음에도 불구하고 불변의 고정된 실체가 있는 양 그런 실체에 집착하는 데서 기인한다. 그러므로 그런 불변의 실체가 없음을 스스로 깨달아 무상을 현상세계의 본래 모습으로 인식함으로써 고통과 번뇌를 불식시켜야 한다고 본다.

죽음을 극복하기 위해 죽음의 의미를 이해한다는 것은 죽음이라는 현상을 둘러싼 외연外延과의 관련 하에서 이해된 것일 때 진실한 것이 된다. 죽음이라는 현상이 포함되어 있는 전체 현상의 진실을 철저히 이해하는 것은 곧 죽음의 문제를 극복하는 것이 된다. 불교에서는 그렇게 철저히 파악된 전체 현상의 실상을 고苦, 무상無常, 무아無我라고 표현한다. 불교에서 말하는 열반이나 해탈은 그런 실상을 체득함으로써 죽음을 포함한 모든 문제가 극복되어 있는 상태이다. 이와 같은 논리를 삶과 죽음의 문제로 한정시켜 보면, 우리의 현실세계에 이미 전제되어 있듯이 삶은 죽음을 내포하고 있으므로生卽死, 죽음을 내포하고 있는 이 삶의 진실을 이해하는 것은 곧 죽음을 극복하는 것이 된다死卽生. 다시 말해, 죽음이 필연적일 수밖에 없는 삶의 실상을 아는 것은 곧 영원히 사는 것이 된다는 생즉사 사즉생의 논리가 성립되는 것이다.

무속신앙과 불교가 윤회에 대한 사고에서 그 공통점을 찾을 수 있다면 불교와 도교에서는 생사의 구별을 없애려는 점에서 그 공통점을 찾을 수 있다. 도교 전통의 측면에서 죽음에 대한 인식은 '생사일여관生死一如觀'의 관점으로 요약된다. 이 말은 생과 사를 대립적 존재가 아니라 하나로 인식하고자 하는 것이다. 이는 장자의 유명한 일화인 나비 꿈에 대한 이야기를 통해 잘 알 수 있다. 장자가 하루는 꿈을 꾸었는데, 나비가 되어 훨훨 날아다녔다고 한다. 그가 깨어나 보니 다시 자신이 되어 있었는데, 이때 그는 자신이 나비가 되는 꿈을 꾼 것인지, 나비가 자신이 되는 꿈을 꾼 것인지 알 수 없었다고 한다. '호접몽胡蝶夢'이란 불리는 이 일화에서 장자가 말하고자 한 것은 나我와 물物을 대립이 아니라 동일한 것으로 인식하여야 함이다. 노자 역시 삶과 죽음을 대립의 차원이 아니라 동일한 것으로 설명하고 있다. 노자에 의하면, 만물은 도道에서 생성되어 발전 변화하여 다시 근본인 도로 되돌아오듯이, 인간도 도에서 생성되고 발전·변화하여 다시 근본인 도로 되돌아오니, 도에서 나온 상태인 삶과 도로 되돌아가는 상태인 죽음이 절대적 경지에서는 동일하게 된다.

동양의 지적 전통이나 종교적 사유들 속에서 보이는 죽음에 대한 물음과 그에 대한 다양한 해석들은 서양에서도 역시 발견될 수 있는 내용들이다. 예를 들어 윤회에 대한 사고로는 삶과 죽음의 순환을 말하는 고대 서양의 디오니소스 종교가 있다. 생명은 죽음의 자리에서 다시 태동하고 또한 생명에서 죽음으로 향한다는 것이다. 그러한 죽음과 삶에 대한 순환적 사고는 종교적 제의를 통해 몰아·탈아의 상태에 이르고 불사적 존재로 이행하려는 종교적 제의를 낳았다. 반면 그러한 순환적 사고와 달리 오르페우스 종교는 죽음 이후 인간의 영혼이 가야 할 근원적 세상을 말한다. 오르페우스의 종교관에 의하면, 죽은 뒤 영혼이 정화의 과정을 완전히 이루지 못하면 계속해서 디오니소스 종교에서처럼 윤회의 과정을 거쳐야 한다. 무엇보다 오르페우스 종교의 세계관은 죽을 존재인 몸과 불사의 존재인 영혼의 구분을 드러내는 이원론적 세계관을 반영하고 있다. 이러한 이원론적 세계관은 서양의 지적 전통 속에서 볼 때 플라톤에서 데카르트까지 오랫 동안 그 명맥을 유지하게 된다.

기독교의 관점에서 바라본 죽음

아마도 서양에서의 죽음에 대한 사고를 가장 잘 대변하는 것은 기독교 전통에서 예수의 죽음과 그의 선·악의 세계에 대한 가르침에 관련한 해석들일 것이다. 이는 지금까지도 문학이나 예술작품, 그리고 대중문화 속에까지 깊이 스며들어 있다. 가장 비근한 예로, 어린이들을 위한 영화 〈나니아 연대기〉가 있다. 영화 속에서 늠름하면서도 정의로운 사자는 악의 축에 대항하여 싸우는 선의 축에서 지도자로 나온다. 인간의 말까지 하는 사자는 장렬하게 죽지만 죽은 지 사흘 후에 다시 부활하여 선의 승리로 이끈다. 기독교 문화권에서는 이 영화에서 사자가

앤드류 아담슨 감독의 영화 〈나니아 연대기〉(2005)

예수를 상징한다는 것을 매우
당연하게, 아마도 무의식적으
로 받아들였을 것이다. 또 다
른 영화 〈콘스탄틴〉을 보면,
인간의 영혼 속에 존재하는 악
마와 천사를 구별하는 능력이
있는 한 퇴마사가 천국과 지옥
의 경계를 넘나들며 세상에 존
재하는 악을 지옥으로 돌려보
내는 일을 한다.

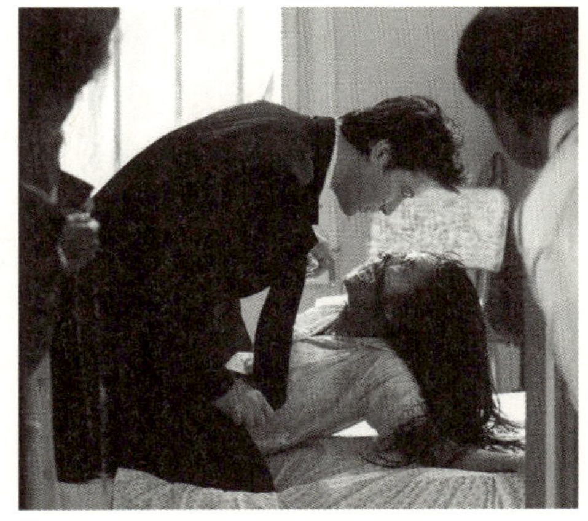

프란시스 로렌스 감독의 영화 〈콘스탄틴〉(2005)

성서를 보면, 예수는 자주 죽음과 죽음 이후의 삶에 대해 말하고 있
진 않다. 그러나 그는 묵시적 사고를 보여주는 말들을 했다. 예를 들면
역사의 끝자락에서 의인들이 부활함을 예고했다. 예수는 하늘나라를
자주 말하고 있지만 이는 죽음과 사후에 가게 될 장소적인 의미로 말
한 것이 아니라, 바로 이 땅위에서 의로운 행동을 하는 삶을 살 것을 강
조하기 위한 것이다. 다시 말하면 죽음 이후의 삶이 어떠한 삶이라는
것에 대해 말했다기보다 그는 지금 의로운 행동을 하지 않는 것이 미
래에 어떠한 결과를 초래하는가에 대해 말하고 있다.

예수의 죽음과 부활, 의로운 자들의 부활을 이야기하는 신약성서와
달리 구약성서는 주로 하나님의 영에 대해 이야기하고 있다. 이를 잘
다루고 있는 히브리 전통에 의하면, 인간의 영혼 그 자체는 육체와 구
별되어 불멸성을 지닌 실체라고 이해되지 않는다. 여기서 영은 하나님
자신을 지시하는 것이고 인간이 곧 영은 아니다. 영이신 하나님과의
관계성 속에서 인간의 혼은 '영혼'이 되고 그의 육체는 '영체'가 되는

것이다. 인간이 영을 지닌다고 말할 때 영은 인간에 임하는 신적인 생명의 현존이지 인간 존재의 한 부분이 아니다. 영은 하나님의 한 존재 양식으로서 하나님의 행위 자체이므로 혼과 육체의 통일체로 인간을 살아 생동하게 하는 총체적 인간으로서 근거지우고, 조성하며, 지탱하는 신의 현존 행동이다. 이러한 히브리 전통에 의하면, 영혼과 육체는 인간을 구성하는 두 가지 별개의 독립 실체가 아니며 전일적 인간 생명 현상의 두 존재 양태를 말하는 것이다. 영혼과 육체는 항상 동시적으로 존재하며 그러한 인간의 생명체에 생명이 지닌 통일성과 생동성을 부여하는 것은 하나님의 영의 현존 사건이다.

주께서 낯을 숨기신즉 저희가 떨고 주께서 저희 호흡을 취하신즉 저희가 죽어 본 흙으로 돌아가나이다. 주의 영을 보내어 저희를 창조하사 새롭게 하시나이다.[2]

즉 인간 생명 그 자체가 하나님의 창조적 입김과 생명력의 바람에 의해 영혼과 육체의 통일체로서 매 순간 그 아름다움의 생명을 은총의 선물로 받게 되는 것이다. 그리고 이때 창조주 하나님에 의해 인간이 생명을 부여받았다는 것은 인간기원에 대한 특정한 과거 역사적 시점에서의 생물학적 기원설을 말하려는 것이 아니라, 오늘 현재에서 계속적으로 거듭되는 신적 창조 행위 속에서 인간 생명은 삶을 지탱함을 뜻한다.

---

2. 「시편」, 104 : 29~30.

2. 몸, 영혼, 마음

영혼의 자리

고대로부터 인간의 죽음에 관한 물음의 이면에는 영혼에 대한 사유가 자리했다. 죽음이란 몸의 사라짐을 의미할진대, 육체가 썩어 해골을 남기면서 인간이 끝나는 것이 아니라 그것과는 또 다른 삶을 영위하는 영혼을 생각했다는 것은 생명에 대한 끈질긴 미련 때문일지도 모르며, 진정으로 영혼이라는 그 무엇이 있어서 그것을 경험했기 때문일 것이다. 여기에 대해서는 아직까지 그 누구도 완벽한 답을 제시할 수 없었다. 아니 너무 다양하게 제시되어 우리 모두가 만장일치로 받아들일 수 있는 의견이 없다. 하지만 현대산업사회의 물질문명 속에서도 영혼을 부정하는 이가 그리 많지 않음은 우리가 계속해서 숙고해보아야 할 어떤 숙제를 던져준다.

우리는 고대인들이 구분했던 서로 이웃한 두 단어 아니무스와 아니마를 알고 있다. 전자는 지성과 관념적인 활동 혹은 학습을 하는 데 있어서의 이지적 능력을 나타내고, 후자는 애정이나 개인적인 측면, 특히 영혼에 관계한다. 심리학자 융은 아니무스를 인간의 무의식(융에게 있어서 무의식이란 영혼에 다름 아니다)에 있어서의 남성성으로, 아니마를 여성성으로 규정하기도 하였으나 고대인들은 아니마와 영혼의 관계에 중요성을 부여하였다.

고대인들에 따르면 생명을 가리키는 영혼은 우선 호흡하는 행위 속에 자리 잡고 뿌리내린 것이다. 실상 죽음은 마지막 숨결과 함께 찾아온다. 마찬가지로 탄생과 존재의 시작은 공기를 들이마시기 시작함을 의미한다. 그리고 이는 한 인간의 자율성을 가리키니, 예전에 그는 어머니의 뱃속에서 그녀의 피와 산소를 통해 생명을 유지하였기 때문이다. 우리는 호흡의 결과들을 연구하지만, 이 호흡은 비가시적이라는 점에 유의해야 한다. 오래 전부터 동서양에서는 호흡의 그러한 성격을 완전히 물질화되지 않는 감성적 현실과 결합하여 생각하였다. 그리하여 사람들은 살아있는 육체를 단순한 조직의 구성으로 보지 않았다. 예를 들어, 스토아학파는 세상의 조직을 연속성의 측면에서 이해하기 위해 ‘세상의 영혼’이 존재한다는 것까지도 인정하는 동시에 영혼이 몸의 각 기관에 자리하는 것으로 보아 우주와 인간의 몸을 함께 생각하였다.

사람들은 영혼을 표현해주는 얼굴의 몇 가지 모습을 구분하기도 하였다. 왜냐하면 얼굴은 항상 생기生氣를 띠고 있기 때문이다. 무엇보다 인간의 시선은 그 방향과 요구, 그리고 광채와 강도에 의해 모종의 의사소통을 멈추지 않는다. 또한 우리는 몸을 끊임없이 움직인다. 겨우 보일까 말까한 자세와 몇 가지 자질구레한 실수들, 활기찬 몸짓에 의한 표현(섬세한 근육조직)이 그러한 움직임들이다. 영혼은 이처럼 육체의 바깥, 어쩌면 가장 외부에 자리하고 있으며, 동시에 인간의 마음과 관련된다는 점에서 육체의 내부에 존재한다. 이와 관련하여 서양의 관상학이나 동양의 형상의학은 인간의 내면이 외부에 어떻게 구현되고 있는가를 연구하기도 한다.

한편 죽음을 인간의 몸의 한계로 경험한 사람들은 영혼불멸을 믿게 되고 그러한 생각을 발전시켜나간다. 그들에게 영혼이 영원하게 존재하기 위해서는 육체와 분리되어야만 했다. 그리하여 살아있는 육체로부터 분리될 수 없던 영혼은 육체가 사멸할 때 그 육체를 떠난다고 생

각하였다. 영혼이 자기 혼자 존재할 수
있는가는 확실치 않으나 움직이지 않는
해체된 육체 즉 시체 안에는 더 이상 거
주하지 않는다는 것이다. 요컨대 영혼은
시체와 함께 사라지지는 않는다는 것이
다. 비록 영혼이 자신을 알거나 자신과
마주쳤던 이들의 기억 속에 남아있을 뿐
더 이상 계속해서 존재할 수 없다고 할
지라도 말이다. 플라톤은 이와 같은 영
혼에 대한 사유를 자신의 이데아론에 맞

데카르트
René Descartes, 1596~1650

추기 위해 정신적 영혼과 감각적 영혼을 구분·대립시키며 후자를 육
체의 축에 가져다 놓았으며, 이는 나중에 우주 이성이 인간의 이성으
로 그 의미가 협소해지면서 데카르트에 와서는 이성과 육체를 대립적
으로 보는 견해로 탈바꿈한다.[3]

플라톤 — 영혼의 감옥인 몸

플라톤의 세계관은 이 세상에서의 감각적인 삶에 대해 적대적이다. 플

---

3. 물론 여기에는 데카르트가 말하는 이성을 단순한 의식적 사고의 능력으로밖에 보지 않
   는 데서 기인한 어느 정도의 오해가 있다. 데카르트의 이성은 원래 인간에게만 갖추어
   진 영혼인 이성적 영혼이었다. 하지만 데카르트가 학문연구의 기본적 패러다임으로 정
   신과 물질을 구분하는 이분법을 택했기에 이성의 의미가 협소해지는 결과를 초래하고
   말았다.

라톤은 영혼조차도 감감적인 영혼과 정신적인 영혼을 구분하면서 육체와 관련된 감각적인 영혼은 사멸할 부분으로 보았다. 정신적인 영혼만이 육체와의 결별과정을 통해 윤회에서 벗어나 신의 세계에 도달할 수 있다고 본 것이다. 결과적으로 플라톤의 세계관 속에는 정신의 추구를 강조함으로 인해 생에서의 감각의 추구가 주는 위로가 배제되어 있다고 볼 수 있다.

플라톤이 영혼까지 이원화하여 보는 것은 그의 사유의 핵심이라고 볼 수 있는 이데아계에 대한 생각으로부터 기인한다. 플라톤에게서 테오리아(theoria)는 이데아계의 인식이라는 의미를 가지고 있는데, 그것은 반드시 객관적인 자연 관찰과 연결되었던 것만은 아니었다. 그가 말하는 이데아계는 신들이 사는 선하고 아름다운 세계이며 이데아는 그곳에서 볼 수 있는 형상들을 뜻한다. 그래서 이데아를 인식한다는 뜻의 테오리아는 마치 소크라테스의 지혜에 대한 사랑(philosophia)처럼 이데아를 추구하는 에로스(Eros)라는 하나의 실천적 자세, 현대의 관점에서 보면 내적 영혼의 영역 탐구라는 성격을 가지고 있다. 물론 이때 내적 영혼이란 감각적 영혼이 아니라 정신적 영혼을 가리킨다.

플라톤은 이처럼 이데아를 인식하는 데 있어 정신적 영혼만을 유용한 것으로 보기 때문에 육체와 관련된 감각적 영혼을 제거해야 하는 것으로 설명하였다. 그는 이를 위해 대화편의 여러 곳, 특히 『파이돈』에서 '영혼의 감옥이나 무덤으로서의 몸'을 주장하였다. 이러한 생각은 그의 제자들에게 몸이 영혼을 괴롭히는 악의 유일한 원천으로 인식되도록 하였다. 플라톤은 몸을 그 물질적 본성 때문에 폄훼 하였던 것이다.

한편 최고의 인식자란 이데아계를 인식하는 사람으로, 그는 사유함에 있어서 시각을 사용하지 않으며 그 밖의 다른 어떤 감각도 추론에 함께 끌어들이지 않고, 사유 자체만을 순수한 상태로 이용하여 존재하는 것들의 각각을 그 자체로 순수한 상태로 추구하려 드는 사람, 다시 말해 몸 전체에서 해방된 사람을 말한다. 왜냐하면 그는 육체의 감각들이 혼을 혼란스럽게 하여 혼이 진리와 지혜를 획득하는 것을 방해한다고 보았기 때문이다. 몸은 철학을 하는 데 있어서 필요한 여가를 빼앗아 수많은 다른 일에 분주하게 하거나, 질병에 걸려 사고를 방해한다는 것이다. 또한 욕정들과 욕망들, 온갖 환영들과 어리석음으로 우리의 마음을 가득 채워 '몸의 보살핌을 위한 종노릇'만 할 뿐 아무 생각도 할 수 없게 한다고 보았다.

플라톤에 의하면 철학자는 순수한 사유를 통해 정신적 영혼의 순수한 거처인 이데아계에 기거함을 목표로 하기 때문에 죽음을 두려워하지 않는다고 한다. 소크라테스가 죽음에 대해 두려워하지 않고 기꺼이 받아들였다는 저 유명한 이야기 역시 이와 같은 맥락에 있다. 지혜를 사랑하는 철학자는 죽음에 임하여 확신을 가지고 있으며 죽은 후의 삶에 희망을 가지고 있다는 뜻이다.

이처럼 플라톤은 지혜를 사랑하는 이는 몸과의 결합상태에서 최대한 벗어나는 사람, '몸의 보살핌을 위한 종노릇'에서 벗어난 사람이라고 보았다. '웰빙'이란 용어 아래 '몸짱, 얼짱문화' 혹은 '음식문화' 등으로 장식된 우리의 현재 상황, 거기에 더해 그러한 것들이 부의 뒷받침이 없이는 제대로 누리기 힘들다는 현재 상황을 되짚어본다면, 과히 지금은 '반反-플라톤적 문화' 속에 자리하고 있다 해도 잘못된 말이 아닐 것이다.

스토아학파 — 영혼의 자리인 몸

몸과 우주의 교류

앞서 살펴보았듯이 플라톤의 세계관은 인간의 영혼이 몸과 가지는 긍정적 관계를 부정하고 있다. 그러한 플라톤과는 달리 스토아학파[4]는 몸을 우주를 움직이는 근원적이고 영적인 기운의 작용에서 파악하는 범신론적인 견해를 지녔다. 스토아학파에서는 미래의 목적이 아니라 현재에 충실할 것을 권하는데, 이는 현재에 발생하는 사건을 어떻게 품안으로 끌어안을 수 있는가, 어떻게 그 현재를 우주 전체의 한 매듭으로서 받아들이고 자신을 그에 합일시키느냐가 중요하기 때문이다. 또한 스토아학파에서 올바른 행위란 우주에 대한 올바른 인식에 다름 아니며, 그것은 이 세계 자체가 신이고 이 세계를 채우고 있는 수많은 물체들을 일정하게 엮어 돌아가게 하는 법칙 전체가 운명임을 깨닫는 것이다. 그렇기 때문에 사건에 대해 우리가 취할 수 있는 것은 바로 우리 스스로가 우주 전체의 한 조각, 한 파편임을 깨닫고 그 사건에 우리 자신을 합일시키는 것이라고 한다. '나'는 삶을 짜고 있는 직물의 한 매듭일 뿐 아무 것도 아니며, 죽음 또한 고향을 찾아가는 것에 다름 아니라고 한다.

스토아학파처럼 몸과 우주의 관계로 세계를 이해하려는 사고는 동양의 종교들 대부분에서는 공통적으로 보이는 현상이기도 하다. 특히 스토아학파와 노자 철학은 우주, 자연, 인간을 바라보는 관점에 있어

---

4. 스토아학파는 헬레니즘 시대에 제논이 창시한 것으로 알려져 있으며, 클레안테스, 키케로, 에픽테토스, 마르쿠스 아우렐리우스 등이 대표적 인물로 꼽힌다.

상당히 일맥상통하는 것으로 평가되고 있다. 스토아학파와 동양의 사상 내지 종교들은 인간-우주를 소우주-대우주로 보아 서로 교감하고 대응하는 관계로 보았는데 이때 명상체험이 중요시되었다는 점도 공통된 특징이다. 그노시스철학이나 불교의 공空 사상이나 인도 요가의 명상 등이 그러한 명상체험의 예에 속한다고 볼 수 있다.

막스 베버
Max Weber, 1864~1920

스토아학파는 그노시스를 주장하는 대표적인 학파이다. '그노시스'란 명상체험을 통해 우주와 인간이 교감함을 깨닫는 것으로, 그노시스는 인간을 세속세계의 뒤에 있는 법열의 나라 즉 신을 본다거나 신이 들린다거나 하는 엑스터시 상태로 이끈다고 한다. 막스 베버는 그노시스적 앎을 구하는 것은 아시아 종교가 가지고 있는 독특한 특징이며, 서양종교의 전통과는 다르지만 헬레니즘 시대에서는 이와 같이 동양종교와 비슷한 경향이 비교적 뚜렷이 보인다고 말한다. 스토아학파에서는 수양의 목표인 이상적인 경지를 아파테이아(apatheia, 파토스 즉 정념의 극복, 부동심)라고 불렀다. 그것은 욕망을 적게 하고 검소하고 건강한 생활을 하여 일시적인 육체적 쾌락보다도 평온함이라는 정신적 쾌락을 향유하는 생활 방식이었다. 이러한 아파테이아의 이상은 불교가 추구했던 니르바나의 이상에 상당히 가까워 보인다.

아파테이아의 이상을 위해 스토아학파는 고대의 여러 철학들 가운데 가장 구체적인 형태로 몸에 대한 이론을 전개시켰다. 몸에 대한 그들의 관심은 정신수양법의 실천과 관련하여 형성된 것으로, 그 철학이론의 성립도 이러한 실천적 체험을 바탕으로 이해할 수 있다. 스토아학파는 자연과 윤리의 일치를 주장하였는데, 스토아학파가 인간의 최고의 선으로 여기고 있었던 것은 자연과 하나가 되는 생활태도다. 좀 더 자세히 말하면, 이것은 명상 위주의 심신 훈련을 통하여 아파테이아의 상태에 이르는 것이었다. 그들은 그것을 자연이라 부른다. 스토아학파에게서 자연은 물질적 세계나 인간의 본성을 의미하는 것이 아니라. 일체 만물 속에 일관하고 있는 우주의 목적을 가리키는 말이다. 여기서 자연의 법칙을 신의 섭리로 불러도 무방할 것이다. 그리고 인간은 자연 속에 내재하여 작동하는 원리로서의 로고스에 맞는 삶을 살아감으로써 자연으로 회귀하여야 한다. 스토아학파는 자연이 인간의 내면을 포함하는 것으로 봄으로써 도덕법칙과 자연법칙이 기본적으로 일치한다고 생각하였으니, 이는 내면의 심리훈련을 통하여 자기의 마음 상태가 움직여 의식을 넘어선 체험을 함으로써 대우주와 교류한다는 사고방식이다.

프뉴마의 흐름

스토아학파의 자연은 스피노자의 신이나 자연과 동일하다고 볼 수 있다. 우주의 모든 부분들에는 프뉴마라는 에너지가 스며들어 있다. 프뉴마의 스며듦에 의해 우주의 각 부분들은 성질을 부여 받고, 특수자적 지위를 얻는다. 이렇게 개별자에 스며들어 있는 프뉴마는 따로따로 떨어져 각 개별자와 결합해 있는 것이 아니다. 프뉴마는 응집과 확산을 통해 연속체인 세계의 모든 부분들에 스며들어 있다. 세계의 모든 부분들은 그들에게 스며들어 있는 프뉴마에 의해 서로서로 관계하고 있다. 그래서 관계적 상태는 소위 우주적 공감을 설명할 수 있는 범주를 제공한다. 개별자 하나하나는 모두 프뉴마가 스며들어 있는 질료이기 때문에 우리는 모두 프뉴마와 관계적 상태에 놓여 있다. 우주의 모든 부분들은 서로 관계적 상태에 놓여 있다고 할 수 있다.

그렇다면 프뉴마는 어떻게 생성된 것인가. 이에 대한 답은 스토아학파의 세계 4대 구성요소에 대한 생각에서 찾을 수 있다. 세계의 구성요소인 4요소에 관한 스토아학파의 생각을 간단히 정리하면 다음과 같다. 세계와 세계의 내용물은 네 개의 요소, 즉 불, 공기, 물, 흙으로 구성된다. 이 중 불이 가장 탁월한 요소인데, 왜냐하면 다른 요소들은 불의 변형의 결과로 나타난 것이기 때문이다. 불이 응축하여 공기가 되고, 물이 응축하여 흙이 된다. 거꾸로 분해의 과정을 거치면 흙이 물이 되고, 최종적으로는 다시 불의 상태로 된다. 이 4가지 요소 중 불과 공기는 혼합하여 프뉴마라는 세계 구성의 능동적 원리가 되고, 물과 흙은 혼합하여 질료의 상태가 되어 수동적인 원리가 된다. 스토아에 따르며, 우주는 무한한 허공에 깊숙이 박혀 있는 하나의 섬으로, 이 우주는 모든 것에 스며드는 기체인 프뉴마로 충만하며, 이 프뉴마가 질료를 응집시키고, 또한 우주의 모든 부분들 간의 접촉을 일으킨다. 우주 전체는 항상 프뉴마가 깃들어 있어야 우주라는 존재가 된다. 인간의 몸 역시 프뉴마가 빠져 나가버리면 몸이라는 존재는 더 이상 인간 존재, 즉 생명적 존재가 아니다.

스토아 체계에서 몸(물체들)은 질료와 마음(신, 혹은 로고스)의 결합물이다. 마음은 몸과는 별다른 어떤 것이 아니라, 몸의 필수적인 구성 성분으로, 질료 안에 있는 이성이다.

스토아학파의 몸에 대한 이론은 소우주-대우주의 대응관계를 구체적으로 보여주고 있는데, 이 이론은 영혼이 자리하는 곳을 몸으로 보

몸과 마음

아 영혼 8분설을 취하였다. 영혼 8분설은 몸 8분설에 다름 아니기도 하다. 이에 의하면, 영혼은 머리 혹은 심장에 지도적 영혼으로 자리하고 5개의 감각기관과 생식기, 포네(소리)에 자리한다고 한다. 하지만 이러한 구분보다 중요한 것은 영혼이 그 자리에 고정되어 있는 것이 아니라 몸의 활동과 더불어 우리의 몸 밖으로 넘쳐흘러 나온다는 점이다. 스토아학파에서는 이를 '프뉴마'라는 에너지의 흐름으로 표현하였다. 스토아학파에서 말하는 프뉴마의 흐름은 현대에 와서 서양이 동양의 사상에 대해 관심을 가지며 새삼 주목받게 된다. 그 이유를 간단히 말하자면, 서양의 사유가 동양의 사유와 특히 다른 점은 그들의 이성 중심주의로서 자연을 외적·물리적 자연으로 보면서 인간과 우주의 내적 교류를 외면하였던 반면, 스토아학파는 프뉴마의 흐름을 통해 인간 내면의 영혼과 몸의 일치를 얘기하여 동양의 사유에 상당히 가까웠기 때문이다. 예를 들어, 포네는 소리로서의 말이며 프뉴마는 소리와 함께 몸 밖으로 흘러나온다. 프뉴마의 흐름은 외부사물의 자극을 느껴서 피부의 표면까지 이른다고 생각하였다. 몸은 프뉴마가 흐르는 그릇이며. 그 흐름은 외부세계와 교류하여 움직이는 것이다. 이러한 프뉴마의 사고방식은 동양의 기에 관한 사고방식이나 요가의 신체론과도 유사하다. 동양의학에서는 기라는 에너지의 흐름이 각 경락들을 통해 몸 전체의 각 부분에 이르고 그것이 피부나 호흡기를 통하여 몸의 외부(우주의 기)와 교류하고 있다고 보았으며, 요가철학에서는 나디(nadi)라고 하는 일종의 맥관계가 전신에 분포되어 있으며 거기에 프라나(prana)라고 하는 에너지가 흐르고 있으며 이 역시 우주와 교류한다고 보았다.

　생명 있는 것들은 모두 호흡을 한다. 호흡은 생명체의 특징적 현상이다. 앞서 살펴본 바와 같이 스토아학파는 프뉴마가 생명체에 들어가 그것의 영혼이 되고 그 생명체의 운동을 가능하게 한다고 말한다. 호흡의 현상은 생명체의 운동을 가능하게 해주는 근원이며, 따라서 호흡은 운동 능력의 가능 근거이다. 생명체는 호흡을 통해 우주 속의 프뉴마를 흡수함으로써 생명체가 된다. 다른 한편으로 프뉴마는 생명체의 영혼이 되고, 생명성의 운동도 가능하게 된다. 그래서 스토아학파는 살아있는 유기체에서 숨결과 영혼이 동일하다고 본다. 스토아학파는 우주가 프뉴마의 흐름으로서의 영적인 기운이 가득 차 있으므로 인간의 몸과 우주가 유기체이자 생명체로서 일체를 이루고 서로 조화롭게 교류하기 위해서는 명상훈련을 해야 한다고 강조한다. 인간은 명상훈련을 통해 프뉴마의 운동을 바탕으로 대우주의 본성과 소우주로서의 인간의 본성이 서로 대응하고 있음을 깨닫고 체험해야 한다는 것이다. 스토아학파에 있어 자연과의 일치라는 최고선이란 바로 이것이다.

동양의학에서 바라본 몸과 마음

동양의 신체관

서양에서 자연이란 인간과 심리적으로 떨어져 있는 것으로 인간의 지배 밑에 있는 객체이지만, 동양에서 자연이란 인간이 심리적으로 동화되는 생명의 마당이다. 이는 앞에서도 밝혔듯 스토아학파가 동양의 사유에 가까운 근본적 이유가 되기도 한다. 몸 역시 자연의 일부분이고, 더 나아가 몸을 확대해석할 경우 우주도 몸체이며 자연 역시 몸체로 볼 수 있다. 동서양의 차이는 이미 얘기했듯 자연을 바라보는 서양의 시각이 물질적 자연에 우선 주목하고 자연을 관찰의 대상으로 여겨왔던 데 비해, 동양에서는 자연을 모든 것이 그 속에서 생겨나고 자라는 만물의 어머니와 같은 것으로 본 데서 기인한다. 몸과 관련된 동양사상 중에서 의학만을 두고 보아도 동서양의 몸과 자연에 대한 관점의 차이는 확연히 드러난다.

서양의학은 몸을 밖에서 관찰할 수 있는 객체로 바라본다. 특히 서양의 근대의학에서는 객체인 다른 사람의 몸만이 보일 뿐이지, 그 마음은 보이지 않는다. 근대의학의 이러한 신체관은 몸과 마음을 분리하여 생각하는 서양의 오랜 전통에 그 뿌리를 두고 있는 것으로, 정신과 물질을 분리해서 보는 플라톤의 형상-질료의 이원론에서 출발하여 기독교의 영혼-육체의 구별로 받아들여졌고, 데카르트의 이성-육체의 이원론에 이른다. 20세기에 와서 서양이 동양의 사유에 관심을 가지는 것은 일면 의학 역시 심리학의 발전으로 인해 인간의 육체 아닌 마음에까지 관심이 넓혀졌기 때문일 것이다.

동양의학은 서양의학과는 달리 몸을 안쪽에서, 주체로 바라본다. 우리는 스스로를 안에서 느끼지 밖에서 바라보지 않기 때문이다. 물론 거울 속에 비친 모습을 보기도 하지만 일상생활 속에서 우리는 몸을 내적으로 느끼며 살아간다. 우리는 지금 여기에 있는 우리자신을 스스로의 몸으로 느끼고 있다는 말이다. 스스로 느끼는 몸으로서의 자신 이외에 어떤 다른 자신이라는 것은 존재하지 않는다. 그래서 이때 마음과 몸은 분리되지 않는다. 그리하여 다른 사람의 몸에 접촉하는 일은 그 마음에 접촉하는 것이 된다. 옷깃만 스쳐도 인연이라는 옛말은 바로 몸의 부딪힘이 마음의 그것과 같다는 것을 의미한다.

한편, 동양의학뿐 아니라 여타 동양의 사유에서 사람의 몸이 소우주라는 것은 몸이 우주의 일부라는 단순한 의미가 아니다. 하나의 기氣라는 점에서는 우주의 일부이지만 몸은 우주의 운동을 본받아 그대로 따르며 자신도 마찬가지의 운동을 행하고 있기 때문에 소우주가 되는 것이다. 하늘과 땅이 우주라면 사람이 소우주라고 하는 말은 바로 이런 관계를 전제로 한다. 우주의 기를 음과 양이라는 두 범주의 운동으로 파악한다면, 사람 역시 기 에너지를 통해 음양의 성쇠에 따라 일어나는 다양한 변화에 맞추어 능동적으로 살아가야 하는 존재이다.

인간에게 있어서 경락을 흐르는 기 에너지는 심리작용과 생리작용을 결합하는 역할을 한다. 즉 기는 심리와 생리, 일반적으로 말하면 정신현상과 생명현상 사이에서 공시적 동조 작용을 불러일으키는 에너지라고 생각되고 있는 것이다. 동양의학에서 치료는 바로 생체의 기의 불균형을 되찾고, 몸 안에 있는 자연치유력을 활성화함으로써 자연적으로 건강을 되찾는 것을 지향하고 있다. 여기서 기의 불균형을 되찾는다는 것은 신체뿐만 아니라 마음에도 관계하는 것이 동양의학이 서양의학과 다른 점이다. 동양의학에서 가장 중요시하는 것은 인간과 분리된 어떤 외부의 물질이 아니라 몸 안의 정精·기氣·신身으로 이를 잘 지키려면 외부와 잘 조화되어야 하며 무엇보다도 우리의 마음가짐이 중요하다. 『동의보감』 제 1권의 첫머리도 마음을 편안하게 하고 허욕을 없애면 진기가 보전되고, 정신이 산란해지지 않으면 병이 생기지 않는다고 하여 정·기·신이 가장 중요한 것임을 암시하고 있다. 쉽게 이야기하면 동양의학은 몸의 건강을 위해 일상생활 속의 마음자세를 중요시한 것이라고 볼 수 있다.

『황제내경』

몸을 안쪽에서 바라보는 동양의학의 견해는 『황제내경』에 잘 나타나 있다. 이 책에 따르면, 인간의 몸은 자연과 구분되어 객관적으로 존재하는 대상적 실체가 아니라 자연과 하나가 된 존재이다.

> 생명을 그 자체로서, 전체로서 이해하고 접근하는 것, 자연을 그 자체로서 전체로서 이해하고 접근하는 것 이것이 동양의 자연관, 인간관, 생명관이다.[5]

그와 같은 몸과 자연의 상생에 따라 몸의 기운을 봄(새싹이 나오고 위로 자라남), 여름(수평으로 팽창하는 기운), 가을(열매를 맺고 수렴하는 기운), 겨울(씨가 땅 속에 묻히듯이 잠장하는 기운)에 따라 다른 것으로 보고, 목기(직승), 화기(발산), 토기(네 가지 기운을 조절), 금기(수렴), 수기(잠장, 밑으로 끌어당기는 것)등의 기운으로 나누기도 한다. 동의보감에도 사계절 음양변화는 만물의 근본이므로 성인은 봄과 여름에 양기를 보양하고 가을과 겨울에 음기를 보양하여 그 근본에 순응하면서 만물과 같이 생겨나고 자라는 속에서 지내야 하며, 만일 근본에 어긋나면 생명의 근원을 상해서 진기를 어지럽게 한다고 적혀있다. 즉 사계절 음양의 변화는 만물의 시초인 동시에 종말이며 죽고 사는 근본이라는 의미이다. 이러한 주체와 객체의 통일을 전제로 자연과 하나가 된 인간은 자연의 법칙에 순응하며 자신을 변화시키는 존재이며 자신의 몸을 온전하게 하려고 노력하는 존재이다. 그러므로 인간에게 병이 생기는 것은 궁극적으로 어떤 외부의 무엇이 내 몸을 망가뜨린 결과가 아니라 자연의 법칙을 따르지 않고 마음을 다스리지 못한 결과다.

---

5. 김동영, 『황제내경소문대해 I』(서울, 산해, 2002), 122쪽.

사계절 음양의 변화에 따른 인간의 몸이란 달리 말하면 해와 달이 인체에 미치는 영향을 말한다. 우리 인류는 해와 달의 운동을 통해 시간을 인식해왔다. 동양의학은 해와 달을 통한 밤낮 하루의 변화와 한 달의 변화 그리고 사계절의 변화가 우리 인체에 민감한 영향을 끼친다는 것을 가장 중요하게 인식하고 있었던 것이다. 그리하여 『황제내경』의 본편은 인간의 생명 현상 속에 시간을 인식하는 프로그램이 내재되어 있다는 것을 분명히 밝히고 있다.

> 밖으로 외부의 사기를 자연 변화에 맞추어 피하고 안으로 마음의 청정함을 유지하면 우리 몸의 진기가 자연히 생성되며, 이러한 상황에서 정신을 안으로 고요히 가다듬으면 병이 어디에서 오겠는가?[6]

여기서 때에 맞추어 외부의 사기를 피한다는 것은 하루 밤낮의 변화에 맞추어 생활하고 달의 차고 기움에 맞추어 생활하며 사계절의 변화에 맞추어 생활하는 것을 말한다. 이러한 동양의학의 관점에 따르면, 우리는 몸에 자연의 변화를 인식하는 시간 인식 프로그램이 있다는 것을 알 때 우리 몸이 얼마나 외부 환경의 변화에 민감한가를 알 수 있게 된다. 최근 영국에서는 동물을 통해 시간 인식 프로그램을 확인하였으며, 이를 인간에 적용시키면 인간의 스트레스나 우울증 치료에 도움이 되는 약을 발명할 수 있다는 뉴스가 보도되었다. 동양의학에서는 이미

---

6. "虛邪賊風 避之有時 恬?虛無 眞氣從之 精神內守 病安從來(허사적풍 피지유시 염담허무 진기종지 정신내수 병안종래)", 같은 책, 98쪽.

기본적으로 인식된 사항을 서양 의학에서는 이제야 실험을 한 것이다.

동양의학은 또한 몸과 마음의 건강 모두를 다룬다. 모름지기 생명현상이란 몸과 마음이 밀접한 관련을 갖고 있어 분리해서 생각할 수 없기 때문이다. 따라서 『황제내경』은 일관되게 몸에 생기는 질병과 마음에 생기는 질병을 분리하지 않고 모두 다루고 있다. 본편에는 "그러므로 몸과 마음이 모두 온전하여, 그 타고난 수명을 다 누릴 수 있으니 곧 100세가 넘게 살았던 것이다"[7]라고 적혀 있다. 인간은 완전히 하나로 통합된 생명체계이지 몸 따로 마음 따로 있을 수 없다. 몸의 변화는 마음의 변화에 영향을 주고 마음의 변화는 몸의 변화에 영향을 준다. 몸과 마음은 서로가 완벽하게 융합되어 있어 분리하려 해도 분리할 수 없는 생명구조를 갖고 있다.

이와 같은 『황제내경』에서 인간의 몸에 대한 관점은 유기체론으로 정리되기도 하는데, 이는 우리 몸이 자연의 일부로 자연의 변화에 적응하고 자연과 조화를 이룬 삶을 살아야 건강하게 일생을 살 수 있음을 말한다. 인간의 생명현상은 그 자체가 시간인식을 통한 자기 전개 과정이며 따라서 외부 자연환경의 변화를 인식하고 거기에 대응하여 스스로 조절해가는 생명 현상이라는 것을 알게 되면 인간이 어떻게 자연과 불가분의 관계를 갖고 있는지 깨달을 수 있다는 것이다. 이 유기체론이 말하고자 하는 것은 전체로서 하나의 단일 유기체인 인간생명이다. 인간은 분리하려고 해도 분리할 수 없는 전체로서의 특성을 지닌 존재이며, 부분 상호간에도 밀접한 관련을 맺고 있어 부분만으로

---

7. "故能形與神俱 而盡終其天年度百歲乃去(고능형여신구 이진종기천년도백세내거)",
   같은 책, 98쪽.

성립하거나 존재하거나 아무런 의미가 없기 때문이다.

　이상과 같이, 몸을 영혼의 감옥으로 보았던 플라톤의 사유는 우리로 하여금 더 없이 먼 어떤 절대적 세계 즉 이데아계를 바라보도록 하지만, 동양의학이나 스토아학파는 사소하고 다양하게 체험되는 일상적 삶의 소중함과 그 안에서 온전할 몸을 가꿀 것을, 이룰 것을, 획득할 것을 가르치고 있다.

3

몸의 잃어버린 시간을 찾아서

1. 무의식의 발견과 몸의 부활

몸의 부활

인간본연의 원시성으로

루소는 『인간불평등의 기원』[1]에서, 레비-스트로스는 『야생의 사고』와 『슬픈 열대』에서, 우리가 인류의 시초로 되돌아가서 현재의 사회를 새

---

1. 이 책에서 루소는 완전한 인간 평등과 상호 정의를 구현하는 데 방해가 되는 무지와 편견을 극복하고자 자신의 감정과 지적 근본을 연구했다. 그는 동시대 유럽인들이 본래의 선에서 얼마나 벗어나게 되었는가를 밝히고 있으며, 그들이 재산, 불평등, 노예제도를 보존하려는 유일한 목적에서 법과 정부조직을 구축해왔다고 결론짓는다. 원시 사회와 자연 상태에 사는 원시인이 보여준 고결한 본능은 타자에 대한 존중과 자아 향상을 위한 욕구로, 근대 사회는 이것을 완전히 왜곡했다고 말한다.

로운 시각에서 바라보
고 성찰하도록 권유한
다. 그들은 또한 우리
안의 가장 오래된 인간
본연의 순수한 모습이
무엇이고 그것을 우리
는 지금 어떻게 인식하
고 간직하고 있는가라

질 들뢰즈와 펠릭스 가타리
Gilles Deleuze, 1925~1995 and Félix-Guattari, 1930~1992

는 질문을 던진다. 프랑스의 철학자 질 들뢰즈와 펠릭스 가타리는 『천
개의 고원』에서 '원시인 되기devenir-primitif'를 말함으로써 현대와 고
대 공동체와의 연관성을 이야기한다. 여기서 문제가 되는 것은 우리를
원시인으로 만들거나 그들을 모방하거나 그들로부터 어떤 문화적 표
현을 빌려오려 하는 것이 아니라, 그들이 자신들의 공동체를 기초하였
던 힘들에 주목하는 것이며, 그 힘들과 몸의 관계 즉 몸의 감각능력에
대해 말하는 것이다. 하지만 우리가 관심을 가지는 것은 몸과 권력과
의 관계라기보다는 '몸'으로 표현된 인간본연의 순수한 모습이다. 이
는 피카소나 고갱이 인간에게서 궁극적으로 가장 중요한 것 혹은 소중
한 것을 찾아 아프리카나 타히티 섬으로 떠났을 때 그들이 발견하고자
했던 바로 그것이다. 달리 말하면, 지금 우리는 문명의 옷을 걸친 채 우
리 내부에 존재하는 원형으로서의 어떤 근원적 욕구를 간직한 몸을 서
서히 잃어가고 있는 것은 아닌가라고 의문을 품는 것이다.

　　우리가 살펴보게 될 프로이트와 고갱, 그리고 니체는 모두 현대문명
에 대해 의구심을 품고 문명이 감추고 억압하고 있는 것이 무엇인가를
밝히려 고심한 이들이다. 그들은 무의식과 히스테리, 야만적인 이브,

몸의 잃어버린 시간을 찾아서

몸이성 등으로 달리 설명하고 있으나 사실상 모두 문명이 억압하고 있는 인간 본연의 순수하고 자유로운 본능을 문화의 창조력으로 승화시켜 한층 온전한 소통이 이루어지는 사회로 나아가기를 꿈꾸었다고 볼 수 있다.

무의식의 발견

20세기의 심리학은 우리에게 무의식이라는 영역을 열어보였다. 프로이트는 개인무의식을, 융은 집단무의식을 소개하여 인간의 성욕과 원시공동체까지 거슬러 올라가는 무의식의 원형에 관심을 기울이도록 도왔다. 그들에 의하면 무의식적인 힘들의 활동은 육체를 모든 반작용보다, 특히 의식이라 불리는 자아의 반작용보다 우월한 것으로 만들어준다. 특히 프로이트는 지적인 관점에서 볼 때 마치 대수가 구구단표보다 우월한 것처럼 우리의 육체현상은 우리의 의식, 우리의 정신, 사고하고 느끼고 욕구하는 우리의 의식적인 방식보다 우월하다고 말한다.

프로이트의 심리학은 50년대에 몸의 부활을 조심스럽게 표방하는 현대문화를 반영하는 대표적 징표이다. 그의 세계에 대한 비전은 처음에는 수많은 이데올로기적 장벽에 부딪혔으나 곧 전세계로 퍼져나갔다. 사르트르는 무의식의 존재 자체가 자유의 원칙에 위배된다는 점에서 침묵을 지켰으며, 교회는 영혼을 과학을 통해 다룬다며 반대하였고, 유물사관을 믿는 공산당은 심리학 자체를 인정하려 들지 않았다. 프랑스의 공산당 잡지였던 『라 누벨 크리티크』는 심리학을 미국의 코카콜라나 달러에 비유하였고 계급투쟁을 말살하려는 타락한 경찰이라고 고발하였다. 그럼에도 불구하고 성에 대한 강박증을 설명하는 프로이트의 이론은 점차적으로 세계 각국에 보급되었고 때때로 환상주의의 형태를 띠었다. 더 나아가서 심리학과 구조주의와 언어학을 접목시킨 저 위대한 라캉은 세계의 지성인들에게 막강한 영향력을 행사하였으며 지금까지도 꾸준히 연구되고 있다. 그러한 과정을 살펴볼 때 무의식이나 성과 관련된 몸담론은 이미 에로스 혹은 욕망이 정신과 언어를 모두 정복한 듯 보이는 오늘, 우리가 살고 있는 21세기에 가장 기본적인 화두가 될 수밖에 없는 필연성을 지녔다고 볼 수 있다.

르네상스 시대의 인문학자들처럼 모든 심리학자들(프로이트, 융, 아들러, 베들레헴…)은 공통적으로 인간 본연의 문제는 외적인 힘에 의해 다스릴 수 있는 것이 아니라 내적인 힘으로 다스려야 한다고 주장한다. 그들은 신의 세계에 가정된 단계들(지옥, 연옥, 천국)에 인간의 지층(이드 혹은 원초적·무의식적 자아와 자아, 초자아)을 덧붙였다. 심리학자들은 무엇보다도 육체와 성이 인간의 자아 안에서는 결코 무시할 수 없는 것이라는 점을 강조한다. 오히려 성의 억압이 신경증과 변태, 죄의식을 가져온다고 말한다. 심리학은 결국 육체와 마음의 관련성을 가장 분명하게 보여주는 학문이라고 볼 수 있을 것이다.

히스테리와 몸, 그리고 성

프로이트는 원래 의학도로 대학에 입학하였으나 생물학이나 생리학과 같은 자연과학 전반에 관심이 많았다고 한다. 그리하여 그는 생리학 실험실에서 6년간 일하기도 하고 의사가 되어서는 신경해부학과 신경병리학에 몰두하였다. 그러던 중 히스테리와 최면술에 관심을 가졌던

몸의 잃어버린 시간을 찾아서

프로이트
Sigmund Freud, 1856~1939

샤르코를 만난 것은 그의 장래에 결정적인 영향을 미치게 된다. 왜냐하면 프로이트에게는 샤르코와의 만남이 정신분석의 시작을 알리는 일이었기 때문이다. 프로이트는 최면술을 통한 환자의 정신분석에서 더 나아가 자유연상 방법을 사용하며 인간내면의 무의식과 그것이 의식으로 변할 때의 내적 저항 등을 해석해내게 된다. 프로이트는 인간 내면의 무의식은 대체적으로 원초적인 육체적 본능에 그 에너지의 기원을 두고 있다고 본다. 그는 무의식의 탐구를 통해 유아기의 성욕이나 남성의 오이디푸스 콤플렉스, 여성의 남근 선망 등에 대해 이야기한다.

프로이트의 정신분석학은 사실상 샤르코가 이미 관심을 가졌던 히스테리 연구에서 출발하였다. 샤르코는 성적 흥분을 느낄 수 있는 신체부분, 즉 성감대를 '히스테리대'라고 부르면서 히스테리의 육체증상과 신경과의 관계를 연구한 사람이다. 프로이트의 히스테리에 대한 연구는 히스테리 환자들, 특히 그 중에서도 여성들의 육체적 증상을 읽어내고 그녀들이 두서없이 혼란스럽게 내뱉은 말들을 해석하는 것으로 시작되었다. 프로이트가 무의식을 해석하기 위해 꿈을 분석했듯이, 히스테리 증상을 보이는 여성들의 몸은 그에게 있어 즉각적으로 해석될 수 없는 왜곡되고 일그러진 일종의 텍스트였다. 히스테리 여성들의 수수께끼 같은 몸을 읽어내는 방법을 배우면서 프로이트는 정신분석학이라는 미답의 영역을 개척하고 그것을 구성하는 핵심적 개념들을 발견하게 되었다. 정신분석학의 중심주제가 되는 무의식과 성,

그리고 오이디푸스 콤플렉스가 바로 그것들이다.

히스테리는 프로이트 이전에는 성적금욕으로 인해 자궁이 제 역할을 못하는 상태에 관련된 것으로 오래전부터 알려져 있어 그 치료책은 결혼이라고 일반적으로 생각했었다. 예를 들어, 우리나라에서도 히스테리라는 말이 주로 혼기를 놓친 여성을 가리켜 사용되었던 것과 마찬가지이다. 그러나 프로이트에 와서 히스테리는 과거의 생물학적 · 주술적 요인들로부터 벗어나 일종의 정신장애로 받아들여지게 된다. 또한 이것은 여성에게만 발생하는 정신장애가 아니라 남성에게도 발생하는 것으로 간주된다.

프로이트는 정상과 비정상을 나누는 기준 자체가 존재하지 않으며, 따라서 모든 인간은 근원적 의미에서 히스테리에 다름 아니라고 본다. 왜냐하면, 히스테리에서 발견되는 무의식적 욕망과 그것의 억압이라는 기제는 정상인들에게서도 발견되는 지극히 보편적인 메커니즘으로 정상과 비정상을 가르는 절대적 기준은 없으며, 다만 정도의 차이가 있을 뿐이라고 보았기 때문이다. 오히려 정신분석학에서 비정상적 병리자들은 문화의 억압에 덜 길들여진 존재들로 해석된다. 그들은 인간을 인간으로 탄생시켰지만 성적 존재의 상실이라는 엄청난 대가를 요구하는 문화적 질서에 여전히 불만의 메시지를 던지고 항의의 몸짓을 멈추지 않고 있다. 프로이트는 문화의 억압에 저항하는 사람들의 예로 예술가들을 꼽기도 한다. 정신분석학은 이 야생의 인간들을 문화라는 정상적 규범 속으로 순치시키는 것이 아니라 이들의 병리적 증상을 통해 문화적 질서의 억압성을 드러내고 인간과 문화가 덜 억압적으로 만날 수 있는 길을 모색한다. 프로이트 정신분석학에 이르러 히스테리의 육체는 성적 존재로서 인간의 진실을 드러내는 텍스트로 받아들여지

몸의 잃어버린 시간을 찾아서

게 되고 이 진실을 억압하는 문명과의 관계를 재고하게 된 것이다.

　신경생리학자로 출발한 프로이트가 자연과학적 분과를 떠나 정신분석학 몸 이론이 몸에 대한 생물학적·해부학적 접근법과 갈라서는 것도 다름 아닌 성적 차원의 문제다. 하지만 프로이트의 몸이론은 육체/정신의 이항대립에서 정신의 우위를 인정하는 오래된 위계적 이분법을 넘어서는 것이라는 점에 유의해야 한다. 히스테리의 육체적 증상을 해석하면서 프로이트가 찾아낸 육체는 심리의 영향을 받긴 하지만 심리적 차원에 완전히 종속되지 않는 몸이며, 육체/정신의 이분법을 넘어선 지점에 위치한 몸으로, 이는 현대의 다양한 욕망이론을 낳는 계기가 된다.

　프로이트는 히스테리 증상을 유아기의 외상적 체험 때문에 발생한 불쾌한 무의식적 욕망과 이것이 의식으로 등장하는 것을 막는 방어 사이의 심리적 갈등과 타협의 산물로 이해한다. 히스테리 여성의 몸에 일어난 변화는 단순히 몸 그 자체에 발생한 생리적 변화가 아니라 의식화되지 못한 무의식적 욕망이 몸으로 이동하여 생겨난 변화다. 히스테리 증상은 인간의 몸을 순환하고 있는 에너지와 이 에너지에 부착된 표상이 심리장치를 지배하는 의식의 표상체계 속으로 진입하지 못해 발생한 것이다. 리비도라 불리는 비물질적 에너지와 그에 부착된 무의식적 관념이 의식에 의해 적절히 처리되지 못하면, 무의식적 관념은 무의식으로 내려보내지고 리비도는 온몸을 떠돌게 된다. 프로이트는 이것을 묶이지 않은 자유에너지라고 부른다. 또한 그 무의식적 관념 즉 병리적 표상을 무의식으로 내려 보내는 심리적 작업을 억압이라고 부른다. 성이라는 차원이 들어오는 것이 이 대목이다. 그는 리비도적 에너지는 뭔가를 원하는 욕망이며, 그것의 핵심적 성격이 성적性的임을 발견하였던 것이다. 요컨대, 그가 히스테리적 증상의 원인으로 발견한 것은 바로 무의식적인 성욕으로, 히스테리 증상은 억압된 성적 충동 혹은 무의식적 욕망이 상징적 재현을 거치지 않고 직접 몸으로 옮겨와 온몸을 떠돌며 나타나는 것이다.

문명 속의 불만

앞서 밝혔듯 프로이트는 히스테리 증상을 해석함으로써 정신분석학을 확립시켰는데, 그는 생애 말기로 가면서 인간이 단지 정신장애자인가 아닌가, 다시 말해 비정상인가 정상인인가 하는 진단을 내리기보다는 문화적 질서가 인간을 억압하고 있다는 사실을 확인하고자 한다. 프로이트에게 있어 국가, 도덕, 양심, 죄책감 등은 니체와 마찬가지로 본능과의 관계 속에서, 더 정확히는 본능에 대한 억압의 결과로서 설명된다. 그에 따르면 인간은 많은 욕망을 될 수 있는 대로 자제하며, 본능만족을 대부분 포기함으로써 도덕적 규범을 획득할 수 있게 되고, 이것이 바로 국가존립의 토대가 되며 한 사회의 문화적 질서를 이룬다. 프로이트는 생의 말년에 오래전부터 자신의 관심을 지속적으로 끌어온 것은 바로 문화라고 밝힌다. 이는 그가 무의식이라는 인간의 심층을 들여다보고 그것이 외부 사회와 가지는 관계를 조명함으로 해서, 인간이 내적으로도 온전히 사회와 조화된 삶을 살 수 있도록 하고, 그러한 상태에서 인간의 본능을 억압하는 것이 아닌 인간과 조화를 이룰 수 있는 문화를 꿈꾸었다는 것을 의미한다.

프로이트가 억압당한 인간의 본능 중에서 주목한 것은 바로 성본능이다. 그는 성본능을 바탕으로 문명을 세 단계로 구별한다. 첫 번째 단계는 생각이라는 목적을 전혀 고려하지 않고 성본능을 맘껏 누리는 시기로 인간의 자기애 단계인 유아기에 해당된다. 두 번째 단계는 생각이라는 목적에 이바지하는 성본능을 빼고는 모든 성본능이 억제되는 시기며, 세 번째 단계는 합법적인 생식만이 성행위의 목적으로 용인되는 시기다. 그는 이 세 번째 단계가 바로 오늘날 문명적 성도덕에 반영되어 있다고 본다.

프로이트는 문명적 성도덕을 설명하기 위해 「문명적 성도덕과 현대인의 신경병」이라는 논문에서, 현대문명이 인간에게 야기한 문제점들을 지적하는 여러 학자들에 대해 언급한다. 그는 우선 폰 에렌펠스가 성도덕을 '자연적 성도덕' 과 '문명적 성도덕' 으로 나눈 것을 받아들인다. 폰 에렌펠스에 따르면, 자연적 성도덕은 그 지배를 받는 인간으로 하여금 건강과 생산력을 유지할 수 있게 하는 성도덕이고, 문명적 성도덕은 거기에 순응하는 인간으로 하여금 강력하고 창조적인 문화활동에 종사하도록 자극을 가하는 성도덕이다. 프로이트는 그의 문명적 성도덕에 대한 언급에서 한 가지를 더 첨부하는데, 바로 현대사회에서 급속히 증대되고 있는 신경병도 그 원인을 더듬어 올라가면 결국 문명적 성도덕에 이른다는 점이다. 이와 관련하여 현대문명의 발전이 제기하는 수많은 위험에 대한 에르프의 견해를 전한다. 현대문명이 이루어낸 수많은 발견과 발명, 진보는 인간의 엄청난 정신력을 통해 이루어진 것이며, 이를 누리기 위해서는 그만큼의 정신력을 계속 유지해야만 한다는 것이다. 개인은 그 현대문명사회에서 소외되지 않기 위해 모든 정신력을 동원하여 자신들의 욕망을 채운다. 에르프와 프로이트는 그런 상황이 결과적으로 모든 사람을 늘 서두르게 하며 흥분과 불안에 빠뜨렸다고 본다. 현대인들의 기진맥진한 신경은 더욱 강한 자극과 쾌락을 통해 기력을 회복하고자 하지만, 오히려 더욱 기력이 소진될 뿐이다. 폰 에렌펠스와 에르프 외에도 빈스방거와 폰 크라프트-에빙 역시 현대인의 신경쇠약을 지적하고 있다.

프로이트는 현대문명과 신경증의 문제점에 대한 견해를 밝힌 여러 학자들을 참고하지만 그들의 의견에서 부족한 것이 성에 대한 고찰임을 피력한다. 그에 의하면, 신경질이나 신경과민 같은 모호한 상태를 무시하고 신경병의 명확한 형태만을 고찰할 경우 문명의 해로운 영향은 문명과 민족 혹은 계층 사이에 널리 퍼져 있는 문명적 성도덕을 통해 주로 그들의 성생활을 부당하게 억압하는 형태로 변형된다고 한다. 즉 문명에 의한 성적 억압을 본래적 신경증을 일으키는 근본요인으로 보았다. 성본능을 억제한 결과 자신 안에 잠재된 신경증을 지니고 있는 사람은 문화적 요구에 따라 자신의 본능을 억제하는 데 성공하지만, 그것은 표면상의 성공일 뿐 조금씩 병들어간다. 물론 프로이트는 문명적 성도덕의 폐해를 인정한다 해도, 성욕을 그처럼 광범위하게 제한함으로써 얻어지는 문화적 이익이 그런 고통을 충분히 상쇄할 수도 있음을 인정하며 현대의 교육과 문명이 성적발달과 성적행동을 되도록 늦추려 하는 것도 해롭지 않다고 본다. 성적 제한으로 심한 고통을 받는 사람은 결과적으로는 소수에 불과하기 때문이다. 그럼에도 불구하고 과연 그러한 사람이 소수일까 하는 문제는 프로이트 이론이 나온 지 거의 한 세기가 지난 우리 시대에서 제기되어야 할 문제일지도 모른다. 성의 억압이라는 문제를 중심으로 한 프로이트의 정신분석학이 그토록 빨리 세계 전체로 전파된 것은 문명과 성본능과의 관계가 사실상 그가 생각했던 것보다 밀접하고 중요했으며 프로이트 이후 성담론의 활발한 전개는 사실상 지금의 몸담론에까지 이르렀다고도 볼 수 있다. 또한 우리는 성본능의 승화능력으로의 전환과 예술에 대해서도 지금의 현대문화와 관련하여 생각해볼 필요가 있다.

프로이트는 인간의 끊임없는 성본능은 문명 활동에 상당한 에너지를 공급하는데, 이것은 인간의 성본능이 갖고 있는 승화로의 전이능력 때문이라고 한다. 구체적으로 말하면, 그는 인간의 성 본능은 그 대상을 다른 것으로 바꿀 수 있고 이처럼 대상이 바뀌어도 그 강도는 사실상 거의 줄어들지 않는 특징을 가진다고 보는데, 이때 최초의 성적 대상을 다른 것으로 바꿀 수 있는 능력이 승화능력이다. 성본능이 문명에 중요한 역할을 하는 것은 바로 이 승화능력 때문이다. 성본능을 승화시키는 능력은 사람마다 달라 어떤 이는 예술로 승화시키기도 하고 어떤 이는 최초의 성적 대상에 고착된 채로 머물러 변태적인 사람이 되기도 한다. 우리는 여기서 프로이트가 인간의 승화능력과 관련하여 소수자로 간주하였던 예술가들의 의식은 현재에는 일반 대중의 보편적 의식으로 전환되고 있다는 점에 대해서도 긍정적으로 생각해 볼 수 있다. 물론 성의 상품화가 가속화되면서 생긴 부정적 측면도 간과할 수는 없겠으나, 프로이트가 인간의 본능이 맞이한 운명을 바라볼 때 문명이 진보할수록 본능은 더욱 더 포기되어야 하고 인간의 성본능도 억압된다고 말하였지만, 사회적으로 빅토리아시대나 조선시대가 지금보다 심하게 성을 억압하였음은 주지의 사실이다. 여기에는 역사의 흐름뿐 아니라 프로이트 같은 선구자들이 인류가 성본능을 적극적으로 인식하도록 도운 점도 함께 기여했을 것이다. 프로이트가 우리 문명이 우리의 요구를 더 잘 만족시키고 우리의 비판을 면할 수 있는 방향으로 차츰 변화하리라고 기대해도 좋다고 말했듯, 지금 21세기 초의 현대인은 그가 자신의 이론을 펼쳤던 당시의 현대인들보다 성에 대해 상당히 자유로운 편이며 여러 다양한 성문화를 향유하기도 하는 한편 성이라는 주제 자체를 다루는 예술이 범람하는 시대에 살고 있다.

2. 고갱—문명의 이브와 야만의 이브

문명으로부터의 도피와 원시성의 추구

화가 김점선은 말을 너무도 단순하고 아름답게 그리는데, 신기하게도 그녀의 그림은 보는 이로 하여금 일종의 자유와 카타르시스를 느끼게 한다. 여기서 카타르시스는 마음속의 무거운 그 무엇이 사라지고 텅 빈 존재로서의 가벼움을 느낀다는 식의 어떤 심오한 의미가 아니라 그런 의미자체를 생각할 겨를도 없이 문장의 마침표와도 같은 일종의 정지를 경험한다는 것이다. 지금 문장이 어디에 와 있건 간에 일단 마침표를 찍는 것이다. 그것은 바로 자유이다. 그녀는 언젠가는 그림 그리는 행위를 보여주는 일종의 퍼포먼스 전시회를 열었는데 몇 개의 창문 그림을 보더니 단번에 창문과 창문사이를 터놓았다. 모든 것은 열려 있고 소통해야 하는데 사각형의 형태로 사방이 막힌 창문틀이 너무 답답했던 것이다. 그렇듯 열린 세상과 자유를 추구하는 그녀는 그림이 그려지지 않을 때면 옷을 훌훌 벗어버리고 그림 앞에 자리한다고 한다. 그러면 완전히 자유로운 원시성을 지닌 몸으로 돌아온 상태에서 그림이 저절로 그려진다고 한다. 우리가 화가 김점선의 그림에 매혹당

몸의 잃어버린 시간을 찾아서

하는 것은 우리 현대인 모두 창문틀과 같은 문명의 닫힌 구조 속에 억압되어 있기 때문일지도 모른다. 김점선처럼 현대문명의 인위적이고 이성적인 경향에 답답함을 느껴, 오래 전 타히티로 떠난 이가 화가 폴 고갱이다. 고갱의 삶은 동시대의 화가 고흐의 삶과 함께 전세계에 가장 널리 알려져 있으며, 서머셋 모옴의 유명한 소설 『달과 6펜스』에 잘 그려져 있기도 하다.

고갱은 1848년 파리에서 페루인 어머니와 프랑스인 아버지 사이에서 태어났다. 그는 아버지를 일찍 여의고 어머니의 나라 페루에서 유년기를 보낸다. 피부색이 검은 페루 아이들과 어울렸던 어린 시절은 그의 원시주의나 이국적 성향에 영향을 주었으며, 그가 타히티로 떠나는 심층적 요인으로 작용하였다. 페루에서의 유년 생활 덕분에 타히티에서의 생활은 마치 어린 시절로의 회귀처럼 그에게 그다지 낯설지 않고 오히려 평온함을 주었던 것이다. 그가 타히티로 떠나는 데 어느 정도 영향을 끼쳤을 것으로 짐작되는 일이 또 하나 있는데, 고갱이 은행원이 되기 전 고등학교를 졸업하고 잠시 항해사가 되어 지중해와 북극해 등 바다를 누비고 다녔던 경험이 그것이다. 이 경험은 고갱이 바다 위에 외따로 떠있는 타히티 섬으로 떠나는 것을 주저치 않게 되는 요인이 되었을 것이다.

고갱은 해군을 제대하고 은행원으로 있으면서 아마추어 화가이자 그림 수집가로 활동하였다. 그러던 중 1876년 살롱전에서 당선되자 전업화가의 길로 들어설 마음을 점차 굳히게 된다. 고갱은 당시 피사로,

세잔, 드가 등과 교류하며 상징주의와 인상주의 회화에 관심을 기울이다가, 마침내 고전적인 회화기법을 버리고 자신만의 고유한 표현기법을 모색하게 된다. 전업화가가 된 뒤 생활이 극도로 궁핍해졌지만 1886년 인상주의전에서 호평을 받은 고갱은 좀 더 회화에 열중할 생각으로 브르타뉴 지방의 작은 항구마을인 퐁타방으로 간다. 그곳에서의 자유로운 야인생활은 그의 타히티 생활을 미리 보여주고 예고하였다. 고갱은 사유재산, 문명, 국가에 반대하는 인물로 자임했다. 1890년 그는 르동에게 원시성과 야만성을 모색하기 위한 여행계획을 세웠다고 썼다. 그리고 그는 자신의 이주를 문명에서 절망적으로 도피한 것이라고 묘사했다. 루소의 에밀이 자연과 어울리며 운동, 놀이, 교육과 자아발견을 통해 감각의 살을 찌우고 도덕성을 발달시킨 것과 같이 그도 타히티에서 자신의 원시성과 야만성을 갈고 닦고자 했던 것이다. 타히티에서의 체류자금을 마련하기 위해 열었던 전시회의 인터뷰에서도 그는 자신이 타히티로 떠남으로써 평화를 누릴 수 있고 문명의 영향으로부터 자신을 구제할 수 있을 것이라고 말했다. 고갱이 쓴 여행기 『노아 노아』[2]는 레비-스트로스의 『슬픈 열대』처럼 문명으로부터 야만으로 떠나는 여행기다. 요컨대, 그의 예술관은 문명비판, 단순성과 원시성으로의 회귀로 요약될 수 있으며, 이는 말년의 그의 대표작품 〈우리는 어디에서 왔는가? 누구인가? 어디로 가는가?〉가 제작되기까지 변함없이 유지된다.

그는 이 작품과 관련하여 모리스라는 친구에게 보낸 편지에서 문명

---

2. 『노아 노아』는 문명으로부터의 탈출기라고 볼 수 있다. '노아 노아'는 마오리어로 '향기롭다' 란 뜻으로, 고갱이 맡으려던 향기는 문명에 오염되지 않은 원시적 자연의 향기를 가리킨다.

고갱의 〈우리는 어디에서 왔는가? 누구인가? 어디로 가는가?〉(1837), 보스턴 미술관

세계 파리에서 원시세계 타히티로 떠난 자신이 다시금 서구문명의 영향이 사회전반에 보이는 문명세계 타히티에서 선사시대의 모습을 간직한 원시세계 파투비아로 떠날 것을 결심하였음을 알린다. 결국 문명세계로부터의 도피와 원시성의 추구라는 그의 예술관은 더욱 더 확고해졌던 것이다. 그는 파투비아에서 완벽한 야만성과 철저한 고독을 통해 상상력에 활력을 불어넣어 최후의 대작을 완성하고자 하였다. 그리고 자신의 작품이 던지는 세 질문에 대해 다음과 같이 말한다. "우리는 어디로 가는가? 늙은 여인의 죽음앞에서. 이상하고 우둔한 새가 끝을 맺는다. 우리는 누구인가? 매일의 생활. 인간의 본능은 이 모든 것이 무엇을 뜻하는지 궁금해 한다. 우리는 어디서 왔는가? 봄. 아이. 평범한 생활." 3

3. 스티븐 F. 아이젠만, 정연심 옮김, 『고갱의 스커트』(서울: 시공아트, 2004), 124쪽.

야만의 이브와 문명의 이브

유럽인들에게 타히티는 육체와 육체적 쾌락에 대한 순진성과 개방성을 가진 사회로, 문명사회처럼 육체를 은폐할 필요성을 느끼지 않는 곳이었다. 그들에게 타히티로의 여행은 원시시대로의 회귀 같은 것이었으며, 타히티에서 프로이트가 문명이 억압하고 있다고 진단한 자연적인 관능에 충실할 수 있는 자유를 발견하고 싶어 했다. 하지만 타히티는 유럽인들이 꿈꾸었던 미덕들을 보존하지 못했다. 유럽인들이 드나들고 상업이 발달하면서 변질되어 갔기 때문이다. 여자들은 몸을 팔며 돈을 원했고, 사유재산제도로 인해 물질에 대한 욕구가 심해졌고, 성병이 난무했고, 유럽의 갖가지 이데올로기들이 조금씩 스며들었던 것이다. 이에 고갱은 타히티의 중심가를 떠나 외진 곳으로 가서 그림을 그려야만 했다. 그는 유럽의 문명에 물든 자신의 여자를 떠난다.

사실 나는, 온갖 유럽인들과의 접촉으로 거의 자신의 종족성을 상실하여 백인과 거의 차이가 없는 이 반백인半白人의 여인이 내가 여기서 알고자 하는 아무것도 말해 줄 수 없으며, 내가 원하고 있는 원초적 행복을 줄 수 없는 사람이라고 생각하고 있었다. 그래서 나는 생각했다. 더 섬 안으로 들어가 시골에 가면 내가 찾고 있는 사람을 만날 수 있으리라고.[4]

고갱은 인간본연의 원시적 순수성을 주로 여성의 육체를 통해 표현

---

4. 폴 고갱, 유준상 옮김, 『노아 노아』(서울: 열화당, 1994)

한다. 그 자신 기존의 유럽문화 속에서 묘사된 여성과 자신이 그려낸 여성을 대조시켜 "문명의 이브와 야만의 이브"라 칭한다. 고갱은 유럽이 코르셋과 거들 덕분에 여성을 인위적인 존재로 만들고, 여성을 예민한 연약성과 육체적 열등성이라는 특징 속에 가두려하며, 보호하는 척 하며 성장의 가능성을 모두 박탈한다고 보았다. 반면, 그를 매혹시켰던 타히티 여인의 관능은 동양의 신비한 베일에 싸인 숨겨진 관능이 아닌 자연 속에 혼융되어 적나라하게 스스로의 알몸을 드러낸 관능으로 보았다. 타히티의 원시주의는 최초의 순결과 동일한 의미라고 볼 수 있다. 타히티 사회는 육체와 육체적 쾌락에 대한 순진성과 개방성을 지니고 있어, 고갱이 보기에 낡고 타락한 문명사회에서처럼 육체를 은폐할 필요가 없었다.

고갱은 스트린드베리에게 보낸 편지에서 문명의 이브와 자신이 그린 야만의 이브를 설명한다. 그에 의하면, 유럽인들이 이상적 여성으로 숭배하는 문명의 이브 즉 낙원에서 추방된 죄악과 고통의 상징인 문명의 이브는 우리 앞에 떳떳하게 수치감 없이 나체로 자리할 수 없다고 한다. 하지만 고갱 자신이 그린 야만의 이브는 자연적 관능에 충실한 자유를 지닌 여성으로 발가벗은 채로 우리 앞에 자리한다고 말한다. 이 야만의 이브는 낙원으로부터 추방당하기 전 선악의 개념이 적용되지 않고 부끄러움에 자신의 몸을 숨기지 않는 순진무구한 성을 간직한 여성을 상징한다. 이러한 이브는 선악에 대해 교리적 잣대를 들이대는 당시 서구의 기독교적 윤리관, 육체와 영혼을 분리해 생각하는 이원론적 사유의 전통과 결별하여 육체 그 자체로서 낙원에서의 원시적 순수성을 표현하고 있다.

3. 니체를 통한 몸성의 이해

몸의 이성인 감성

서양철학은 감각이 혼돈스럽고 애매모호하고 여러 가지로 해석될 수 있어 명확성이 없고 비합리적이라며 그 가치를 폄하하여 인식하였기에, 감각에 대한 이성의 비판의 역사로 평가되고 있다. 인간의 이성에 의거해 세계를 해석하고 삶을 기획하고 올바른 사회를 성립시킬 수 있다고 믿었던 이들에게 감각은 위험하고 피해야 하는 것이었다. 플라톤이 질서 잡힌 사회를 이루기 위해서는 감각의 이성인

니체
Friedrich W. Nietzsche, 1844~1900

감성을 고양시키는 시인을 추방해야 한다고 했던 것과 마찬가지의 생각이다. 하지만 그러한 이성 중심적 사유는 어느새 인간의 시야를 좁혀 일반적으로 이성적 인간은 합리적이고 계산적인 인간을 뜻하며 그와 대립되는 것으로 감성적 인간은 직관적이고 감각적인 인간을 뜻하게 되었다. 이성의 의미가 협소화되어 오히려 인간의 이성이 도달하고 합치시켜야 할 우주이성, 즉 우주의 섭리로부터 멀어지게 된 것이다. 스토아학파나 그 이전의 그노시스철학에서 이성 즉 로고스는 우주이성에 대응하고 교감하는 이성으로 자연의 섭리, 더 나아가 신의 섭리에 일치하는 것이었으나, 지금 우리는 이성이라 하면 단지 합리적이고 논리적인 사고를 중시하는 인간의 협소한 이성만을 생각하여 이것을 우주의 섭리나 자연과는 오히려 대치되는 것으로 이해하는 이도 많은

것이 현실이다. 현대에 와서 이성은 더욱더 인간적인 것, 구체적인 것, 감각적인 것으로부터 이탈한 형이상학적인 것, 보편적인 것, 형식적인 것으로 이해되었다.

니체는 일찍이 협소화된 이성을 지적하고, 이성의 명확성이라는 미명 하에 오히려 우리의 삶이라는 진정한 명확성을 잃어버린 것은 아닌지, 그리고 이성에 의해 규정된 언어 즉 이성의 도구인 언어가 과연 우리의 삶과 일치된 진정한 언어인지 등에 대한 의문을 제기하였다. 그는 이성 중심적인 철학에 이의를 제기하며, 그 해결책으로 삶과 세계를 인간의 감성적 차원에서 인식할 것을 권한다. 그는 감성은 더 이상 열등한 행위가 아니라 인간의 세계관계와 자기관계의 본질적 토대가 되어야 한다고 말한다. 요컨대 감성의 보편성이 인간의 삶의 바탕을 이루는 요소가 되어야 한다는 것이다. 니체는 이러한 감성의 복원을 외치기 위해 이제까지의 철학사를 뿌리채 전복시키려 한다.

니체의 철학은 비이성적·감성적 측면들을 사유의 범주에서 밀어내고자 했던 기존의 이성 중심적 사상들의 반대편에 서서 정신이나 이성을 가치폄하하려는 것은 아니다. 다만 그는 정신적인 것을 생리학을 통해 해석함으로써 이성과 감각 혹은 본능, 정신과 육체 등의 이원성 자체를 극복하려는 것이다. 니체에게서 이러한 이원성 극복의 문제는 생 즉 인간의 삶이라는 것을 통해서만이 해결될 수 있는 것이었으며, 이는 몸이라는 개념으로 정리되어 나타난다. 왜냐하면 니체에게 생은 곧 몸을 가리키기 때문이다. 몸은 하나의 큰 이성으로 이성과 감각, 정신과 육체의 통일체로서 인간 존재를 실제적으로 드러내는 것이다. 따라서 몸은 단순히 인간이 본래 생명체이자 생물학적 조건을 타고났다는 것뿐만 아니라 본능과 충동의 승화를 통해 자기 자신을 창조하고 실현해나가는 예술가임을 나타낸다. 니체철학에 있어 인간에 관한 고찰은 이러한 몸적 존재로서의 인간에 대한 규명이 필수적이다.

앞서 말했듯 니체에게서 몸은 단순한 생물학적 의미로 파악되어서는 안 된다. 몸은 생리학적·심리학적 현상일 뿐만 아니라, 사유, 느낌, 욕구의 역동적 복합체이다. 사유, 느낌, 욕구의 역동적 복합성은 곧 우리 몸의 통일적 역동성을 가능하게 한다. 따라서 우리가 몸을 통해 삶을 살아나간다는 것은, 단지 먹고 자고 숨 쉬는 생명체로서의 의미만을 지니는 것이 아니라, 우리가 어떠한 삶을 살아가는지를 설명해주는 텍스트인 것이다. 우리는 몸을 실마리로 하여 인간의 외적·내적 우주의 살아있는 통일된 구조 즉 진정한 인간의 본성을 밝힐 수 있다.

니체는 몸성과 충동구조의 현상 속에서 인간본성의 텍스트를 읽는다. 몸은 자기규제의 충동기관으로서 삶에 적극적으로 대응하면서 사유하므로 가장 직접적인 의식이 된다. 이 몸을 통한 의식 즉 감성은 소크라테스나 플라톤에게서부터 이어져온 이성 중심적 사고에서처럼 제외시켜야 하는 것이 아니라 우리 자신을 알고 세계를 이해하기 위해 가장 세심히 관찰하고 인식해야 하는 것이다. 왜냐하면 우리가 가꾸어나가야 하는 것은 우리 자신의 삶, 바로 몸으로서의 생이기 때문이다.

태고로부터의 인간을 실현하고 있는 몸

니체는 인간이 본래 생명체이고 생물학적 조건을 타고난 사실에 주목하고 이것이 인간의 삶의 바탕을 이루는 것으로 생각한다. 『차라투스트라는 이렇게 말했다』에서 그가 초인으로 묘사한 차라투스트라는 숲과 동굴에서 태어났으며 자신의 동물성을 인정하고 축복하는 자다. 니체는 이 동물성의 내용인 인간의 본능이나 충동 같은 것들이 이성보다 더욱 우리 문화를 건강하게 만들 수 있으며 더욱 창조적이라고 본다. 니체에게 있어서 가장 강한 인간인 초인, 혹은 차라투스트라는 바로 자연적 본능의 힘을 최대한 사용하여 삶을 살아가고 세계를 이해하는 자다. 자연적 본능이 작용하는 생의 영역은 의식의 통제권을 벗어난 무의식의 영역일진대, 그렇다고 해서 니체가 아무런 절제 없이 본능 또는 충동을 표출하여 도덕에 위배되는 행위를 하도록 권유한 것은 아니다. 니체에 의하면 건강한 도덕은 인간의 본능이나 충동에 앞서 강압되고 인간을 지배하여야 하는 것이 아니라 본능과 충동들을 통해 오히려 인식하고 깨달아야 하는 것이다. 본능과 충동에 의한 가치전도는 이렇게 해서 의식형성의 근원적 동인이 된다. 인간이 동물과 다른 점은 자기 안에서 서로 대립하는 수많은 충동과 동인을 도덕에 의해서 제약하고 위계질서를 세울 줄 안다는 것이다. 니체가 도덕의 반대편에 선 것으로 되어 있으나, 사실 그는 학문을 하던 당시의 역사적 상황에서 획일적인 도덕주의, 예를 들어 신과 동물적 본능을 대립시키며 양심의 가책을 지나치게 강조하는 기독교의 도덕에 대해 반대하였을 뿐이다. 인간을 위해 도덕을 만든 것이지 인간이 자신의 삶, 특히 생기를 지닌 삶을 포기하고 도덕을 위해 살아야 하는 존재는 아닌 것이다.

　인간은 충동과 본능의 충만한 힘이 승화를 거쳐 미적 감정으로서의 도취상태에 도달함으로써 예술행위를 하고 생을 확장시킨다. 그리고 그것은 몸을 통해 행해진다. 이러한 개인의 몸의 엄격한 수련이 여러 세대를 지나며 내면화됨으로써 보다 높은 문화의 싹은 비로소 한 인간 안에서 형성된다. 니체는 꿈과 문화의 관계를 『인간적인, 너무나 인간적인』에서 꿈속에서 태고의 인간형이 우리 안에서 계속 훈련을 한다고 말한다. 인간은 자신 안에 있는 태고의 인간형, 아니 태고부터의 인간형에 기반을 두고 계속해서 자신을 실현시키고 있다는 것이다. 그리하여 인간은 몸을 실마리로 한 보다 높은 자기를 실현하고, 그러한 몸들이 문화를 형성하게 되는 것이다.

몸의 잃어버린 시간을 찾아서

4

일상적 삶 속의
숨겨진 문화, 숨겨진 몸

1. 에드워드 홀의 문화 읽기

일상적 몸짓과 문화의 관계

영어 'culture'로 표기되는 문화는 라틴어 'colere(경작하다)'를 그 어원으로 하고 있다. '경작하다'란 의미를 인간에게 부여할 경우 가장 적합한 말은 '교육하다'란 말이 된다. 이때 문화란 경작과 교육의 의미를 함께 지녀 인간의 내면과 외적 환경을 가치 있게 만드는 것을 뜻하게 된다. 그렇다면 우리는 '문화'란 개념을 어떻게 이해하고 있는가? 일반적으로 많은 사람들은 문화를 어떤 예술작품 같은 것을 창조하여 그것을 향유하는 것으로 본다. 일례로 사람들은 우리의 문화유산이라 하면 고려금불상이나 경복궁과 같은 것을 떠올린다. 하지만 이것은 우리가 문화를 단지 고고학이나 인류학의 연구대상으로만 여기거나 뛰어난 예술작품과 관계하는 것으로 여겨 우리의 일상적 삶과는 별 상관이 없다고 생각하는 편견에서 온 것이다. 다시 말해, 문화의 개념 속에는 분명 물질적인 것만이 아니라 행동양식도 포함되어 있는데, 정작 우리 자신의 삶이기도 한 후자를 간과해버리는 경향이 있다는 것이다.

인류학자인 에드워드 홀(그의 저서들 『침묵의 언어』(1959), 『숨겨진 차원』(1966), 『문화를 넘어서』(1976), 『생명의 춤』(1983)은 상호연관성을 지닌 연작으로 문화인류학뿐만 아니라 언어학, 사회심리학, 교육학, 행동과학, 동물학 등 여러 방면에서 접근 가능한 훌륭한 인문서로 평가받고 있다)은 문화를 높은 지적 수준과 교양을 요구하고 보통 사람들은 이해하기 어려운 것이 아닌 일상생활 자체에 관련된 것으로 보며, 문화의 장이 일상적 삶임을 강조한다. 특히 그는 우리의 일상적 몸짓이 문화와 함께 작동하고 있음을 얘기하여 문화가 인간 그 자체임을 주장한다.

문화의 장을 일상의 삶으로 옮겨오기 위해 홀은 먼저 다른 인류학자들처럼 현재 존재하는 소수부족사회를 조사하고, 그들의 문화를 연구하는 데 그치는 것이 아니라 그 현지조사에서 문화가 생물학적 활동에 근거하는 생물근원적임을 찾아내며, 이것이 지금도 우리의 일상사에 마찬가지로 적용됨을 이야기한다. 루소가 자연으로 돌아갈 것을 외치고 고갱이 타히티의 원시사회로 떠났다면, 홀은 지금 이대로의 우리 속에서 언어로 표현되지 않지만 무의식적 행동양식이라는 침묵의 언어로서 소통되는 문화를 읽어내려 한다. 우리 자신

루소
Jean-Jacques Rousseau, 1712~1778

숨겨진 문화, 숨겨진 몸

의 문화를 제대로 이해할 뿐만 아니라 서로 다른 문화들 사이에 존재하는 차이를 인정하여 문화들 간의 원활한 소통이 이루어지기를 꿈꾼 것이다. 그리고 바로 이것이 '몸들'로서의 사회체인 국가, 더 나아가 세계를 문화적 시각에서 제대로 이해하는 것이 된다고 본다.

문화의 무의식

에드워드 홀은 프로이트의 무의식에 대한 사유를 여러 차례 언급하기도 하며 이를 자신의 문화론에 끌어들인다. 사실 그가 자신의 모든 저서들을 통해 보여주고자 하는 것은 문화의 무의식에 다름 아니다. 프로이트는 문명의 발달이라는 현상 속에서 무의식이 맡고 있는 역할을 알아보는 것이 훨씬 많은 것을 발견할 수 있다고 생각했다. 그리고 개인의 발달과 문명의 발달이 서로 유사성을 갖고 있어 개인에서 더 나아가 문명도 신경증에 걸렸다고 진단할 수 있다고 보았다. 그는 정신분석을 문명 공동체에까지 확대하려는 시도를 조심스러워하면서도 그것이 무익하지 않음을 인정한다. 오래 전부터 문화에 관심을 두고 학문연구에 몰두해 온 그에게는 문명사회에의 관심이 당연한 귀결점일지도 모른다. 에드워드 홀은 프로이트의 그러한 의도를 알아차린다.

　홀에 의하면, 프로이트의 가장 극적이고 혁신적인 업적 가운데 하나는 무의식의 역할에 관한 치밀한 분석이다. 그는 프로이트가 꿈은 물론이고 말이나 글의 실수 같은 일들이 모두 인간이 의식적으로 통제하지 못하는 숨겨진 힘을 입증하는 것들임을 사람들에게 확신시키고자 많은 시간과 노력을 기울였다고 본다. 프로이트가 무의식의 세계를 밝혀줌으로써 인간의 행동을 이해하는 새로운 차원을 열어주었다는 것이다. 인간은 더 이상 논리에 의해 지배되는 전적으로 합리적인 존재로 간주될 수 없으며, 대뇌의 합리적 사고에 의해 조종되는 우아하게 설계된 기계로 상상될 수도 없다. 인간의 내면이 대부분 감춰진 충동과 감정으로 형성되어 있다고 생각되고 합리적 사고 밖의 존재로 여겨지자 인간은 예전보다 더욱 수수께끼 같은 존재가 되었지만 동시에 더욱 흥미로운 존재가 되기도 하였다. 프로이트 이후 인간에 대한 물음은 상당히 여러 차원에서 던져지고 우리는 우리 자신에게로 이전보다 더 관심을 기울이게 되었다. 홀은 문화 역시 이러한 인간내면의 다양한 차원을 반영하여 이해하여야 하는 것으로 본다.

홀은 오랫동안 문화가 한 민족의 생활방식, 즉 그들이 습득한 행동양식, 태도, 물질적인 것을 총칭하는 것으로 일반적으로 받아들여지고 있지만 문화의 정확한 실체에 관해서는 인류학자들 간에 일치된 관점이 없다는 것을 지적한다. 그는 그 이유를 개인의 무의식이 오랜 시간동안 다양한 삶의 체험과 심리적 요소가 복합적으로 작용하며 우리의 내면에서 서서히 형성된 것이듯 문화 자체 역시 드러내는 것보다 감추고 있는 것이 훨씬 많고 이러한 것에 대한 소통과 이해는 더딜 수밖에 없기 때문이라고 보며 인류학이 밟아온 과정을 더듬어본다.

그가 보기에 문화는 우선 인류학자의 전문 영역이었다. 인류학자들은 특정한 문화의 복잡성을 서서히 터득하게 됨에 따라 그 복잡성을 이해하기 위해서는 오랜 경험을 통하는 길밖에 없으며, 그와 같은 경험을 하지 않은 사람에게 자신이 이해한 바를 전달한다는 것은 거의 불가능하다는 점을 느꼈다. 또한 인류학자들이 빈번히 다니던 지역이나 그들이 연구하던 종족은 일반적으로 현대세계의 힘의 정치학에서는 아무런 의미도 지니지 못하는 작고 고립된 인간집단일 뿐이다. 그들의 활동이나 발견사항은 어떤 실용적 가치를 부여받을 수 없었으며, 단지 일반인들에게 어떤 호기심이나 향수를 만족시켜줄 정도였다. 이처럼 인류학자의 일과 문화의 개념은 오랫동안 사람들의 마음속에 정치나 경제와 같이 일상적 세계의 현실에서 완전히 벗어난 일들을 연상시켰다.

홀은 그처럼 인류학에서 문화를 연구하는 데 있어서의 문제점들을 검토한 후, 문화가 일상적 삶과 괴리된 것이 아님을 밝히기 위해 우리 모두에게 일반적으로 적용시킬 수 있는 문화 및 문화의 발생에 관한 이론을 개관하는 책들을 쓴다. 그는 문화를 총체적으로 커뮤니케이션(의사소통체계)의 한 형태로 다루었으며, 문화가 성장한 생물학적 근원과 문화의 조성에 결합된 기본적 활동을 개술하였다. 이는 인류학자로서의 그가 나바호족, 호피족, 에스파냐계 미국인, 남태평양의 투르크족 등을 현지조사하며 얻은 지식이 단지 그들에게만 해당되는 것이 아니라, 문화의 기원 및 발생에서 볼 때 인류 전체에 해당되고 또한 지금도 일상의 삶 속에 자리하고 작동하고 있는 것과 관련됨을 말하는 것이다.

홀이 보기에 문화는 드러내는 것보다 감추는 것이 훨씬 많으며, 흥미로운 것은 그 문화에 속한 사람들이 감춰진 바를 가장 모른다는 점이다. 그는 우리가 타문화의 감추어진 문화를 연구하면 우리 자신의 문화체계도 어떻게 기능하는지 더 잘 이해할 수 있을 것으로 본다. 이는 마치 우리가 상대방을 진정으로 이해하기 위해서는 그의 보이지 않는 내면, 더 나아가 그의 무의식을 이해하여야 하는 것과 마찬가지다. 홀은 문화의 무의식을 좀 더 구체적으로 설명하기 위해 기층문화를 상정한다. 기층문화는 문화에 선행하지만 나중에 인간에 의해 오늘날 우리가 알고 있는 바와 같은 문화로 정교화된 행동으로서, 여기에는 인간이 문화생산적인 동물로 활동하는 현재, 민족도 문화도 존재하지 않았던 과거 사이에 어떠한 단절도 없다는 문화의 생물 근원적 성격이 강조된다. 우리는 기층문화를 고찰함으로써 인간의 행동이 근거하고 있었던 복잡한 기반(주로 생물학적인)이 진화의 역사에서 각기 다른 시대에 구축되었다는 사실을 입증할 수 있다. 홀은 기층문화의 기반이 수적으로 매우 적었을 것이라는 점과 그로부터 매우 상이한 형태의 활동, 즉 표면적으로는 아무런 상호관계도 없어 보이는 일들이 파생되었을 것이라는 점을 추정하였다. 융이 각 개인의 무의식을 뛰어넘어 공동체에, 혹은 인류 모두에 존재하는 집단 무의식에 주목하였듯이, 홀은 개인의 행동을 넘어선 공동체의 행동이 근거하는 지반에 주목하였던 것이다.

2. 침묵의 언어로서의 시간과 공간

홀에 의하면, 문화의 언어는 프로이트가 분석한 꿈의 언어와 마찬가지로 분명하게 말한다. 그러나 꿈과는 달리 그것은 한 개인에게만 국한된 것이 아니다. 이는 문화가 개개인과는 무관하다는 것이 아니라 인간 그 자체에 관한 것, 즉 너와 나에 관한 것을 말한다는 것이다.

　　문화의 언어를 이루는 요소로서 홀이 우선 살펴본 것은 그의 저서 『침묵의 언어』에 잘 드러나듯이 시간과 공간이라는 인간의 삶을 이루는 두 축이다. 그는 시간과 공간이 문화적 차이에 의해서 어떻게 다르게 해석될 수 있는가를 풍부한 사례들을 통해 설명하고 있다. 그가 인류학자로서 다른 종족들을 방문하여 현지조사를 하면서 깊이 깨달은 것은 다른 종족과 올바른 커뮤니케이션을 하려면 그들이 시간과 공간이라는 침묵의 언어를 어떻게 사용하느냐를 알아야 한다는 점이었다.

홀은 시간이 말을 한다고 보며, 그 말은 우리가 언어로서 내뱉는 말보다 알기 쉽고 그 메시지는 크고 명료하게 전달된다고 말한다. 시간이 전하는 말은 언어에 의한 말에 비해 의식적으로 조작되는 경우가 적기 때문에 그만큼 왜곡되는 일도 적기 때문이다. 말이 우리를 기만하는 순간에도 시간은 진실을 외칠 수 있다는 것이다. 예컨대 맥락에 따라 하루의 특정한 시간대는 매우 중요한 의미를 지닐 수 있다. 시간은 그 상황의 중요성뿐만 아니라 사람들의 상호교류가 어떤 수준에서 이루어지는가를 알려줄 수도 있다.

홀에 의하면, 서로 다른 문화권의 사람들이 소통에 있어 곤란을 겪는 이유 중의 하나가 그들이 또 다른 형태의 커뮤니케이션에 지배되기도 한다는 사실, 즉 시간은 언어처럼 기능할 뿐만 아니라 언어와 독립적으로 작용하기도 한다는 점을 깨닫지 못하기 때문이라고 한다. 또한 의사전달이 비공시적인 어휘로도 표현된다는 사실은 대화의 쌍방이 실제 무슨 일이 벌어지고 있는가를 명확하게 파악할 수 없게 만듦으로써 사태를 더욱 곤란하게 만든다. 그들은 당면한 사태에 관해 각자 생각하고 느끼는 바를 말할 수 있을 따름이다. 홀은 여기서 서로를 해치는 바는 사태 그 자체라기보다는 서로가 주고받는 생각임을 알아야 한다고 말한다.

예를 들면, 스페인이나 멕시코 등 라틴계 국가에서 처음 일하게 되는 미국인은 종종 시간 약속을 잘 지키지 않는 그 나라 사람들에 대하여 분통을 터뜨리곤 하는데, 그것은 라틴계 사람들은 미국식의 계획되고 꽉 짜인 시간 체계와는 달리 느슨하고 융통성 있는 시간 체계에서 살고 있다는 것을 이해하지 못한 문화적 무지에서 비롯되는 것이라고 한다. 미국인은 시간이 구분되어 있고 계획되어야 한다고 생각한다. 그들은 시간을 분절하고 계획할 뿐만 아니라 전적으로 미래지향적으로 생각한다. 반면, 라틴계 국가에서는 그와는 다른 것이다. 홀은 또 다른 한 구체적 예를 든다. 미국의 남서부에 거주하는 푸에블로 인디언의 시간 감각은 시계에 얽매여 사는 일반 미국시민의 습관과는 전혀 다르다. 푸에블로 인디언의 모든 일은 사태가 무르익을 때 비로소 시작된다. 그들이 무도회를 열기로 하였다고 보자. 그러나 밤이 되어도 무도회가 시작되지 않는다. 무도회에 초대되어 왔던 백인들은 발을 동동 구를 것이다. 드디어 한 인디언 교회 안으로 들어 불을 지피기에 시작되는가 하였지만 그 후로도 오랫동안 시작되지 않는다. 그러다가는 갑자기 북소리와 노랫소리가 들리며 무도회가 예고도 없이 시작된다. 즉 사태가 무르익을 때 시작된다. 여기서 백인들은 인디언이 지닌 시간이라는 숨겨진 언어요소를 이해하지 못했기에 의사소통에 실패하게 된 것이다.

홀은 시간이라는 침묵의 언어와 더불어 공간 역시 말을 하고 있다고 본다. 공간은 기본적으로 인식의 대상이 아니라 지각의 대상이라는 점에서 시간과는 구별된다. 공간은 지각을 하는 감각기관과 밀접한 관련을 맺으며 넓은 생물학적 기반을 가진다. 그렇다면 똑같은 감각기관과 공통의 생물학적 기반에도 불구하고 인간이 공간을 사용하거나 이해하는 방식이 나라마다 사람들마다 다른 이유는 무엇일까? 예를 들어, 실내공간의 사용에 있어 일본인들은 방 가장자리를 비워두는 반면 서양인들은 벽 가까이나 벽면에 가구를 놓아 가장자리를 채운다. 또 다른 예로는, 대화를 나눌 때 편안하게 느끼는 거리가 라틴계 국가에서는 미국보다 훨씬 가깝다는 것을 들 수 있다. 라틴계 국가의 사람들은 미국인의 경우라면 성적인 감정이나 적대감이 유발될 정도로 아주 가까운 거리에 있지 않으면 편안하게 이야기를 나눌 수 없다. 따라서 미국인과 대화할 때 그들은 좀 더 가까이 다가가게 되는 반면 미국인들은 뒤로 물러선다. 그 결과 그들은 미국인들을 멀고 냉담하며 뒤로 빼고 불친절하다고 오해하고 미국인들은 그들이 목에 입김을 내뿜고, 밀고, 얼굴에 침을 튀긴다고 늘 비난한다. 홀은 이러한 공간의 사용이나 이해 방식의 차이가 감각이 문화에 의해 형성되고 패턴화됨으로써 생긴 것이라고 말한다. 서로 다른 문화에서 자란 사람들은 서로 다른 감각세계에서 살고 있으며, 이러한 상이한 감각세계가 공간을 구조화하고 사용하는 방식에 있어서의 차이로 나타난다는 것이다. 일본인과 서구인이 실내 공간의 사용에 있어서 차이를 보이는 것도 벽과 가구 그리고 실내 공간을 일본인들은 반ㅗ고정 형태의 공간으로 간주하여 방의 중심부를 채우는 반면 서구인들은 고정 형태의 공간으로 간주하여 방의 가장자리를 채우기 때문이다.

홀은 문화권마다 차이가 나는 시간과 공간에 대한 이해가 없을 때 오해와 갈등이 생긴다고 말한다. 그가 자신의 저서 『침묵의 언어』나 『숨겨진 차원』에서 말하고자 한 커뮤니케이션 수단으로서의 시간과 공간은 서로 다른 문화들의 차이를 드러내는 문화의 언어이기도 한 것이다. 즉 시간과 공간은 지각되지 않는 침묵의 언어이지만 겉으로 드러난 말이 숨기고 있는 진실을 그 안에 담고 있으며, 그 진실은 다른 문화체계에서는 다르게 해석될 수도 있음을 보여주고 있는 것이다. 홀은 우리가 문화를 연구하는 것은 우리 삶에 깃든 수많은 침묵의 언어를 끄집어내어 발화시킴으로써 침묵의 속박으로부터 문화를 해방시키고, 각 문화들 사이의 차이를 이해하여 이제까지의 소통의 실패로부터 문화를 구출하기 위한 것이다.

3. 몸의 리듬과 문화의 동시성

연장의 전이와 몸의 소외

에드워드 홀은 『문화를 넘어서』에서 인류문화의 미래는 개별적인 문화가 갖는 한계성을 초월할 수 있느냐 없느냐 하는 인간의 능력에 달려 있으며, 그 초월을 위해 인간은 먼저 무의식적인 문화의 이면에 숨겨진 다층의 차원을 인지하고 수용하지 않으면 안 된다고 말한다. 모든 문화는 제각기 그 무의식적인 부분을 형성하는 드러나지 않는 독특한 형태를 지니고 있기 때문이라는 것이다.

홀은 프로이트가 무의식의 차원을 일깨워준 것에 높은 평가를 내리지만 인간의 본성이 억압된 이유를 단지 성적인 차원에 국한시키는 것에는 반대한다. 그는 프로이트와는 다른 차원에서 접근하는데, 바로 인간이 연장의 전이에 걸려들었다는 면에서 인간의 본성이 억압되었음을 설명한다. 여기서 연장의 전이란 인간이 자신이 만든 연장물, 특히 언어, 도구, 제도 등에 자신의 역할을 내어줌을 말한다. 연장의 전이라는 그물에 걸려든 결과 인간은 판단에 오류를 범하고 자신을 소외시

숨겨진 문화, 숨겨진 몸

키게 되며 스스로 창조한 괴물을 통제할 능력을 잃게 된다는 것이 홀의 생각이다. 그는 인간이 스스로 만든 동물원 즉 언어, 도구, 제도 등에 자신을 가두었고 그 상태를 벗어나기가 힘들다는 사실을 잘 알고 있다고 말한다. 그리고 인간은 자기 삶이 달려 있는 제도와 투쟁할 능력이 없으므로 그로 인한 분노는 억압된 무의식으로 자리하게 되고 그 무의식은 점점 커져 간다고 한다. 홀은 인간이 스스로 연장물을 위해 자신의 일부를 대가로 지불하고 진보해왔으며, 그 결과 인간의 본성은 다양한 형태로 억압되었다고 생각한다. 그는 현대사회에서 인간이 추구해야 하는 것은 바로 상실되고 소외된 본연의 자아를 다시 찾는 일임을 강조한다.

홀은 자신이 접했던 어떤 세계에서나 연장물의 전이요인이 인간을 그 자신으로부터 소외시키는 주요한 원인이 된다는 사실을 알게 되었다고 한다. 사실 인간의 연장물은 인간 내부의 진화에 비해 훨씬 빠른 속도로 진화했다. 인간이 지구를 지배해온 이유는 인간의 연장물이 너무나 빠른 속도로 진화하는 탓에 아무것도 방해가 될 수 없었기 때문이다. 그러나 그에 따른 위험도 있으니, 인간은 그 힘을 막대하게 증폭시킴으로써 자신의 생활권을 파괴시킬 수도 있는 처지에 놓이게 되었다. 불행하게도 연장물은 그 자체의 생명을 갖고 있기 때문에 인간을 대신해서 그 생활을 점유하는 것이다. 이처럼 연장물은 생활을 단편화시키는 반면 인간을 그 행동거지로부터 분리시킨다. 홀은 이것은 심각한 문제로 받아들인다. 그는 근대의 전쟁이 어떻게 기계적 체계가 그 과정에 인간을 개입시키지 않고도 원거리 살육에 사용될 수 있는지를 보여주는 무시무시한 일례라고 말한다.

모든 문화는 연장물의 복합적 체계이다. 그러므로 문화는 연장의 전이라는 증후와 그것이 내포하는 모든 현상에 종속되어 있다. 요컨대 문화는 인간을 통해 경험되고, 역으로 인간은 문화를 통해 파악된다. 만일 인간이 자신이 만든 문화를 따라가지 못한다면 그 과정에서 그의 인간적 본성은 억압될 것이다. 이때 인간의 본성을 억압하는 것은 사실상 문화의 무의식 속에 자리한 통제 기제이다. 인간을 인간답게 하는 모든 것 그리고 인간이 행하는 모든 것은 학습에 의해 수정될 수 있으며 인간은 거기에 순응한다. 그러나 일단 습득되고 나면 그 행동양식, 습관적 반응, 교제방식은 점차로 정신의 표층 아래로 가라앉게 되어 심층에서 인간을 통제하게 된다. 이 숨겨진 통제장치는 일반적이고 습관적이기 때문에 마치 생득적인 것인 양 느껴지는 것이 보통이다. 마치 개인의 무의식 안에서 충동과 억압기제가 함께 작동하듯 문화의 무의식 안에서도 인간의 본성과 통제 기제가 함께 작동하여 그의 일상적 삶에 관계하게 된다고 볼 수 있는 것이다.

그렇다면 이러한 문화의 무의식이라는 상황이 서로 다른 문화들 사이에서 어떻게 이해되고 소통될 수 있을까? 홀에 의하면, 문화의 패러독스는 그것을 기술하는 데 가장 많이 사용되는 체계인 언어가 본질적으로 그 어려운 작업에 잘 적응하지 못한다는 데 있다. 언어는 포괄성이 없으며 제약이 많고 인위적이기 때문에 언어를 기술하는 사람은 끊임없이 언어가 부과한 한계성을 염두에 두지 않을 수 있다. 그러나 한편으로 인간은 언어를 통해서만 모든 의사소통이 가능하고 모든 의사소통과 모든 문화는 언어에 의존할 수밖에 없다. 하지만 드러나지 않는 문화의 실태를 이해하기 위해서는 언어만으로는 불가능하다. 숨겨진 문화의 실제적 수용은 읽고 이해하는 것이라기보다는 생활 속에서 몸으로 체험하는 것으로 여기에는 시간과 노력이 요구된다.

몸과 문화의 동시성

에드워드 홀이 세계 각 지역의 다양한 문화를 연구하면서 가장 먼저 주목한 바는 사람들의 동작이었다고 한다. 그는 우리가 잘 모르는 어떤 지역에서 눈에 띄지 않게 동화되어 살고자 한다면 우선 동작부터 그 지역의 리듬에 따를 것을 권유한다. 그는 모든 생물체는 호흡, 심장 박동, 다양한 뇌파와 같이 비교적 짧은 주기의 리듬뿐만 아니라 밤낮, 달, 계절, 해 등의 숱한 리듬에 반응하고 그것을 내재화시킨다는 점에 주목하여, 인간의 몸의 리듬이 자신이 속한 문화의 리듬을 따라가고 있다고 보았던 것이다. 그럴 경우, 한 문화권의 사람들은 동작에 있어 유사성을 보이게 될 것이다. 홀은 이것을 동작의 동시성이라 부른다.

홀에 의하면, 동작의 동시성은 범인류적인 현상이다. 그는 이를 증명하기 위해 콘던이란 사람의 실험을 예로 든다. 콘던은 신생아의 몸 동작을 유심히 살펴 아이가 태어난 직후부터 어떤 언어든 말소리에 몸 동작을 일치시키고 있음을 확인하여, 동작의 동시성이 태어난 지 이틀 후면 확립되고 바르면 한 시간 후에도 나타날 수 있는 생득적인 현상으로 보았다. 결국 동시동작은 말하기의 가장 기본적인 요소로서, 언어행위는 그보다 뒤에 이루어지며 어쩌면 몸동작을 기반으로 이루어진 것일지도 모른다는 것이다. 이러한 실험을 토대로 할 경우, 유아는 언어를 불문하고 인간의 목소리에 동작을 일치시키다가 성장함에 따라 자기가 속한 언어와 문화의 리듬에 길들어가므로, 한 문화권에 있는 사람들은 당연히 몸의 리듬에 있어 유사성을 갖게 된다는 말이 된다. 이는 인간이 혼자 있더라도 이미 동일 문화권의 다른 사람들과 유대를 맺고 있는 셈이 되므로, 그는 결코 사회 속에 홀로 고립된 존재가 될 수 없음을 보여준다. 다시 말해, 인간은 자기 문화에 고유한 리듬, 언어와 몸동작을 통해 표현되는 리듬체계에 의해 서로 결합되어 있어, 보이지 않게 이미 다른 사람들과 유대를 형성하고 있다는 것이다.

사람들은 먼 거리에서도 태도와 동작을 알아본다. 다른 포유류와는 달리 인간은 몸으로 말하는 언어를 세분화시켜왔기 때문에 동작은 인간의 모든 행동을 통합시키고 조화롭게 한다. 그러므로 동작은 문화에 따라 달라질 수밖에 없으며 문화적인 배경을 배제할 경우 그 의미가 파악되지 않는다. 즉 태도나 행동의 의미는 문화가 달라지면 부분적으로밖에 해석되지 않는다. 홀의 말대로 우리가 다른 문화권에 가서 그곳의 사람들과 동화되어 살려면 마치 아이가 말소리에 몸짓부터 일치시켜 타인들과 함께하는 사회에 융화되듯 그들의 문화의 리듬에 나의 몸의 리듬을 일치시켜야 할 것이다. 요컨대 몸은 나를 넘어서 타인들, 더 나아가 타문화권의 사람들과 진정한 소통을 하기 위한 제일 기초적인 언어가 되는 것이며, 이때 '몸들'로서의 사회란 국경 없는 진정한 열린사회로서 탄생하게 될 것이다. 고갱이 〈우리는 어디에서 왔는가? 우리는 누구인가? 우리는 어디로 가는가?〉라는 작품과 관련하여 우리 인간이 근원, 어린 시절, 공동의 삶에서 왔으며, 일상적인 존재이고, 죽음으로 향하고 있다고 한 말을 상기해 본다면, 인류학자로서 원시공동체를 직접 방문하고 조사하였던 홀이 그들의 문화를 무시하는 것이 아니라 우리의 기층문화로 받아들여 일상생활에 결부시키고자 한 점에 비추어 볼 때, 그는 고갱의 예술관을 실천적 문화관으로 확립해주었다고도 평가할 수 있을 것이다.

5

역사 속
몸의 시련

1. 계속되는 전쟁

전쟁과 인간의 광기

현대문명 속 '몸들' 의 사라짐

누구나 태어나고 늙고 병들고 마침내 죽음에 이른다. 개인의 몸의 역사를 명백하게 증언해줄 수 있는 것은 바로 죽음이라는 사건이다. 인류 역사상 이러한 죽음을 집단적으로 가장 길고 오랫동안 야기한 것은 전쟁이다. 역사란 증언이자 기억임을 인식한다면, 집단적 죽음이라는 '몸들' 의 시련은 현재의 우리 역사와 문화 속에 각인되어 있다고 볼 수 있다.

20세기에 집단적 몸의 사라짐을 불러온 서구 근대문명의 야만성은 아우슈비츠가 상징한다. 그곳은 후미진 곳이 아니었다. 수백만의 유태인들을 실어 날라 대량으로 가스실에 넣어 죽이기에 알맞게끔 철로 교통이 발달한 사통팔달 요지에 있었다. 아우슈비츠의 비극을 세계대전 당시의 독일인들 또는 히틀러 및 그 추종 집단의 야만성이나 민족성의 문제로 치부하면 전쟁에서 야만성의 문제는 어떤 의미에서 간단한 것일 수 있다. 그러나 그러한 야만성이 어느 시대 어느 민족에 의해서든 규모와 형태는 다르지만 범해질 수 있는 것이라는 사실을 20세기 세계 역사는 여실히 보여주었다. 인간의 집단적 야만성은 20세기 전반 서양과 동양에 걸친 세계대전들뿐만이 아니라, 한국전쟁에서, 베트남전쟁에서 그리고 그 이후의 많은 민족 분쟁에서, 현재는 이스라엘과 중동에서 계속 되풀이되고 있는 것이다.

20세기는 또한 제노사이드의 세기이다. 대량학살과 파괴의 메커니즘과 기술이 그 효율성에서 급속히 발전했다. 20세기에 개발된 핵무기와 생화학무기가 이제 21세기 인류에 어떤 규모의 재앙을 안겨줄지 아무도 모르는 일이다. 어쨌든 20세기 후반에 개발되고 팽창하여온 이들 가공할 무기들은 어떤 형태로든 21세기에 20세기에서와 같은 엄청난 규모의 제노사이드를 더 광대한 규모로, 더 잔학한 방식으로 저지르는 데 이용될 가능성이 있음은 누구도 부인할 수 없다.

최근에는 매년 조류독감으로 한 번에 수천 혹은 수만, 수백만 마리의 닭이나 오리 등이 도살되고 폐기 처분된다. 집단적으로 죽어가는 그것들을 보면서 인간을 떠올리지 않을 수 없음은, 인간이 눈앞에 처한 운명이 그와 닮아 있기 때문일지도 모른다는 불안감 때문일 것이다.

인간의 잠재적 폭력성

프로이트는 현대문명의 야만성을 인간의 본능과 관련시켜 연구한 바있다. 그 자신 유대인이었던 프로이트는 1938년 히틀러가 오스트리아를 침공하자 영국으로 피신하였다가 런던에서 그 이듬해인 1939년에사망한다. 성의 문제에 주로 천착하였던 그는 영국에 머물면서 인간의파괴 본능 즉 죽음 본능에 관심을 기울이고 문명의 발달과 전쟁의 관계를 연구한다. 그리고 마침내 『문명 속의 불만』을 출판하였는데, 여기에는 「전쟁과 죽음에 대한 고찰」과 「왜 전쟁인가?」라는 논문이 포함되어 있다. 프로이트는 「전쟁과 죽음에 대한 고찰」에서 1차 대전을 다음과 같이 얘기한다.

> 우리가 믿지 않으려 했던 전쟁이 실제로 일어났고, 그것은 환멸을 가져왔다. 공격용 무기와 방어용 무기의 성능이 엄청나게좋아졌기 때문에, 이 전쟁은 과거의 어떤 전쟁보다도 훨씬 유혈적이고 파괴적이다. 뿐만 아니라 참혹하고 격렬하고 무자비하다는 점에서 과거의 어떤 전쟁에도 뒤지지 않는다. 이번 전쟁은 평화 시에 모든 나라가 지키겠다고 약속한 국제법이라는 제약을 모조리 무시하고 있다. 이 전쟁은 부상자와 의료진의 특권을 무시하고, 민간인과 전투원을 구별하지 않으며, 사유재산권을 무시하고 있다. 전쟁이 끝난 뒤에는 미래도 평화도 없다고 여기는 듯이.앞을 막아서는 모든 장애물을 짓밟으며 맹목적인 분노를 터뜨리고 있다. 이 전쟁은 교전 중인 민족들 사이의 공통된 유대를 모조리 잘라 내고, 상대에 대한 적개심을 유산으로 남기려 하고 있다.이 적개심은 앞으로도 오랫동안 유대 관계의 회복을 불가능하게

만들 것이다. 게다가 이번 전쟁은 실로 놀라운 현상을 폭로했다. 문명 민족들이 증오심과 혐오감을 가지고 적대할 수 있을 만큼 서로에 대해 거의 알지도 이해하지도 못한다는 사실이다. 가장 위대한 문명 민족 가운데 하나는 이미 오래 전에 문명 공동체를 만들고 그 공동체에 훌륭하게 이바지하여 자신의 적합성을 입증했지만, 전 세계적으로 인기가 없는 탓에, '야만적'이라는 이유로 그 민족을 문명 공동체에서 배제하려는 시도가 현재 이루어지고 있다.[1]

프로이트에 따르면 세계 대전, 구체적으로 나치의 유대인 학살이 우리에게 두 가지 환멸을 가져왔는데, 그 하나는 대내적으로는 도덕규범의 수호자인 척하는 국가 즉 독일이 대외적으로는 저급한 도덕성을 보여준 것이고, 또 다른 하나는 개인들이 최고 수준에 이른 인간 문명의 참여자로서 도저히 생각조차 할 수 없는 잔인성을 행동으로 보여준 사실이다. 그는 두 번째 사실에 주목하여 인간이 내면에 지니고 있는 잔인한 폭력성을 연구한다.

그는 인간의 무의식이 원시인과 마찬가지로 타인을 죽이고 싶은 소망을 품고, 사랑하는 사람에 대해서도 에로스와 죽음이라는 상반된 감정을 품는다고 말한다. 그리고 전쟁은 우리가 나중에 얻어 입은 문명의 옷을 발가벗기고, 우리 모두의 마음속에 숨어 있는 원시인을 노출시킨다는 것이다. 전쟁은 낯선 사람을 적으로 낙인찍고, 우리는 그 적을 죽이거나 적의 죽음을 바라야 한다. 전쟁은 사랑하는 사람의 죽음

---

1. 프로이트, 김석희 옮김, 『문명 속의 불만』(서울: 열린책들, 2003), 42쪽.

을 무시하라고 가르친다. 그러니 전쟁은 사라질 수 없다. 민족들의 생활 여건이 그토록 다르고, 서로에 대해 그토록 격렬한 반감을 품고 있는 한, 전쟁은 존재할 수밖에 없다. 프로이트는 이러한 상황을 인정하고 지금까지 억눌러왔던 우리의 죽음에 대한 무의식적 태도를 좀 더 겉으로 드러내는 것이 좋지 않을까 질문을 던진다.

「왜 전쟁인가?」에는 역시 유대인인 아인슈타인이 프로이트와 주고받은 편지가 실려 있다. 아인슈타인은 전쟁이 일어나는 이유는 모든 인간이 마음속에 증오와 파괴에 대한 욕망을 갖고 있기 때문이라고 말한다. 잠재적인 상태로 있는 그러한 욕망을 집단 정신병의 수준으로 끌어올리기는 비교적 쉬운 일이며 그 결과가 세계 대전이 되었다는 것이다. 아인슈타인은 프로이트에게 인간의 증오와 파괴를 열망하는 이상 심리를 제어할 방법은 없는가라고 물으면서도 스스로 그 질문에 회의적인 태도를 보인다. 왜냐하면 그러한 집단적 파괴 본능에 가장 쉽게 굴복하였던 사람들이 인텔리겐차였기 때문이다.

프로이트는 아인슈타인의 편지에 자신 역시 그러한 인간의 증오와 파괴 본능을 인지하고 있으며 이에 대해 연구해왔음을 밝힌다. 그에 의하면 인간의 본능은 두 종류뿐이다. 하나는 보존과 통합을 추구하는 에로스 본능이며, 다른 하나는 파괴와 죽음을 추구하는 죽음 본능이다. 죽음 본능이 특별한 신체 기관의 도움으로 외부 대상에게 돌려지면 파괴 본능이 된다고 한다. 프로이트는 인간의 공격적 충동을 완전히 제거하는 것은 불가능하며, 우리가 할 수 있는 일은 공격적 충동을 전쟁으로 발산할 필요가 없도록 그 충동의 방향을 다른 데로 돌리려고 애쓰는 것이 전부라고 말한다.

이와 같은 인간의 잠재적 폭력성은 특정한 부류의 사람에게만 잠재해 있는 것이 아니라 오히려 대부분의 평범한 사람들이 지닌 공통된 특성이다. 가해자들과 피해자들은 결국 인간 자신이고, 우리 자신이다. 그들은 우리가 늘 접하는 평범한 사람들이다. 유대계 독일 출신의 정치 철학자인 한나 아렌트(1906~1975)[2]는 나치의 유대인 학살을 총지휘한 오토 아돌프 아이히만의 삶을 기록한 『예루살렘의 아이히만』이라는 책에서 이를 예리하게 통찰하고 있다. 이

한나 아렌트
Hanna Arendt, 1906~1975

책의 부제는 '악의 평범성에 대한 보고서' 다. 한나 아렌트는 악을 행하는 자가 어떤 유별난 사람이 아닌 평범한 사람이며, 단지 평범한 사람이 스스로 하는 일의 깊이를 깨닫지 못한 데서 악을 행하게 된다고 말한다. 그녀는 이 책에서 나치에 협력한 유대인 사회를 그리거나 아이히만을 희생자로 봄으로써 유대인 사회의 극심한 반발을 사기도 하였으나, 사실은 다른 사람의 입장에서 사유하고 판단하지 않는 '무사유' 가 얼마나 커다란 악을 행할 수 있는가를 보여주려 하였으며, 현재에도 이러한 위험성이 도사리고 있음을 경고하고 있다.

---

2. 『인간의 조건』, 『폭력의 세기』 등을 저술하였으며, 나치를 피해 30년대에는 파리로, 40년대에는 뉴욕으로 망명해야만 했다.

역사 속 몸의 시련

아우슈비츠 수용소에서 사라진 '몸들'

독일의 반유대주의와 히틀러

반유대주의는 기독교 형성 이전부터 존재했던 것으로 알려지고 있으니, 유대인들은 다른 종족과 섞이거나 다른 문화에 동화되지 않고 하나님에 의해 선택된 백성이라는 자부심을 가지고 있어 이방인들을 자극했다고 한다. 하지만 반유대주의란 용어가 본격적으로 등장한 것은 1879년 독일의 저널리스트 마르가 출판한 『독일주의에 대한 유대교의 승리』에서 유대인과 유대교에 대한 증오를 기술하기 위해 처음으로 고안되었을 때이다. 마르는 유대인에 대한 전통적 증오를 아리안과 셈족 간의 영원한 갈등의 기초 위에 세우려는 인종차별주의 그룹의 일원이었다. 당시는 정치적으로 종교적 관용을 정당한 것으로 받아들이기 시작했던 시기여서, 종교 집단으로서의 유대인에 대한 중상모략은 큰 영향을 끼치지 못했다. 따라서 유대인 배척은 초기 반유대주의처럼 종교적 배경에서 이루어진 것이 아니라, 사회적·정치적·경제적 또는 인종적 동기에서 이루어졌다. 이는 독일에서 시작돼 곧 주변의 오스트리아, 헝가리, 프랑스 및 러시아로 퍼져나갔다.

히틀러가 왜 그토록 유대인을 증오하고 몰살하려 했는지 그 배경은 1차 대전으로 거슬러 올라간다. 유대인들은 1차 대전 때만 하더라도 러시아와 싸우고 있던 독일을 편들었다. 러시아군을 물리친 독일군을 해방군으로 환영한 커뮤니티도 있었다. 이는 자국의 유대인들을 학살하던 러시아가 유대인들에게 우선적 공적이었음을 증명한다. 유대인들은 1917년 러시아 차르왕정을 전복시킨 볼셰비키 공산주의 혁명에 대거 가담했다. 공산주의 군대인 '붉은 군대'를 조직, 1925년까지 군을 직접 통솔하면서 혁명을 성공적으로 이끈 레닌 다음의 2인자 레온 트로츠키 역시 유대인이었다. 그런데 1차 세계대전에서 패배한 독일은 유대인을 속죄양으로 삼는다. 이는 러시아가 공산주의에 의해 체제가 전복된 이후 독일로 피난 온 독일인들과 잔류 왕당파들이 볼셰비키 혁명과 유대인의 관계를 폭로하면서 시작된다. 그것은 혁명세력에 유대인이 대거 참가했다는 내용이었다. 이로 인해 독일인들은 유대인을 공산주의 세력과 연관하여 생각하게 되었다.

이러한 사회 분위기를 정치에 이용하면서 등장하는 인물이 히틀러다. 히틀러는 반유대주의를 외치면서 대중선동에 뛰어난 실력을 발휘한다. 오스트리아 태생으로 린츠에서 가톨릭 교육을 받은 히틀러는 생물학적 인종차별주의로 변형된 기독교의 오래된 반유대주의 전통을 상속받았다. 그는 1919년 9월의 첫 번째 정치적 성명에서 이미 독일 국가에 의한 모든 유대인의 제거를 목표로 하는 소위 '이성적인' 조직적 반유대주의를 주창했다. 1920년대에 바이에른에서 행한 초기 연설에서도 그는 유대인을 악마의 이미지로, '인종적 폐결핵'으로, 혹은 해로운 영장류에 가까운 종족으로 그린 바 있다. 1922년에 그는 만일 권력을 잡으면 유대인의 절멸이야말로 자신이 가장 먼저 이루어야 할 과업이 될 것이라고 말했으며, 뮌헨에서 마지막 유대인의 흔적을 없앨 때까지 독일의 구석구석을 청소할 것임을 공개적으로 천명했다. 그가 유대인 문제에서 지속적으로 강조한 것은 세계 지배를 놓고 적대관계에 놓인 두 인종, 선과 악, 신과 악마 사이의 싸움이었고, 그것은 양자택일의 싸움이었다. 이렇듯 수백 년 동안 내려온 기독교 교리에 의해 보육되고 외국인 혐오증, 민족주의, 독일 인종주의 신화에 의해 강화된 히틀러의 반유대주의는 상상도 할 수 없는 결과를 가져왔다.

역사 속 몸의 시련

1차 세계대전 이후 패배감에 사로잡혀 있던 독일 사회에 히틀러의 명확하고 강력한 정치 성향은 젊은 층을 사로잡았다. 학생들은 나치의 행동 대원으로 자원했다. 이들은 반유대주의 캠페인을 벌이면서 학교에서 유대인 학생과 교수에게 테러를 가해 스스로 물러나게 만들었다. 그들은 공직에서 유대인을 몰아내야 한다고 주장했다. 1929년 세계 공황은 독일인들의 반유대주의를 더욱 고조시킨다. 마르크화의 폭락으로 경제 질서가 무너진 독일의 기업인들은 공산주의자의 체제 전복 가능성을 무서워했고, 중하류층은 사회적 지위 불안에 떨고 있었다. 히틀러에게는 정권을 장악할 수 있는 절호의 기회를 맞이했다. 반유대주의를 부르짖는 그의 선동이 폭넓은 계층으로 먹혀들어갔기 때문이다. 그 결과는 선거에서 드러났다. 1933년 선거에서는 나치가 총투표자의 과반에 가까운 지지를 얻어 히틀러가 총리에 임명되었다.

히틀러는 총리가 되자마자 곧장 반유대인 조치를 취하기 시작한다. 그해 4월 유태인들은 공직, 기업 그리고 전문직에서 쫓겨났다. 유태인 억압의 정점은 1935년 뉘른베르크법 통과다. 이 법을 통해 독일 유대인들은 시민권을 박탈당하고, 독일인과 혼인이 금지되기도 하였다.

조직적인 대량학살

아우슈비츠 수용소는 인간생명에 대한 대량학살이 실험된 가스실이 있었던 곳으로 일종의 살인공장이나 다름없었다. 아우슈비츠는 지금의 폴란드에 자리한 지역으로 독일 제국의 옛 국경 근처에 위치해 있다. 1940년 초에 나치 총사령관 히믈러는 이곳에 수용소를 설치하라고 명령했다. 아우슈비츠 수용소는 처음에는 임시 수용소로 계획되었다가 만들어진 지 4년 반 만에 유대인의 착취와 절멸을 위한 나치 제국의 가장 거대한 건물들로 발전했다.

처음에는 아우슈비츠 집단 수용소의 노예들은 독일의 산업을 위한 강제노동에 동원되었다. 나치는 더 이상 짜낼 것이 없을 때까지 대부분이 유대인들인 감금된 자들의 노동력을 착취했다. 그러다가 철도 진입선과 경사진 플랫폼을 갖춘 제2수용소가 설치되었는데, 이곳이 바로 홀로코스트가 행해진 장소이다. 유럽 전역에서 실려 온 유대인 수송자들이 이곳에 도착했고, 여기서

유대인 집단학살

친위대는 더 이상 수감번호와 같은 관리상의 절차 없이 곧바로 가스실로 보내질 사람들과 노동 능력이 있는 사람들을 분리하였으며, 몇몇은 의학실험용의 마루타로 택하였다.

가스실 설치는 나치 친위대 총사령관 히믈러의 유대인 문제 최종 해결책이었다. 그는 학살, 총살, 참살 대신에 그 어떠한 마찰도 없이 완벽하게 조직화된 대량 학살을 계획했던 것이다. 수용소 건물의 문들은 폐쇄되고 가스투입을 위한 구멍과 배관이 설치되었다. 가스실에서 사라진 사람들은 러시아 전쟁포로들과 전 유럽에서 이송되어온 유대인들이었다. 계속해서 이송된 유대인들을 살인하기 위해 더 많은 건물이 지어지고 수용소의 몸집은 비대해졌다. 그리고 시체들을 불태우기 위해 여러 개의 화장터가 가동되었다. 샤워실로 위장된 가스실에는 희생자들이 옷을 벗어 놓는 막사 같은 곳이 있었고, 다른 건물에는 옷가지와 귀중품, 가방과 안경, 잘려 나간 머리카락들이 재사용을 위해 정리

역사 속 몸의 시련

되어 있었다.

도착된 이송자들 중 90퍼센트가 노동능력이 없는 것으로 선별되어
플랫폼에서 곧바로 가스실로 끌려갔다. 아직 노동력을 활용할 수 있는
사람들도 힘을 모조리 빼앗기고 나면 똑같은 운명이 예정되어 있었다.
아우슈비츠 수용소는 그야말로 나치의 통치 아래에 있는 모든 나라들
에서 온 수송들을 받아들여, 이송 열차로 수송되어 온 유대인을 극도
로 합리적인 방식으로 살해하는 데 쓰였다. 수용소에는 수용자의 성격
에 따라 여러 블록으로 분리되어 있었는데, 그 중 한 블록은 폴란드인
젊은 여성죄수들이 나치스 대원들에게 농락당하는 장소였다. 일제가
한국여성들에게 강요한 이른바 정신대 혹은 종군위안부 같은 것이라
고 볼 수 있다.

나치의 600만 유대인 학살 내역

국가명	유대인 인구	희생자 수	국가명	유대인 인구	희생자 수
폴란드	3,250,000	3,000,000	벨기에	85,000	24,000
구소련	2,800,000	1,200,000	불가리아	60,000	11,000
루마니아	800,000	350,000	이탈리아	45,000	7,500
헝가리	400,000	300,000	노르웨이	2,000	800
체코	315,000	270,000	룩셈부르크	2,000	700
독일	230,000	180,000	영국	350,000	-
리투아니아	155,000	135,000	터키	50,000	-
네덜란드	140,000	105,000	스위스	20,000	-
프랑스	320,000	90,000	스웨덴	8,000	-
레토니아	95,000	85,000	덴마크	7,000	-
그리스	75,000	65,000	아일랜드	4,000	-
오스트리아	80,000	65,000	스페인	4,000	-
유고슬라비아	75,000	60,000	포르투갈	3,000	-
유럽 거주 유대인 총인구		9,375,000	나치 학살의 희생자 합계		5,949,000

자료원 : Histoire University Des Juifs

체코의 프라하에 가면 당시의 제노사이드(대량학살)를 쉽게 상상할 수 있는 곳이 있다. 프라하의 유대마을에는 카프카의 생가 근처에 유대박물관이 하나 있다. 그곳에서 무엇보다 눈길을 끄는 것은 건물 뒤의 묘지이다. 묘지에는 수많은 비석들이 무질서하게 꽂혀 있다. 비석들은 비석이라기보다는 그냥 좀 뾰족하여 땅에 박을 수 있는 돌덩이들에 불과하다. 너무도 갑작스럽게 몰살당한 유대인들에 대한 추도의식이 행해질 겨를도 없었던 전쟁 당시의 상황을 적나라하게 보여주듯 되는 대로 박혀 있는 그 돌들을 뒤로 하고 건물 안으로 들어서면 벽과 천정에는 빼곡히 작은 글씨들이 씌어져 있다. 다름 아닌 나치에 의해 학살당한 유대인들의 이름이다. 그 마을의 전유대인이 학살당했다고 하니, 마을사람들 모두의 이름이 씌어있다는 말이 된다.

그렇다면 유대인이라는 이유 하나만으로 살인을 자행한 독일인들은 당시 홀로코스트에 대해 얼마나 알고 있었을까. 휴가 나온 독일병사들이 동부전선에 대해 얘기해 주었고, 자신들이 본 것을 편지로 보내 알려주기도 하였다. 집단수용소의 존재는 독일인뿐 아니라 유럽 전 지역의 사람들이 많든 적든 알고 있었다. 하지만 1945년 전쟁이 끝나자 독일인들은 부끄러움과 두려움 때문에 자신들이 아무것도 몰랐다고 주장했고, 민족 대학살은 소수 범죄자들이 자행한 것이라 하였다. 결국 반세기 동안 역사가들과 법률가들, 그리고 전 유럽인의 홀로코스트의 진상규명에 힘써 1945년의 뉘른베르크 재판, 1961년 예루살렘에서의 아이히만 재판, 그 이후 프랑크푸르트에서의 아우슈비츠 재판, 뒤셀도르프에서의 트레블링카 재판 등 범죄에 대한 단죄가 이어졌고, 아직도 유럽인, 그리고 세계인은 홀로코스트라는 비참한 역사가 인류 공동의 도덕과 이성이 빚어낸 참사라는 데 의견을 같이 하며 반성하고

역사 속 몸의 시련

아우슈비츠의 어린이들

있다.

아우슈비츠는 궁극적으로 나약함과 악함이라는 인간본성의 보편성을 보여주었으며 그에 대한 반성과 해결책을 촉구한다. 하지만 전쟁은 그것을 일으킨 가해자의 반성만을 요구하는 것이 아니다. 피해자 혹은 우리 인류 전체에게도 반성을 요구한다. 즉 전쟁은 단지 전쟁의 가해자와 피해자에 대한 이야기만은 아니다. 그것은 인간이 극단적 상황에서 얼마나 나약하고 비참할 뿐만 아니라 얼마나 교활하고 이기적인 존재인가를 알려주기 때문이다.

프리모 레비는 『아우슈비츠에서 살아남은 자』에서 자신이 직접 겪은 수용소의 체험을 얘기하고 있다. 그는 수용소 안의 규범을 '너 자신의 빵을 챙기고 또 가능하다면 네 이웃의 빵도 차지하라'로 표현하며 죽음과 공포에 사로잡힌 인간이 인간성을 상실하는 과정을 암시하고 있다. 수용소 안에서 사람들은 남의 것을 훔치려고 호시탐탐 노렸는데, 이는 훔치지 않으면 생존할 수가 없었기 때문이다. 내가 남의 것을 훔치지 않으면 남이 내 것을 훔쳤다. 만일 옷이라도 도둑맞으면 추위에 쉽게 병에 걸려 선별되어 가스실로 곧바로 보내질 위험이 있었다. 죽음을 앞에 두고 타인에 대한 배려나 인간애는 어디론가 사라졌다. 요컨대, 나치라는 가해자는 물론 피해자인 수용소 안의 사람들도 인간성을 상실하게 만드는 전쟁은 인간의 나약함뿐만 아니라 악함도 여실히 보여주는 것이라고 볼 수 있다.

2. 전쟁의 묘사

고야가 그려낸 인간들

고야의 인간 본성에 대한 인식

고야는 1746년 3월 30일 아라곤 지방의 작은 마을에서 공중인의 아들로 태어났다. 1770년대에 태피스트리의 밑그림을 그리는 일을 하면서 본격적인 화가의 길로 들어선 그는 1789년 궁정화가로 임명되기까지 하였다. 그러나 그로부터 3년 후 귀머거리가 되는 비극을 맞이한다. 그는 이 신체적 비극을 통해 자신의 내면세계로 눈을 돌려 인간심리의 본능과 갈등 등이 표현된 작품들을 제작하였다.

고야가 화가로 활동하던 당시 유럽 전체는 구습을 타파하고 이성을 회복하려는 계몽주의 사상과 나폴레옹의 주도 하에 급속히 전파되고 있던 자유주의 사상의 영향으로 크게 격동하던 시기로, 이러한 변화는 예술에까지 영향을 미쳤다. 특히 고야의 작품들은 타락한 정치상, 스페인의 사회악, 종교적 악습을 비판함과 동시에 전쟁의 참혹함과 인간

고야, 〈1808년 5월 3일〉[3](1814), 프라도 미술관

의 잔인성을 잘 보여주고 있다. 그의 그림 속에는 프로이트가 말한 인간의 공격본능의 깨달음과 전쟁의 비참함이 고스란히 담겨 있다. 그는 인간의 폭력성과 야만성이라는 보편적 문제를 내적 현실 속에서 발견하였다. 그의 작품들은 긴장되고 불안한 감정을 담고 있는데, 이는 현실적인 생활상으로부터 작품의 소재를 구했고, 부조리한 스페인의 내란, 프랑스 군의 점령과 학살, 그것에의 민중의 저항을 현실성으로 간

---

3. 고야의 그림 〈1808년 5월 3일〉은 전날인 5월 2일 나폴레옹 군대에 저항한 민중의 봉기에 대해 프랑스 군대가 그 주동자를 처형하는 장면인데, 흥미로운 것은 처형을 집행하는 프랑스 군인들의 모습에는 얼굴이 그려져 있지 않다는 것이다. 얼굴은 몸 전체를 대신해주기도 하는 것이다. 이 그림에는 다만 기계처럼 가지런히 금속성을 드러내고 있는 총구들만 강조되어 있을 뿐, 군인들의 인간적인 체취는 흔적이 없다. 폭력에 젖어있는 주체들의 비인간화 및 기계화로 일종의 인간의 몸의 사라짐이라고도 볼 수 있다. 가운데 양팔을 벌린 채 절규하고 있는 사람의 극도의 불안과 공포, 번민과 긴박함은 오른편 군인들의 질서정연함과 대비되며 그림의 주제를 돋보이게 한다.

144

주하여, 피로 물들여지고 잔악한 학살이 감행되는 역사의 현장을 인간
이 창조하는 현실로 보았기 때문이다.

또한 프랑스의 침략과 스페인의 내란으로 인한 사회적 혼란과 더불
어, 1792년 청력상실을 시작으로 지속된 그의 병적인 고비들과 심리적
인 위기로 인한 개인적인 분쟁은 그의 작품 창작의 세계에 반영되었
다. 이것은 그에게 외부세계와 격리된 상태에서 보다 자신의 내면적이
고 실재적인 의식을 표현한 새로운 작품세계를 열어주는 계기가 되어,
고야 자신의 특성과 스페인적 기질이 융합된 작품으로 나타나고 있다.
그는 1819년에서 23년까지 공포의 집(귀머거리의 집)이라 불리는 집에서
거의 모든 만남을 두절하고 검은 그림이라 명명된 14점의 회화작품에
몰두하였다. 1823년에는 프랑스에 망명하였다가 잠시 귀국하지만, 그
후 보르도에 정착하여 1828년 82세의 나이로 세상을 떠난다.

『전쟁의 참화』

『전쟁의 참화』는 자크 칼로의 판화집 『전쟁의 고뇌와 참화』(1633)를 모
방해 출판된 82점의 시리즈를 담은 것으로, 민족전쟁이라는 극단상황
에 처해진 인간성의 두 측면을 고야 자신의 내면에 있는 있는 어두운
거울로 비춰낸 것이다.

잔인성, 광신, 공포, 부정, 비탄, 죽음 등은 전쟁과 정치적인 억압의
숙명적인 결과들로, 고야는 그 중요성을 선택된 일화적인 주제들과 영
웅초상화들의 후면에 숨기지 않고 표현하였다. 전쟁의 피해자 그리고
전쟁의 책임자들은 집합적인 인간이므로, 표현된 이미지들은 한 특정
한 전쟁에 관한 것이 아니라. 전쟁에 대한 세계적인 성격의 영상을 형
상화하고 있다. 다시 말해 고야의 판화는 프랑스에게 짓밟히고 학살당

한 데 대한 불붙는 조국애로 만들어진 것이 아니다. 고야는 『전쟁의 참화』의 어떤 화면에서도 실전의 모습이나 배경이 된 지형과 공적을 찬양할 영웅을 내세우지 않는다. 그의 그림에서는 다만 인간의 잔인성을 표현하는 것이 문제가 된다. 고야의 실제적 관심을 끈 것은 폭넓은 역사적 화폭보다는 그것의 일부분인 인간들로, 그들의 용맹성과 아사에 대한 체념, 전쟁을 일으키는 잔인성과 전쟁을 겪으며 살아가는 남녀들의 탈인간화 과정을 제시하는 것이었다.

『전쟁의 참화』 판화는 1863년 처음 출간되고 1882, 1903년, 1906년까지 계속하여 출간되었다. 82점의 시리즈들은 주제에 따라 세 개의 파트로 나눌 수가 있으며, 제1부는 전투, 게릴라 전쟁 등의 장면으로 전쟁의 실질적 기간 동안 제작된 것으로 프랑스군의 살육행위, 스페인인의 용감한 행위, 동포를 골육상쟁으로 몰아넣는 전쟁의 부조리를 주

〈시체에 대해 이 무슨 만용인가〉, 판화집 『전쟁의 참화』(1808-1814) 중에서

제로 나타내고 있다. 전쟁의 장면은 생생한 등장인물과 냉혹한 격렬성, 잔인한 본능 등 함축된 구성으로 되어 있다. 여기에는 치열한 전쟁의 삽화와 난폭한 광경이 나오고 여자들까지 무장하여 전쟁에 참여한 장면, 그 결과 프랑스군에 의해 난폭한 폭행을 당하는 여자들의 장면 등이 있다. 제 2부는 전쟁 중인 1811년에서 1812년 사이 닥친 기근동안 마드리드 시민의 고통을 묘사하였고, 제3부는 나머지 18판으로 전후의 위정자에 대한 실망과 비판을 공상과 상징을 통해 강렬하게 표현하였다.

결론적으로, 『전쟁의 참화』의 판화작품들에서 고야는 인간성의 외침을 보여주고 있다. 인간들의 비참한 현실은 종말이 가까워옴에 따라 마드리드 주변의 전후에 기아상태와 전염병, 무덤에서 해골인간의 손으로 쓴 '無'라는 한자에 의해 하나의 결론을 보여주는 것처럼 생각된다. 더구나 전쟁의 결론에 따른 조국을 위해 피 흘린 애국자와 인민을 선동한 종교인, 자유주의자를 반동 정부가 처형하는 장면까지 덧붙여서, 전쟁의 공허함, 이성과 진실에 대한 고야 자신의 신념을 나타내고 있다. 전하는 바에 의하면, 고야는 자신의 그림 속에 그려진 폭동 선동자들의 사형집행 현장에 참석했다고 한다. 또한 마드리드 사람이면 누구나 볼 수 있었듯이, 여기저기에서 단검으로 찌르고 칼로 목을 베고 총을 쏘는 광경을 목격했다고 한다.

전쟁, 1811-12년의 기근, 그리고 성직자 비판으로 구성된 이 판화는 그 반체제적 성격 때문에 고야가 죽은 1828년 이후에도 다시 26년 동안 비밀리에 보관되었으며 1863년에 출판된다. 고야 자신이 아카데미의 간부이고 수석 궁정화가라는 지위에 있었으나 전쟁을 겪으며 고야의 관심은 민중에게로 돌려지고 그러한 것들이 그림에 잘 나타나 있어, 계급갈등이 표출되었으며 빈민을 찬양하는 반면 성직자를 비난하는 그림도 있었기 때문이었다. 고야가 죽은 뒤에도 스페인 귀족의 딸과 프랑스 왕이 결혼에 의한 동맹관계에 있었으므로, 그의 그림은 원제대로 세상에 모습을 드러낼 수가 없었다. 고야의 판화집에 처음에는 '보나파르트와 피투성의 전쟁이 스페인에 초래한 비참한 결말과 기타 강조된 카프리초' 란 제목이 붙었으나, 출판이 불가능해 『전쟁의 참화』로 제목이 바뀌었고 이것은 그대로 미술사에 남겨진다.

고야의 그림은 인간의 폭력성과 잔인성을 보편적으로 보여주고 민중에 대한 관심을 드러낸다는 데 그 의의가 있다. 그는 프랑스군의 학살이나 약탈만이 아니라 게릴라들의 만행도 그린다. 『전쟁의 참화』에는 가해자와 피해자가 뒤바뀐 작품도 많다. 어떤 것은 프랑스 군인이 민중을 학살하는 장면이 그려져 있고, 어떤 것은 농부가 프랑스 군인을 죽이는 장면이 그려져 있다. 즉 고야는 전쟁에서 가해자가 누구이고 피해자가 누구인가 보다는 전쟁의 참상 그 자체와 그로 인해 희생된 것은 민중이라는 점을 보여준다. 그림 대다수는 짓밟힌 대다수의 군중이다. 인간의 폭력성이 가장 극에 달하는 경우는 전쟁이다. 전쟁에 대한 기록은 기록자의 입장에 따라 다양한 시각이 가능할 수 있겠지만, 고야에게는 인간에 대한 인간의 폭력이라는 의미를 지닌다. 그리고 그 자신은 전쟁이 지닌 폭력성을 증언하고 고발하는 저항적 소명을 인식하였다.

피카소의 〈게르니카〉

〈게르니카〉의 탄생

스페인의 프라도 미술관에 소장돼 있는 〈게르니카〉는, 피카소가 1937

년 4월 26일 히틀러가 프랑코 총통을 지원하기 위해 바스크 산악마을 인 게르니카에 약 4시간 동안 32톤의 폭탄을 퍼부어 1600여명의 인명 을 살상한 비극적 사건을 전 세계에 고발한 작품이다. 이 작품은 전쟁 의 참혹함과 비인간성, 무분별하고 비이성적인 악에 대한 고발이자 저 항이다.

1936년 여름에만 해도 스페인 내란은 어느 쪽이 우세한지 판단하기 어려운 무력의 대결로 시작되었다. 이제 막 선거에서 이긴 인민전선의 여당에 대항하여 일어난 국민군 쪽 장군들의 봉기는 성공가능성이 희 박해보였다. 그러나 공화국 행정부의 내부갈등이 이어지고 독일 히틀 러와 이탈리아 무솔리니가 참가한 반면, 프랑스와 영국이 내란에 말려 드는 것을 주저하자 사태를 역전시켰다. 그리고 게르니카는 잿더미로 변했고 짧은 기간 동안 바스크 지방 전체가 히틀러의 사단에 굴복하고 만다.

피카소는 스페인 공화국 정부의 요청에 따라 파리 만국박람회 출품 작품을 구상하던 중, 5월 1일 몇 일전인 4월 26일 게르니카에 가해진 무자비한 폭격의 소식을 접하였다. 그의 충격과 인상은 작품의 전면에 등장하는 죽어가는 소와 울부짖는 말, 목이 잘린 사람, 죽은 아이를 안 은 채 하늘을 보며 통곡하는 여인들의 모습과 그들을 구성하는 검정 색, 흰색, 회색의 무채색의 표현으로 나타난다. 당시 흑백이었던 신문 기사와 사진을 통해 접한 비극에 대한 그의 충격과 공포가 작품에 그 대로 그려져 있는 것이다.

〈게르니카〉의 주축을 이루는 힘찬 선들은 고대 그리스의 신전 정면 처럼 삼각형을 이룬다. 그 삼각형의 한가운데 상처 입은 그의 말이 서 있고, 삼각형의 왼쪽 변에는 땅 위에 쓰러져 사지를 뻗고 있는 전사의

역사 속 몸의 시련

펼쳐진 손과, 그 동물의 주둥이와 꼬리가 걸쳐 있다. 삼각형의 오른쪽 변에는 학살의 광경에 충격을 받아 얼이 빠진 채 자신의 몸을 이끌고 가는 어떤 거대한 여인이 접해 있다. 이 첫 번째 삼각형은 또 다른 두 번째 삼각형에 의해 지탱된다. 두 번째 삼각형의 정점은 빛을 쳐들고 있는 여자에 의해 팔 끝에 들린 횃불의 심지와 일치한다. 한편 이 그림을 세 폭의 병풍처럼 볼 경우, 왼쪽에는 한 마리의 투우와 자기의 죽은 아기를 품고 도망치는 한 어머니가 그려져 있으며, 오른쪽에는 불타버린 자기 집의 폐허 속에 쓰러져 있는 한 여인을 나타낸다. 이러한 삼각 구도는 인간의 집단 심리의 자취를 말하는 것이자, 현대의 인간상을 총체적으로 표현한 것으로 평가되고 있다.

〈게르니카〉의 메시지

〈게르니카〉는 인간의 참혹한 잔인성과 그 결과로서의 전쟁을 작품에 담은 20세기 최대 걸작 중의 하나로 꼽힌다. 인류 역사상 최초로 자행된 비무장 민간인에 대한 폭격기의 공습으로 알려진 게르니카 폭격은 이후 현대 전쟁에서 일반적인 양상이 되었고, 지금도 세계 도처에서 유사한 형태로 행해지고 있어 피카소의 그림은 현재 21세기의 사람들에게도 상당한 공감을 불러일으키고 있다.

유럽 전역에 전운이 감돌던 해, 경제 공황의 타개책으로 추진된 파리 세계박람회에서 처음 공개된 〈게르니카〉는 1981년 9월 '드디어 전쟁이 끝났다' 라는 신문의 헤드라인과 함께, 스페인 내전의 총성이 멎은 지 42년, 그리고 그림이 완성된 지 44년 만에 모국으로 돌아올 수 있었다. 이 그림은 스페인 내전의 참혹함에 대한 상징으로, 60년대에는 베트남 전쟁에 대한 반대의 표상으로, 그리고 일본에서는 히로시마의 쓰라린 기억을 각인시켜주는 매개체로서, 탄생 이후 지금까지 전 인류에게 완전한 평화를 염원하는 상징으로 인식되고 있다.

오늘의 세계는 냉전 시대보다도 더욱 전장화 되어가고 있다. '전쟁은 끝이 있다. 하지만 인간의 싸움은 끝이 없다' 는 피카소의 말은 현대인에게도 적용되는 말이 되었다. 〈게르니카〉에서 구체적 개별성이 결여되어 있음은 피카소가 다른 많은 사람들처럼 게르니카에서의 참상을 직접 경험하지 못했기 때문이라기보다는, 그 참사가 인류의 역사상 수없이 나타날 수 있는 인류가 지닌 폭력성의 결과물 가운데 상징적인 한 부분일 수 있다는 해석이 더욱 타당해 보인다.

역사 속 몸의 시련

6

〈히로시마 내사랑〉에 나타난 몸과 역사의 증언*

1. 증언의 문제와 영화 〈히로시마 내사랑〉

증언의 불가능

2차 대전 당시 나치의 유대인 학살은 역사와 철학 및 문학에 대한 전반적인 성찰과 함께 아우슈비츠 이후 예술의 가능성에 대해 문제를 제기했다. 이때 예술, 특히 문학의 가능성이란 예술이 과연 허구를 빌려 모든 현실 혹은 진실을 그려낼 수 있는가에 관련된다. 이는 아우슈비츠의 현실을 증언하기란 불가능하다는 결론이 만장일치로 내려진 데 따른 것이다. 수용소를 체험하고 살아 돌아온 사람들마저 공통적으로 그

---

*이 글은 『불어불문학연구』 제59집 가을호(2004)에 「'히로시마 내사랑'에 나타난 몸과 역사의 증언」(이지순·박규현 공동집필)이란 제목으로 수록된 논문을 일부 수정하여 보완한 것이다.

것에 대해 말할 수 없음을 이야기한다. 데리다는 이러한 '말할 수 없음' 자체가 바로 "불가능한 증언으로서의 순수한 증언"[1]이라고 말한다. 한편 블랑쇼는 "문학은 그 자체를 향해서, 사라짐이라는 본질을 향해서 가고 있다"[2]고 말한다. 블랑쇼에게 문학의 사라짐은 언어의 죽음과 한계라는 성찰에 맞물려 있으며 이는 아우슈비츠 수용소로 달려가는 기차, 즉 "무無를 향해 달려가는 기차"[3]와 수용소의

데리다
Jacques Derrida, 1930~2004

굴뚝 연기 속에 사라질 유대인들에 비유되었던 것이다. 그렇듯 문학의 사라짐은 언어를 통해 인간에 대해 사유하고 인간을 다듬기도 했던 문학의 역사가 인간의 대량학살에 이르렀음에 대한 반성의 측면을 가리키는 한편, 문학이 자신을 축소시키고 중성화시키며, 결국 "문학을 벗어나고 문학을 무시하는 움직임으로 해서 비개인적인 중성이라는 지점까지 내려가는 데에 열중하면서" 스스로의 사라짐을 통해 다시 태어나야 함을 의미하기도 한다. 여기서 문학의 사라짐에 대한 성찰은 말하지 않음이 아니라 '말할 수 없음'을 끊임없이 말해야 한다는 결론에 이른다. 하지만 이전과는 다른 방식으로, 기존의 문학적 글쓰기의 파국 속에서 '끊임없는 말하기'가 이루어져야 한다고 본다. 우리는 그러한 예로 글쓰기에 대한 성찰의 맥락 또는 그 연장선상에서 전개되었던 프랑스에서의 누보로망에 관련된 글쓰기를 들 수 있을 것이며, 20세기의 새

---

1. Jacques Derrida, *Demeure*, Galilée, 1998, p.135.
2. Maurice Blanchot, *Le livre à venir*, Gallimard, 1986(1959), p.265.
3. 이삼성, 『20세기의 문명과 야만』(서울: 한길사, 1998), 20쪽.

로운 장르인 영화 가운데 누보시네마로 불리는 작품들을 떠올릴 수 있을 것이다. 그 중 누보시네마 계열의 작가로 분류되며 영화작업을 통해 역사를 증언하는 대표적 영화감독인 알렝 레네의 작품『히로시마 내사랑』은 증언의 불가능과 몸에 새겨진 기억의 문제를 잘 표현하고 있다.

기억, 망각, 역사

레네는 고전영화는 현대의 분절적인 삶이 만들어내는 실제 리듬을 전달할 수 없다고 생각한다. 그는 이전의 고전영화가 보여주는 관습적이고 선형적인 흐름을 깨고 누보로망이 보여주는 전통적인 객관적 사실 묘사와 합리주의적 심리분석을 기축으로 하는 발자크풍이나 톨스토이풍의 전통적인 소설 형식을 부정하면서 작가의 자연 발생적인 지각이나 충동, 그리고 기억을 그에 알맞은 새로운 형식과 기교를 구사하여 재현하려고 하는 방식을 영화에 적용시켰다.

　예술과 홀로코스트의 문제를 주로 천착하였던 그가 감독한 영화『히로시마 내사랑』의 시나리오는 소설가 마그리트 뒤라스가 썼지만 2차 대전 당시 나치의 유대인 학살과 관련하여 레네가 고집스럽게 다루던 주제인 '기억'과 '역사'의 문제를 다루고 있다는 점에서 뒤라스 뿐만 아니라 레네의 사유 역시 영화에 전적으로 반영되어 있다고 볼 수 있다. 뒤라스는 시나리오를 출판하기에 앞서 레네와 거의 매일 대화를 나누었으며 그의 충고가 절대적인 영향을 주었다고 밝히고 있다. 이보다 앞서 레네는 나치 점령 당시 유태인 수용소를 다큐멘터리로 다룬 〈밤과 안개〉를 만든 바 있다. 〈밤과 안개〉는 적지 않은 논란을 불러일으켰다.

영화를 본 많은 사람들은 과연 이것이 정말로 엄청난 수의 유대인들이 처형당한 역사적 사실로서 '홀로코스트'를 다룬 영화가 맞는지에 대해 의문을 품었다. 반대로 레네는 여전히 황량하게 버려져 있는 현재의 수용소처럼 '흔적'으로 남아있는 과거를, 그러니까 그 현재적 증거로서의 수용소를 포착하는 문제를 두고 고투를 벌였다. 따라서『밤과 안개』는 과거를 기억할 필요성과 그리고 다른 한편으로는 그것의 불가능성에 대한 고민이 전면에 놓인 전형적인 '레네의 영화'로 귀결되지 않을 수 없었던 것이다. 결론적으로 레네는 자신의 영화들을 통해 지난 역사의 비극을 기억해야 하는 필요성과 아울러 그 기억이 얼마나 고통스러운 것인가를 보여준다.『히로시마 내사랑』역시 기억과 그로 인한 고통의 문제를 천착하고 있다.

2. 몸의 세계

죽음을 간직한 몸

아우슈비츠 혹은 히로시마를 증언하는 것이 어째서 불가능한 것인가? 그것은 수용소를 몸소 체험한, 게다가 죽음까지도 체험한 희생자들은 더 이상 이 세계에 존재하지 않으며 말이 없기 때문이다. 이 '말없음'이 유일한 증언일지도 모른다. 데리다는 증언의 어려움을 나치에게 압수되거나 분실된 기록들을 통해 이야기하기도 하지만, 우리는 그 기록들의 부재와 더불어 메를로-퐁티의 몸 현상학을 받아들여 몸을 세계에의-존재라고 볼 때 몸이라는 실체의 부재, 혹은 부재로서의 몸에 주목해본다. 다시 말해 수용소 굴뚝의 연기로 사라진 몸들은 바로 우리가 완전히 재현할 수 없는, 그 현실을 알 수 없는 세계 그 자체인 것이다. 〈히로시마 내사랑〉에서의 일본인 남자 주인공이 계속해서 프랑스인 여자 주인공에게 "당신은 히로시마에서 아무 것도 보지 않았오"[4]라고 반복하듯 히로시마 역시 아우슈비츠와 마찬가지로 증언 불가능한 세계이다.

> 히로시마에 관해 이야기한다는 것은 불가능하다. 우리가 할 수 있는 일이 있다면, 히로시마에 관해서 이야기한다는 것이 불가능하다는 점에 대해 이야기하는 것이다.[5]

영화에서의 실체를 가늠하기가 곤란한 첫 장면은 일면 그 증언 불가능한 사라진 세계를 암시하는 듯하다.

관객은 잿더미속 혹은 빗속에 잠겨있거나 땀에 젖어있는 듯한, 그렇지 않으면 사막의 모래알과도 같은 형체를 알아볼 수 없는 한 표면이 두 남녀의 알몸이라는 사실을 조금 지나서야 알게 된다. 뒤라스는 그 형체를 통해 사랑 속에 사로잡힌 모습과 임종의 고통에 시달리는 모습을 동시에 보여주려 하였다고 말한다. 그러한 생각은 사실상 영화에서는 삭제된, 하지만 뒤라스의 시나리오에는 존재하는 첫 부분부터 적나라하게 드러난다.

---

4. Marguerite Duras, *Hiroshima mon amour*, Folio/Gallimard, 1960, p.10.

5. *Hiroshima mon amour*, p.22.

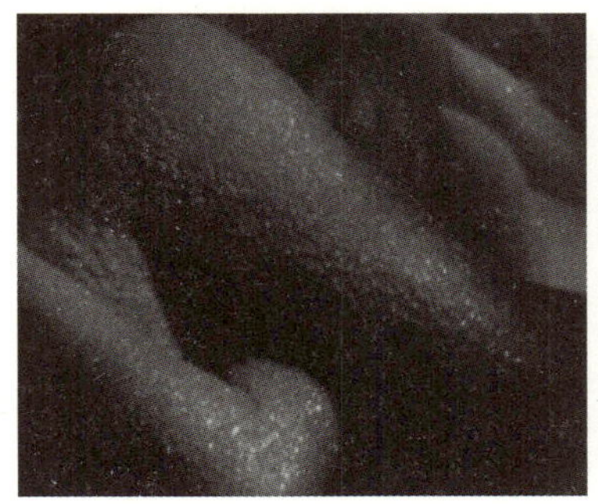

　　그 유명한 비키니 '버섯'[6]의 확장 상태로부터 영화가 시작된
다. 관람객들은 이 '버섯'을 이미 본 일이 있는 듯하면서도 또 동
시에 처음으로 보는 듯한 느낌을 갖게 되어야 할 것이다. 그 '버
섯'은 크게 확대되어 G.휘스코의 첫 번째 운율에 맞추어 매우 느
린 속도로 움직여야 할 것이다. 그 '버섯'이 화면에 크게 떠오름
에 따라서 그 아래로 옷을 걸치지 않은 두 어깨가 서서히 나타난
다. 머리 부분과 엉덩이 부분에서 잘려진 몸뚱이의 두 어깨만이
보인다. 그 두 어깨는 서로 껴안고 있는데, 마치 잿더미 속에 혹
은 빗속에 잠겨있는 것 같기도 하고, 또 한편으로는 이슬이나 땀
에 젖어있는 것 같기도 하다. 요는 이 이슬, 이 땀이 사라져감에
따라서, 증발됨에 따라서, 그것이 비키니 '버섯'에 의해 초래되었
음을 느끼도록 하는 점이다.[7]

---

6. '비키니 버섯'이란 미국인들이 2차 대전 말기 태평양의 작은 섬 비키니(BIKINI)에 모여
　　핵실험을 하고 난 후 일본의 히로시마와 나카사키에 원자폭탄을 투하했을 당시 하늘에
　　솟아오른 연기의 모양이 버섯을 닮아 불려진 이름이다.
7. *Hiroshima mon amour*, p.21.

　영화에서 삭제된 부분은 아마도 관객이 영화의 흐름에 따라 내용을
서서히 이해하는 것이 아니라 첫 장면 하나로 모든 것을 너무 빨리 알
아차릴 것이라는 생각에서인 듯하다. 그렇다면 우리가 빨리 알아차리
게 될 내용은 무엇인가. 그것은 원폭투하로 인한, 더 멀게는 전쟁으로
인한 죽음의 실재이다. 증언 불가능한 실재로서의 죽음 그 자체이다.
그 버섯 아래로 두 육체가 나타나는 것은 죽음이 실재가 그들의 육체
에 기억으로 자리하고 있음을 뜻한다. 뒤라스의 시놉시스에는 다음과
같이 적혀있다.

　　그토록 평범하고 흔하고 일상적인 이 포옹이 세계에서 가장
상상하기 힘든 히로시마라는 도시에서 이루어졌다. 히로시마에
는 아무것도 그대로 단순하게 전달되지 않는다. 거기서는 어느
행동, 어느 말이건 특유의 훈영이 그 본래의 뜻 이외에 또 다른 의
미를 추가하여 후광으로 장식한다. 이 영화의 중요 목적 중의 하
나가 거기에 있다. 참혹을 보임으로써 그 참혹상을 서술하는 묘
사방식에서 벗어나자는 것이다. 그것은 이미 일본 사람들 자신에
의해서 이루어졌기 때문이다. 그와는 달리, 필연적으로 특수하고
경탄할 만한 어떤 사랑 속에 그 참혹상이 자리 잡게 함으로써 그
유해로부터 다시 살아나게 하려는 것이다. 이 세상의 그 어느 다
른 곳에서 이루어진 사랑보다도, 죽음으로 인해 파괴된 이 장소
에서의 그 사랑을 사람들은 더욱 믿게 될 것이다.[8]

---

8. 같은 책, p.11.

죽음을 간직한 육체는 사랑을 욕망한다. 아니, 바타유의 '에로티즘'에 관한 사유를 적용시켜 보면 두 육체의 몸이 녹아 흐르는 사랑행위를 통해 개체의 몸으로 구획되는 불연속성을 넘어 기억이 자리하는 거대한 연속성 속으로 들어가는 것이다. 바타유는 그 연속성은 죽음을 통해 완성되지만 이를 에로티즘을 통해 들어가 볼 수 있다고 하였다. 영화에서는 두 사람이 사랑을 나누는 동안 히로시마 폭파 후 도시와 인간들의 참혹한 모습을 담은 장면들이 연이어 나타난다. 그리고 마침내 여주인공인 프랑스 여인은 자신과 사랑을 나누었던 일본인 남자의 잠자는 모습 속에서 자신의 애인이었던 독일인 병사의 총살당한 모습을 되찾는다.

메를로-퐁티, 세계에의―존재인 몸

〈히로시마 내사랑〉의 두 남녀 주인공은 전쟁 이후 살아남은 자 혹은 전쟁의 목격자에 해당된다. 레네는 두 주인공의 몸이라는 매개를 통해 해체된 시간 속 기억의 본질, 다시 말해 기억과 상상, 사랑과 고통, 그리고 망각을 보여주고 있다. 전쟁은 어디에 남아 그 역사적 증언을 진행시키고 있는가를 생각해 볼 때, 영화에서 몸은 기억, 시간, 공간 등 모든 것에 관해 박물관의 기록보다도 더 많은 것, 그리고 오래된 것을 담고 있음을 보여준다.

메를로-퐁티
Maurice Merleau-Ponty, 1908~1961

몸과 역사의 증언

메를로-퐁티는 세계에의-존재인 몸이 가리키는 체화된 존재성을 역설한 바 있다. 그는 몸을 탐구대상으로 하여 '세계에의-존재' 라는 개념을 만들어낸다. 그는 몸, 즉 '나' 라는 유기체를 타인들과의 삶을 공유하는 비인칭적 실존과 '나' 의 개인적 경험에 근거를 둔 인칭적 실존이 결합되어 있는 장소이자 발현으로 보며 "내가 살아있는 몸을 이해할 수 있으려면, 내 자신이 살아있는 몸을 수행하고 또 세계를 향해 자신을 일으키는 몸이 되어야만 한다[9]고 말한다. 이는 철학을 한다고 해서 무조건 철학이 탐구대상으로 삼는 영역에서 완전히 발을 뺀 채 반성하는 의식의 내용으로 전환된 살아있는 몸, 그러니까 실제로 살아있는 몸이 아닌 살아있는 몸을 탐구해서는 진정 살아있는 몸을 이해할 수 없다는 그의 실존적 지각론을 말해준다.

영화에서는 두 육체가 완벽하게 결합할 때 여주인공이 점차 기억속 과거의 자신에게로 동화되며 "나는 모든 것을 알아요"라고 말할 때 몸의 실존적 지각능력이 드러난다. 그때 주체의 몸은 순간적이고 충만한 특정경험에서 파악되어야 할 뿐만 아니라, 일반적인 양상 하에서 그리고 비인칭적인 존재로서도 파악되어야 한다. 뒤라스는 시놉시스에서 두 주인공의 우연한 만남과 일상세계를 강조하여 히로시마에 대해 이야기하는 것이 불가능함을 역설적으로 보여준다. 말하자면, 진정한 증언은 비인칭적으로 익명의 세계 속에 침묵 아닌 침묵으로 존재하기 때문이다. "일상의 행동에 있어서도 습관적인 몸의 층위와 현실적인 몸의 층위가 때로는 조화를 이루고 때로는 충돌하면서 지각하고 실천한다는 것이 된다. 즉 현실적으로 수행되는 대자적이고 인칭적(인격적)인

---

9. 조광제, 『몸의 세계, 세계의 몸』(서울: 이학사, 2004), 100쪽.

몸뿐만 아니라 습관적으로 수행되는 즉자적이고 비인칭적인 몸이 함께 활동하기 때문이다."[10] 메를로-퐁티에 따르면, 우리들 각자가 사랑이니 야망이니 하는 특수한 환경에 들어설 수 있기 위해서는 먼저 이 일반세계에 속해야 한다. 마찬가지로 나의 유기체는 세계의 일반적인 형식에 선인칭적으로 결합되어 있는 익명적이고 일반적인 실존이다. 이러한 나의 유기체는 나의 인칭적인 삶 아래에서 타고난 복합체의 역할을 한다. 즉 일반세계라 불리는 비인칭적인 실존의 여백으로서 인칭적인 실존을 나름의 일반적이고 비인칭적인 리듬들로써 휘감는다는 것이다. 그리고 이 비인칭적인 리듬들을 통해 타인들과의 삶을 공유한다. 선인칭적으로 연속해서 일어나는 일반세계와 내 몸과의 연결은 나에게 비인칭적인 실존을 마련해준다. 그래서 진정한 나는 비인칭적인 실존과 인칭적인 실존이 결합되어 있는 장소이자 발현이라고 볼 수 있다. 이렇게 볼 때, 영화의 첫장면에 나타나는 형태를 가늠하기 힘든 두 육체의 표피는 뒤이어 나타나는 히로시마 희생자들의 참혹한 모습, 느베르에서의 독일병사의 죽은 모습, 더 나아가 폐허가 된 도시전체의 모습에 다름 아니다.

메를로-퐁티의 세계에의-존재로서의 몸, 비인칭적 실존과 인칭적 실존이 결합되어 있는 장소이자 발현으로서의 나와 타인들의 삶의 공유 등에 대한 사유는, 〈히로시마 내사랑〉에서 두 주인공이 사랑을 나누는 현재의 히로시마라는 장소를 뛰어넘어 제각기 히로시마와 느베르라는 과거의 장소와 더불어 인류전체의 보편적인 망각을 담고 있는 몸, 더 나아가 상상적인 세계로서의 몸을 설명해 준다. 영화에서 감지

---

10. 같은 책, 115쪽.

되는 몸의 이미지와 장소 사이의 중복 및 다층적인 연결은 존재들과 공간 사이의 연속성을 나타내는 동시에, 관객들로 하여금 몸과 장소가 서로의 연장延長이며 그것이 '비인칭적 시간' 혹은 '진정한 현재로서의 과거'라는 또 다른 시간의 층을 이루고 있음을 보여준다. 이러한 기법은 대상이 지닌 의미를 그대로 비추고 전달하는 일종의 반사원칙에 따라 표현된다. 그래서 영화에서는 오브제들이 어떤 힘을 갖는, 은유와 환유로 가득 찬 세계인 공간을 표현하고 제시하는데, 이 세계는 사미-알 리가 『상상적 공간』에서 묘사하고 규정하고 있는 몽환적 세계의 모습에 다름 아니다.

> 꿈이 전개되는 공간은 꿈의 이차적 가공 과정을 축소한 것이
> 아니라 내 몸 속의 육체적 공간에서 유래하는 것이다.[11]

이와 같이 현실의 재현이라는 틀을 넘어 끊임없이 몸에 근접하는 오브제들과 장소는 더 이상 공간의 외재성만을 드러내는 것이 아니라 몸의 내재성에 대한 은유작용을 한다. 몸 현상학이 주목하듯이 몸은 안과 밖을 드나드는 기묘한 존재로, 바깥에 있는 안의 것이고 안에 있는 바깥의 것이다. 그러한 안과 밖의 오고감은 영화에서 히로시마의 원폭 투하가 몸에 지워지지 않은 흔적을 망각처럼, 그러나 불시에 튀어나올 기억으로서의 망각처럼 남기고 있는 점에서 알 수 있다.

---

11. Sami-Ali, *L'espace imaginaire*, Paris, Gallimard, 1974, p.23.

3. 몸과 시간의 기억

〈히로시마 내사랑〉은 선적인 시간을 따르는 전통적인 사실 묘사 방식을 떠나 갑작스러운 지각이나 충동, 그리고 기억을 재현해내려 하는 누보로망(뒤라스)이나 누보시네마(레네)의 양식을 따르는 대표적 작품이다. 우리는 여기서 당시에 커다란 반향을 불러일으켰고 레네 자신이 탐독하였다고 밝힌 바 있는 베르그송의 시간과 기억에 대한 사유를 읽어낼 수 있다고 본다. 또한 우리가 앞서 다룬 바 있는 메를로-퐁티의 의견, 즉 기억이 없이는 지각이 불가능하다는 베르그송과 달리 지각자체가 이미 의미를 띠고 있는 것으로 기억보다 앞선다고 보는 의견을 수용한다 해도,[12] 기억과 지속간의 전후관계를 따지지 않을 경우 베르그송의 '순수기억'이나 '순수지속으로서의 시간'[13]에 대한 의견은 메를로-퐁티와 궤를 같이 한다고 볼 수 있다.

메를로-퐁티에 따르면 세계에의-존재로서의 몸에 있어서 비인칭적 몸이 활동하는 "비인칭적 시간은 계속해서 흐른다. 그러나 인칭적인

---

12. 베르그송은 의식과 지각을 분리하였던 반면("어떤 의미에 있어서 나의 지각은 무수한 시간에 나뉘어지는 것을 나의 의식의 유일한 순간 속으로 축소시키기 때문에 바로 나의 내부에 있는 것이다." 앙리 베르그송, 홍경실 옮김, 『물질과 기억』, 교보문고, 1991, 228쪽, 메를로-퐁티는 지각자체가 의식을 담고 있는 것으로 보았다.

13. 베르그송에 의하면 순수지속으로서의 시간은 이전처럼 수학적, 물리학적인 것이 아니라 이제는 생물학적인 것으로서, 의식에 의해 파악되는 생명의 유동과도 일치하는 것이다. 의식의 내적 상태들에 대한 파악은 근본적으로 시간에 대한 파악이다. 그러므로 이러한 시간은 수학적인 것이 아니라 어떻게 해서도 측정되지 않고, 과거, 현재, 미래로 분할되지도 않는 참된 시간이다. 시간은 곧 지속이다. 자기 자신을 자신과 동일한 것으로 파악하는 동시에, 현재와 과거와 미래의 개방성이 정신적인 표상 안에서 혼연일체가 되는 영원무궁한 순간들 속에서 자신이 연속적으로 변화하고 있음을 파악하는 의식에 대한 인지가 곧 시간이다.

시간은 묶여버린다. 잘 알다시피 이러한 고착은 기억과 혼동되지 않는다. 이러한 고착은 심지어, 기억이 일람표인 양 오래된 경험을 우리에게 펼쳐놓을 경우에는 그 기억을 제외시켜 버린다. 그 반대로 진정한 현재로 머물러 있는 과거는 멀리 떨어져 있지 않고, 시선 앞에 드러나지는 않지만 항상 시선 뒤에 숨어서 도사리고 있다."[14] 과거와 미래가 충돌하면서 특이한 현재가 솟구쳐 올라오는데, 그것은 다른 모든 현재들을 물리치고 오로지 자신만이 진정한 현재인 양 고착되어 군림을 하게 된다. 여기에서 억압이 생겨난다. 절대적 현재처럼 고착된 것은 특이한 기억이 아니라 특별한 시간이다. 말하자면 고착된 현재는 인칭적인 또는 의식적인 시간이 아니라 비인칭적인 시간이라는 것이다. 그러니까 이 고착된 현재는 내가 객관적인 의식이나 대자적인 의식으로는 도무지 어찌할 수 없는 힘으로 다가올 뿐더러 심지어 인칭적인 현재들을 억압하고 지배한다는 것이다. 이를 메를로-퐁티는 인칭적인 시간이 묶여버리고 비인칭적인 시간이 계속 전개되는 것이라 말하고 있다. 그는 이러한 "비인칭적인 시간이 도래하는 억압구조"야말로 바로 세계에의-존재가 지닌 시간적인 구조를 드러내는 것이라 보고, 세계에의-존재의 특징인 체화된 존재성을 이해하는 데 필수적인 보편적인 현상으로 본다.

〈히로시마 내사랑〉에서는 프랑스 여인이 일본인 남자와 사랑에 빠지면서 기억해 내는 느베르에서의 일들이 바로 비인칭적 시간이 도래하는 억압구조를 구성한다고 볼 수 있다. 그녀에게는 이제까지 느베르에서의 독일인 병사가 유일하게 자신의 몸에 꼭 맞는 사람이었으나

---

14. 『몸의 세계, 세계의 몸』, 116쪽.

일본인 남자에게서 다시금 자신의 몸에 어울리게 형성된 몸을 인식하며 현재를 망각한다. 그녀는 자기 몸과 전적인 유사성을 알려준 것은 바로 독일인 병사의 시체였음을 고백한다.

> 나는 그의 몸 위에 누어있었습니다.... 그래요... 그가 숨을 거두는 순간을 나는 인식할 수가 없었던 거죠. 왜냐하면... 바로 그 순간에도, 또 그 순간 이후에도, 네, 그 이후에도, 나는 그의 죽은 육체와 나의 육체 사이에서 아무런 차이점도 발견할 수가 없었다고 말할 수 있습니다. 그의 죽은 육체와 나의 육체가 서로 닮았다는 사실 이외에는 아무 것도 느낄 수가 없었습니다... 눈에 띄게 닮았다는...이해하시겠어요? 그것이 나의 첫사랑이었어요.[15]

---

15. *Hiroshima mon amour*, p.100.

그 망각은 마침내는 자신을 느베르에서의 '그녀'로, 일본인 남자를 독일인 병사로 동일시하는 데에까지 이르게 한다. 망각되었던 과거가 현재를 점령하게 되는 것이다. 〈히로시마 내사랑〉 5부에서 프랑스 여인은 그녀의 내부에서 스스로 삶을 지속시키며 현재를 점령하게 되는 과거로서 독일병사와의 첫사랑에 대해, 자신을 '그녀'라는 3인칭을 써가며 얘기하기 전 다음과 같이 말한다.

> 시간의 정확한 지속성을 배워야 하는데. 시간의 흐름이 어떤 때는 그렇게 빨리 가는지를 이해하고 또 쓸데도 없이 느린 그 시간의 낙하를 그런대로 참아내야 한다는 것, 그것도 역시, 필경 지혜를 배우는 것이지.[16]

영화 전체는, 특히 두 주인공의 서로 사랑하는 몸과 그 사이로 내비친 과거의, 혹은 폐허가 된 현재의 파편들은 바로 우리가 어찌지 못하는 그 시간의 지속적 삶을 보여주는 것에 다름 아니다. 좀 더 구체적으로 몸과 시간의 기억이 어떻게 영화에서 드러나는지 살펴보기 위해 영화의 처음으로 돌아가 보자.

영화는 '그'와 '그녀'의 형체를 알아볼 수 없는 육체의 움직임으로 시작된다. 평화에 관한 영화촬영을 위해 히로시마를 방문한 프랑스 여인 '그녀'와 일본인 건축가 '그'의 우연한 만남으로 그들의 사랑의 행위가 포착되고 그녀의 독백이 이어진다. 그리고 제2차대전 당시 히로시마 원자폭탄의 피해자들의 모습이 스쳐지나가고 마치 기록영화처럼

---

16. 같은 책, p.110.

전쟁의 잔해들이 끔찍하게 제시되면서 그녀는 말한다. "나는 히로시마에서 모든 것을 보았어요." 하지만 일본인 남자는 "당신은 히로시마에서 아무것도 보지 못했오"라며 그녀의 말에 응수한다. 그와 그녀의 사랑의 행위와 역사적 자료화면은 약 10분간 반복과 교차를 통해 지속된다. 지구 반대편에서 제각기 다른 상황에 처해있던 그들의 상이한 기억 속에서도 시공간을 초월한 역사적 공감대가 형성된다.

호텔을 나와 거리에서 영화촬영을 하던 그녀에게 그가 다시 찾아와 자신의 집으로 인도한다. 거기서 그들은 두 번째 사랑을 나눈다. 그녀는 다시 과거로 돌아간다. 현재의 사랑 속에서 그녀는 2차 대전 당시 독일인 병사와 사랑에 빠졌던 순간들을 기억해낸다.

밤이 되자 어두운 카페에 들어간 그들은 술은 마신다. 이미 과거의 사랑에 침투당한 그녀는 마치 정신분열증 환자처럼 지난날의 기억에 괴로워한다. 2차대전이 종결되고 프랑스가 해방되던 날, 그녀는 사랑하는 독일병사와 도망갈 계획을 세우지만 그는 이미 총살당하고 쓰러져있었다. 사랑하는 사람을 잃은 그녀는 머리카락이 잘리고 지하에 감금된다. 그녀의 과거는 굶주림과 공포로 가득했다. 현재의 그녀는 사랑을 잃고 자유마저 빼앗긴 과거 자신의 모습을 떠올리며 괴로워한다. 그녀 앞에서 그는 그녀의 이야기를 조용히 들어주며 그녀의 행위를 받아준다. 그런데 이제 과거의 고통이 그대로 현재의 아픔이 되고 내일이면 헤어져야 할 고통이 미래로 이어지는 듯하다.

밤거리를 거니는 그녀와 그 뒤를 따르는 그의 모습. 아픔의 본질을 잃은 채 괴로워하는 그녀에게 그는 히로시마에 머물라며 붙잡는다. 그러나 그녀는 느베르를 그리워하며 거절한다. 시간과 공간의 차이를 극복하고자 노력하는 그는 역까지 그녀를 쫓아간다. 그들은 마지막 대화

몸과 역사의 증언

를 나눈다.

> **그녀** 히-로-시-마, 이것이 당신의 이름이에요.
>
> **그** 그래요. 나의 이름이오.
>
> 당신의 이름은 느베르. 느-베르-엉-프랑스.[17]

히로시마와 느베르로, 주인공들은 그곳에서의 상처와 아픈 기억들이 망각의 깊이 속에서 순수지속으로서의 그들의 삶을 지배하기에 자신들을 그렇게 규정짓는 것이다.

4. 몸과 공간의 기억

영화의 시나리오를 집필한 뒤라스는 기억에 대해 다음과 같이 말한다.

> 나에게 있어서 기억은 모든 장소에 나타나 있는 것입니다. 그래서 나는 그런 방법으로 장소를 인식합니다.[18]

따라서 영화에서 제시된 이미지들은 뒤라스의 장소에 대한 이러한 생각과 완전히 일치하는 것으로, 과거의 기억을 보존할 뿐 아니라 그 기억과 소통할 수 있는 장소의 이미지를 잘 그려내고 있다. 장소에 대한

---

17. 같은 책, p.124.

18. M.Duras et M.Porte, *Les lieux de M.Duras*, Paris, Minuit, 1977, p.96.

이러한 시각은 몸의 이미지와 만나며 몸은 기억과의 소통이 이루어지는 세계가 된다. 이때 몸은 메를로-퐁티가 기억의 토대로 보는 '지각의 지평'이 되는 것이다. 영화에서의 순교적 도시에 대한 코멘트와 두 연인의 벌거벗은 육체는 내용 뿐 아니라 영상의 충격적 대립을 이루지만, 공포와 극단적 부드러움 사이에 있는 공통적 요소의 이미지를 표현한다.

일반적으로 영화 속에서 공간의 개념과 분리될 수 없는 움직이는 영상들은, 비록 그것들이 종종 이미 존재하고 있는 배경의 순수하고 단순한 재현이 아닌 인위적인 복합적 결과물인 경우가 대부분이긴 하지만, 오브제들을 전달하고 현실과 유사한 장소를 구체적으로 표현하고 싶어 한다. 그러나 〈히로시마 내사랑〉에서의 공간은, 현실과 상상 혹은 허구와의 경계에서 항상 불명확하게 제시된다. 물론 영화에 나오는 간판 위에 일본어로 씌어져 있는 낙서, 전형적인 일본풍 건축, 동양인 엑스트라들, '원폭현상 관람버스 atomic-car' 같은 오브제들이 우선 관객에게 히로시마라는 지리적 배경을 확인시켜 주고, 영화의 도입부에 등장하는 히로시마의 원폭투하에 관한 영상들이 '오늘날 히로시마'와 '어제의 히로시마'를 대립시키며 영화 속 공간을 채운다. 그러나 이러한 장면들은 비록 그것들이 다큐멘터리에서 따왔다고는 하지만, 중간중간 삽입되고 단절된 채 구성되어 그것들이 일어난 공간이 동일한 공간이라는 생각을 줄곧 방해한다. 원폭 당시의 실제영상도 매우 서정적인 설명으로 소개되며 이들에 관계된 영상과 소리 사이의 차이와 거리감도 사실적인 음향효과를 사라지게 만든다. 그와 더불어 때때로 보이는 허구적 장면들은 다시 그 진실성을 의심하게 만든다.

이렇듯 영화 속 공간은 사실적 실체가 약화됨으로써 관객이 다시 생각해보아야 하는 허구적이고 익명적인 공간이 되어버린다. 결국, 진실

몸과 역사의 증언

과 허구의 혹은 현실과 상상의 경계가 불분명한 영화의 공간 재현은 텍스트 속 기호들의 상관관계를 강조하고, 본래 관계가 적은 듯 보이는 또 다른 구성요소인 인물들에게조차 공간적 의미를 생각하게 한다.

영화의 주인공들이 특정한 이름도 없이 '그녀' 와 '그', 즉 '프랑스 여자' 와 '일본인 남자' 로 단지 지칭되는 것은, 이들이 공간과 동일하며 서로에게 공간으로서 규정되고 있음을 암시하고 있는 것이라 할 수 있다. 마침내 마지막 대화에서 프랑스 여인과 일본인 남자는 서로를 '히로시마' 와 '느베르' 로 부르며 인물과 공간과의 완전한 일치를 증명하게 된다. 〈히로시마 내사랑〉에서의 이같은 인물과 공간의 결합은 구체적으로 몸과 공간의 결합으로 해석될 수 있다. 인물과 공간과의 관계 속에서 장소가 몸의 의미를 담고 있거나 혹은 거꾸로, 몸이 공간의 가치를 담고 있기 때문이다. 1부에서 원폭의 폐허를 드러내는 히로시마 도시에 대한 5개의 장면들은 다음과 같은 프랑스 여인의 대사로 연결되어 있다.

어찌하여 이렇게 갑자기 느려졌는지. 얼마나 부드러운지. 당신은 몰라요. 당신은 나를 죽여요. 당신은 내게 잘해요. 나는 급하지 않습니다. 제발, 나를 삼켜주세요. 추하게 될 때까지 나를 변형시켜주세요. 왜 당신이면 안되겠습니까? 분간하기 힘들 정도로 다른 어느 밤이나 마찬가지인 오늘 밤 이 도시에서, 왜 당신이면 안되겠습니까? 제발...[19]

이 장면은 몸의 테마 음악의 선율 아래 펼쳐지고 있는데 에로틱한

---

19. *Hiroshima mon amour*, p.87.

내용이, 이리저리 움직이는 카메라를 따라서 — 카메라는 다리를 건너 길을 뚫고 지나 갤러리로 갔다가 강둑으로 통하는 옆길로 접어든다 — 공간 이미지에 은유적인 가치를 주며 프랑스 여인과 일본인 남자가 합쳐지는 장소인 비현실실적인 공간으로의 길을 튼다. 몸과 공간의 심오하고 다양한 일치를 보여주기 위해 암시적인 몽타주 기법도 빈번히 사용된다. 따라서 영화는 이동촬영기법을 이용하여 점진적으로 사물을 드러내면서 관객의 조급함을 자극하고 에로틱한 장면을 일부러 영상이 아닌 대사로 채우면서 상상력을 자극하는 시퀀스들로 가득하다.

예를 들어, 프랑스 여인이 르와르 강을 떠올리는 장면은 영화 속에서 강의 영상이 아닌 두 연인의 영상으로 연결된다. 일본인 남자는 여인의 얼굴과 어깨, 팔과 손을 가볍게 쓰다듬고 있다. 미세한 불빛이 남자의 행동에 따라 여인의 몸 위로 천천히 미끄러져 간다. 강의 불빛과 여자의 몸에 서서히 드리우는 빛이 상상 속에서 일치를 이루고 또 이 빛의 부드러움과 남자의 움직임의 부드러움이 일치를 이루면서 우리는 마치 두 세계가 교차되고 결합되는 국경지대에 위치하고 있는 느낌을 갖게 된다. 이 순간 강은 에로틱한 암시를 드러내고 몸의 영상은 공간적 가치를 지니게 된다.

또 다른 시퀀스에서 프랑스 여인은 느베르의 지하실에 갇혀있던 때를 이야기하고 있다. 일본인 남자가 때때로 비가 내렸는지를 묻자 여자는 벽을 타고 내렸다고 말한다. 이 때 화면에는 일본인 남자의 얼굴이 보인다. 그를 감싸고 있는 빛의 반사는 흐르는 빗물을 연상시킨다. 이와 같은 몽타주 기법은 현재 행동이 이루어지고 있는 장소와 등장인물들의 대사가 환기시키는 장소를 흐릿하게 한다. 그리고 관객들을 몸과 장소의 혼합 오브제인 여인-강, 빛-비라는 이중적 세계, 비현실적인 공간이자 암시적인 공간으로 향하게 한다.

이어서 우리는 영화에서 몸의 거리가 곧 공간의 거리를 의미하는 장면을 몇 차례 마주하게 된다. 카페에서 프랑스 여인은 느베르에서의 사건을 다시 떠올리면서 현재로부터 점차 멀어지고 일본인 남자에게서도 점차 멀어진다. 이미 두 사람의 결별은 여기서부터 예고되어 있다. 두 사람은 테이블을 사이에 두고 떨어져 앉아 있으며, 일본인 남자의 뒤에는 독일군 연인의 그림자가 드리워져 있다. 두 남녀는 히로시마의 밤거리를 배회하고 있고 이어지는 장면에서 결국 헤어지게 된다. 이때 두 사람의 몸의 위치는 철저히 계산되어 배치되고 있는데, 이같은 암시적 배치는 마지막 장면에서 절정에 이른다.

역에서 두 사람은 늙은 노파를 사이에 두고 공간적으로 또 육체적으로 극복할 수 없는 거리를 유지한 채 앉아있다. 여기서 노파는 그들의 관계를 방해하는 장애물에 다름 아니다. 곧 우리는 프랑스 여자가 앉아있던 자리가 비어있음을 보고 그 빈자리를 노파와 일본인 남자가 바라보고 있음으로써 두 연인의 이별이 피할 수 없음을 암시받게 된다. '카사블랑카' 에서 이미 연인은 헤어져있다. 여인은 혼자인 것처럼 보이더니 어느새 다른 낯선 일본인 남자와 어울리고, 구석에 혼자 있던 일본인 주인공 남자는 불과 몇 시간 전까지만 해도 자신의 정부와 다름없던 여인을 남처럼 훔쳐보고 있다. 결국 노파와 낯선 일본 남자, 그들 두 사람은 주인공들의 친밀감을 단절시키고 엉뚱한 영화의 결말로 인도하는 존재이다. 다르게 말하면, 두 주인공 사이에 깊어지는 공간적, 심리적 거리가 둘 사이에 개입해있는 노파와 비스트로에서의 낯선 일본 남자라는 육체적인 형태로 등장한 셈이다.

이러한 결말에서 궁극적으로 남아있는 것은 다시 망각 속으로 빠져

들게 될 히로시마 폭탄투하로 인한 폐허의 실상이 아닐까 생각된다. 영화에서 보인 두 주인공의 사랑을 통한 기억이 우연히 일상 속에서 이루어진 사건이었듯 그것은 인칭적이고 현실적인 시공간에 의해 수면 밑으로 밀려날 것이다. 그러나 그것들은 사라진 것이 아니라 어느 날 다시금 우연히 "사랑 자체의 망각에 대한 기억"처럼, "망각 자체의 혐오"처럼 수면 위로 떠오를 것이다.

5. 망각, 그리고 폐허의 역사

알랭 레네는 아우슈비츠의 비극이야말로 사라진 역사적 사실이 아니라 여전히 남아있는 기억의 흔적이라고 보며, 그에 대한 부단한 기억 행위 자체를 역사를 증언해야 하는 우리의 의무로 본다. 그렇다면 아우슈비츠 수용소 굴뚝의 연기로 사라진 유대인들이 남긴 흔적이란 무엇인가? 그것은 우리가 밟아온 삶의 자취처럼 흔적을 남기지 않았다. 그리하여 블랑쇼는 아우슈비츠를 비존재의 영역에 관련시키며 기억할 수 없는 것이라고 말한다. 이 기억할 수 없는 것은 선적인 시간성에 속하는 것이 아니라 우리의 지식의 역사에 한 번도 들어오지 않은 것으로, 우리는 영원히 그것의 진실을 알지 못할지도 모른다. 그리하여 그것은 우리의 역사로부터 빗겨간 것으로 '다른 역사'에 속하며, 부재의 역사이다. 만약 이 역사와의 만남의 순간이 존재한다면, 그것은 역사에 부과된 것이며 "사고와 말과 책들의 공간 속에 자리할 수 없는" 잉여의 역사이다. 블랑쇼는 이 기억할 수 없는 역사에 '폐허'나 '바깥'

이라는 용어를 사용한다. 그에 의하면 기억할 수 없는 것의 기억은 망각처럼 찾아온다고 말한다. 다시 말하면 지금 현재의 망각이 먼 과거의 망각된 영역의 현재를 불러오는 것이다. 그리하여 『히로시마 내사랑』의 두 주인공의 과거는 늘 망각 속에서도 현재를 지배하여 불시에 파편적으로 찾아오는 것이 아닌가. 그러나 그들은 살아남은 자다. 느베르에서 총살당한 독일청년도 아니고 히로시마에서 원폭으로 사망한 무수한 사람들 중의 한 사람도 아니다. 영화는 히로시마와 느베르 두 도시를 죽음에 대한 상징적 공간으로 그리며 암시한다.

> 그   프랑스에서 히로시마는 당신에게 무엇을 의미했던가요?
>
> 그녀 전쟁의 종말, 제가 말하려는 것은 완전한 종말이지요. 망연자실... 인간이 감히 그런 일을 했다는 생각에... 망연자실... 그 일이 성공했다는 사실에 대해, 그리고 또 우리들에게는 이제까지 알려지지 않았던 어떤 공포의 시작, 그리고 무관심, 그 무관심에 대한 공포.[20]

궁극적으로는 죽음, 그리고 폐허와 절대적 망각으로 향하기 위해 영화에서 기억과 망각은 분리할 수 없는 한 쌍으로 전지전능하고 때로는 은밀히 진행된다. 기억과 망각은 영화의 이미지들을 엮고 작품의 씨실을 짠다. 그들은 양립하지 않고 때때로 간섭, 충돌하는 의미의 장을 조직한다. 공공의 기억 속에 머물러 있는 물질적 흔적들을 통해 히로시마 사건에 대한 재구성의 시도가 영화의 앞부분에서 이루어지지만 차

---

20. 같은 책, p.48.

츰 그 불가능성이 강조되어 나타난다. "당신은 히로시마에서 아무것도 보지 않았오"라는 일본인 남자의 말은 "나는 히로시마에서 모든 것을 보았어요. 병원, 박물관, 기념물"[21]이라는 프랑스 여인의 말의 부정이며 여인이 자료나 사건에 의해 남겨진 발자취에 의존하려는 가치를 거부하는 것이다.

영화는 인간기억의 환상과 망각의 실재를 선언한다. 여러 가지 기호들이 이 견해를 확인시켜주고 기억으로부터 망각의 형태를 만드는데, 예를 들면, 몇몇 오브제들, 금속바퀴, 불구의 손 - 히로시마에 관한 이미지들 속에서 클로즈업으로 표현된 - 등이 상징적인 의미를 지니는 것들이다. 우리는 그것들을 평화에 대한 영화의 시위장면에서 그리고 기념품 가게 진열장속의 기념품에서 축소된 형태 혹은 원래의 모습보다 확대된 형태로 발견한다. 비극적 의미를 상실한 채 상업적으로 변질된 그들 상징물들은 시간이 그들에게 가한 변경양상들의 비현실 실체를 드러내고 동시에 인간기억의 기만을 폭로하는 것들이다. 또 다른 기호, 가령, 길들여진, 그래서 공포심을 전혀 유발하지 않은 영어 '아토믹 atomic' 이라는 용어는 관광차원에서 개발되는, 도시를 사방으로 달리는 버스표면의 광고와 다름없는 문자일 뿐이다.

영화는 이렇듯 기억의 역설적 양상을 폭로하고 과거의 추억들을 있는 그대로 간직할 수 없음을 증명하고자 한다. 그래서 처음에 기억의 기호처럼 제시된 요소들이 결정적으로는 망각의 깊이를 나타나게 되는 것이다. "당신처럼, 저는 위로받을 수 없는 기억, 그림자나 돌과도 같은 기억을 간직하고 싶었어요"[22]라는 프랑스 여인의 감동적인 구절

21. 같은 책, p.22.
22. 같은 책, p.32.

이 히로시마의 관광버스의 장면에 연결되고 있음은 바로 그러한 이유에서이다. 역사적 기념물로 간주되어 관광지가 되어버리고 위락의 장소처럼 되는, 망각에 의해 부식되어 역사와 익명 속으로 들어간 광경들은 일종의 신성모독이기까지 한 것이다.

2차 대전의 흔적 이외에 별 다른 특징이 없는 도시 히로시마에 평화에 관한 영화를 촬영하기 위해 온 프랑스 여배우인 '그녀'와 일본인 건축가 '그'가 우연히 만나 이틀간 맺게 되는 사랑의 관계와 프랑스 여인의 느베르에서의 사랑, 히로시마의 원자폭탄 투하에 대한 이야기들이 교대로 펼쳐지는 영화 『히로시마 내사랑』의 줄거리는, 전쟁, 사랑, 죽음이라는 진부한 소설적 주제를 지닌 듯하지만, 영화의 구조 및 시간, 공간의 표현에 있어서는 누보로망 혹은 누벨바그의 특징을 드러내며 현대영화의 분기점을 이룩한 것으로 평가받고 있다.

『히로시마 내사랑』에서 히로시마라는 도시는 아우슈비츠 수용소의 굴뚝 연기 속에 사라져 간 유대인처럼 원자폭탄투하로 참화를 입은 일본인들의 역사적 비극을 가리키고 있다. 여기서 우리는 참혹한 역사의 증언을 수행하는 것으로서 '몸'이 행하는 기억과 망각의 역할, 그리고 그 한계를 다루며, 히로시마 혹은 아우슈비츠는 바로 절대적 무無와 인간성의 절대적 파멸을 가리키는 것으로 그 실재에 대한 증언이란 불가능하다는 것, 그렇지만 그 불가능함이 끊임없는 증언을 부과한다는 점을 잊지 말아야 한다. 그럴때에 우리는 영화의 시나리오를 집필한 뒤 라스나 바타유, 블랑쇼, 데리다 등 현대 작가들과 철학자들이 어째서 아우슈비츠 이후의 글쓰기가 일종의 불가능성을 내포한 채 진행되어야 한다고 했던가를 짐작할 수 있게 될 것이다.

제 2 부

몸의 문화적표상:

고대에서 포스트모던 시대까지

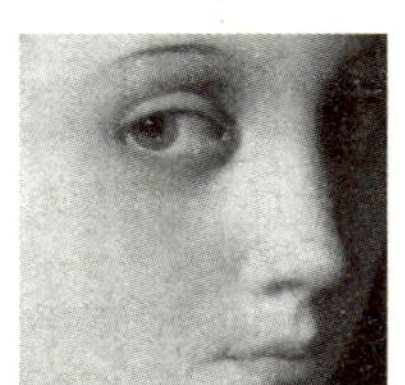

1

몸의 발견

나는 욕실로 가서 거울에 비친 내 얼굴을 들여다보았다. 지금
으로선 믿을 수 없는 일이지만, 봄베이에서는 거의 거울을 보지
않고 지냈었다. 설령 거울을 본다고 하더라도 그건 혹시 이발이
잘못 되지나 않았나, 어디에 여드름이 돋지나 않았나 살피려는
것에 불과했다. 그러니 이제야 나는 제대로 내 모습을 바라보게
된 것이다. 나는 아주 미남이었다. 전에는 한 번도 그렇게 생각해
본 적이 없었다. 나는 내가 평범한 생김새에다 눈에 띄지 않는 존
재라고 생각해 왔던 것이다.

내가 잘생긴 남자라고 생각하니 갑자기 긴장이 되기 시작했
다. 나는 잔뜩 내 용모를 의식하게 되었다. 하루에도 몇 번씩 거
울을 보고 싶어 견딜 수가 없었다. 마치 무슨 병에 걸린 것 같다는
생각이 다 들 정도였다. 가끔은 텔레비전을 보다가도 깜짝깜짝

놀라곤 했다. 나도 화면 속의 저 남자만큼 잘생겼을까? 나는 욕실로 달려가 거울을 들여다보았다.[1]

위의 인용문은 V.S. 네이폴(V. S. Naipaul, 1932~)이 지은 짤막한 단편의 한 구절이다. "나"로 등장하는 미국인 산토쉬의 본래 생활터는 봄베이였다. 봄베이에서 그의 생활은 더할 나위 없이 행복했다. 그가 오래 모시던 주인은 정부 고급관리여서 그 집의 요리사이며 동시에 하인으로 사는 덕분으로 그는 주거생활의 어려움도 없었고, 주인의 믿음도 두터웠으며, 그도 주인께 모든 걸 의존하면서 자신의 삶을 마음껏 누리고 살았다. 저녁이면 동네 이웃들을 모아 주인 집 베란다에서 함께 저녁을 먹었으며 일과 외에는 한가로이 산책하며 자유로운 생활을 영위해 갈 수 있었다.

그러나 주인이 미국 워싱턴으로 승진 발령을 받으면서 산토쉬의 안정된 생활은 깨어졌다. 별 수 없이 주인을 따라 워싱턴으로 이주하였지만 새로운 환경, 생소한 문화, 익숙하지 않은 언어에 부딪치며 그가 겪게 된 정신적 혼란을 짐작하기란 그리 어렵지 않다. 낯선 도시 풍경 속에서 그는 죄수와도 같이 아파트 안에 갇힌 존재가 되었다. 다행히도 그가 봄베이에서 갖고 온 연초가 흑인들에게 인기를 끌어 차츰 그들과 가깝게 되면서 그는 새 생활에 조금씩 익숙해지며 변화가 찾아온다. 아파트의 같은 층 이웃 흑인 여자가 그에게 관심을 표명해오는가 하면 연초로 벌어들이는 수입도 쏠쏠했다.

---

1. V.S. 네이폴, 오승아 옮김, 「무리를 떠나 나 하나로」, 『자유국가에서』(서울: 문학세계사, 1996), 49쪽.

이제 그는 새 환경에서의 새로운 자기 모습을 어느 날 문득 거울 속에서 발견한다. 거울에 비친 자신의 모습이 진정 누구인지를 이제야 인식하게 된다. 물론 처음 거울 속에서 발견하는 것은 자신의 외관 모습이다. 예상외로 자신의 겉모습이 텔레비전 화면에 나타나는 사람들에 못지않게 멋지다는 걸 우선 발견한다. 자신이 평범한 생김새를 하고 있으며 남의 눈에 띄지 않는 존재라는 이제까지의 생각이 전혀 틀렸다는 걸 깨닫게 된다. 멋을 좀더 내보려는 관심이 구체적으로 형상화되면서 모든 수입은 외모에 대한 투자로 집중된다.

몸의 외관이 확인되자마자 산토쉬의 내면세계 변화 또한 급속도로 병행된다. 과거에는 뭐든지 주인에게 털어놓았는데, 이제는 자기 멋대로 하는 게 훨씬 마음이 편했으며, 심지어는 일부러 감추기까지 한다. 더구나 전에는 주인이 대단한 존재로 보이고 자신은 "한낱 티끌"에 불과하다고 생각했었는데, 그는 이제 자신이 주인의 일부로 존재한다는 사실을 받아들이려 하지 않는다. 자신과 주인과는 남남으로 여겨지고, 주인의 버릇이 그의 눈에 거슬리게 다가온다. 그야말로 그는 "더 이상 주인의 시중이나 들며 살고 싶지도 않"게 된 것이다. 마침내 그는 아무런 통고도 없이 주인집을 떠나 어느 중국집 식당의 요리사로 새 삶을 찾아 나선다. 그리고 흑인 여자와 결혼하여 합법적인 미국 시민권을 획득했을 때, 그의 변모는 굳건한 토대 위에 서게 되었다. 이 단편은 다음과 같은 구절로 끝을 맺는다.

한 번도 나 자신을 독립된 인간으로 생각하지 못했었다. 그러
나 나는 거울 속에서 나 자신을 발견했고, 자유로운 인간이 되기
로 마음을 먹었다. 그러나 나의 자유가 가르쳐준 건, 내게 오직 몸

뚱어리 하나뿐이라는 사실이다. 어떻게든 열심히 일해서 그 몸뚱어리를 입히고 먹여야 한다는 사실이다. 그리고 그러다 보면 인생이란 끝난다는 사실이다.[2]

산토쉬가 봄베이의 인도인에서 워싱턴의 미국인으로 전환되는 건 하나의 메타포이기도 하다. 그의 마지막 표명처럼 미국인으로 태어나는 순간 그는 "독립된 인간"임을 선언하는 것이다. 봄베이의 생활은 그를 공동체와 엮어주는 행복한 삶이었지만, 한편 그의 존재가 뚜렷이 구별되는 독립된 자아를 성취한 삶은 아니었다고 산토쉬는 생각한다. 이에 반해 워싱턴의 생경한 삶의 터전에서 그는 자신이 남과 다른 이방인임을 깨닫게 되며 소외와 고립의 괴로운 고통을 겪게 되지만, 동시에 다르다는 개별자적 인식은 그를 독자적 자아로 나아가게 만든다. 산토쉬의 변모는 서구 근대사회가 지향하는 개별화의 과정을 적나라하게 말해주는 메타포이다.

산토쉬가 체험한 개별화의 과정은 몸에서부터 가장 먼저 인식된다는 점에서 흥미롭다. 첫머리의 인용문에서 보았듯이, 그의 자아인식 변화는 몸의 외모를 발견하는 데에서부터 시작한다. 몸의 외모를 치장하던 그의 관심과 시선은 점차 내부로 향하면서 자신에 대한 반항심과 거부감을 표현한다. 그 거부감이 독립된 자아를 성취할 자유로운 해방의 관문이 된 것이다. 그런 면에서 물리적 육체와 분리된 자아의 존립은 생각할 수 없다. 따라서 몸이 곧 자아이며, 물리적 육체와 비가시적 정신의 결합체이다.

<hr>

2. 같은 책, 78쪽.

또한 바로 조금 전의 인용문에서처럼, 그의 독립된 자아인식이란 내게 속한 이 몸이 오직 하나뿐이라는 사실을 깨닫는 일이다. 그리고 물리적인 육체로서의 이 몸뚱어리가 필요로 하는 가장 기본적인 생리적 필요성을 충족시켜야 한다는 점이 독립된 자아인식의 첫 단계임을 작가는 산토쉬의 입을 빌려 말한다. 그 어떤 영혼의 울림이나 정신의 감흥도 몸뚱어리를 입히고 먹여야만 하는 사실에 앞서 존재할 수 없다는 것이 확인된다. 그 몸뚱어리와의 평생 씨름이 바로 인생이기에, 이 몸뚱어리를 다시금 고찰해 보는 일이 필요한 것이다.

2

서구 고대
시대의 몸

1. 최초의 인간상
　　— 〈빌렌도르프의 비너스〉

인간이 자신의 몸을 관찰하며 이를 예술로 처음
재현하기 시작한 시기는 정확히 알 수 없지만,
기원전 25,000년경 원시시대 후기의 원시인들은
먼저 자신의 외부 환경을 그림에 담기 시작했다. 아
직 선사시대에 속하는 이 시기의 원시인들은 그들의
주거지인 동굴 벽에 그림을 그리기 시작했다. 이것
이 최초 미술의 시작이었다. 원시인의 미술은 주거지
의 장식이나 예술적인 감상이 목적이 아니라, 미래를 내
다볼 수 없는 수렵생활의 성격상 자연의 힘을 통제하고
자 하는 염원에서 출발하였다. 그들을 둘러싼 험악한 자

〈빌렌도르프의 비너스〉,
기원전 24,000~22,000년경,
자연사 박물관, 비엔나

연환경 속에서 사나운 짐승들과 싸우며 충분한 식량을 확보하는 일이
무엇보다 중요했던 일이어서, 원시인들의 동굴벽화는 무엇보다 사냥
의 성공과 안전 그리고 수확의 풍성함을 기원하는 주술적 의도에서 발
생하였다. 그들은 동굴 벽에 동물의 형상을 그림으로써 사냥의 안전에
대한 욕망을 표현하였고, 이런 거듭된 표현을 통해 미지의 사물과 세
계에 대한 두려운 감정을 해소하는 효과를 누릴 수 있었다. 따라서 원
시인들에게 그림이란 사물의 묘사임과 동시에 욕망의 표현이자 충족
이라고 할 수 있다. 자연히 그들은 사람과 짐승의 형상으로 만든 그림
과 조각들에 초자연적이고 마술적인 힘을 부여했으며, 이러한 인간의
본능적인 욕망 표현은 그림의 대상이 되는 사람과 짐승의 형상에 여러
가지 이미지를 부여하게 된다.

인류의 역사상 최초 인간 조각상은 기원전 24,000~22,000년대에
제작된 것으로 추정되는 〈빌렌도르프의 비너스〉이다. 이 작은 입상은
1908년 고고학자 요세프 좀바티(Josef Szombathy)에 의하여 오스트리아
의 빌렌도르프(도나우 강변) 근처의 황토 침전층에서 발견되어, 현재 비
엔나의 자연사박물관에 보관 중이다. 이 조각상은 이 지역에서는 발견
될 수 없는 특별한 어란상 석회암으로 이루어져 있고, 또한 조각에 사
용된 도구 역시 이 지역에서는 발견되지 않는 부싯돌과 같이 아주 단
단하고 날카로운 것이어서 타 지역에서 제작되었음을 짐작케 한다.
1990년대 탄소연대 측정법을 이용해 확인된 이 조각상의 제작연대는
중앙유럽의 마지막 빙하기인 구석기 시대여서 지금보다 훨씬 날씨가
춥고 황량한 곳에서 수렵생활을 하던 선사시대 원시인에 의해 제작된
잔재물이라고 추정해볼 수 있다.

서구 고대 시대의 몸

　〈빌렌도르프의 비너스〉는 길이가 11.1cm로 손안에 들어갈 만한 작은 크기이며 붉은 황토빛을 내고 있다. 커다란 젖가슴과 부풀어 오른 배, 풍만하게 강조된 엉덩이와 넓적다리, 자세하게 표현된 성기 모습 등을 보면 여인상임을 알 수 있다. 이것은 매우 과장된 여성의 몸매를 표현하고 있는데, 사실적이기보다는 여성의 몸을 이상화시킨 형체로서 다산과 풍요를 희구하는 원시인의 상징이었던 것으로 보인다. 더욱이 특이하게도 얼굴의 모습은 뭉뚱그려진 채 이목구비를 알아볼 수가 없다. 일반적으로 한 개인의 개별성을 드러내는 데 얼굴 모양이 중요한 역할을 함에도 감춰진 얼굴 모양은 개별성을 목적으로 한 것이 아니라 일종의 성적 대상으로서의 모습을 강조한 것으로 파악된다. 머리 모양도 땋은 머리카락처럼 보이는 둥근 띠(아니면 머리장식)가 둥그렇게 감아올려져 있지만 나선형으로 연속된 것이 아니라 별도의 7개 띠로 구성되었으며, 이 띠는 목 뒤편으로 흘러내린다. 머리와 얼굴은 약간 시선을 아래로 향해 있으며, 극히 빈약한 다리 외에도 가느다란 팔은 허리 중간에서 사라져버려 정확한 사실적 모습을 취하고 있지 못하다. 이런 특성들을 모두 감안하면 다산과 풍요의 상징물임을 알 수 있다. 실제로 이 조각상이 발견된 이후 이와 비슷하게 과장된 형태의 여성 조각상이 여러 개 출토되었다.

　한편 이 조각상의 모습은 아기를 잉태한 여성의 몸을 재현하고자 시도된 조각이 아닌가 하는 견해도 있다. 과장되게 표현된 젖가슴과 몸통은 임신 중에 변해가는 여자의 모습을 잘 보여주고 있기 때문이다. 그렇지만 너무도 과장된 다른 여러 특징들로 보아 선사시대에 그러한 사실주의 성향이 있었음을 받아들이기에는 무리가 있어 보인다. 그럼에도 불구하고 여성의 풍요로운 몸을 재현하려는 의도가 있음을 확인해 볼 수 있기 때문에 이 조각상은 그들 원시인들이 지녔던 다산의 욕망을 드러내고 있다. 이 풍요로운 여성의 몸은 당시 원시인들에게 생명의 원천으로 보였을 것이다. 그런 면에서 최초의 인간상을 통해 생명의 근원인 성스러운 어머니(대모신) 또는 대지의 여신을 재현하고자 한 듯싶으며 또한 원시 부락에서 시행된 모계사회를 반영하는 것이기도 하다.

선사시대 원시인에게서 발견된 대모신 또는 대지의 여신이란 개념은 이후 그리스, 로마 시대에 들어와 확립되었다. 그리스 건국신화에서도 카오스의 우주에서 인류 역사가 시작될 때 Ge, Gaia(로마시대에서는 Tellus) 등으로 불리는 대모신은 숭배의 대상이었다. 이런 이교도적 숭배전통은 기독교가 전파되면서 억제되었지만, 오늘날의 원시 부락에서도 찾아볼 수 있는 대모신은 신성을 지닌 여성을 숭배했던 보편적인 현상이었다.

빌렌도르프에서 발굴된 이 작은 조각상을 비너스라고 부르기에는 적절치 못하다고 이의를 달 수도 있다. 이 조각상의 오브제 여성에게 비너스라는 이름은 오히려 아이러니를 풍겨준다고도 하겠다. 아름다운 자태를 드러낸 그리스의 전통적인 비너스 조각상은 대체로 작은 젖가슴, 불분명하고 모호하게 취급된 생식기에 배와 엉덩이는 특별한 강조점이 주어지지 않는다. 또는 젖가슴이나 여성의 생식기 부분을 손이나 옷자락으로 자연스럽게 가리게 하지만, 오히려 극히 에로틱한 몸매를 드러낸다. 이는 여성의 육체적 측면을 강조하면서도 은폐하는 방식으로, 대표적으로 그리스의 비너스 상이나 르네상스 시기 보티첼리가 그린 〈비너스의 탄생〉에서 그러한 모습을 확인할 수 있다.

그러나 빌렌도르프의 조각상은 자신의 성적 특성을 숨기는 일 없이

서구 고대 시대의 몸

그대로 보여준다. 삐져나온 몸, 커다란 젖가슴, 풍만한 배는 절제되지 않은 여성의 자연스런 몸의 이미지이며 원시시대의 순수함을 드러낸다. 반면 고도로 세련된 그리스의 비너스는 문명의 힘과 기호가 스며든 통제된 몸이라고 하겠다. 몸매를 아름답게 가꾸는 문명화된 그리스 시대의 성적 또는 미적 절제의 취향에서 생겨난 산물이 비너스이다. 그리스 비너스의 미적 감각으로 보면 빌렌도르프의 비너스는 분명 실패작일 것이다. 물론 이때 실패의 개념은 그리스 문명에서 형성된 가부장제적 시선에서 바라볼 때만 성립된다.

그리스의 비너스는 여성이면서 동시에 젠더의 측면에서 보아도 여성성을 드러낸다. 성이란 생물학적 개념으로 자연의 산물이지만, 젠더는 사회적 개념으로 문화의 산물이다. 그리스 이후 서구에서 여성성의 개념을 정의해온 문화의 골격은 남성 중심의 가부장제이다. 이런 가부장제의 모형으로 볼 때 빌렌도르프의 비너스는 생물학적으로 여성이지만 여성성을 드러낸다고 할 수 없다. 거꾸로 선사시대 원시 부족사회가 추구하는 이상적 여성상의 시선으로 보면 그리스의 비너스는 여성이면서도 만족스런 여성성을 대변해 주지 못한다고 하겠다. 이처럼 우리의 몸은 자연의 성별이 뚜렷이 정해진 생물학적 물체이지만, 몸의 문화적 이미지는 고정된 실체가 아님을 알 수 있다. 이제 우리가 앞으로 살펴볼 몸의 문화적 재현 양상은 문화의 변화에 따라 변형되는 몸의 이미지를 찾아가는 여정이 되겠다.

2. 영원불멸의 몸: 이집트의 인물상

몸의 영원성

고대 이집트 예술은 기원전 3,000년부터 기원후 3세기까지 나일강 하류 지역을 중심으로 발달하였다. 상형문자와 함께 이집트 예술은 삶의 영원성과 조화성을 얻으려는 목적으로 시도되었다. 이집트 예술은 영혼불멸에 대한 인간의 근원적인 욕망을 그대로 반영한다. 3,000년간 지속되었던 고대 이집트 예술의 관심사는 언제나 변함없이 신으로 간주되었던 지배자들의 사후 영생을 보장하는

〈진저 미라〉
기원전 3,300년경, 영국 국립박물관, 런던

일이었다. 오늘날 우리가 음미하는 고대 이집트의 화려한 예술품은 사실상 대부분 파라오의 영혼이 영원한 영광을 누리도록 하기 위해 건축한 파라오의 무덤에서 발굴된 것들이다. 무덤 안에서 발굴된 그림, 조각품, 그 밖의 부장품들은 영원의 세계로 죽은 자를 동반하려는 오직 한 가지 목적만을 가지고 있었다. 따라서 이집트 예술은 변화를 구가하는 예술이 아니라 영원성을 확보하려는 예술이었다. 이집트의 예술가들은 변화나 독창성을 추구하지 않고, 대신 특정한 사유를 표현했던 전통 양식을 고집하였다. 이에 따라 형식과 주제의 연속성을 유지하는

이집트 예술의 특징이 세워졌다.

이집트 예술가들은 철저히 계층구조로 이루어진 이 사회의 엘리트 지배층을 위한 예술을 만들었다. 기원전 3,000년경에 이미 글자를 개발한 이집트 문명사회는 종교와 정치가 일치되는 신정일치의 체제 하에서, 파라오라 불리는 왕 혹은 신이 백성의 물질적 재산과 정신적 안정을 담당하고 지배하였다. 이집트 예술의 정수를 보여주는 최고의 예술품들은 모두 다 이 강력한 권세를 누리는 지배자를 위해 만들어졌던 것이다. 파라오는 이러한 예술품들 속에 자신의 이미지를 다양하게 구현시켰다. 때로는 신의 인간적 모습으로, 때로는 신 그 자체의 모습으로 등장하는가 하면, 자애로운 지배자로 또는 삶 자체의 구현체로 표현되었다. 사후에도 영생의 권력을 바라는 파라오의 욕망은 생전에 누렸던 왕권의 이미지를 무덤에서도 계속 유지하려 했다. 이에 따라 매장에서의 일률적인 모형이 생겨나게 되었다.

왕권과 장례 물품이라는 두 개의 범주 사이에 형성된 상관성은 이집트 예술의 특징을 규정짓는 중요한 요소이다. 이집트의 신앙은 이집트인들의 삶과 예술에서 이 두 범주의 중요성을 잘 설명해준다. 매년 나일강이 주기적으로 범람하고, 홍수 이후에 쌓인 강 하류 주변의 퇴적토에서 농사를 짓던 고대 이집트에서 파라오는 자연의 힘을 상징하는 신들에게 개입하여 백성들의 삶이 계속 연속되고 유지될 수 있다는 믿음을 주어야만 했다. 최고로 숭배 받는 신은 태양신이었다. 그러나 사후를 걱정하는 이집트인들에게 오시리스 신, 아이시스 신, 그리고 오시리스와 아이시스 사이에 난 아들 호루스 신은 모두 중요한 역할을 담당하였다. 신들은 여러 형태를 취하는데, 태양신은 독수리 머리를 한 남자의 모습으로, 죽음을 당했다가 부활하는 오시리스 신은 미라로 출현한다. 파라오 자신은 태양신의 아들이며 호루스 신의 인간 구현체로 불렸다. 사제, 행정관리, 군대 등 현실세계를 모두 장악한 파라오는 신들과 동등하게 심지어 미래와 사후까지 통제하는 권력이었다.

고대 이집트의 파라오 무덤은 지상에서 누렸던 권력과 영광이 그대로 유지되는 장소였다. 그가 지녔던 온갖 사치품들이 그대로 무덤에 함께 묻혀 있는 것이다. 무덤의 벽면은 파라오 생전의 일상생활들을 세세하게 묘사하는 데 치중한 벽화와 상형문자들로 가득 차 있다. 이집트 예술의 최고봉을 이루는 웅장한 피라미드는 파라오를 비롯한 왕족의 시신을 묻는 분묘의 장소였다. 또한 영혼은 죽지 않고 영생한다는 믿음에 따라 영혼이 죽은 시신에 그대로 깃들어 있다고 생각하였고, 이 영혼을 계속 보존하기 위해 미라를 만들었다. 미라 옆에는 토기 그릇들이 종종 발견되는데, 죽은 자가 저 세상으로 긴 여행을 가는 동안 먹고 마실 음식과 물을 담아놓기 위한 것이었다고 한다.

이제까지 알려진 가장 오래된 이집트 미라는 기원전 3,300년까지 거슬러 올라간다. 불그레한 머리털 색깔로 인해 "진저"라는 별명이 붙은 이 미라는 저 유명한 람세스 2세의 미라보다는 세상에 널리 알려져 있지는 않지만 더 오래된 것으로 현재 영국 국립박물관에 전시되어 있다. 발견 당시 더운 모래사막에 묻혀있던 이 미라는 사막의 건조한 기후와 세균이 없는 모래에 의해 자연적으로 미라의 상태를 유지할 수 있었을 거라고 추측되었다. 시신의 습기를 제거하기 위해 천일염을 사용하기 시작한 것은 이집트 중왕국 시대(BC 1938~1600경)이었다. 습기가 제거되고 나면 시신은 오일과 향유로 방부 처리를 하게 된다. 시신의 복부가 개봉되고 심장을 제외한 모든 장기는 제거되어 별도의 항아리에 보관된다. 카노포스의 항아리라고 부르는 이 항아리는 4개 신의 머

서구 고대 시대의 몸

리 모양을 한 기이한 형태의 그릇으로, 이 신들은 항아리 안에 들어있는 장기들을 돌본다고 한다. 뇌는 쓸모없다고 생각되어 두개골을 부순 다음 금속 꼬챙이로 끄집어내 버려졌다. 꼬챙이로 휘저어 액체처럼 되어 버린 뇌는 코를 통해 빠져나갔다고 한다.

내장이 빈 몸체는 소다석(천연 나트륨이 함유된 탄산염 광물)에 한달 정도 절인 후 꺼내어 완전히 건조시킨다. 소다석은 사막의 모래보다 더 빠르게 시체를 마르게 만든다. 완전히 마른 육신은 속을 채우게 되는데 여자의 가슴은 솜뭉치로 채운다. 보통 손가락과 발가락이 부러지지 않도록 그곳에 보호대를 덮고 흰 무명끈으로 묶는다. 몸체도 부서지지 않도록 무명천으로 둘둘 감아 보호한다. 그리고 해악으로부터 미라를 보호하고 미라의 카ka, 즉 생명력의 신에게 좋은 행운을 주기 위해 그 속이나 옆에 부적을 놓아둔다. 이런 방부과정이 끝나면 미라는 무덤 안쪽의 석관 안에 놓여지는데, 이곳에서 미라가 영원히 휴식을 취할 거라고 사람들은 믿었다. 어떤 경우에는 미라가 소생한다는 전설에 따라, 나중에 미라의 입을 열고 숨을 쉬는 것을 상징하는 의식을 거행하기도 한다.

이집트의 미라는 몸의 부패를 방지하고 영원히 제 모습을 갖추도록 만들었지만, 이집트인들이 궁극적으로 믿은 것은 몸 안에 영혼이 영원히 죽지 않고 존재한다는 것이었다. 몸은 죽었어도 살아있는 영혼이 계속 머무를 수 있는 장소를 마련하기 위해 이들은 힘든 과정을 겪으며 미라를 만든 것이다. 이처럼 몸의 유한성, 그리고 이와 대별하여 영혼의 영원성이란 사고는 고대 문명에서부터 자연발생적으로 탄생하였다. 그리고 몸의 유한성을 넘어서려는 노력을 우리는 이집트 고대인에서 발견한다. 그러나 이러한 노력은 우리가 이집트 고대인에서 찾아본 것일 뿐이고, 아마도 그 이전 인간의 존재가 생겨난 직후부터 이런 노력은 이미 시작되었을 것이다.

정면성 원리—몸의 현존성

고대 이집트 예술은 놀랍게도 3,000년간의 역사 속에서 거의 아무런 변화 없이 일정한 형식을 유지해왔다. 외부에서 미칠 강력한 영향도 없었다. 고대 이집트의 예술가들은 대단히 엄격한 규칙들로 구성된 고대 이집트 미술 양식을 어려서부터 배우며 이를 계속 이어받았다. 그들에겐 물려받은 기존 규칙을 철저히 지키는 사람이 가장 뛰어난 미술가로 추앙되었고, 새로운 것 또는 독창적인 것은 요구되지 않았다.

　고대 이집트 미술과 조각은 주로 신과 파라오, 그리고 왕족의 육체적 형상을 재현하였다. 거대한 조각상은 신이나 유명한 왕과 왕비를 재현하기 위해 세워졌고, 이런 조각상은 왕과 왕비에게 영생을 부여한다고 생각되었다. 이들 조각상들은 영원불멸을 위해 만들었기 때문에 "화강암이나 섬록암과 같은 단단한 소재"를 재료로 사용했다.[1] 다른 예술 양식과 마찬가지로 조각에서도 매우 엄격한 규칙들이 적용되었다. 사회적 신분에 따라 조각상의 크기에는 큰 차이가 났다. 왕의 이미지는 통치자의 초인간적 힘을 상징하기 위해 실제 모습보다 크게 새겨졌다. 벽에 새겨진 부조에서는 부인과 가족, 하인들이 왕이나 신분이 높은 자보다 더 작게 새겨졌다. 남자 조각상은 여자 조각상보다 더 검

---

1. 캐롤 스트릭랜드, 김호경 옮김, 『클릭, 서양미술사: 동굴벽화에서 비디오아트까지』(서울: 예경, 2002), 21쪽.

게 색칠이 되며, 양손은 항상 무릎 위에 놓여 있다.

고대 이집트 조각상에서 발견되는 또 하나의 두드러진 특이한 양식은 정면성의 규칙이다. 모든 인물 조각상마다 시선은 정면을 향하고 있으며 경직된 자세는 움직임의 가능성을 최대로 축소시키면서 균형을 강조한다. 감정표현이나 육체적 활동과 같은 순간적이고 움직이는 이미지를 조각상에 표현하지 않았던 이유는 이것이 삶의 영원성이 아닌 일시적인 면을 반영한다고 생각했기 때문이다. 대신 조각상이 표현하고자 했던 것은 균형감과 조화이다. 균형 잡힌 자세와 구성, 단순한 형체는 질서와 명료성을 부여해준다.

〈카프라 왕의 조각상〉, BC 2,500. 이집트 박물관, 카이로.

기원전 2,500년경에 만들어진 〈카프라 왕의 조각상〉은 고대 이집트 조각상의 특징을 잘 말해준다. 카프라 신전에는 의자에 앉아있는 왕의 조각상이 23개나 벽에 일렬로 세워진 흔적이 그대로 남아 있는데, 그 중 6개가 남아 전하여 온다. 카프라 왕의 조각상은 경직되게 꼿꼿한 자세로 정면을 향하고 앉아 있는 모습이다. 이러한 자세는 그를 찬양하여 벌어지고 있는 제의행사를 지켜볼 수 있게 한다. 즉, 정면성은 그가 "현재 존재하고 있음"을 말해준다.[2] 그의 머리 뒤에는 현재 파손되어 보이지 않지만 본래 독수리 호루스 신이 날개를 펴고 있어, 그를 보호하고 있다는 걸 상징한다. 그만큼 왕권의 권위를 명확히 표현하고 있

---

2. Penelope J.E. Davies, and et al., *Janson's History of Art*, vol 1, Pearson Education, Inc., 2007, p. 55.

다. 호루스 신은 왕이 지상에서 자신의 현시이며 자신이 보호하는 자라고 선언하고 있기 때문이다. 조각상의 부드러우면서도 나이를 알아보기 힘든 얼굴은 그의 영원한 본성을 대변해주며, 조각의 꽉 짜인 형체는 영원성을 암시하는 단단한 느낌을 전해준다. 그의 양 다리 사이에 새겨진, 서로 얽혀 있는 식물은 이집트 하류지역과 상류지역에 번식하는 식물로 왕권이 지배하는 영역을 가리킨다. 나아가 이 조각상을 새기는 데 사용된 돌 재료 섬록암도 먼 누비아 사막으로부터 가져온 것이어서, 먼 지역까지 세력을 뻗치고 있는 왕의 권력을 말해준다. 이처럼 이집트 조각상은 왕의 정체성을 상징적 이미지로 표현하고 있다. 이때 그의 정체성은 오늘날의 정체성과는 달리 그의 신분과 그의 권세로 표현되는 상징으로 구성된다. 그러면서도 또한 자신의 권세가 영원히 존속한다는 것을 대내외적으로 표시하고 싶은 욕망을 이 조각상은 그대로 담아내고 있다. 고대 예술은 예술가 개인의 자아표현이 아닌 무엇보다 공적 기능을 대변하고 있기 때문이다.

다원적 관점에서 그려진 몸

고대 이집트 미술은 지극히 건조한 기후로 인해 오늘날까지 잘 보존될 수 있었다. 이집트인들이 그림을 그린 이유는 죽은 자의 사후를 행복하고 즐거운 것으로 만들기 위해서였다. 따라서 매우 아름다운 그림들이 그려졌으며, 주제도 사후 세계를 지나가는 여행이나 죽은 자를 보호하며 하계의 신에게로 데려가는 신의 모습이었다.

　조각과 마찬가지로 그림에 있어서도 몇 가지 규칙이 엄격하게 지켜

서구 고대 시대의 몸

졌다. 정치적·종교적 질서를 그대로 반영한 고대 이집트의 예술은 사회적 신분을 확실히 드러내게끔 표현되었으며, 인물상들은 화가의 시점으로부터 거리를 유지하고 그 사회적 신분에 따라 크기가 정해졌다. 예를 들어, 파라오는 그림에서 어디에 위치해 있든 가장 크게 그려졌고, 더 위대한 신은 그렇지 않은 신보다 더 크게 그려져야만 했다. 조각에서처럼 남자의 피부는 여자의 피부보다 더 검고 어둡게 채색되었다. 이들 이집트 예술은 사후에도 죽은 자의 영혼이 그대로 재현되기를 의도했다. 예술가들은 현재의 모든 것을 영원히 존재하는 것으로 간직하고자 했기 때문에 현재 순간의 모든 사물을 가능한 명확하고 생생하게 재현하려고 했다.

이들 그림에 재현된 인간 모습에서 고대 이집트 회화의 특이성이 단번에 나타난다. 그것은 2차원적 묘사 방식과 3차원적 묘사 방식의 결합이다. 예술가는 신체의 각 부분을 완벽한 형체로 보여주기 위해 여러 시점을 사용한다. 예를 들어 양 어깨는 정면에서 본 모습이 그려지고, 상체와 엉덩이는 3/4 정도 돌아선 각도의 모습이어서 두 다리와 양팔은 모두 측면의 윤곽만이 그려진다. 머리 또한 프로필의 측면 모습이어서, 머리의 앞과 뒤가 동시에 드러나며, 코와 양 입술이 돌출되어 보인다. 그렇지만 눈은 정면에서 본 모습으로 그려진다. 인물을 그릴 때 한 인물 안에 정면 모습과 측면 모습이 동시에 합성되는 것이다. 이런 방식은 자연풍경을 묘사하는 데서도 마찬가지여서, 새와 고기는 옆모습을 그려 스쳐지나가는 느낌을 주는 반면, 고기가 놀고 있는 연못은 상공에서 바라본 것처럼 그려진다. 피카소의 그림에서 보았던 흥미로운 야수파의 표현방식이 시간을 거슬러 이집트 미술에서 발견된다. 이집트 예술의 전통이 엄청난 시간의 간격을 넘어 피카소의 미술로 이어진 것이다.

고대 이집트 미술은 이처럼 복합적인 화가의 시점이 종합되어 표현된 것이다. 이런 방식은 서로 바라보는 시점의 차이에 의해 각 부분의 특징을 한꺼번에 전달해주는 장점을 갖는다. 아마도 두 어깨와 몸통이 얼굴의 모습처럼 측면만을 보인다면 인물의 모습을 총체적으로 제시해줄 수 없다는 예술가의 관념에서 이런 기법이 탄생한 것처럼 보인다. 르네상스 시기 미술에서 개발된 원근법은 카메라에서처럼 1개 시점의 눈으로 사물을 바라본다. 그러나 이집트의 미술은 이와는 달리 다원적 시점을 채택하고 있어 사물의 실재를 재현하는 방식에 큰 차이가 있다. 더욱이 이런 재현 방식이 3,000년이

〈헤시라의 판넬 부조〉
기원전 2,660년경, 이집트 박물관, 카이로

넘는 기간 전혀 변하지 않고 지속적으로 엄격히 적용되었다는 것은 놀라운 일이다. 그렇지만 인체 또는 사물을 종합적으로 바라보고 재현해야 한다는 사고는 이집트인의 리얼리티 인식을 보여주는 좋은 실례가 된다.

〈헤지라의 판넬 부조〉도 양 어깨와 팔, 눈, 그리고 몸에 걸친 킬트는 정면의 시점을, 머리와 양 다리는 측면의 시점을 결합한 양식을 그대로 보여준다. 이 인물의 두 다리는 왼편과 오른편의 구별이 없이 왼편의 다리만을 2개 그려놓은 모양이 됐다. 이러한 재현은 시각성이 아니

서구 고대 시대의 몸

라 개념성에 의존한 것이다. 화가는 눈으로 보는 바가 아니라 마음으로 알고 있는 바를 묘사한 것이다. 이러한 인위적 묘사는 이미지를 극히 정적으로 보이게 만들지만, 이미지를 쉽게 파악하는 데 도움을 준다. 어떤 사물을 그림이나 조각으로 표현하고자 할 때 고대 이집트인들에게 가장 중요시되었던 것은 이처럼 아름다움이나 자연스러움이 아니라 완전함이었다. 다원적 관점으로 그린 고대 이집트의 회화는 현재의 시각적 세계에서는 어색하게 보이지만 인간 형체의 완벽함을 표현고자 하는 그 시대의 사고를 그대로 반영한다.

이상적 인물 이미지 — 비례의 카논

고대 이집트인들은 카논canon이라고 부르는 비례의 법칙을 처음 개발한 민족이었다. 그들은 미술과 조각에서 인물을 가장 이상적인 이미지로 표현하기 위해 비례의 법칙을 엄격하게 적용하였다. 이 비례의 법칙은 그리스 회화에 큰 영향을 주었으며, 이후 르네상스 시대에 이르러 부활하였다. 과연 인물의 가장 이상적인 모습 또는 이미지는 이런 비례의 정확한 법칙에서 만들어지는가? 즉, 우리가 생각하는 인체의 가장 아름다운 미는 소위 팔등신이라는 몸의 비례를 따르고 있는가?

인간의 가장 이상적인 모습을 재현하기 위해 몸의 외면적인 아름다움은 무엇보다 우선시 되어야만 했다. 그리고 그 외면적인 아름다움은 "카논"이라는 비례의 원리에 철저하게 맞는 것이어야 했다. 따라서 비례의 법칙은 인물의 이상성을 정의하는 규칙이다.

인간의 신체는 가지각색의 형태와 크기를 지니고 있어 어떤 규범의 규칙이 절대적으로 존재할 수는 없지만, 대부분 사람들의 몸은 일정한 범위 내에서 비례의 규칙을 따른다고 할 수 있다. 오늘날 옷이나 신발을 크기별로 몇 종류로 구분해서 제작하는 것도 이런 이치에서 생겨났다. 특이한 신체의 모습을 지닌 예외적인 사람이 아니라면 대부분의 경우 이 임의적인 치수에 따라 옷을 입으면 틀림이 없고 옷의 각 부분도 서로 어울리기 마련이다. 따라서 이상적인 신체와 비례의 법칙이란 두 개념은 신체의 다양한 부분에 대한 측정을 도와주는 기준으로 작용한다.

기원전 2,610년경에 끝을 맺은 고대 이집트의 제3왕조 시대에 예술가들은 인간 신체의 비례를 수학적 기준에 의거하여 일정한 법칙을 만들려고 시도하였다. 어느 정도의 변이는 있지만 모든 인간은 일정한 수학적 규칙에 일치한다는 게 이들의 기본 생각이었다. 예를 들어 신체의 어느 한 부분은 신체의 또 다른 어느 부분과 길이가 똑같거나 아니면 몇 퍼센트에 해당하는 길이를 갖는다는 생각이다. 신체의 중간점을 기준으로 각 부분의 길이를 정함으로써 비례의 규칙을 그림이나 조각에서 유용하게 사용할 수 있기 때문이었다.

고대 이집트인들은 인물을 그리는 데 있어 비례를 정하기 위해 여러 개의 정사각형으로 이루어진 격자 체계를 사용하였다. 이때 격자의 크기는 마지막 예술작품의 크기에 따라 변화될 수 있었다. 예를 들어, 인물의 키는 일반적으로 머리칼이 이마에 내려오는 선부터 발밑까지 18개의 격자 단위다. 오늘날 예술사 연구자들은 한 개의 격자 단위가 중지 손가락 길이에 해당하는 것으로 추정하지만, 이를 뒷받침할 정확한 증거는 아직 발견되지 않았다. 이집트의 카논에 따르면 얼굴은 2개 격자 단위의 크기이며, 목부터 무릎까지의 길이는 10개 격자 단위, 무릎부터 발꿈치까지는 6개 격자 단위에 해당한다. 제3왕조가 지난 이후에 신체의 상반신과 목의 길이를 보다 늘려 이 비례 법칙을 재정의 하였지만, 기본적인 골격은 별다른 변화 없이 수천 년 간 계속 사용되었다. 이 법칙을 이집트 예술가들은 엄격히 지켜왔기 때문에 발굴된 예술품이 이집트 예술인지를 파악하는 데 중요한 요소로 작용한다.

이집트인들이 사용한 비례 법칙은 실제 인물의 비례와는 차이가 있지만, 비례를 정의하고 격자의 단위를 사용하려는 생각 그 자체만으로도 혁신적이었으며 예술에서 신체를 정확하게 표현하는 데 커다란 발전을 이루었다. 커다란 인물상을 만들려면, 이에 따라 정사각형의 격자 크기도 비례해서 커지기 때문에 엄청난 크기의 인물상이나 또는 작은 상의 모습은 크기만 다를 뿐 모양새는 비슷해질 수밖에 없었다. 수학에 의거한 비례와 이를 위해 격자 체계를 사용했던 이집트 예술가들의 개념은 오늘날에도 여전히 사용되는 유효한 기법이다.

그러나 유감스럽게도 이집트의 비례 규범은 개별적인 변이의 가능성을 고려하지 않았다. 또한 어린아이의 비례는 어른의 비례와 상당히 다르다는 사실을 깨닫지 못하였다. 그 때문에 초기 이집트의 예술작품 중에는 어린아이가 작은 어른인 것처럼 보이며 모두들 똑같은 모습으로 보이는 어색함을 드러낸다. 뚱뚱한 사람, 키가 작은 사람, 키가 큰 사람 등과 같이 개별적인 특성을 보여주지 못하고, 인물의 나이도 올바르게 판단할 수 있는 방법을 주지 못하는 결과를 낳기도 하였다.

3. 인간 몸의 이상성—그리스의 인물상

초기의 〈쿠로스〉 조각상—인간성의 내재적 가치

<두 명의 쿠로스, 클레오비스와 바톤>
기원전 600-575년경, 높이 1.97m

레오비스와 비톤 형제는 아르고스 태생으로 생활도 윤택했고 체력은 뛰어났습니다. 두 사람 모두 체육경기에서 우승했고, 또한 다음과 같은 이야기가 전해지고 있습니다.

아르고스에서 헤라 여신에 대한 제례 행사가 벌어지고 있을 때, 그들은 어머니를 어떻게 하든 우마차로 신전까지 모시고 가야 했습니다. 그런데 소가 밭에 나가 있는데다 시간도 없었습니다. 시간에 쫓긴 두 청년은 어머니를 태우고 소 대신 멍에를 쓴 다음 우마차를 끌고 45스타디움(6마일)을 주파하여 신전에 도착했습니다. 그리고 제례 행사에 모인 군중들이 모두 보는 앞에서 이 일을 완수한 형제는 실로 훌륭한 죽음을 맞이하게 된 것입니다. 신께서는 이 실례를 가지고 인간에게 있어서는 삶보다 오히려 죽음이 더 바람직한 것임을 확실히 보여주셨습니다.

즉 아르고인들은 그들을 둘러싸고, 남자들은 젊은이들의 체력을 칭송하고, 여자들은 두 사람의 어머니에게 정말 훌륭한 아들을 두었다고 축복했습니다. 어머니는 자식들의 봉사와 두 사람에 그리스 역사가 헤로도투스에 따르면, 헤라 여신을 경배하는 축제 행사장으로 어머니(키디페 여사제)가 타고 갈 우마차를 끌어야 하는 황소들이 밭일이 늦어져 돌아오지 못하자, 두 형제 클레오비스와 비톤이 황소 대신 자신들이 직접 끌 것을 자청하고 나섰다. 이들은 6마일이나 되는 긴 거리를 몰아 축제 시간에 맞춰 신전에 도착하였고, 운집한 군중들은 이들의 지극한 효심에 감동하여 어머니를 환호하며 축하를 보냈다. 그러나 두 형제는 지친 나머지 휴식을 취하던 중에 죽음을 맞이했다. 어머니는 자신의 두 아들에게 "아름다운 죽음"을 허락해 달라고 헤라 여신에게 기도하였다. 어머니의 소원은 받아들여졌고, 이들의 희생을 축복하는 축제가 벌어졌다. 이후 모든 이의 모범이 되는 이들의 죽음을 기념하는 조각상이 세워져 델피 신전에 안치되었다.

헤로도토스가 말한 두 형제의 일화는 기원전 580년경 델피에서 발견된 〈쿠로스〉의 조각상을 통해 확인되었다. 이 조각상을 받치고 있는

---

3. 헤로도토스, 박광순 옮김, 『역사』(서울: 범우사, 1996), 39-40쪽.

밑판에 아르고스의 조각가 폴리미데스가 만든 클레오비스와 비톤의 조각상이라는 제목이 새겨져 있다. 이 인물상은 모든 사람들이 칭송해 마지않는 두 젊은이가 인생의 최고 절정기를 맞이한 모습이다. 주먹을 쥔 양손, 앞으로 내딛은 한 다리를 통해 전해오는 몸의 균형, 수레를 끄는 황소만큼이나 튼튼해 보이는 근육은 신체의 활력을 보여준다. 이를 잘 보여주려는 듯 두 젊은이는 나체로 표현되었다.

미술품 속에 처음으로 누드를 도입한 것은 그리스인들이었다. 그들은 단련된 육체와 지적 토론으로 연마된 정신이 서로 조화된 인물을 표현하고자 하였다. 이집트 인물상은 항상 몸에 킬트를 걸치고 있지만, 그리스 조각상은 옷을 벗기고 신체의 근육을 모두 드러낸다. 또한 이집트의 인물상은 신체를 지탱하는 다른 요소들이 항상 곁들여 있지만, 그리스의 조각상은 몸 이외의 모든 요소가 제거된 채 홀로 서 있다. 즉, 몸체로부터 팔과 다리가 자유롭게 떨어져 있어 몸 자체만이 충만한 대상으로 존재한다. 사후의 세계에서도 영원성을 추구한 이집트 조각상과는 달리 그리스 예술은 절정의 현재 순간을 포착한다. 온화한 표정이면서도 강건한 육체의 느낌을 전달하는 이 두 젊은이의 나체 조각상을 통해 그리스인들은 젊음과 육체적 아름다움을 표현하고 싶었던 모양이다. 나이가 들어 노쇠해지는 육체로부터 신체의 건강함을 영원히 지켜주려는 뜻을 담고 있는 것일까. 남성적 힘과 효심의 미덕을 이상적으로 재현한 조각상은 죽음을 대신하는 불멸의 명성을 앞세우기 위해 실물보다 더 큰 키로 만들어졌다.

"인간은 만물의 척도이다"라는 프로타고라스의 격언은 그리스 문명과 예술의 성격을 한마디로 집약해준다. 인간의 이성적 회의를 바탕으로 한 인간의 존엄성과 가치가 그리스 철학의 중심개념인 것처럼, 그리스 예술의 주요 주제 역시 인간이었다. 이집트 예술이 인간의 신적 능력을 부각시키는 데 중점을 두었다고 한다면 그리스 예술은 인간 자체의 내재적 가치로 그 무게 중심을 이동시켰다. 소크라테스의 제자 크세노폰은 다음과 같이 말했다. "신체를 약하게 하는 것은 정신을 심각하게 약화시키는 일이다." 건강한 정신은 건강한 신체에 있는 것처럼, 아름다운 신체는 도덕성까지 곁들여 있다는 그리스인들의 인식을 크세노폰은 잘 지적해 주고 있다. 외적 상태는 내적 상태를 그대로 투영하는 것으로 생각한 것이다. 그리스 예술에서 목격할 수 있는 원숙한 아름다움은 바로 인간의 내재적 가치의 외면적 표현이었다. 그렇다면 그 내재적 아름다움은 그리스 예술에서 어떻게 외면으로 표상될 수 있을까?

그리스 예술이 이룩한 가장 중요한 변혁 중의 하나는 인간 모습을 재현한 조각의 진화다. 기원전 660년에서 150년의 약 500년간 그리스 조각은 원시적인 형태를 벗어나 고도로 숙련된 예술로 발전했다. 그리스 예술의 아케익 시기(BC 625경~ 500)에 제작된 〈쿠로스〉는 그리스의 대표적인 초기 인물 조각상으로 이집트 예술의 강한 영향력을 찾아볼 수 있다. 이집트 조각의 특성인 정면성과 부동성, 그리고 이집트적인 비례가 많이 엿보인다. 초기의 쿠로스상은 실제 관찰보다는 이집트 예술을 이어받은 비례이론에 따라 만들어졌기 때문에 해부학적인 세부 묘사에도 불구하고 인체의 유기적인 흐름을 무시한 상태의 양식화된 묘사에 머물렀다. 소박하고 명료한 이들 초기 인물상들은 구리로 만든 연장과 부드러운 돌로 새겨나갔다. 이집트인들은 돌덩이의 세 면에 원하는 인물상의 윤곽을 그린 후 정면과 측면에서 다듬는 방식으로 조각을 하였다. 인물상의 소묘 역시 고정된 비례규칙에 따라 그려졌기 때문에 작품이 완성되었을 때 정면과 측면의 모습은 서로 합쳐진다. 이러한 작업 방식과 비례체계를 광범위하게 채택했기 때문에 그리스 초기 조각상들은 이집트의 것과 매우 유사하게 보인다. BC 480년경 비로소 몇몇 조각가들이 인체의 유기적인 구조를 알아차리게 되면서 쿠로스의 엄격한 대칭을 깨뜨리고 몸의 무게가 한쪽 다리에 실려 있는 편안한 자세의 인체를 나타내는 데 성공했다.

그러나 〈쿠로스〉 상은 이집트의 그것과는 어느 정도의 차이점 또한 보여준다. 이집트 조각이 두 팔과 몸통 사이, 다리 사이가 돌로 막혀 있는 고부조인 반면, 그리스 아케익 시기의 조각은 팔과 다리를 지탱하는 돌판 구조물이 보이지 않는 진정한 환조 조각상의 출현을 알린다. 특히 아케익 후기에 오면서 인체 묘사에 큰 발전이 이루어지는데 전체적인 인체의 비례는 7등신에 가까워지고 해부학적으로 정교해진다. 그리고 얼굴표정의 경직성을 조금이라도 해소해보고자 그들만의 방법을 고안해 내는데, 이것이 바로 "아케익 미소"이다. 눈에는 웃음을 찾아보기 힘들지만 입술에는 미소를 머금고 있어 간혹 기이한 느낌이 들기도 한다. 또한 쿠로스와 짝을 이루는 여성상(코레)은 누드 상이 아니므로 몸의 구조 대신 옷의 모양이 중요하게 다루어졌고, 몸에 달라붙는 옷 주름은 신체 움직임의 율동과 밀접하게 연관되어 표현되었다. 이들 모두 움직이는 인체에 대한 이해가 높아지면서 정적인 상태를 벗어나 동작을 하다 멈춰선 자세를 취하게 되었다. 이런 조각상은 모두가 신에게 바쳐진 봉헌물이었다.

인간 몸의 이상성 — 숭고한 정신미와 풍요로운 관능미

그리스 조각은 이집트 조각상을 모방하던 초기 시기를 벗어나자 점차 독자적인 예술세계를 확립해갔다. 그리스는 대리석 조각과 청동주조를 포함하여 이들 조각상을 완벽한 테크닉을 구사하며 사실적인 예술품을 창조하였다. 아케익에서 헬레니즘기로 넘어가는 과도기인 고전기 시기에는 아케익기의 유형화된 인체나 딱딱한 몸짓 대신 조용하고 균형 잡힌 감정이 있는 인간을 묘사하는 양식으로 변해갔다. 이 시기의 뛰어난 조각 작품으로는 미론의 작품들이 꼽히는데 로마시대의 모작으로만 전해지는 〈원반 던지는 사람〉이 대표적이다.

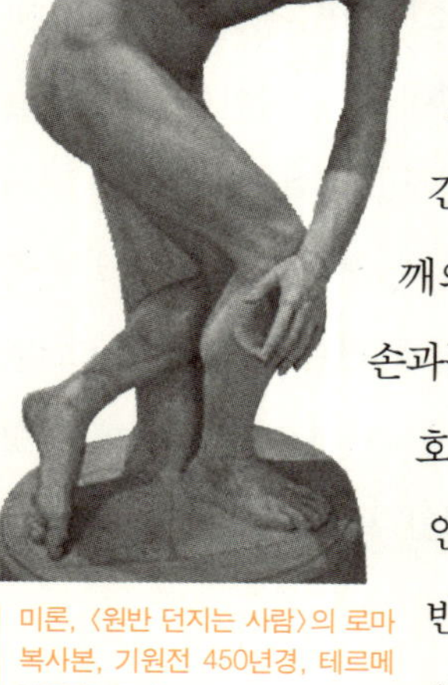

미론, 〈원반 던지는 사람〉의 로마 복사본, 기원전 450년경, 테르메 박물관, 로마

〈원반 던지는 사람〉은 그리스 시대에 만들어졌지만 분실로 인해 로마시대 대리석으로 만든 복사본의 하나이다. 그리스 조각의 원숙미를 보여주는 이 작품에서 미론(Myron, BC 480~ 440년경)은 연속되는 동작을 단 한순간의 자세로 집약시켜 놓았다. 그리스 초기 조각들의 뻣뻣한 자세와 균형을 리듬이 담긴 율동적인 대조로 대치시켰다. 엉덩이와 어깨의 굴곡, 심하게 뒤틀린 상체, 아래로 향한 왼손과는 정반대로 원반을 들어 올린 오른손의 상호균형, 양 다리에 주어진 힘의 강약은 전체적인 힘의 통일성과 완벽한 균형을 이룬다. 〈원반 던지는 사람〉에서 뻣뻣하고 정적인 인체의 모습은 사라지고 에너지가 충만한 몸이 등

장하였다. 여기서 이 인물의 사실적이면서도 완벽한 균형을 이룬 모습은 운동 선수의 이상적 초상이다.

이처럼 이 시기의 인물 조각상은 인간 형체를 더욱 영웅적으로 해석해나갔음을 확인케 해준다. 남성 누드 입상에서 신체의 움직임을 포착한 동적 인물상으로 전환되었을 뿐 아니라, 여성상도 옷을 입은 초기의 여성 입상에서 점차 관능적인 누드상으로 바뀌어 갔다. 또 다른 획기적인 변화는 신체의 무게 중심을 옮기는 콘트라포스토contrapposto의 발견인데, 이것은 몸의 무게를 한 다리에 싣고 몸체는 거기에 맞는 포즈를 취하는 자세로서 마치 조각상의 인물이 움직이다가 멈춘 듯한 착각을 일으키게 한다.

아케익 시기를 이어받은 고전기에 그리스 미술은 고전 양식의 절정을 이루었다. 앞 시기의 부동성과 딱딱함, 어색함은 사라지고 자연스러우며 생동감 있는 인체 표현을 자유자재로 구사하게 되었다. 이 시기의 미술은 신을 인간화로, 그리고 인간을 신성화하는 그리스인의 생각을 가장 세련되게 표현한 것으로 이상적인 인체묘사라는 결과를 낳았다. 그리스인들은 자연을 신성의 원천으로 여겼기에, 인간의 형상은 신성을 최상으로 표현할 수 있는 매개물이라 생각하였다. 따라서 그리스 신전에 조각된 신인동형神人同型은 신들이 인간의 이미지를 본떠서 상상되었다기보다는 오히려 그 반대로 신체야말로 찬란한 신성을 반영한다고 믿었던 데에서 유래한 것이다. 이제는 인체를 통해 숭고한 정신미와 풍요로운 관능미가 탁월한 조화를 이루었다.

그러나 가장 획기적인 변화는 이집트의 사실적인 인물상과는 달리 그리스 조각상은 보다 이상적인 모습으로 변해갔다는 점이다. 그리스인들은 조각에 사실성뿐만 아니라 인간의 본질적인 아름다움을 부여

서구 고대 시대의 몸

하는 대변혁을 이루었다. 인물을 곧게 세우고 정면을 향하게 하며, 두 다리에 고르게 무게가 실리도록 함으로써 대칭을 강조하는 포즈는 이상적인 균형을 강조했기 때문으로 볼 수 있다. 신체의 이상적 모형을 찾으려는 그리스인들의 감성은 신체 비례에 관한 이집트인들의 연구를 더욱 발전시켰다. 신체의 근본적인 규범(카논)의 바탕이 된 것은 이집트 예술에서 언급했던 것처럼 수학적 비례였다. 수학적 비례에 기초한 두 중심원리인 리드모스(구성)와 시메트리아(균형)가 그리스 조각상에 구현되기 시작하였다. 운동과 정지, 행위와 사색, 좌우의 긴장된 다리와 이완된 다리의 관계처럼 상반되면서도 서로를 보완해 주는 역학은 내적 균형을 중시한 그리스 문화의 정신을 그대로 반영한다.

리드모스와 시메트리아 — 폴리클리투스의 〈도리포로스〉

리드모스와 시메트리아를 활용한 그리스 조각의 새로운 양식을 이룩한 대표적 예술가는 폴리클리투스(Polyclitus, BC 450~415)이다. 기원전 450년경에 살았던 그는 고대 그리스의 가장 유명한 청동조각가 중의 한 명이었으며 이론가였다. 그의 영향력은 대단하여 그리스에서는 처음으로 3세대에 걸쳐 그를 따르는 학파가 형성될 정도였다. 당대의 조각가 피디아스가 주로 신을 조각한 반면, 그는 인간을 주로 다루었고, 그것도 남성 누드상 제작에 집중하였다. 그는 자신의 이론을 입증하기 위해 〈카논〉 또는 〈도리포로스Doryphoros〉라 부르는 조각품을 제작하였으며, 자신의 새로운 이론을 정리하여 〈카논〉이란 유명한 소책자를 출판하였다. 비록 그 이론서는 오늘날까지 현존하지는 않지만, 그 내용은 그대로 전해 내려온다.

폴리클리투스의 이론적 성과는 첫째로, 이집트의 카논을 이어받아 그리스 식의 카논을 체계화시켰다. 그는 이집트 식으로 임의적인 격자(grid)에 기반을 둔 카논 법칙에서 벗어나 신체 각 부위의 길이를 측정하는 단위로 머리의 길이를 선택하였고, 이것은 여전히 오늘날까지 사용된다. 그의 이론에 따르면 남성의 몸체는 7등신이고 여성은 이와 동일하거나 약간 작으며, 그 인간 몸체는 수학적 규칙성을 갖는다. (그의 이론 이후 훗날 신이나 여신을 조각할 때는 인간보다 육체적으로 열등하게 보이는 것을 막고 보다 당당한 모습을 부여하기 위해 8등신의 기법이 적용되었다.)

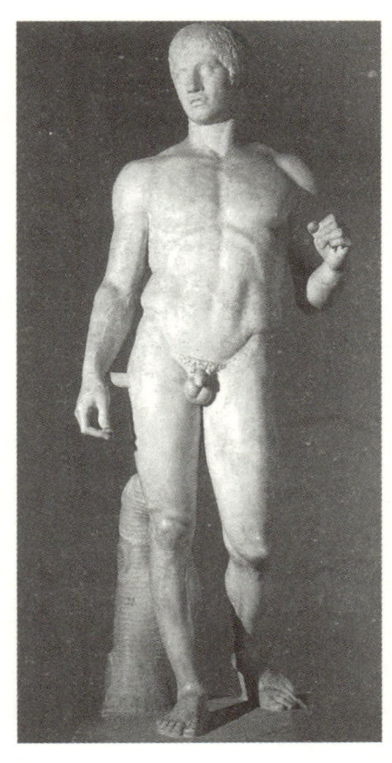

폴리클리투스, 〈도리포로스〉의 로마 복사본, 기원전 440년경, 국립 고고학 박물관, 나폴리

그가 설명하는 바에 따르면, 미를 성취하는 비밀은 시메트리아를 통달하는 데 있다. 즉 조각상의 모든 부분이, 각 부분 간에, 그리고 각 부분이 전체와 완벽한 조화를 이루는 일이다. 그가 정립한 그리스의 카논은 이집트의 카논보다 실제 비례에 훨씬 근접하여 수백 년 동안 널리 사용되었다.

둘째로, 그는 그리스 비례 규칙에 곁들여 몸의 무게를 두 다리에 균등하게 분배하지 않은 동적자세와 좌우대칭 균형(contrapposto)을 도입하여 그리스 조각예술을 한층 흥미롭고 사실적인 모습으로 탈바꿈시키는 데 획기적인 역할을 했다. 콘트라포스토 기법에 의해 그림이나 조각의 서있는 인물자세는 엉덩이·두 다리가 양 어깨·머리와 서로 다른 방향을 향하고 있어 몸의 수직 중심축을 중심으로 꼬여있는 자세

서구 고대 시대의 몸

가 된다. 이런 자세는 뻣뻣한 몸자세를 보다 이완시키는 인상을 주면서도, 이 인물이 주어진 다리에 의존하고 있다가 달리거나 걸으려는 자세로 변할 것 같은 긴장감을 내포하게 만든다. 바로 이 시점에서 인간의 몸은 심리적 기질을 표현하는 매체가 되었다. 그리스 조각은 몸이 인간 경험의 전 영역을 어떻게 전달해 줄 것인가를 탐색하게 되며, 이런 탐색은 〈라오콘〉의 절망적인 고통과 페이소스에서 절정을 이룬다.

폴리클리투스의 좌우대칭 균형 기법은 그가 조각한 〈도리포로스〉에서 실제 예술품으로 형상화된 구체적 예를 찾아볼 수 있다. 그가 창조한 이상적인 남성 누드상으로 〈도리포로스〉 또는 "창을 든 남자"는 서있는 누드의 젊은이상이다. 본래 조각상은 청동이었지만 소실되었고, 로마시대에 만들어진 대리석 모조상이 여러 개 전해오는데, 대리석 모조상에는 나무등지가 대리석상의 무게를 지탱하기 위해 첨가되었다. 이 조각상의 특징은 골반에 담긴 고전적 균형 감각이다. 한쪽 발은 움직이고 있지만 다른 발은 그대로 서 있는 자세이다. 이 조각상은 유연한 자세의 균형 잡힌 모습으로 유명하다. 몸의 무게를 오른쪽 발에 두고 들어올린 왼팔은 팔을 약간 접은 채 뒤로 향하고 어깨 너머로 창을 붙잡고 있다. 이 인물은 아킬레스라고 여겨지는데, 얼굴은 여전히 초기 그리스의 고전적 엄숙함의 자취를 간직하고 있다. 여기서 인체는 훨씬 이완된 채 유기적인 태도를 취한다. 강인한 상체는 건축상의 구성적인 형체로 세워졌고 가슴과 복부는 서로 완전히 분리되어 있다.

이 작품에서 우리는 세 쌍의 대칭─오른쪽/왼쪽, 휴식/움직임, 직선/곡선─을 보게 된다. 이 인물의 오른편은 휴식과 직선을 나타낸 반면 왼편은 움직임과 곡선의 굴곡을 표방한다. 이런 대조는 교차법이라 불리는 구성으로, 이 인물에서는 오른쪽의 직선과 왼쪽의 사선이 비스듬히 교차한다. 왼편의 상위 굴곡은 오른편 하부의 곡선과 대칭을 이루며, 두 개의 직선이 서로 대면한다. 이런 대칭은 능동적 부분과 수동적 부분이 서로 대조를 이루며 균형을 이룬다. 이런 균형의 모습은 오른편으로 방향을 튼 가슴에서 더욱 명백해진다. 머리는 왼편으로 돌리고 왼편 어깨는 오른편 엉덩이와 균형을 이룬 반면, 들어 올린 오른편 어깨는 들어 올린 왼편 엉덩이와 균형을 이룬다. 따라서 이 인물상은 서로 대조의 조화를 보여준다.

그리스의 누드 여성상
—프락시텔레스의 〈크니도스의 아프로디테〉

"그리스인들에게 남성의 벗은 모습은 야만이 아니라 오히려 문명의 상징으로 여겨졌다. 그리스인들과 페르시아인들 간의 전투를 그린 장면에서 그리스 전사들은 누드이고, 페르시아인들은 그리스인들이 우스꽝스런 것으로 취급하던 바지를 비롯한 민족의상을 입고 있다."[4] 한 미술비평가의 이러한 지적처럼 그리스 미술이라고 하면 떠올리게 되는 것이 남녀 누드 조각상이다. 고대에서 시작된 누드화는 그리스 미술에서 정점에 도달했다고 할 수 있다. 비례, 조화, 균형에서 미의 최고의 원칙을 찾아내는 그리스 미술은 생명이 있는 인간의 육체에서 완전미를 추구했으며, 인체의 누드화를 통해 해부학적 사실주의의 완성

---

4. 에드워드 루시-스미스, 정유진 옮김. 『남자를 보는 시선의 역사』(서울: 개마고원, 2005), 122쪽.

을 넘어서 인체의 이상적 형태를 탄생시켰다.

그리스 미술에서 누드의 표현은 주로 남성상에 한정되어 있었으나, 고전기 말기 BC 4세기 경부터 여성의 누드 표현이 월등히 많아졌다. 모델에 의한 누드 조각상을 제작하기 시작한 것도 이 시대의 그리스인이었다. 이들은 민족의 최고신인 제우스, 또는 젊음과 건강의 신 아폴론을 누드로 표현했을 뿐만 아니라 사랑과 미의 여신인 아프로디테까지도 최고의 이상적 육체를 소유한 자로서 누드로 표현하였다. 아케익과 고전기 그리스 조각에

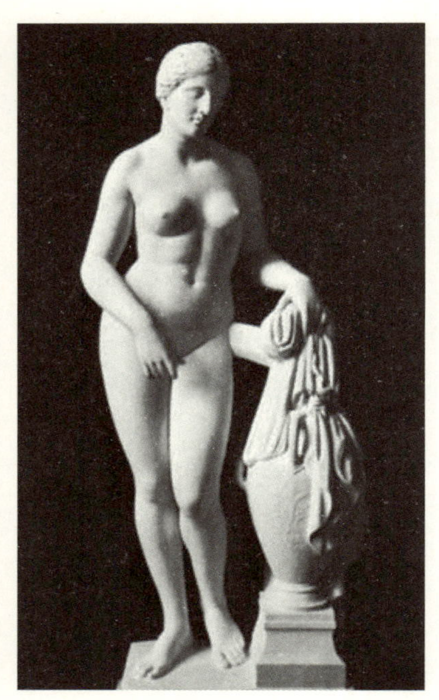

프락시텔레스, 〈크니도스의 아프로디테〉의 로마 복사본, 기원전 340년경, 바티칸 박물관, 로마

나타난 여성상은 대체로 옷을 입고 있거나 과다한 장식을 하고 있었으나, 헬레니즘 시기에 와서는 서정적 정서를 드러내는 것이 유행하면서, 신화 속 여신이 누드 조각으로 재현되게 되었다. 그 가운데 가장 대표적인 여신은 역시 미의 여신 아프로디테이다. 프락시텔레스(Praxiteles)의 〈크니도스의 아프로디테〉(BC 340~330)는 아프로디테가 목욕을 하기 위해 벗고 있는 모습을 담은 훌륭한 작품이다.

이 조각상은 여신을 소재로 한 최초의 그리스 여성 누드상이다. 이 전까지의 여성누드는 노예나 매춘부를 대상으로 하였지만 이제 이 작품으로 시작해서 여신들의 누드상은 새롭게 출발한다. 실물 크기의 이 조각상은 실크처럼 부드러운 피부, 우아한 자태, 다정한 시선, 표현의

찬란한 광휘와 환희로 인해서 대단한 찬사를 받았으며 이것을 찬양하는 시들도 쓰여졌다. 이에 대한 일화 중의 하나는 아프로디테가 크니도스에 와서 자기의 조각상을 보고는 다음과 같이 물었다고 한다. "프락시텔레스는 도대체 어디에서 벌거벗은 나를 보았지?"

로마의 작가 플리니(Pliny)에 의하면, 그리스의 코스 섬 시민들이 프락시텔레스에게 아프로디테 여신상 제작을 의뢰했다고 한다. 조각가는 2개의 여신상을 제작했는데, 하나는 옷을 걸친 것이고 다른 하나는 누드의 여신상이었다. 코스 시민들은 누드상에 충격을 받아 옷을 걸친 여신상을 구입했고, 대신 크니도스의 시민들이 누드상을 구입하여 사면에서 볼 수 있도록 개방된 사원에 설치하였다. 이 대담하고 에로틱한 누드상은 관객의 커다란 호응을 얻었고 프락시텔레스의 대표작으로 인정받았다. 옷을 입은 아프로디테상은 소실되어 현재까지 알려지지 않고 있다. 한편 열광적인 조각 수집가였던 비티니아의 왕인 니코메데스(Nikomedes)는 이 조각에 너무도 매료된 나머지 크니도스 시민들의 공공 부채 전부를 그것과 교환조건으로 탕감해 주겠다고 제의하기도 했다. 그러나 크니도스인들은 그 제의를 거절했다고 한다. 현재 그 조각상은 유실되었고 우리가 보는 이 작품은 로마 시대의 복제품이다.

원작은 뺨에 부드러운 홍조를 띠도록 채색되었고 눈에는 다정한 시선을 부여하여 모조품과는 아주 다른 모습의 작품이었을 거라고 미술 연구자들은 추측한다. 프락시텔레스는 폴리클레이토스가 창안한 콘트라포스토를 여성의 형태에 탁월하게 적용시켰다. 한쪽 엉덩이를 치켜올리고 반대쪽 어깨는 내려뜨려서 신체 전체에 리듬을 부여했다. 무릎을 약간 구부려 이완된 다리와 연결되는 엉덩이가 처져있고 천을 잡은 어깨가 올라가서 몸체 대조와 균형을 이루었다. 내적인 조화, 살아 있는 유기체의 균형, 자유와 휴식 느낌의 효과는 이 작품을 관능이라는 새로운 차원으로 끌어올리고 있다. 이 작품은 형태와 세부에서 뿐만 아니라 동작에 있어서도 자연주의적이다. 왜냐하면 그녀는 목욕을 하기 위해 막 옷을 벗어버린 듯 혹은 목욕을 막 하고 난 듯이 아주 가볍게 자신의 옷을 잡고 있기 때문이다. 목욕물은 그녀 왼쪽 항아리에 준비되어 있으며 둔하게 늘어뜨린 천과 단단한 항아리는 신체의 부드럽고 생생한 형태와 멋진 대비를 이룬다. 여신은 오른손을 자기의 성기 앞에 대고 있다. 이것은 정숙함의 몸짓으로 해석되고 있다. 그래서 "정숙한 아프로디테"라는 별칭이 붙어 있나보다. 그러나 이것은 아프로디테 상이기 때문에 그녀가 막 시작하려고 하는 목욕은 단순한 일상적인 목욕이 아니라 어떤 의식상의 목욕으로 생각된다. 그것은 정결과 재생의 의식으로 영원한 젊음을 상징하며, 그런 손동작은 그녀가 지닌 힘의 원천을 가리키는 상징적 의미를 지닌다. 자연스런 외관과 종교적 의미를 우아하게 통합시킨 것은 프락시텔레스의 위대한 업적 가운데 하나이다.

극적 감정을 담은 몸 ─ 헬레니즘 시대의 개별성

1506년에 〈라오콘〉이 발견되었을 때 미술가들은 이 비극적인 군상의 효과에 완전히 압도되었다. 그것은 베르길리우스의 〈아이네이스〉에 나오는 무시무시한 장면을 묘사한 것이다. 트로이의 사제인 라오콘은 그의 동포들에게 그리스 군인들이 숨어 있는 목마를 트로이 성 안으로

받아들이지 말라고 경고했다. 트로이를 멸망시키려는 계획이 좌절되는 것을 두려워 한 포세이돈 신은 바다로부터 두 마리의 거대한 뱀을 보내어 라오콘과 그의 불행한 두 아들들을 칭칭 감아 질식시켜버렸다.

라오콘의 일화는 올림포스의 신들이 무력한 인간들에게 행하는 무정하고 잔인한 이야기 중의 하나이다. 진실을 말했기 때문에 수난을 당하는 무고한 인간의 무시무시한 정경이다. 비틀릴 대로 비틀린 두 팔의 근육, 머리와 수염이 서로 헝클어진 얼굴에 새겨진 고통, 두 어린 소년의 몸부림, 온통 휘감긴 뱀의 몸통에 따라 강인한 신체의 근육도 함께 꼬여가는 듯한 느낌을 준다. 세 개의 신체가 한데 묶여져 삼차원적인 실체감을 형성하면서 응집된 공간 속으로 신체의 속박은 점점 증대된다. 로마의 산타 마리아 마기오레 근처의 폐허에서 발굴된 이 인물군상은 해부학상의 사실주의, 다채로운 표정, 격렬한 감정표현으로 미켈란젤로를 비롯한 르네상스 화가들에게 깊은 충격을 안겨주었다고 한다.

이 군상은 BC 2세기에 만들어진 것으로 추정된다. 이 군상은 특히 라오코의 상체(토르소) 근육을 표현하는 데 해부학적인 과장법을 효과적으로 사용해 비극적 운명과 비애의 효과를 한층 더 높였다. 이 군상은 롤리니우스(AD 23~79)가 그의 저서 〈박물지〉에서 라오콘 군상을 보았다고 기록한 바로 그 장소인 로마의 팔라티노 언덕 유적지에서 실제 발견되었다. 미켈란젤로와 빙켈만도 이 작품에 극찬을 아끼지 않았으며, 독일의 극작가이자 철학자인 레싱(Gotthold Ephraim Lessing, 1729~1781)은 이를 중요한 미학적 분석 〈라오콘 회화와 시의 한계에 관하여〉(1766)의 주제로 삼았다.

알렉산더 대왕에 의한 제국의 건설은 그리스 미술에 대단한 영향을 끼쳤다. 이 후기 시대의 미술은 그리스 미술이 아니라 알렉산더 대왕의 후계자들이 동방의 나라에 건설한 제국의 이름을 따서 헬레니즘 미술(BC 323~BC 31)이라고 불린다. 이 풍요로운 제국의 수도인 이집트의 알렉산드리아, 시리아의 안티오크, 그리고 소아시아의 페르가몬 등에서 발달한 헬레니즘 미술은 그리스 고전기 조각의 조화미와 세련미 대신 거칠고 격렬한 작품을 선호하였으며, 보는 이에게 강렬하고 드라마틱한 인상을 주기를 원했다. 헬레니즘 양식의 대표적 작품들은 활기찬 행동과 승리, 분노, 좌절 등의 감정묘사가 잘 표현되어 있어 보는 이를 강렬한 감정에 몰입하게 만든다. 즉, 고대로부터 원시미술이 유지해왔던 주술적, 종교적 연관성이 상실되고 대신 예술가의 기법 그 자체와 대상의 모든 움직임, 표정, 긴장 등을 담고 있는 것을 어떻게 효과적으로 표현할 것인가에 대한 관심으로 바뀐 것이다.

헬레니즘 미술의 또 다른 특징은 리얼리즘이다. 그리스 미술이 보편성과 전체적 균형을 추구한 반면 헬레니즘 시기에 들어와서는 세부적 사항을 사실적으로 표현하려는 경향이 나타난다. 보편적 진실 및 보편적 미 대신에 헬레니즘 시기의 예술가들은 개별성에 관심을 기울였다. 이런 성향은 개인의 초상화를 유행시켰으며 로마 시대에까지 영향을 주었다. 뿐만 아니라 아름다운 대상만을 추구하던 고전기 시대의 미술에서 벗어나 타 인종의 추한 모습을 그림에 담기도 했다. 그만큼 인물의 이상성 대신에 개별성에 점차 충실해가는 사실주의 경향이 발전한 것이다. 그 예는 에피고누스(Epigonus, BC 3세기경)의 조각 〈죽어가는 트럼펫 병사〉에서 찾아볼 수 있다.

이 조각상은 다른 그리스의 청동상처럼 본래의 청동상은 소실되고 로마시대에 대리석으로 복제되어 발굴된 작품이다. 소아시아의 페르가몬 왕은 켈트 부족이었던 골족(Gauls)을 물리친 승전을 기념하기 위해 기원전 3세기에 커다란 기념물을 건립하였는데, 그 기념물 중의 한 부분이 이 작품이다. 이 작품은 신체의 각 부분을 세밀하게 묘사하였으며, 특히 종족상의 특이점을 잘 포착했다. 얼굴의 구조, 덥수룩한 머리

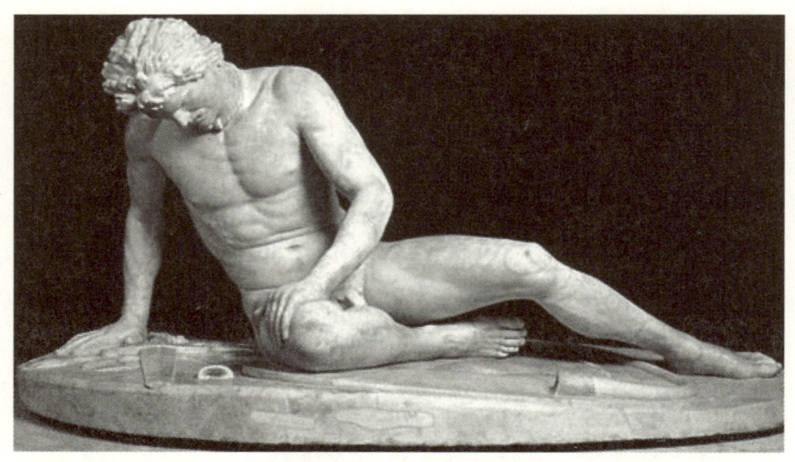

에피고누스, 〈죽어가는 트럼펫 병사〉, BC 230-220년경, 시립 박물관, 로마

카락, 수염, 켈트인의 목걸이는 그리스인이 아니고 이방민족임을 명백
하게 보여준다. 근육의 모양새도 그리스 운동선수의 유형과는 사뭇 다
르다. 그는 가슴에 치명적인 부상을 당한 채 오른팔로 겨우 자신의 몸
을 지탱하고 있다. 그 옆에는 칼과 트럼펫이 놓여있는 것으로 보아 전
투에서 트럼펫을 불었던 군인임을 알려준다. 얼굴에 나타난 페이소스
가 특히 눈에 띄지만, 패배한 자의 초라함을 보이지는 않는다. 오히려
조용히 무너져가는, 아니면 마지막 자신의 몸을 지탱하려고 안간힘을
다하는 이방인의 모습에서 인간적인 품격을 느낄 수 있다. 그의 몸은
강인했지만, 이제 그 힘은 서서히 소멸되어간다. 그는 그 고통을 홀로
감내한다. 관찰자의 시선은 그 은밀한 사적 순간을 포착해내었다.

4. 로마의 인물상 — 현세의 영웅

로마 예술의 비례법칙--비트루비우스의 『건축술』

> 균형은 작품 자체의 각 구성 요소들에서 나오는 적절한 조화이며, 분리된 각 부분들이 전체적인 형태와 이루는 운율적 대응 관계이다. . . .균형은 그리스 인들이 유사성이라고 부르던 비례에서 탄생한다. 그 어떤 건축물도 적절한 비례를 이룬 인체와의 유사성 없이는 만족스럽게 건축될 수 없다.[5]

로마인들은 다른 문화에서 자신들이 좋아하는 개념을 빌려오는 데 탁월했다. 이들은 특히 이웃나라 그리스로부터 사상을 빌려오기를 즐겼다. 그 산물 중의 하나가 비례개념이다. 로마인의 비례법칙은 근본적으로 그리스인과 동일하여 인간의 머리 길이를 기본단위로 한다. 그러나 로마인들은 카논의 발전에 나름대로 커다란 몫을 담당하였다. 가장 뚜렷한 업적은 그리스 비례를 신에게도 적용했다는 점이다. 즉, 8등신의 법칙이 로마예술에서는 성인 인체상의 기본 측정단위가 되었다. 그 공적은 비트루비우스라는 건축가에게 돌릴 수 있다.

비트루비우스(Marcus Vitruvius Pollio, BC c. 80~c. 15 BC)에 관해선 사실상 별로 알려진 바가 없지만, 그는 로마 건축에 대해 전해지는 저술 중

---

5. 비트루비우스, 『건축술』 III, 1.
http://penelope.uchicago.edu/Thayer/E/Roman/Texts/Vitruvius/home.html 참조.

가장 오랜 저술 『건축술*De Architectura*』을 남기는 큰 업적을 이루었다. 고대 로마인들은 예술과 과학을 구별되는 분야로 간주하지 않았다. 사실상 로마의 여신 미네르바는 과학의 여신이면서도 동시에 예술의 여신이다. 그들은 과학과 예술을 상호 보완적이며 상호 연관된 분야로 생각했다. 로마 건축에서 상용된 건축 비례의 상당수는 인체의 비례에서 비롯되었다. 이런 결과로 인체의 비례는 그 당시 출판된 건축 저술과 상당히 관련된 것으로 간주되었다.

고대 로마 건축가 비트루비우스는 카논을 라틴어로 번역해서 인체의 이상적 비율을 건축의 원리에 응용하는 것을 시도했다. 주로 비트루비우스의 서적을 통해서 이 이론은 서양 중세시대에도 전해졌지만 다시 큰 각광을 받은 것은 르네상스 시대부터이다. 르네상스의 예술가는 인체의 이상적 상태를 연구했었고 레오나르도 다빈치가 그린 〈비트루비우스의 인체비례〉를 그 예로 들 수 있다.

사실성의 초상화

놀라운 기술자, 건축가, 정치가로서 로마인들은 유럽의 문화를 새롭게 형성한 전통을 세워나갔다. 로마 제국의 예술은 그리스 예술의 양식에서 큰 영향을 받아, 그들 나름의 다양한 예술 형태로 꽃을 피웠다. 19세기의 많은 예술 연구자들은 빙켈만의 영향을 받아 그리스 고전주의 예술을 최고의 예술적 성과로 칭송하였고, 로마 제국의 예술에 대해서는 그 절정의 끝자락이라고 평가하였지만, 이러한 관점은 20세기에 들어서면서 전반적으로 수정되었다. 오늘날의 미술사 연구자들은 로마 제국의 예술을 사회적, 정치적 문맥에서 새롭게 해석해 들어갔다.

　로마제국 예술의 특징은 "종합성"에 있다.[6] 광대한 지역을 차지한 로마는 다양한 문화와 접촉을 하게 되었으며, 이입된 여러 다양한 문화를 종합하여 전적으로 새롭게 창조해내는 성과를 이룩하였다. 로마제국은 처음 출발부터 자신들의 문화전통이 아닌 타문화에 대해 예외적으로 관대한 편이었다. 점차 확장되어가는 자신들의 국가를 위협하지 않는 한, 로마제국은 타문화의 관습을 그대로 허용하였으며, 그래서 식민지의 많은 사람들이 로마 시민으로 편입되기도 하였다. 식민지의 사람들이 믿는 신들을 우호적으로 받아들였으며, 오히려 다른 문화의 이질성을 수용하여 다채로운 예술세계를 형성하였다.

　로마제국 예술의 가장 놀라운 산물은 건축으로 서구 건축에 엄청난 영향을 끼쳤다. 로마의 미술품은 대부분 파괴되고 지하에서 발굴된 유물만이 남아 있지만, 조각상은 아직도 엄청난 양의 작품이 그대로 보존되고 있다. 로마제국의 조각상은 그리스 조각의 영향에서 출발한다. 이미 헬레니즘 시기부터 발전한 초상조각의 양식은 로마에 그대로 전파되었다. 그리스의 청동 조각상이나 대리석 조각상을 수집하는 일이 로마인들 사이에 큰 유행이기도 하였다. 그래서 로마의 시인 호레이스는 이를 비꼬아 이렇게 말했다. "로마제국에 정복된 그리스는 자신의 정복자를 정복하여 촌스러운 라틴 세계에 예술을 전파하였다."

　한편 그리스 조각의 유행은 로마제국의 예술가들에게 반발심을 유발시켜 새로운 양식의 예술품을 창조하게 만들었다. 즉, 로마제국의 예술적 발전을 촉발시킨 것이다. 예술가들은 로마제국의 예술 전통이

---

6. Davies, p. 177.

남성 초상조각, BC 1세기,
바티칸 박물관, 로마

더욱 충실한 도덕적, 종교적 가치를 대변해준다고 주장했다. 이것은 그들 문화에 대한 자긍심의 표현이었다. 로마의 원로원과 시민들은 제국의 성공한 정치적 또는 군사적 인물을 높이 존중하여 이들의 조각상을 로마 광장과 같이 대중이 모이는 중심지에 설치하였다. 이런 관습은 초기 공화정부터 시작되어 제국이 멸망하기까지 지속되었다. 그러나 유감스럽게도 공화정 초기의 청동상들은 대부분 훗날 대장간에서 녹여져 무기나 동전의 재료로 쓰였다. 약간의 잔재만 남은 청동상과는 달리 기원전 2세기까지 전해오는 작품들은 대리석 조각상들이다. 대부분이 남자 조각상으로 헬레니즘 시기의 양식을 많이 이어받고 있다.

로마 공화정의 초상조각은 대단히 사실적이다. 얼굴의 심한 주름은 이마와 뺨에 깊이 골을 만들었고, 사마귀나 점, 갈고리 같은 코, 벗겨진 머리가 그대로 재현되었다. 이 인물의 정체는 알려지지 않았지만, 벗겨진 머리로 보아 사제인 듯싶다. 극히 사실적으로 재현된 이러한 묘사방식을 가리켜 "사실 그대로veristic" 방식이라고 부른다. 인물을 이상화시켜 표현했던 그리스 고전주의 조각 양식이 아니라 헬레니즘 시기의 사실주의를 물려받은 양식이다. 그렇지만 예술적 양식이란 각 시대가 이상화시킨 이미지를 표현하기 마련이다. 사실적으로 표현된 이 조각상을 통해 로마 공화정 시기의 이상적 인물 이미지를 추정해볼 수 있다. 그것은 책임감과 경험이 겸비된 나이를 지긋이 먹은 자의 이미지이다.

영웅 숭배의 개인 초상화

카이사르가 살해당한 이후 로마 공화정의 질서는 무너지고 야심 찬 개인들에 의해 절대적 권력을 차지하려는 쟁탈전이 벌어졌다. 기원전 27년 원로원이 옥타비아누스를 카이사르의 후계자로 선언하면서 그 혼란은 가라앉았다. 옥타비아누스는 로마의 공화정이 회복되었다고 주장했지만 실제로 그는 모든 실권을 차지한 왕권정치를 행했다. 이와 같은 로마 제국의 탄생으로 로마가 통치하는 광대한 지역에 안정과 번영의 시기가 찾아왔으며 로마의 문물이 퍼져나갔다. 점차적으로 황제와 그 가문 귀족들은 공공 예술의 주된 후원자가 되었으며, 공공 예술 또한 황제 가문의 합법성과 절대적 권위를 강조하였다.

카이사르가 살해당했을 때, 그의 양아들 옥타비아누스(황제가 되면서 아우구스투스 칭호를 사용)는 18세였고, 안토니우스와 클레오파트라 연합군을 격파했을 때는 35세의 젊은 나이였다. 황제로서 77세에 죽기까지 로마제국의 절대권력을 누린 이러한 정치적 영웅을 찬미하는 조각상에 로마 공화정 초기의 사실주의적 기법은 걸맞지 않았다. 여러 개가 제작된 그의 초상조각은 모두 다 나이를

아우구스투스 황제의 초상조각, 20년경, 바티칸 박물관, 로마

초월한 젊은이의 카리스마를 표현하는 데 집중되었다. 아우구스투스 황제는 갑옷을 걸치고 한 손을 들어 병정들에게 연설을 하는 당당한 자세를 취한다. 권위를 강화시키려는 의도로 그의 초상조각에는 과거의 역사적 사건과 이전 예술작품을 결합하여 새겨놓았다. 갑옷에는 고대 신화가 부조되어 있고 큐피드와 돌상어는 그의 오른쪽 다리를 지지하며 트로이의 영웅 아이네아스로부터 아우구스투스의 신화적 계승을 명백히 밝힌다. 또한 이 황제는 신성한 상태를 뜻하는 맨발의 모습이다. 밝은 색깔로 색칠하고 도금한 이 조각은 로마인들에게 카이사르의 신성함과 당당한 유산을 상기시킨다. 그의 머리 모습은 젊은 영웅 알렉산더 대왕을 연상시키기도 한다. 역사와 신화를 겸비한 역사적 영웅이며 신성한 존재임을 암묵적으로 드러내는 알레고리의 조각상이다.

아우구스투스 황제의 조각상은 이후 로마 조각 예술의 표본이 되었다. 앞선 시대의 작품을 암시하는 메시지가 조각상에 직접 담겨있도록 하는 알레고리의 수법이 즐겨 사용되었다. 아우구스투스 황제의 후계자들은 비록 그 혈통이 다름에도 불구하고 자신의 초상화가 이 위대한 황제와 매우 닮도록 만들어서 자신의 권위를 뒷받침하는 방법으로 사용하였다.

시대마다 이상적인 인물상을 그려나가는 것은 동일하지만, 신화의 인물을 대상으로 하는 그리스 조각상과는 달리 로마 제국의 조각상은 현실적인 인물이 그 대상이었다. 공공 예술의 성격을 지닌 로마 조각상은 실제 역사 속에 살았던 영웅을 신격화시키는 이중의 성격을 갖는다. 자연히 사실적인 측면 이외에 신성의 상징성을 함께 부각시킨다. 그래도 분명히 생생히 살았던 인물이 초상조각의 대상이 되었다는 점에서 현실성의 세계를 중시하는 로마인들의 사고를 읽어낼 수 있다.

3

중세 시대의 몸

1. 육신의 초월

기독교의 중세 문명─하나님과 연결된 육체

기독교는 예수 그리스도의 죽음 이후 팔레스타인을 근거지로 포교 활동을 활발히 전개하면서 서서히 성장하였다. 로마 당국의 무관심과 관용, 때로는 극심한 박해의 시기를 거치면서 기독교는 마침내 로마제국의 공식 종교가 되었다. 그 결정적 전환은 4세기 초반에 이루어졌다. 313년에 발표된 이른바 밀라노 칙령은 경배의 자유뿐만 아니라 몰수되었던 성당 재산의 환원까지 구체적으로 명시하고 있으며, 325년에는 테오도시우스 황제에 의해 기독교는 로마제국의 국교로 공인되었다.

　로마인들이 야만인이라 칭했던 타민족들의 신앙을 자신들의 종교로 수용하였던 이유 중의 하나는 단일한 믿음을 통해 단일한 국가 공

동체를 이루어가려는 의도였다. 그렇지만 기독교화 된 로마제국은 타
민족의 침입으로 이미 해체의 과정을 밟고 있었다. 로마제국은 양분되
었고, 비잔틴 (후에 콘스탄티노플로 바뀜)을 수도로 하는 동로마 제국이 번
창하는 동안 로마를 중심지로 한 서로마 제국은 게르만족의 침공으로
멸망하여 다시 여러 왕국으로 쪼개졌다. 이후에 이어지는 400년경부
터 1400년경에 이르는 천년간의 시대를 역사가들은 중세라고 부른다.
즉, 고대와 근대 사이를 잇는 중세는 로마제국이 멸망한 후부터 르네
상스 시대까지 약 천년 동안의 시기를 말한다.

천년의 중세문명은 사실상 모든 면에서 기독교를 바탕으로 한다.
기독교의 도입에 따라 중세시기에 사람들의 관심사는 현세에서 내세
로 옮겨 갔다. 육체와 가시적인 대상을 숭배하던 로마인과는 달리 기
독교는 정신과 영혼뿐만이 아니라 눈에 보이지 않는 초월적 존재와 영
원한 생명을 모든 사람들이 공유할 수 있다는 보편적인 믿음을 사람들
에게 심어주었다. 그리스 · 로마의 고대사회가 역동적인 신체의 완전

226

함을 신성의 주된 표현으로서 간주했다면, 중세의 기독교 종말론은 고통 받고 번민하는 육신에서 궁극적으로 구원받기를 갈구하였다. 기독교의 교리에 따르면 인간의 몸, 육신은 오히려 수치스럽고 타락한 것이며 인간이 구원받기 위해서는 죄악을 이길 훈련이 필요하였다. 자연히 육체에 대한 찬미는 사라졌고, 육체는 정신적 삶을 위해 극복해야 할 대상이 되었다. 예수 그리스도가 십자가에서 혹심한 신체적 고통을 겪으며 죽어간 사건은 육신을 초월해야 한다는 정서적 이미지를 강력하게 심어주었다. 육신의 초월은 중세 그리스도교의 기본 명제였다.

그리스도의 인성과 신성

기독교는 세속적인 이 땅의 세계와 사후 천상의 영적 세계를 명백히 구분 짓는다. 그렇지만 인간의 삶에서 육체의 유한성과 물질성을 부정할 수 있는 논거를 세우는 일은 쉬운 일이 아니어서, 기독교 교리의 바탕은 인간의 육체와 초월적 존재와의 관계를 새롭게 정립하는 데에서 출발한다. 그것이 바로 예수 그리스도의 본질에 관한 삼위일체, 성육신, 성체聖體로의 변화, 부활의 이론들이다. 기독교 교리체계의 가장 핵심을 이루는 이것들은 모두 인간의 육체를 기독교적으로 재해석한 종교 이론들이다. 물론 이 이론들은 로마 시대 예수 그리스도의 탄생과 함께 새롭게 생성된 것은 아니고 그 이전부터 내려오던 헬레니즘의 신앙과 유대교의 유일신론이 결합된 복합적 교리였다. 그러나 통합의 과정에서 초기 기독교는 나름대로 독창성을 발휘하였다. 초기 기독교의 독창성은 콘스탄티누스 대제가 니케아에서 제시했던 내용처럼 "하느님은 예수 그리스도를 통해 인간에 얼마나 가까이 다가오셨나?" 하는 문제를 강력한 호소력으로 해결해 주었던 데에 있었다.[1] 예수 그리스도의 인성/신성의 양성적 존재는 기독교가 숙성시킨 상상력의 최고 결실이었다.

그러나 예수 그리스도가 지닌 인성/신성의 본질은 언제나 종파 간 교리의 치열한 논쟁점이었다. 특히 기독교의 교리를 형상화하고 보급하는 데 중추적 기능을 담당하였던 초기 교회에서, 그 논쟁이 종파 간에 파문과 추방으로 이어지는 혹심한 이론적 경쟁이었다는 것은 기독교 역사에서 여실히 드러난다. 신성과 대립되는 예수 그리스도의 인성은 인간의 육체가 지닌 유한성, 물질성, 그리고 원죄성을 뜻한다. 기독교 교리에서 예수 그리스도의 몸은 인간과 신을 중재하는 매개체였던 만큼, 그 몸에 대한 언급은 중세의 기독교적 사고를 이해하는 데 핵심이 된다.

① 성삼위일체론

기독교 교리의 독특함은 예수 그리스도의 본성에 있다. 기독교의 삼위일체론에 따르면 성부, 성자, 성령은 하나님의 존재 자체와 구별되지 않고, 단지 유일신 하나님이 자신을 계시하는 세 가지 다른 양태이다. 초기 기독교도들은 그리스도의 몸으로 인간 세계에 오셔서 그들과 함께 하였다고 생각되는 하나님의 현존과 권능을 설명해야 했다. 따라서 예수 그리스도가 하나님과 같은 신성을 지녔다는 것을 뒷받침하기 위해 성자도 성부와 동일 본질이라는 주장을 펼쳤다.

---

1. 피터 브라운, 이종경 옮김, 『기독교 세계의 등장』(서울: 새물결, 2004), 116쪽.

성상화가 안드레이 류블료프가 그린 〈성삼위일체〉,
1410년, 트레티야 코프스키 미술관, 모스크바

　　그러나 이 동일본질론은 수세기에 걸쳐 많은 논쟁을 야기했다. 이
삼위일체설에 대한 대표적인 공격은 알렉산드리아의 사제 아리우스
(Arius, 280~ 336)에 의해 제기되었다. 그는 하나님은 스스로 존재하며
불변하는 유일성의 존재이어서 신성을 나누거나 전가할 수 없다고 주
장하였다. 그러므로 복음서에 나오는 성장하고 변화하는 성자는 하나
님일 수 없다는 주장을 전개시켰다. 즉, 한 분이신 하나님, 성부에게만
신성을 부여하고 성자인 예수 그리스도의 신성을 부정하였다. 하나님
은 유일하게 기원이 없이 존재하는 초월적 존재인 반면, 그리스도는
하나님에 의해 만들어진 피조물이기 때문에 성부와는 '유사본질' 일

뿐 절대 '동일본질'이 될 수 없다는 게 아리우스의 주장이었다.

이러한 아리우스파에 대항하여 아타나시우스(Athanasius, 295?~373)는 성부, 성자, 성령이 하나라는 삼위일체설을 강력히 지지하였다. 마치 "광선이 태양에서 방사되는 것처럼" 아들 그리스도는 아버지 신의 본질을 받았지만, 그것은 "내적 필연성"에서 생기는 것이기 때문에 그리스도가 신의 피조물이 아니라 서로 일체를 이루고 있다는 동일본질론을 주장했다.[2] 따라서 성자 그리스도는 인간인 동시에 완전한 신이 된다는 것이다. 마침내 325년 니케아 공의회가 아리우스파를 이단으로 정죄하고 아타나시우스파의 주장을 채택함으로써 논쟁은 일단락 지어졌다. 그 후 381년의 콘스탄티노플 제2차 공의회에서는 성령이 이에 결합하여 공식적으로 성삼위일체설이 확립되었다.

기독교를 혼란스럽게 만들었던 아리우스파는 이단으로 몰리면서 일단 수그러들었으나, 논쟁은 여기서 그치지 않고 또 다른 곳으로 비화되었다. 논쟁의 초점은 인간 그리스도의 위격 문제였다. 성삼위에서 제2위격을 차지하는 예수 그리스도 안에는 신성과 인성을 모두 소유하고 있지만, 이 양자가 어떻게 결합되어 있는가를 놓고 여러 계파들이 서로 다른 입장을 보임에 따라 이단 교의가 속출하였다. 대표적인 이단 교의의 예를 들면, 안티오키아 신학파에서 나온 네스토리아니즘과 콘스탄티노플의 단성론이 있다.

네스토리아니즘의 주창자는 시리아 출신의 콘스탄티노플 총대주교 네스토리우스(Nestorius, 386~451)였다. 비잔틴 동방교회에서는 성모 마리아를 "테오토코스Theotokos", 즉 "신을 낳은 어머니"라고 불렀지만

---

2. 임영방, 『중세미술과 도상』(서울: 서울대학교출판부, 2006), 25쪽.

그는 이런 호칭을 부정하고 대신 "그리스도를 낳은 어머니"로 불러야 한다는 주장을 하였다. 그의 주장에 따르면, 마리아는 인간 그리스도만을 낳았기 때문에 인간 예수의 어머니일 뿐 하느님으로서의 그리스도의 어머니는 될 수 없다는 것이다. 이를 다시 해석해보면, 하느님이자 사람인 그리스도의 통일성을 부인하는 것처럼 보이게 된다. 다시 말해 그리스도 안에는 신성과 인성, 이 두 가지의 특성이 서로 혼합됨 없이 각각 완전히 독립적으로 존재한다는 주장으로 해석될 수 있다. 그렇게 되면 "하느님은 고통을 받으셨다"라든지 "하느님은 십자가에 못 박혔다"라는 표현은 타당치 않게 된다. 그러나 이 교의는 예수 그리스도 안에는 신성과 인성이라는 두 가지의 본성이 한 위격 안에 결합되어 있다는 정통교리에 어긋난다고 하여 431년의 에페소스 공의회에서 정죄를 받았다. 또한 마리아는 인간의 어머니이긴 하나 "말씀이 사람이 되신" 분의 어머니이기 때문에 마땅히 신의 어머니라고 불릴 수 있다는 것을 공의회는 인정하였다.

한편 단성론(Monophysitism)을 내세운 신학자는 콘스탄티노플의 수도원장 에우티케스(Eutyches, 380~456)였다. 그는 네스토리우스와는 달리 예수 그리스도에는 신성만이 존재한다고 주장했다. 그리스도의 인성은 "꿀 한 방울이 바닷물에 희석되는 것"처럼 신성에 섞여든다는 게 단성론의 주장이었다. 그의 단성론은 451년의 칼케돈 공의회에서 그리스도는 신성과 인성의 두 본성을 모두 가지되 분리되지는 않는다는 양성설이 올바른 교리로 인정됨에 따라 부정되었다. 이처럼 그리스도의 본성과 위격에 대한 논쟁은 기독교 교리가 자리를 잡아가는 과정에서 꾸준히 지속되었다.

② 성육신론

한편 신성을 지닌 성자 예수 그리스도가 인간의 몸으로 이 세상에 태어났다는 성육신의 교리는 그리스도의 신성과 인성을 다시금 확증한다. 신약성경에 따르면, 그리스도는 성령에 의해 수태되어 성처녀 마리아로부터 탄생한다. 이것이 바로 신성을 지녔지만 인간의 몸으로 육화된 그리스도의 탄생이다. 지상에서 인간적인 삶을 살았던 그리스도는 인간과 마찬가지로 육체의 고통과 유혹을 겪으며 마침내 십자가에 매달려 죽음을 맞이한다. 그리스도의 몸과 관계된 그리스도의 수난, 죽음과 같은 주제는 그리스도의 인성을 말해준다.

그리스도의 성육신 교리는 고대로부터 내려오던 "우주에 대한 상상적 모델"에 새로운 전기를 마련해줬다. 전통적 모형은 "우주의 가장 높고 가장 낮은 범주 사이의 간극을 강조"했다면, 새로운 모델은 그 간극을 메워주는 큰 변화를 가져왔다.[3] 중세 이전의 고대 세계에서 신은 초월적인 존재였고 인간은 그 신을 향해 다가가야 했지만, 중세의 기독교는 성육신 교리를 통해 신이 인간 세계로 육화함으로써 초월의 영역에서 현세의 세계로 내려온다는 걸 말해준다. 성육신론은 하나님이 가장 낮은 존재인 인간과 초월자인 신이 그리스도의 몸에서 하나로 합일된다는 새로운 인식의 전환을 설명해준다.

하나님이 인간과 하나가 되었음을 강조하는 성육신의 교리는 그리스도의 부활에 대한 설명으로 완성된다. 성육신의 교리가 그리스도의 인성을 부각시킨다면, 그리스도의 부활은 그의 신성을 다시금 뒷받침

---

3. 브라운, 앞의 책, 116-117쪽.

해준다. 인간의 몸으로 태어난 그리스도는 인간이기 때문에 유한한 인간의 고통과 유혹을 겪지만, 또한 신성을 갖고 있기에 죽음을 물리치고 다시 삶의 세계로 오를 수가 있는 부활을 하게 된다. 성경에 따르면, "예수님은 죽음에서 부활하여" 천국으로 오르시고 "하나님의 우편에 앉아 계시다가" 다시 이 세상에 재림하여 죄 지은 자를 심판하고, 죽은 자를 소생시키며 궁극적으로 신의 왕국을 설립하는 메시아의 예언을 완성시킨다. 그리스도를 믿는 교인은 신의 아들인 그리스도의 죽음과 부활을 통해 죄 지은 인간이 신과 화합되고, 그럼으로써 구원과 영생을 약속받는다는 굳건한 믿음에 초점을 맞춘다. 기독교인들은 예수의 부활을 믿음의 핵심으로 여긴다. 신약성경에 따르면 기독교의 가장 중심 인물인 그리스도는 십자가에 못박혀 죽었지만 사흘 만에 무덤에서 다시 부활하셨다. 베드로의 말처럼, "예수가 부활하지 않았다면 우리의 믿음은 아무 쓸모가 없고 신에 대한 믿음도 쓸모가 없게 된다." 그리스도의 죽음과 부활은 그가 인간 세상에 대해 절대적인 권위를 갖고 인간에게 영생을 가져다 줄 능력을 보여준 사건이다. 그리스도의 위격에서 하나님이 진실로 십자가에 못박히셨다고 말하는 것은 그분에게 당신이 인간과 고통을 공유함으로써 인간과 끊으려야 끊을 수 없게끔 거의 유기적으로 연결되어 있음을 상기시키는 것이다.

그리스도는 신이며 동시에 인간이다. 그리스도의 몸은 "하나님이 만든 육신"이다. 지상에서 인간적인 삶을 살았던 그리스도의 몸은 인간 구원의 수단이며, 성찬식에서 성체로 나타나는 그리스도의 몸을 통해 신자들은 신을 만나게 된다. 모든 기독교인들은 성찬식에 참가함으로써 다른 기독교인들과 일치를 이루었다. 그들 각자와 그리스도가 공통으로 가지고 있는 육체의 연약한 끈을 통해서였다.

성모마리아 — 잉태를 통한 신과의 유대

예수 그리스도를 낳은 어머니 마리아에 대한 공경은 기독교에서 당연한 일로 받아들이지만 공경의 정도에서는 교파마다, 특히 신교와 가톨릭 간에 큰 차이가 있다. 또한 마리아를 부르는 명칭에서도 서로 차이가 있다. 예를 들어, 신교에서는 "동정녀"라는 명칭만을 이름 앞에 붙이는가 하면 가톨릭에서는 "성모" 또는 "하나님의 어머니"라는 명칭을 사용한다. 이 명칭들의 의미를 통해 그리스도를 낳으신 마리아의 위상을 생각해볼 수 있겠다. 성삼위일체에 속하는 예수와는 달리 철저하게 인간의 몸으로 존재하였던 마리아의 위상을 생각한다면, 마리아에 대한 중세의 교리 논쟁을 통해 중세인들이 생각했던 몸에 대한 인식의 편린을 엿볼 수 있다.

마리아에 대한 내용은 신약성경에도 빈약한 편이어서 일관성 있는 생애를 구성하기는 어렵다. 제자들과는 달리 마리아는 그리스도를 낳았으며, 그가 죽을 때 십자가 곁에 있었다. 그리스도의 처음과 끝을 같이 한 사람은 오직 마리아뿐이다. 마리아에 대한 최초 언급은 수태고지와 연관된 것으로, 예수가 "여자에게서 나게 하시고"라는 구절이다.[4] 이것은 예수가 실제로 사람이라는 것을 주장하려는 의도이며, 그가 완전히 인간적인 생활을 했다는 것을 거부하려는 영지주의자의 입장을 차단한다. 이렇듯 마리아는 하나님의 아들이 진실로 사람으로 태어난 표시 혹은 보증이 된다.

성경에 나오는 마리아의 수태고지 내용에 따르면, 마리아는 동정녀

---

4. 『갈라디아서』 4장 4절.

의 몸으로 예수를 잉태했다. 이 구절로부터 여러 가지 추론이 생겨났다. 예수가 탄생할 때만 마리아는 처녀이고 이후에는 예수의 형제와 자매를 낳았다는 주장이 있는가 하면, 예수의 탄생 후와 그녀의 남은 생애 동안 줄곧 처녀로 남아 있었다는 영원한 처녀성을 주장하는 신학자들도 있었다. 마리아의 "평생 동정"이라는 표현은 4세기 초에 처음 나타나고, 공식적으로는 553년 제2차 콘스탄티노플 공의회의 결정문

〈수태고지 이콘〉, 14세기, 성클리멘트 교회, 마케도니아

에서 사용되었다. 그리고 제2차 바티칸 공의회도 마리아의 평생 동정성에 대한 교회의 전통적인 가르침을 다시 한 번 확인하였다. 그렇지만 일부 개신교에서는 마리아의 평생 동정을 비성경적인 것으로 간주한다.

마리아의 평생 동정 교리는 그녀의 몸과 영혼이 완전히 순수함을 내포하고 있으므로 그녀는 다른 죄로부터도 자유롭다는 걸 함축한다. 이렇게 하여 마리아의 무원죄설 또는 무원죄잉태설로 이어진다. 마리아는 잉태 첫 순간부터 원죄의 아무 흔적도 받지 않았다는 이론이다. 이는 마리아가 그리스도의 어머니가 되기에 적합하도록 그리스도의 예견된 공로에 비추어 미리 하나님이 계획한 특전이라고 한다. 기독교에서도 금욕을 이상화시키는 이념이 성장함에 따라 마리아를 영원한 동정녀로 보는 견해를 더욱 지지하였다. 그렇지만 개신교파에서는 성경

어디에서도 마리아가 죄 없이 태어났다는 증거를 찾을 수 없기 때문에 마리아의 무원죄잉태설과 무원죄설을 모두 부정한다.

마리아의 무원죄설 또는 이의 변형인 무원죄잉태설이 공표되었을 때 성모승천에 대한 많은 청원이 교황청으로 들어왔다. 성모 마리아는 지상 생애의 시작과 마찬가지로 그 마지막도 하나님의 행동을 통해서 거룩하게 되었다는 생각이었다. 그래서 성모 마리아가 지상에서의 생활을 마친 후 육체와 영혼이 하늘로 올라갔다고 믿었다. 로마 교황청은 마리아가 죽을 때의 상황과 장소에 대해 교회가 보편적으로 받아들이고 있는 내용이 없고, 매장지로 알려진 곳이 없으며, 유골에서 믿을 만한 기적이 일어나지도 않았다는 여러 자료에 기초해서 명확한 정의를 내리기가 어려워 주저했다. 그러나 점차 이에 대한 주장이 커져가자 결국 1950년 교황 피우스 12세는 성모승천 교리를 공식화했다. 하나님은 그리스도를 잉태하여 낳고 키운 마리아의 육체가 부패하는 것을 영원히 면하게 해준 것이다.

마리아에 대한 최초의 커다란 논쟁은 "하나님을 낳은 사람," 즉 "하나님의 어머니"라는 테오토코스(Theotokos)라는 호칭 문제였다. 이 호칭은 3세기경 알렉산드리아에서 예배 때 사용함으로써 생겨났다고 한다. 그 후 4세기말경에 이르러서는 이 호칭이 교회의 여러 영역에서 정착하였다. 콘스탄티노플의 총대주교인 네스토리우스는 이 호칭을 지지하는 사람들이 그리스도의 신성과 인성 사이의 구별을 흐리게 한다는 이유에서 테오토코스의 사용을 반대하고, 대신 "그리스도를 낳은 사람," 즉 "그리스도의 어머니"라는 의미인 크리스토토코스(Christo-tokos)란 호칭을 주장했다. 그의 의견은 431년 에페소스 공의회에서 단죄되었다. 제2차 바티칸 공의회에서도 테오토코스는 재확인되었다. 이 호칭은 예수와 마리아의 밀접한 관계에서 연유되며, 마리아에게서 태어난 예수는 하나님의 아들로서 성부와 동일한 신성을 지닌 만큼 마리아는 하나님의 어머니가 되기 때문이다.

마리아에 대한 공경 또는 숭배의 정도에 대한 편차는 결국 예수의 인성/신성 논쟁과 깊이 결부되어 있다는 것을 알 수 있다. 그렇지만 다른 한편으로는 신앙의 교리를 떠나 마리아에 대한 일반인들의 정서적 의존은 중세문화 속에 깊이 박혀 있다는 점을 놓칠 수는 없다. 가톨릭 교회가 마리아에게 부여한 공식적인 특례나 명칭 외에도 그녀는 문화적으로 중요한 영향을 끼쳤다. 성모 마리아에 비판적인 일부 개신교 교회사학자들은 동방 정교회와 로마 가톨릭의 성모 숭배는 하나님을 남성신으로 보는 기독교의 남성적인 신앙과 이에 대한 반작용에서 찾는다. 즉, 하나님을 가까이 하기 어려운 존재인 아버지로 보는 가부장적인 신앙에 대한 반작용으로 동정녀 마리아를 원죄가 없는 순결한 존재로 높이는 모성애적 신앙의 표현이라는 것이다. 개신교의 분석이 어떻든 간에 모성애에 대한 갈구는 모든 문명에 깔려있는 인간의 근원적 욕망에 해당한다. 모성으로 맺어지는 근원적 관계야말로 끊어질 수 없는 가장 강력한 끈이다. 하느님과 인간과의 관계가 단순한 동반자 관계가 아니라 살을 나눈 친밀한 관계가 성립되기 때문이다. 한 학자는 이를 다음과 같이 표현하였다.

성모 마리아를 "테오토코스" 즉 '하느님을 낳은 여성'으로 숭배하는 것은 하느님과 인간과의 관계가 단순한 동반자 관계가 아니라 살을 나눈, 말로 표현할 수 없을 정도로 친밀한 친조관계에 근거하고 있다는 것이다. 똑같이 어머니의 뱃속에서 태어난 사이, 즉 '자궁의 유대'는 인간 사이의 관계 중 가장 강력한 관계이다. .... 5~6세기의 예술에서 마리아는 마치 아직도 그녀의 뱃속에 그를 품고 있는 듯 왕관을 쓴 예수를 무릎에 안고 있는 모습으로 그려지게 되었다. 그리스도는 마리아의 젖을 먹음으로써 그의 육체를 얻는다고 말해졌다. 고대의 사람들은 어머니의 젖을 그녀의 피와 같은 것으로, 즉 젖을 빠는 아이에게 전달되는 액체화된 살로 여겼다. 그리스도는 그 어머니에게 기도하는 사람들에게 귀를 기울여야 할 것이다. 왜냐하면 그리스도를 완벽한 인간으로 만들어준 사람이 바로 그녀이기 때문이다. 오로지 그의 어머니인 성모 마리아만이 고난에 빠져 그리스도에게 도움을 청하는 사람들과 똑같은 육체를 나누어 가진 형제임을 일깨워줄 수 있었다. 성모 마리아에 대한 경배가 이루어지는 것도 누구보다 인간 세상에 가까운 자 성모 마리아의 존재적 위치 때문이다.[5]

〈블라디미르의 성모〉 이콘에서 성모 마리아는 어린 아들 예수를 자신의 뺨으로 끌어당긴다. 전형적인 부드러운 모성애의 표현이다. 이는 인간의 감정 중에 가장 강렬하면서도 고귀한 정서이다. 그러면서도 이 이콘은 단순히 인간적인 모성애를 넘어서는 종교성을 담고 있다. 아기 예수는 어머니를 열심히 쳐다보지만, 어머니의 시선은 우리를 향하고 있다. 마치 어머니는 아기 예수를 인류의 구원을 위해 제물로 내놓으려는 결심을 굳힌 듯싶은 눈길이다. 성모 마리아의 얼굴은 유난히도 섬세한 기법으로 색칠이 되어 있다. 붓 자국 하나 드러나지 않도록 색

5. 브라운, 앞의 책, 121쪽.

상이 곱게 퍼져있다. 성모의 옷자락은 본래 짙은 남동색藍銅色 이었다고 한다. 이러한 스타일의 이콘은 경제적 상황이 향상됨에 따라 일반 대중에게까지 이콘이 엄청나게 퍼져갔던 12세기 콘스탄티노플에서 유행했었다.

비잔틴 제국의 이콘파괴론

과거에는 육체나 형태를 갖지 않으신 하나님은 결코 묘사되지 않았다. 그러나 이제는 그 하나님이 육신의 옷을 입고 나타나 인간과 교류했으니, 나는 눈에 보이는 하나님의 이미지를 만든다. 나는 물질을 숭배하는 게 아니다. 나는 나를 위하여 물질이 되고, 물질 속에서 기꺼이 거주하시며, 물질을 통해 나의 구원을 완수하신 물질의 창조주를 숭배하는 것이다. 나는 나의 구원을 완수하는 물질의 경배를 결코 멈추지 않을 것이다. 그러나 나는 물질을 신으로 경배하는 게 아니다. 어떻게 생명이 없는 물질로부터 하나님이 될 수 있겠는가? 만일 하나님의 육신이 하나님이라면, 그 육신은 변하지 않고 남아 있을 것이다. 신적 본성은 동일한 것으로, 시간 속에서 창조된 육체는 이성이 부여된 논리적 영혼에 의해 활성화된다. 이에 덧붙여 나는 모든 물질을 경배하고 숭배한다. 말하자면 신성한 권능과 은총으로 가득 채워진 물질을 통해 나의 구원이 이루어진다.[6]

476년 서로마 제국이 붕괴한 후 비잔틴 제국은 로마제국의 전통을 잇는 유일한 존재로 주변에 막대한 영향력을 행사하며 찬란한 문화를 꽃피웠다. 그러나 비잔틴 제국은 통일된 제국으로 번영을 누리면서도

6. St. John of Damascus, *Apologia Against Those Who Decry Holy Images*, http://www.fordham.edu/halsall/basis/johndamascus-images.html 참조.

내부적으로는 고질적인 신학적 논쟁이 끊이질 않았다. 로마제국 때 기독교가 국교로 공인되기는 하였으나 예수 그리스도의 본질과 같은 근본적인 신학적인 문제에 있어 모두 일치된 견해를 가지고 있었던 것은 아니었다. 여러 차례에 걸친 기독교 공의회를 통해 신학적 논쟁을 정리하고 정통 교리를 확립해 나갔지만, 이런 신학적 논쟁은 결국 비잔틴 제국에서 8세기부터 9세기까지 약 백년이 넘도록 지속된 이콘 파괴론(성상파괴론)으로 번졌다.

이 논쟁은 성스러운 신의 모습을 세속적인 이미지로 표상하여 이를 공경하는 것이 우상숭배라는 비판이었지만, 어느 면으로 보면 그 논쟁의 핵심은 신의 모습이 인간의 세속적인 몸으로 표상될 수 있는가 하는 점에 있었다. 즉, 신이 아니라 신의 이미지를 공경하는 것에 대한 비난이었지만, 그보다 더 근원적으로 신의 성스러움을 세속적인 인간 몸의 모습으로 전환하여 표상할 수 있는가 하는 의구심이 작용했다. 왜냐하면 초월적인 신을 표상하려면 어쩔 수 없이 인간의 물리적이고 시각적인 몸을 매개해야만 하기 때문이다. 초기 기독교의 교리 논쟁이 예수 그리스도의 인성과 신성의 대립적 본질에 관한 것이었다면, 중세 중엽의 이콘 논쟁은 인성과 신성의 대립적 본질을 어떻게 매개하고 조화시킬 것인지를 다루고 있다. 따라서 이콘이라는 이미지 논쟁은 기독교 교리 논쟁의 변형이라고도 할 수 있다.

그리스어로 이미지 혹은 초상을 의미하는 이콘(icon)이란 숭배를 목적으로 신성한 대상을 그린 나무 판넬화를 가리키며, 좀 더 넓은 의미로는 벽화나 모자이크화, 귀금속이 박힌 금속판, 그리고 다른 매체로 그린 세밀화를 포함하여 일반적으로 성스러운 이미지, 그림, 재현물을 일컫는다. 따라서 기호학적인 관점에서 보면, 이콘은 어떤 대상을 구

중세 시대의 몸

체적으로 재현하거나 또는 유추의 힘을 빌려 의미를 부여함으로써 그 대상을 상징하는 기호 또는 유사물이다. 신성한 대상을 그리는 중세의 이콘은 그리스도, 성모, 성인, 천사 등의 인물 형상이나 십자가와 같은 종교적 사물, 그리고 성서에 나타난 주제들을 묘사하고 있다. 이콘은 고유한 양식을 갖고 있어, 인물 형상의 경우 보통 엄숙하게 정면을 바라보는 자세를 취하고 있고, 큰 눈을 하고 있으며, 후광을 두르고 있다.

중세의 일반인들은 이콘이 초자연적인 힘을 지니고 있다고 굳게 믿었기 때문에 이를 성당 내부의 기둥이나 벽면에 걸어놓거나 또는 수호신처럼 집안 내부의 성소에 걸어놓았다. 심지어 이콘을 휴대용으로 축소 제작하여 여행을 하거나 군인으로 전투에 나갈 때 이를 몸에 지니고 나갔다. 그만큼 이콘은 중세인들의 삶에 뗄 수 없을 만큼 중요한 위치를 차지하였다. 이콘이 처음 나타난 것은 5세기경이었다고 하는데, 6세기부터는 일반인들 사이에 널리 확산되었다.

이콘에 대한 숭배가 너무도 강하게 퍼지자 726년 황제 레오 3세는 이것을 우상숭배라고 규정하여 금지하였다. 이콘에 대한 부정적인 생각은 당시 황제 레오 3세가 받아들인 이슬람 문화의 영향과 다시 고개를 쳐든 그리스도의 본성 문제 때문이었다. 이미지를 금지하는 이슬람 문화를 받아들이던 레오 3세는 그리스도는 신성만을 지닌다는 단성론적 경향으로 기울기 시작했으며, 그래서 이콘을 형상화하는 것을 공식적으로 금지시켰다. 754년 히에리아 공의회에서는 모든 성상표현을 금지하는 법령을 포고하여 오로지 십자가상만이 성당 안에 허용되었다. 그 후 이 법령은 엄격히 준수되어 766년에는 수도자들을 위시한 성상숭배자들에 대한 박해가 자행되고 수도원을 폐쇄하는 등 종교사

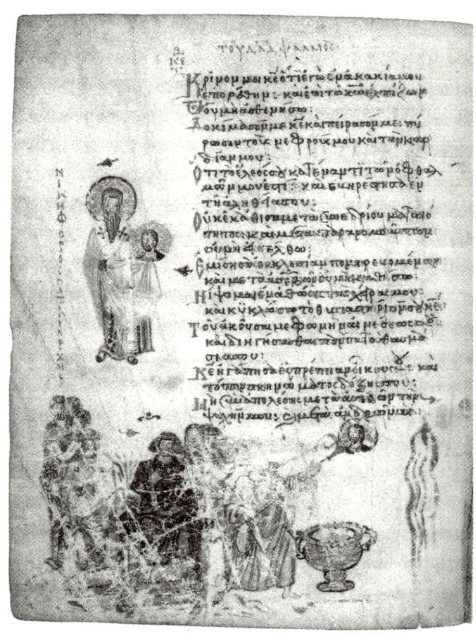

를 얼룩지게 하였다. 뿐만 아니라 콘스탄티누스 5세 황제는 수많은 종교 예술품을 없애거나 덧칠하였고, 대신 장식적인 동물이나 식물 모양으로 대치했다. 이후 왕위를 계승한 황제의 입장에 따라 이콘 금지에 철저했던 시기가 있었는가 하면 어느 시기에는 정반대로 히에리아 공의회의 결의가 무효라고 선언하면서 이콘 공경을 허용하기도 했다. 이콘 옹호와 금지가 서로 뒤바뀌는 혼란이 약 백 년간 이어졌다. 다행히도 787년의 제2차 니케아 공의회는 이콘 파괴론을 중지시켰고, 843년의 콘스탄티노플 교회 회의는 이콘 공경 법령을 재확인하면서 이를 시행하였다.[7] 이로써 이콘 옹호론자에 대한 탄압은 끝이 났고, 교회도 오랜 동안의 내부 분쟁으로부터 벗어나게 되었다.

이콘 파괴론자들의 논지를 요약하며 다음과 같다.

첫째, 이들은 비물질적인 본성을 갖고 있는 신을 물리적인 형상으로 나타내는 일을 비난하였다. 본래 초기 기독교에서는 성스러운 신의 모

---

7. 이콘 파괴 운동과 이콘 공경이 다시 복원되는 과정에 대해서는 임영방, 앞의 책, 96-97쪽을 참조할 것.

습을 이미지로 표상하는 것을 엄격히 금지하고 있었다. 그것은 초월자인 신에 대한 외경심 때문이기도 했지만, 더욱 중요한 것은 그 이면에 내재한 우상 숭배에 대한 두려움 때문이었다. 이들은 신성의 이미지가 재현된 신상이나 신의 모습 자체에 대한 숭배, 다시 말해 물질적 표상에 대한 숭배로 전락할 위험성을 고려하고 있었다.

둘째, 이콘 파괴론자들이 허용하는 유일한 실제 종교적 이미지는 본래 원형과 정확하게 동일해야만 했다. 그러나 이것은 불가능한 일이었다. 나무나 그림은 영혼과 생명이 비어있다고 본 것이다. 이콘 파괴론자들에게 유일하게 진실한 이콘이라면 예수의 실제 몸과 피라고 믿는 성체뿐이었다.

셋째, 예수의 진정한 이미지는 그의 인성만이 아니라 신성도 동시에 표상될 수 있어야만 한다고 그들은 주장한다. 그러나 이콘은 이 양자를 분리시켜 단지 예수의 인성만이 표현되거나(네스토리아니즘의 오류와 유사) 아니면 양자를 혼동(단성론의 오류와 유사)할 뿐이다.

넷째, 이콘을 종교적 목적으로 사용하는 일은 교회 내에서 혁신적인 일로 기독교인을 이교도의 신앙으로 되돌리는 악마의 일이라고 이들은 비난하였다. 이것은 초대 교회 전통에서 멀어지는 일로 간주하였다.

이러한 이콘 파괴론에 맞서는 대표적인 옹호론자는 다마스커스 출신의 수도승 성 요한(St. John of Damascus, 675~749)이었다. 그는 황제 레오 3세에 대항하여 「성스러운 이미지에 관한 변론」을 발표하였다. 이 글에서 그는 물질이 아니라 "물질의 창조자"를 숭앙하는 입장을 명확히 선언하였다. "나는 모든 물질을 경배하고 숭배한다. 말하자면 신성한 권능과 은총으로 가득 채워진 물질을 통해 나의 구원이 이루어진다." 그리고 이런 물질의 범주 안에 이미지의 그림, 십자가를 새긴 나무, 예수의 몸과 피와 더불어 성스러운 말씀을 기록하는 잉크까지도 포함시켰다. 결국 그의 주장은 눈에 보이는 형상을 통하여 신성의 부분적인 숭고한 실체를 발견한다는 것이다. 따라서 이콘을 공경한다는 것은 그 형상이라는 매개체를 통하여 신적인 실체를 우러러보게 된다는 이콘 옹호론을 지지하였다.

이콘 파괴론에 대한 성 요한과 같은 이콘 옹호론의 논리적 대응은 다음과 같이 요약될 수 있다.

첫째, 신의 이미지를 금지하는 성경의 규약은 예수의 육화로 극복되었다는 주장이다. 성삼위일체의 제2격인 예수는 가시적인 물질로 육화된 하느님이기 때문이다. 따라서 이콘은 비가시적인 하느님을 그리는 것이 아니라 육화된 하느님을 그리는 것이다.

둘째, 우상은 실체가 없는 사람을 그리지만 이콘은 진정한 실제 인물을 그리는 것이다. 믿음이 없는 종교적 이미지는 우상이 되지만 이콘은 믿음이 있는 이미지이다.

셋째, 이미지를 만들고 공격하는 일을 반대하는 문자 전통에 대항하여 이콘은 기록되지 않은 구전 전통의 하나라는 주장이다. 이콘을 "그림으로 된 성서"라고 부를 수 있는 것도 이 때문이다.[8]

넷째, 이콘이 숭앙되어야 하는지의 문제는 교회 공의회에서 결정될 사항이지 황제에 의한 명령에 따른 사항이 아니다.

이콘의 종교적 기능과 의미를 놓고 논란을 벌인 이콘 논쟁은 여러 우여곡절 끝에 최종적으로 이콘 옹호론자들의 승리로 막을 내렸다. 양자간의 논쟁에서 보듯이 이콘 논쟁은 삼위일체 그리고 성육신 교리

---

8. 이덕형, 『비잔티움, 빛의 모자이크』(서울: 성균관대학교 출판부, 2006), 27쪽.

에 대한 해석과 밀접한 연관을 맺고 있다. 성육신 교리는 비물질적인 하나님이 예수 그리스도의 형체로 육화된다는 것을 확인시켜 주며, 이에 따라 인간의 형체로 하나님의 아들을 그리는 것이 가능해진다는 논리를 부여한다. 말씀의 육화인 그리스도처럼 이콘은 '보이지 않는 것을 보이게 하는' 전례물이 된다. 이것이 이콘을 '이미지의 신학'으로 부르는 이유이다.[9] 성스러운 신의 이미지를 육화시킨 것, 그것이 이콘이다.

2. 육신의 죽음

잠에서 깨어나는 몸

대부분의 기독교인들은 육체의 죽음과 함께 영혼은 재판을 받게 되고 생전의 죄과에 따라 그 영혼은 천국으로 가는 보답을 받거나 아니면 영원한 지옥으로 떨어진다고 믿는다. 그러나 고대 유대교에는 죽음 뒤에 영혼이 불멸한다거나 죽음에서 재생한다는 생각을 갖지 않았다. 인간은 들판의 야수처럼 "흙의 먼지"(창세기 2:7 또는 3:19)로 이루어졌고 죽은 후에는 먼지로 되돌아간다고 믿었다. 죽음 이후 무로 돌아간다는 유대교의 입장과는 달리 죽은 자에 대한 심판, 재림한 예수에 의한 대심판, 천국과 지옥, 영생의 개념을 삽입한 기독교 교리는 이런 개념들

---

9. 같은 책, 301쪽.

〈부활〉, 11세기, 비세라더 복음서의 삽화

을 고대의 여러 철학과 종교에서 빌려온 것일지라도 나름대로의 독창성을 가지고 영혼이 머무는 공간을 설정하였다.

죽은 자의 부활은 삶에 대한 인식을 뒤바꾸는 그야말로 "우주적인 사건"이었다.[10] "곧 의인과 악인의 부활이 있으리라"(사도행전 24:15)라는 요한의 예언에 따라 기독교 교리는 시간의 종말과 함께 일제히 죽은 자의 부활을 예고한다. 즉, 세상이 최후를 맞이하는 종말의 순간에 죄

10. 마거릿 버트하임, 박인찬 옮김, 『공간의 역사』(서울: 생각의 나무, 2002), 23쪽.

를 지은 사람까지 포함하여 모든 사람이 재림한 예수 앞에서 지옥으로 갈 것인지 아니면 천국으로 갈 것인지를 심판받는다. 어떤 심판이 내려지든 죽은 자는 모두 부활하는 것이다. 대체로 인간의 육체가 죽음을 맞아도 영혼은 육체와 분리되어 영원히 존재한다고 믿는다. 죽은 자의 부활은 죽은 자의 육체가 종말의 순간에 다시 소생한다는 것이다.

부활의 순간 인간의 영혼과 함께 몸도 부활한다는 것을 예수는 직접 보여주었다. 신약 성경의 4개 복음서는 모두 예수의 부활을, 예수의 몸도 부활했음을 설명한다. 예를 들어 누가 복음의 기록에 따르면, 부활한 예수는 제자들에게 나타나 다음과 같이 말한다. "내 손과 발을 보고 나인줄 알라. 또 나를 만져보라. 영은 살과 뼈가 없으되 너희 보는 바와 같이 나는 있느니라."(누가 복음 24:39) 그리스 로마의 종교 사상에도 영혼불멸의 신앙은 있었으나 몸의 부활에 대한 신앙은 없었다. 헬레니즘 시기에 유행한 신플라톤 철학에 따르면, 죽음을 맞이하여 영혼은 열등한 육체를 뒤에 두고 떠난다고 한다. 헬레니즘의 신비종교에도 영혼의 상징적 부활이나 재생에 관한 신앙은 나타나지만 죽은 후 육체의 부활은 인정하지 않았다. 마찬가지로 예수가 육체적이기보다는 영적으로 부활했다는 사고는 초기 교부들 사이에 널리 퍼졌다. 그렇지만 신약성경과 바울의 편지는 예수의 육체적 부활까지 언급함으로써 몸의 부활에 대한 믿음을 공고히 했다. 예수의 부활은 모든 이에게 하나의 대표적인 모형이어서 죽은 일반 사람들도 예수와 같은 방식으로 부활하게 된다는 것이다. 죽은 자의 부활은 중세 기독교인들에게 죽음은 끝이 아니라 시작이라는 믿음을 심어주었다.

흥미롭게도 중세의 신학자들은 육체가 부활하는 과정을 연구하는 데 상당히 열의를 쏟았다고 한다. 그렇지만 죽은 자가 최후의 심판날에 부활하는 시간과 방식, 심판의 방법에 대해서는 기독교의 세부 종파마다 달리 설명한다. 부활에 대한 언급이 성경의 여러 곳에 흩어져 있는데, 이에 대한 해석에서 종파 간에 미묘한 차이를 일으키는 것이다. 심지어는 심판을 위한 예수의 재림 자체에 대해서도 이론이 구구하다. 이런 해석의 차이가 있지만, 확실한 것은 우리의 논의는 중세의 기독교 교리가 영혼만을 앞세우고 육체를 무의미하게 여긴 것은 아니었다는 사실이다. 기독교의 부활론이란 죽음 이후에도 영원한 생명이 있을 수 있다는 역설의 신앙을 설명하기 위한 것으로 육체보다는 영혼의 중요성을 강조하려는 데 근본 목적이 있다. 그럼에도 불구하고, 중세의 부활론은 단순히 영혼의 부활만이 아닌 육체의 부활까지 포괄하는 면에서 육체의 중요성을 간과하지는 않았다. 중세 연구자의 주장에 따르면, 중세인들이 육체를 경멸했다는 것은 오히려 "후기 르네상스 시대의 상투적인 선전"에 불과했다.[11] 예를 들어, 인간의 영혼이 내세에서 맞게 되는 지복의 최후 단계는 하느님이 인간을 처음 창조했던 상태로 되돌아가는 상태, 즉 영혼이 육체와 마침내 재결합했을 때라고 중세인들은 믿었다는 것이다. 그리고 이러한 사실들은 죽음의 세계를 여행하는 단테의 『신곡』에 여러 번 언급된다고 한다. 가장 축복받은 영혼들은 천국의 최고 극점인 최상천에서 자신들의 육체와 재결합한다는 것이다.[12]

세계의 종말이 올 때 몸과 영혼이 부활한다면, 몸이 죽은 후 그때 부활의 순간까지 우리의 몸은 어떤 상황에 있는 것일까? 죽음과 동시에 몸은 부패되는 게 당연한 일인데, 그 부패되어 사라진 몸이 부활의 순

---

11. 같은 책, 63쪽.
12. 같은 책, 101-103쪽.

간 다시 복구되는 것인가? 이에 대해 중세인들은 몸이 썩어 사라진다는 관념 대신 "몸과 영혼이 세계의 종말이 올 때까지 잠을 잔다고" 믿었다 한다.[13] 기독교 신학에 따르면 "영혼의 잠soul sleep"이라는 게 있다. 육체의 죽음과 부활 사이에 영혼은 무의식의 상태로 잠을 잔다는 믿음이다. 이와 유사한 생각으로 죽음의 순간 영혼이 육체와 분리되지 않고 함께 잠에 빠지거나 또는 영혼은 육체와 함께 죽음을 맞았다가 부활의 순간 함께 소생하는 것이다. 영혼의 잠과는 별도로 육체의 잠에 대해 기독교 교리는 거의 설명하지 않는다. 중세의 기독교 교리가 점차 확립되어 나갈수록 더욱 영혼에 치중해갔다는 증거가 될 것이다.

"죽음의 무도" ─ 죽음의 보편성

해골들이 일렬로 줄을 지어 춤을 춘다. 해골로 분장한 죽음의 사자가 나팔을 불며 수의를 둘러쓴 한 인간에게 찾아왔다. 죽음의 세계로 떠나야 함을 알리는 나팔 소리이다. 죽음의 사자를 맞이하는 인간도 벌써 해골의 모습이다. 죽음 저편의 세계로 떠나는 인간 해골들은 죽음의 사자를 따라 춤을 추며 지나간다. 이왕 떠나야만 하는 여행이라 춤추는 자들에게 슬픈 모습은 찾을 수 없다. 썩어가는 몸 또는 해골로 등장하는 인물은 황제, 수사, 어린이, 왕, 어여쁜 여인, 그리고 교황─그 누구든 상관없다. 속세에서의 신분이야 어떻든 모두들 언젠가는 무덤으로 춤을 추며 떠나야 할 몸이기 때문이다. 이를 "죽음의 무도"라 부

---

13. 진중권, 『춤추는 죽음 1』(서울: 세종서적, 2005), 25쪽.

른다. 신의 집(La Chaise-Dieu)의 벽화(1470경)는 죽음의 무도 테마의 가장 오래된 예로 간주된다.[14] 이 벽화에서 죽음의 무도를 추는 인물들은 아담과 이브로부터 시작하여 교황, 황제, 그리고 마지막에는 농부와 어린 아이에 이르기까지 사회의 온갖 인물들이 모두 망라되어 있다. 입상 같은 모습으로 길게 늘어서서 죽음의 순례를 떠나고 있다.

죽음의 무도 그림들에서는 산 사람들이 죽은 자들과, 혹은 해골로 상징화된 죽음과 대면한다. 이러한 모티브의 발생에 대해서는 논란이 많다. 사람들은 중세에 유포되었던 "세 망자와 세 생자의 만남"의 전

---

14. 카린 자그너, 안상원 옮김, 『고딕』(서울: 미술문화, 2007), 81쪽.

중세 시대의 몸

설이 근거가 되었을 거라고 추측한다. 이 전설은 세 망자가 하는 말에
서 정점을 이룬다. "지금 너희의 모습이 우리의 과거 모습이며, 우리의
현재 모습이 너희의 미래가 될 것이다." 죽음의 무도 모티브는 망자들
이 자정이 되면 자신들의 무덤을 빠져나와 춤을 춘다는 민간신앙에서
유래하였다. 가장 오래된 표현들은 흑사병이 만연했던 14세기에 생겨
났다.

　죽음의 무도는 중세 후기 죽음의 보편성에 대한 알레고리이다. 중
세가 저물어가는 14세기 유럽사회는 반복되는 기아, 백년전쟁, 그리고
흑사병 때문에 의해 죽음의 공포에 휩쓸렸다. 불안한 사회 정세 속에
서 자기도 모르게 부지불식간에 찾아오는 죽음에 대한 공포와 위기감
이 만연해 있어 사람들은 갑작스런 죽음을 맞기 전에 자신의 죄를 속
죄하려는 신앙적 욕망이 증가하였다. 그런가 하면 이와는 반대로 생전
에 마음껏 쾌락을 즐기는 일이 유일한 위로일 뿐이라는 히스테리컬한
반응을 보이기도 했다. 이 양자가 결합되어 죽음의 무도라는 주제를
낳았다. 인생에서 자신의 지위가 어떻든 간에 죽음은 어느 누구에게나
공통으로 찾아온다는 생각이 죽음의 무도라는 모티브를 잉태했다. 이
것은 죽음을 의인화시켜 인생의 모든 길에서 무덤을 향해 일렬로 춤추
는 자들의 모습으로 그려진다. 대체로 교황이나 황제, 제후, 젊은이, 아
리따운 소녀들이 모두 해골의 모습으로 줄을 지어 무덤을 향해 춤을
춘다. 죽음의 무도는 사람들로 하여금 인생이 얼마나 허약한지, 그리
고 세속적인 영광이 얼마나 헛된 일장춘몽인지를 상기시키려는 교훈
적인 목적에서 생겨났다. 그 기원은 1424년 파리의 한 묘지에서 발굴
된 설교집에서 처음 발견되었다고 한다.

죽음의 무도는 14세기 예술에서 중요한 모티브로 다루어졌다. 연극, 프레스코 회화, 음악 등에서도 나타난다. 예를 들어, 흑사병 발병 이후에 나온 연극은 죽음과 죽음이 하나씩 불러대는 희생자 사이의 짤막한 대화들로 구성된다. 죽음의 소환장을 받은 자는 자신에게 다가온 죽음에 신음소리를 내뱉는다. 또한 죽음을 다룬 프레스코는 비교적 오랜 전통을 갖고 있으며 광범위하게 여러 지역에서 다루어졌다. 수의를 둘러쓴 사람들과 해골이 원을 그리며 춤을 추는 이런 그림은 하나의 장르로 자리를 잡았다. 죽음이 앞장서 원을 그리며 춤을 이끌고, 교황과 황제로부터 가장 낮은 계급에 속하는 거지, 농부, 어린이에 이르기까지 계급에 따라 줄을 지어 죽음을 따른다. 이들은 모두 해골의 모습을 하거나 또는 지극히 메마른 육체를 지니고 있다. 제2차 세계 대전에서 연합군의 폭격으로 파괴된 뤼벡의 마리엔 교회(Marienkirche)에 걸려 있는 유명한 죽음의 무도 그림에는 죽음이 매우 활기차고 쾌활한 모습으로 춤을 추지만 그를 따르는 인간들은 어색하고 수동적인 모습이다. 모든 계층의 사람들이 함께 춤을 추고 있어 계층을 초월한 죽음의 평등성을 느끼게 만드는 점에서 이것은 사회비판적 색채를 띤다. 또한 공공장소에 설치한 시계에도 이 주제는 자주 이용되었다. 자동으로 작동되는 시계는 매 시간마다 종을 울리게 되는데, 그 시계에 ultima forsan ("아마도 마지막 시간") 또는 vulnerant omnes, ultima necat ("시간이 모두 흘렀으니, 마지막 순간이 다가온다.")와 같은 짧은 글귀가 새겨져 있다. 독일의 아우구스부르크의 한 자동시계는 죽음이 시간의 종을 울리게 만들어 놓기도 하였다. 또 스코틀랜드의 메리 여왕은 은빛 해골의 형태로 새긴 커다란 시계를 소유하고 있었다.

중세 시대의 몸

메멘토 모리—육신의 소멸

황제여, 당신의 검은 당신을 돕지 못하리

왕관과 홀은 이제 아무 쓸모가 없으리

내가 당신의 손을 잡았으니

나를 따라 춤을 추어야만 하리

나는 온 힘을 다해 열심히 일하여 왔나니

온 몸에 땀으로 범벅이 되었도다

죽음을 피하기를 갈망하지만

그럼에도 이제 더 이상의 행운은 사라졌나니. [15]

죽음의 무도와 연관된 라틴어 어귀로는 "메멘토 모리"(Memento Mori: 죽음을 기억하라)가 있다. 이것 역시 하나의 예술 장르를 이루었는데 사람들로 하여금 그들 자신의 유한성을 상기시키려는 목적을 갖고 있는 점에서는 서로 동일하다. 이 어귀는 본래 고대 로마 시절 지나친 영광과 승리감에 도취되는 것을 피하려는 교훈에서 시작되었다. 이것은 기독교가 전파되면서 하느님의 심판, 천국과 지옥, 영혼의 구원이라는 개념과 어울려 더욱 강조되었다. 기독교 예술 속에 자리를 잡은 이 주제는 도덕적 목적을 성취하는 데 있다. 세속적인 쾌락, 사치, 성취는 이

---

15. Totentanz, Avon., Vierzeiliger oberdeutscher Totentanz (approx, 1460-65), http://en.wikipedia.org/wiki/Danse_Macabre 참조.

내 찾아올 죽음 앞에서 무화되며 그것들의 허망함과 가벼움이 부각된다. 속세를 초월하여 사후의 영혼을 생각하도록 이끄는 데 그 목적이 있는 것이다. 이런 주제는 대체로 장례 예술이나 건축에서 자주 볼 수 있다. 즉 관의 장식에 사자의 소멸된 육체를 그려 넣는 방식을 통해 세속적인 부의 허영을 상기시키는 것으로, 15세기 부유한 가문의 관에는 이것이 유행이었다.

〈육체와 벌레의 논쟁〉(1435~1440), 영국

　　역겹거나 기괴한 분위기를 자아내는 미술 작품이나 문학 작품의 특징을 가리켜 마카브르(macabre)라고 부른다. 이런 작품들은 흔히 죽음의 장면이나 또는 썩은 시체를 세밀히 묘사하는 장면을 담는다. 마카브르는 죽음의 무도와 마찬가지로 죽음의 소재를 다루면서 알레고리의 의미를 갖는다. 이것 역시 누구에게나 찾아오는 죽음의 절대성과 보편성을 뜻한다. 썩은 시체는 죽음과 함께 부활은커녕 그대로 썩고 마는 물리적 육체의 유한성을 가리킨다. 바로 인간이 저지른 죄의 표식이다.

　　중세의 마카브르에서 보듯이, 인간의 몸은 죄악의 산물로서 결국 썩어서 먼지로 되돌아간다. 중세 초기만 하더라도 죄인들은 따로 벌을 받는 것이 아니라 남들이 부활을 하는 날 함께 깨어나지 못할 뿐이었다. 죄인들은 동료 인간들과 신의 기억 속에서 그냥 사라질 뿐이다. 그러나 최후의 심판과 함께 인간의 죄가 정죄되고 그 영혼이 천국과 지옥으로 나뉘어져 간다는 기독교적 개념이 뚜렷해짐에 따라, 인간의 몸은 영혼과 분리된다는 영육 이원론이 등장한다. 영혼과 육체가 분리되고, 육체는 썩어도 영혼을 불멸하다는 관념이 일반에게 널리 퍼진다. 죽은 자의 몸은 고약한 냄새를 내며 썩기 시작하고, 이로써 마카브르가 등장한 것이다.

3. 몸의 표현

몸으로 표현되는 영혼의 신성함

유럽 지역을 여행하다보면 중세시대에 세워졌던 고딕 성당들의 장엄하고 성스러운 모습에 압도당할 때가 많다. 천년의 긴 중세 시기 동안 수많은 기독교 성당들이 유럽과 서아시아 지역 곳곳에 건립되었는데, 그 많은 성당들을 장식하고 있는 모자이크, 색유리 그림창, 조각들에서 세속적인 인간의 몸을 그린 자취를 찾을 수 있을까? 짙은 턱수염의 예수 그리스도 또는 동그란 달걀 모양을 한 성모 마리아의 얼굴 그림에서 고대 그리스 미술이 형상화시킨 인체의 이상적 모습을 더듬어 볼 수 있는 것일까? 아니면 앙상한 광대뼈를 드러낸 성인의 가냘픈 체구에서 몸의 물질성을 발견해낼 수 있는 것일까? 중세 미술을 다룬 책에서 한 저자는 다음과 같은 질문을 던지며 글을 시작한다. "신을 그린다면 어떻게 그려야 좋을까? 그리스도는 아직 턱수염이 나지 않은 젊은 모습일까,

혹은 길고 짙은 머리칼과 말려 올라간 턱수염을 가졌을까, 아니면 한 마리 어린 양일까? 만일 꿈속에 성 베드로가 나타난다면 우리는 그를 어떻게 알아볼 수 있을까?"[16] 영적 세계를 그려나간 중세의 종교미술에서 세속적인 몸은 경멸의 대상이었지만, 영적 성스러움이 몸이라는 물질을 거치지 않고 드러날 수 없다는 대원칙 앞에서 종교미술 속에서 인간의 몸이 어떻게 다루어지고 있는지를 살펴볼 수 있을 것이다.

중세 예술은 로마의 예술 전통을 부분적으로 이어받고 있지만 무엇보다도 기독교라는 새로운 문화의 가치에서 에너지를 충전 받은 종교 예술로 꽃을 피웠다. 초기 기독교의 예술 형식은 그리스·로마의 예술 형식과 많은 차이를 보인다. 다신교를 믿는 고대 세계가 자연주의적 조각이나 그림 속에서 신들의 물리적 존재를 표현하려고 했던 반면, 초기 기독교 예술가들은 영적 본질을 표현하는 데 초점을 두었다. 그리고 이런 영적 세계를 표현하기 위해서는 가시적인 물리적 수단을 사용하여야 했지만, 이때는 그리스·로마의 예술처럼 물리적 존재를 사실적으로 재현하는 것이 아니라 영적 세계를 암시하고 촉발하는 상징적 의미 재현에 집중했다. 자연히 지상의 물체를 사실적으로 재현하려는 경향은 사라지게 되었다. 누드는 더 이상 중세미술에서 나타나지 않으며 오히려 금기시되었다. 심지어 옷을 입고 있는 육체도 해부학적인 정확성과 비례는 무시되었다. 육체와 정신 사이의 조화로운 균형을 추구하는 그리스·로마 시대의 이상은 더 이상 존재하지 않았다. 중세의 예술가들은 새롭게 그리는 일을 극히 자제하였고 대신 전통적 방식

---

16. 존 로덴, 임산 옮김, 『초기 그리스도교와 비잔틴 미술』(파주: 한길아트, 1998), 머리말.

에 따라 그리는 정통기법이 진정성 또는 신비성을 간직하는 것이라고 믿었다. 예술가의 임무란 성스러움을 가능한 벗어나지 않고 그대로 복사하는 일이었다.

중세의 기독교 미술에서 사실주의가 사라지는 대신 영적, 초월적 세계를 깊이 있게 표현하는 추상적 예술 형식이 채택되었다. 그래서 중세 미술을 일종의 "시각 언어"라고도 부른다. 언어로 어떤 의미를 지칭하듯이, 그림 속에 그려진 시각적인 형상은 보는 이의 정신적인 눈으로 인식되어 눈에 보이지 않는 초월적인 하나님의 존재 또는 영적 성스러움을 느끼게끔 만드는 게 중세 미술의 목적이었기 때문이다.

시각적 이미지에 대한 강조는 중세 기독교 종교예술의 목적에 적합하였다. 문맹이 일반적인 현실이었던 중세 시대에 종교적 시각물은 대중들에게 기독교 세계관을 가르치는 데 적지 않은 기여를 했다. 성서의 이야기, 예수, 성모 마리아, 그리고 성인들에 관한 그림을 통해 사람들은 기독교 역사, 우주론, 도덕에 관해서 배울 수 있었다. 이것이 중세에 이콘이 널리 유행했던 주요 이유이기도 하다. 이들 그림에 나오는 형상들은 언제나 종교적 주제를 반영한 종교적 의미를 갖고 있었다. 따라서 중세 미술은 "형태보다는 관념이, 예술적인 미보다는 도상의 내용"이 더 중요성을 갖게 될 수밖에 없었다.[25] 여기서 도상(iconography)이란 실제 사물의 사실적인 모습이기보다는 상징성을 지닌 일종의 이미지로서 기독교적 성스러움을 드러내려는 의미를 갖는다. 중세 미술의 도상은 종교적 주제를 이미지로 해석한 것이다.

---

17. 임영방, 앞의 책, 100쪽.

　고대와 중세 때에는 종교적인 형상을 만드는 데 대단히 체계적이고 충실한 방법을 썼기 때문에 오랜 세월 동안 기독교 미술의 도상은 신앙에 관한 표현방법으로 널리 애호되었다. 그래서 기독교 미술의 형상은 종교적 가르침과 숭배의 행적으로 수용되고 이해되어 신자들이 신앙생활을 영위하는 데 기둥역할을 했다. 도상연구란 이러한 형상들의 기호 가치를 알아보는 것이고, 형상은 일단 그 정신적인 내용이 파악되어야 한다. 중세의 미술에서 형상들의 상징적 의미는 해가 갈수록 점점 복잡해졌다. 초기의 중세 예술이 복잡한 종교적 메시지를 가능한 한 명확하게 전달하려고 했던 반면 후반기에 와서는 고도로 교묘한 의미가 삽입되었으며, 어느 경우에는 교육받은 동시대 사람에게도 잘 파악될 수 없도록 의도적으로 신비스럽게 만드는 경향까지 생겨났다. 또한 초기 기독교 미술은 카타콤 벽화에 그려진 물고기 형상처럼 명확한 상징의 뜻을 지닌 단일 형상에서, 예수의 생애와 성인전, 수태고지, 예수의 무덤을 찾은 여인들, 호렙산에 오르는 모세 등과 같은 역사적인 성격의 서술적인 그림들로 점차 변해갔다. 중세의 종교화가 변화되기 시작한 것은 15세기에 들어서면서부터이다. 점차적으로 앞 시대의 구성이나 주제를 벗어나 보다 자유로워졌으며, 16세기의 야심적인 예술가들은 주제마다 새로운 구성을 시도하였다. 그러나 이때는 이미 르네상스가 유럽사회에 광범위하게 퍼져나간 시기였다.

　영혼의 구원을 중시하는 중세의 종교예술에서 인간의 물리적 몸이 설 곳은 지극히 빈약하였지만, 중세 미술의 변모과정에서 우회적으로 드러나는 몸의 표상 방식의 변화는 그래도 감지해낼 수가 있다. 그리고 몸의 표상 방식의 변화는 당연히 의미를 갖게 마련이다.

초기 이콘: 이교도의 영향
―〈성 베드로〉〈전능하신 지배자 그리스도〉

최초로 제작된 6세기의 기독교 이콘들은 그리스도, 성모 마리아, 또는 성인들이 주된 소재였다. 이들 이콘들은 공적인 숭배 목적으로 제작되기도 했지만 개인이 지니려는 사적인 목적으로도 만들어졌다. 초기 이콘들은 8세기에 일어났던 이콘 파괴론자들에 의해 대부분 파괴되는 불운을 겪었다. 현재까지 남아 있는 소수의 이콘 중에 상당 수가 이집트 시나이 산의 성 카테리나 수도원에서 나온 것이다. 이 수도원은 548~565년의 시기에 유스티니아누스 대제의 후원으로 세워진 비잔티움 세계의 중요한 수도원이었다. 다행히 이 수도원은 고립된 사막 지역에 위치하고 있어 이콘을 잘 보존할 수 있었다.

이들 초기의 이콘 초상화들은 그리스 로마의 초상 판넬화와 양식 면에서 많은 유사성을 갖고 있다. 카타리나 수도원에 소장된 이콘 〈성 베드로〉를 보면, 그림의 주인공 성 베드로는 오른팔을 망토의 끝자락으로 감싼 고대 웅변가의 옷차림을 하고 있다. 그가 손에 쥐고 있는 열쇠와 십자가는 각각 신의 왕국과 순교를 뜻하는데, 이것들은 그리스도의 첫째 제자라는 그의 임무를 상징한다. 뒤의 배경으로 보아 그는 벽감 앞에 서 있으며, 왼편에서 들어오는 광선은 그의 오른쪽 측면과 벽감에 짙은 그림자를 드리운다. 흘러들어오는 빛 쪽으로 약간 돌린 얼굴은 붉은 혈색으로 생기가 돈다. 흥미롭게도 두 눈의 크기는 조금 다르게 그려졌다.

더구나 이 이콘은 템페라 기법 대신에 밀랍을 사용한 납화법(encaustic)으로 처리되었는데, 물감에 뜨거운 밀랍용액을 섞어 쓰는 납화법은

로마 초상화에서 많이 사용되었던 기법이다. 납화법의 특성은 물감에 밀랍이 들어있어 유화 물감처럼 불투명하고 매끄러우며 반질거리는 효과를 준다. 이에 따라 그려진 인물이 살아있는 듯한 생동감을 부여한다. 또한 이 그림에서 채택한 반신상은 로마 초상화의 전형적인 유형이다. 엄숙하게 굳은 얼굴 표정, 회색 머리, 짧은 수염은 로마 초상화

의 특성을 아직 벗어나지 못했다는 표시다. 특이한 점은 반신상에 접시 같은 후광을 그려 넣고, 그 꼭대기에 소형 성상 세계를 그려 넣었다. 원형 초상에 그려진 세 개의 인물은 그리스도와 성모, 그리고 사도 요한으로 추정된다. 이 시기에는 아직 엄격한 도상 체계가 마련되어 있지 않았지만, 옥좌에 앉은 그리스도를 중심으로 양 옆에 성모와 세례자 요한이 배치되어 있는 유형은 초기 이콘 모형에 널리 통용되었던 방식이다.

이콘에 그려진 성인들이 역사적으로 실존했던 인물이어서 비교적 사실적으로 그려졌지만, 그리스도의 인물상에서는 그 정확한 모습에 대해 여러 이견이 많아 초기에 그려진 그리스도의 모습은 제각기 다르게 표현되었다고 한다. 그리스의 제우스 신 유형, 머리가 짧고 곱슬곱슬한 유형, 또는 나이 든 유형과 함께 통용되었지만, 결국 제우스 유형이 다른 두 유형을 물리치고 널리 퍼지게 되었다. 제우스신을 비롯하여 고대의 위대한 남성 신들은 모두 넓은 이마와 긴 머리, 텁수룩한 수염을 가진 모습으로 표현되는 특징을 갖고 있었다. 초기 그리스도 이콘의 초상화는 이러한 외모의 제우스신을 닮고 있는데, 이는 그리스도를 고대의 강력한 남성 신들보다 약하게 그릴 수가 없었기 때문이었다. [18]

〈성 베드로〉 이콘과 마찬가지로 그리스·로마 초상화의 영향을 받은 작품으로 카타리나 수도원의 이콘 〈전능하신 지배자 그리스도〉가 있다. 이 그림도 〈성 베드로〉와 거의 동일한 구도를 지니고 있지만 보다 더 제우스신의 유형을 따르고 있다. 어깨까지 내려오는 머리카락과

---

18. 토머스 F. 매튜스, 김이순 옮김, 『비잔틴 미술』(서울: 예경, 2006), 57쪽.

<전능하신 지배자 그리스도>, 6~7세기, 카타리나 수도원, 이집트

둥근 모양의 수염이 달린 그리스도는 고대 그리스인들이 입었던 '치톤 Chiton' 이라 부르는 튜닉 상의를 입고 그 위에 '히마티온Himation' 이라 부르는 일종의 숄을 두르고 있다. 미라 마스크 초상화에서처럼 그리스도의 오른쪽 눈썹보다 왼쪽 눈썹꼬리를 더 치켜올려 그려졌고 콧수염이 아래로 휘어져 있다. 그리고 <성 베드로>처럼 자세가 약간 오른쪽

중세 시대의 몸

으로 움직여서 왼쪽 어깨가 오른쪽 어깨보다 더 높게 되었다.

　이렇듯 자연스럽게 보이는 기법 외에, 비잔틴 이콘에는 로마시대 초상화에서는 낯선 요소, 즉 실제보다 더 거대하게 인물을 표현하는 기법이 사용되었다. 실제 인간보다 크게 그린 이콘에 가까이 다가가면 그리스도가 초인간성을 지닌 존재로 보이게 된다. 또한 이 그림에는 중세 기독교의 도상들이 갖는 상징성이 삽입되었다. 그리스도는 왼손에 보석으로 장식된 성서를 들고 오른손의 세 손가락으로는 삼위일체를, 나머지 두 손가락으로는 하늘과 땅의 결합을 상징하면서 강복의 자세 또는 설교자의 자세를 취하고 있다. 특히 중세의 이콘 도상에서 가장 중요한 특성 중의 하나인 "고요와 관조"를 상기시키는 요소들과 "균형 잡힌 전체적 구도"들이 채택되고 있다.[19] 〈전능하신 지배자 그리스도〉의 기본 도상들은 이후 그리스도 이콘의 전형적인 모델로 자리 잡게 되었다.

　중세 비잔틴 제국에서 황제는 정치적 왕권과 함께 종교적 교권을 동시에 갖고 있었다. 따라서 〈전능하신 지배자 그리스도〉에서 사용되었던 도상 방식은 이콘에서뿐만 아니라 비잔틴 제국의 황제를 그릴 때에도 마찬가지로 적용되었다. 중세의 이콘 초상화는 고대의 초상화와는 달리 기독교의 종교성을 인물의 모습에서 표현해야만 했다. 초상화라는 특성 때문에 인물이 갖고 있는 고유한 모습을 사실적으로 그려야 하지만, 동시에 이콘의 종교성을 가미해야 하는 것이다. 즉, 이콘 초상화 안에 인물의 사실성과 함께 초월성이 동시에 부과되어야 하는 상호 대립적이고 이율배반적인 작업이었던 것이다. 결과적으로 인물의 거

---

19. 이덕형, 앞의 책, 380쪽.

룩함과 신성을 나타내기 위해서는 그 인물의 전체 인상에서 현실적 물질성을 지워야 한다. 이를 위해 사실성을 높이는 공간적 입체감, 깊이감, 원근감, 빛의 음영 변화와 그림자, 형상의 비율 등과 같은 현실적 요소들이 제거되고, 동시에 인물의 머리 스타일, 턱수염, 눈동자, 코, 입술, 두 뺨 등과 같은 신체적 요소들을 변형시켜 신비감과 초월성을 강화시키게 되었다. 이 그림에서도 얼굴 크기에 비례해서 상대적으로 큰 두 눈, 가늘고 긴 코, 여윈 뺨, 아래 입술 아래로 집중된 얼굴의 수염, 유난히 긴 목, 그리고 정면에의 응시는 일반인의 정상적인 얼굴 모습과는 차이가 있다. 이외에도 그리스도의 머리 주위에 둥근 커다란 후광이 돋보이도록 뒤 배경의 벽은 뒤로 물러선 듯한 건축학적 구도와 색상이 사용되었다. 이런 기법의 변화로 중세 이콘 초상화에서는 현대 회화와는 달리 비사실적인 어색함과 현실과의 괴리감 같은 인상을 주지만 다른 한편으로는 신비스러움과 성스러움의 느낌을 강하게 부여해 준다. 더구나 중세의 화가들은 기존에 확립된 이콘 도상학을 새롭게 변형시키기를 거부하고 가능한 한 전통을 그대로 유지하려고 하였기 때문에, 중세의 오랜 기간 동안 이콘 초상화의 양식은 대체로 커다란 변화 없이 진행되었다.

기독교의 감성적 몸 — 조토의 〈애도〉

중세의 이콘에는 그리스도의 일생 전체를 그린 그림들이 많다. 그리스도에 관한 여러 이야기들 중에서 가장 중요한 주제는 그리스도의 죽음과 부활에 관련된 장면들이다. 이 두 주제는 비잔틴 미술에서 꽤 오랜 시간에 걸쳐 발전되었다. 중세의 비잔틴 사람들은 그리스도가 십자가에 못 박힌 장면에서 그치지 않고, 그리스도의 몸이 십자가에서부터 무덤에 이르는 단계를 하나하나 따라가기를 원했다.

그리스도의 죽음에 대한 "애도"를 주제로 하는 조토(Giotto di Bondone, 1266~1337)의 프레스코는 성서에 등장하지 않는 내용으로 그리스도의 몸에 대한 완전히 다른 종류의 숭배를 보여준다. 애도의 주제는 새로운 감성주의가 비잔틴 미술에 활기를 불러 넣었던 12세기에 기념비적인 그림에서 나타나기 시작했다. 성모 마리아가 그리스도와 마지막 작별을 고하는 이 장면은 성모 마리아의 비통함에 초점을 맞추고 있다. 그리스도의 몸을 감싸기 위해 고운 베를 가져온 아리마테아의

조토, 〈애도〉(1305-1305), 아레나 성당, 파두아

요셉과 니코데무스는 그리스도의 발밑에서 슬피 울고, 애제자 요한은 몸을 구부려 그리스도의 손에 입술을 갖다 대고 있다. 그리스도 옆에는 등을 보이고 있는 두 여인이 있으며, 한 여인 마리아는 그리스도의 팔을, 다른 여인 막달라 마리아는 땅 위에 앉아 양손에 그리스도의 발을 붙들고 있다. 성모 마리아는 슬픔을 누를 길이 없는 듯하다. 그녀는 그리스도의 몸을 끌어안고 있는데, 한쪽 무릎은 그리스도 아래에 있고 다른 한쪽 무릎은 위에 있는 것으로 표현되었다. 마리아는 그리스도의 머리를 오른팔로 감싸고 그의 입술에 입을 맞추려고 몸을 끌어당기고 있다. 〈애도〉는 참혹한 현실에 처한 인간의 슬픔을 가슴 저미게 표현하였다.

이 프레스코 그림을 동시대의 다른 작품과 구별 짓는 요소는 사실적인 묘사와 심리적인 그림 내용이다. 사랑하는 아들을 상실한 성모 마리아의 고통스런 슬픔이 그대로 배어나는 듯한 느낌을 준다. 그녀의 얼굴에 드러난 감정의 깊이는 감성을 자극하면서도 고통의 감정을 사실적으로 그려내었다.

이 극적인 장면을 더욱 강조하기 위해 배경에는 태양도 없고 그저 납빛의 헐벗은 하늘만이 보인다. 거리를 두고 홀로 떨어진 오른쪽 나무에는 잎이 모두 떨어져 있으며, 뒤의 바위산에는 전혀 풀잎이 보이지 않는다. 모든 자연이 그리스도의 죽음에 인간의 슬픔을 함께 나누고 있다. 슬프고 경악하여 울음을 터뜨리며 퍼덕이는 천사들의 날갯짓은 슬픔에 잠긴 사람들의 얼어붙은 슬픔을 더욱 도드라지게 만든다.

이 그림의 구성방식은 상당히 세밀하며 르네상스 미술의 출발점을 암시해준다. 이 그림의 핵심은 유일하게 수평선으로 표현된 예수의 늘어진 몸체이다. 주위에 모인 사람들의 시선과 몸짓은 모두 그에게로 수

렴된다. 그림의 무게 중심이 그리스도의 얼굴로 집중되어 있는 것이다. 심지어 배경으로 등장한 산의 선도 직접적으로 예수와 성모 마리아의 얼굴로 향한다. 단순한 배경과 안정된 구조가 오히려 극적인 효과를 배가시킨다. 정체됐던 인간 몸에 대한 표현이 중세 말기에 오면서 인간적인 감정을 담기 시작한 것이다. 몸의 표현력이 더욱 다채로워지는 르네상스 미술이 곧 다가오고 있음을 감지할 수 있다.

고딕 건축의 인물 조각상

중세 기독교 예술 중에서 고대 그리스·로마의 놀라운 예술적 성과에 견줄만한 것은 건축 분야이다. 특히 중세의 고딕 양식으로 지은 대성당은 기술적인 측면이나 예술적 측면에서 놀랄만한 발전이었다. 1,200~1,500년 사이 건축가들은 세계 건축사에서 유례가 없을 정도로 높이 솟구친 내부를 가진 복잡한 구조물을 건축하였다. 대체로 중세 도시의 한가운데에 자리 잡은 대성당은 도시 어느 곳에서도 쉽게 볼 수 있을 만큼 수직으로 높이 솟구쳐 그 장엄함을 자랑하였다. 건축가들은 첨두아치(pointed arch)를 사용하여 경쟁적으로 성당 본당의 높이를 높였을 뿐 아니라 시각적으로도 더욱 높게 보이는 효과를 가져왔다.

　고딕양식의 대성당을 건설하는 것이 가능했던 이유는 늑골 궁륭(ribed vault)과 부연 부벽(flying buttress)이라는 외부 버팀목의 발명 덕분이었다. 이러한 구조물 덕분에 건축가들은 작은 창문만이 달린 육중한 벽 대신 커다란 스테인드글라스의 창을 설치할 수 있었고, 이 창을 통해 들어오는 밝은 빛은 성당 내부를 환하게 밝혀 주었다. 또한 높은 건물 구조는 성당의 외벽에도 많은 변화를 가져왔다. 성당 정면에 커다란 원형 장미창과 화려한 장식이 새겨졌고 성당 외벽에는 성경의 내용들이 조각되었다.

초기의 고딕 조각은 돌로 만든 성자들과 성인 가족의 성상이었는데, 프랑스와 그 밖의 지역에서 성당의 출입로와 현관을 장식하는 데 쓰였다. 왕실 출입문 양 옆에 가느다란 원주들이 붙어 있고 그 원주들에는 길쭉한 인물상들이 부착되어 있었다. 이것들이 바로 고딕 시기에만 볼 수 있는 새로운 창안인 조상 원주이다. 조상 원주는

〈구약의 왕과 왕비〉(1145-55), 사르트르 대성당, 서쪽 파사드

좁은 원주 위에 부착되는 조각들이다. 구약에 나오는 왕과 왕비들은 원통형의 작은 원주에 잘 들어맞도록 날씬한 몸매로 새겨졌으며 그들의 착 달라붙은 주름옷과 함께 성당의 외관을 화려하게 만들었다. 5세기 서로마제국의 붕괴와 더불어 쇠퇴일로에 있던 중세 조각이 고딕 건축으로 기념비적인 작품을 남기기 시작한 것이다. 또한 여러 고딕 성당들의 건립과 보조를 맞추어 고대 이후 처음으로 조각가들 혹은 조각상 제작자가 점차 "하나의 독립된 전문직"으로 재등장하게 되었다.[20]

20. 톰 플린, 김애현 옮김, 『조각에 나타난 몸』(서울: 예경, 2000), 53쪽.

중세 시대의 몸

고딕 건축이 들어서기 시작하던 12세기에 이미 도시가 형성되고 있었다. 그리고 성당은 번성하는 도시의 경제, 종교 및 사회활동의 중심이었다. 자연히 성당은 사람들에게 기독교의 가르침을 분명하게 전달하는 수단을 강구하게 되었고, 그 수단은 전례의식을 통하거나 건물에 새겨진 물질적 형식을 통해서 마련되었다. 건축에 새겨진 무수한 조각이 중요한 역할을 담당할 기회가 온 것이다. 더욱이 이 시기는 도시의 번성과 함께 휴머니즘의 물결이 서서히 성숙되기 시작하였던 때여서 조각에 새겨진 인간 신체에 그러한 변화가 스며들었다. 그 변화의 양상은 시간의 차이를 두고 세워진 사르트르 대성당과 랭스 대성당의 건축 조각 양식을 비교해 보면 뚜렷이 나타난다.

고딕 건축 양식에 앞서 중세 초기에 유행했던 것은 로마네스크 양식으로 로마식 고전주의의 영향을 많이 받았다. 사르트르 대성당의 문설주 조각상은 로마네스크 양식에서 새로이 등장한 초기 고딕 양식으로 넘어가는 과도기를 잘 보여준다. 1140~1150년 사이에 만들어진 사르트르 대성당의 서쪽문(왕실 출입문)에는 구약성서 속의 왕과 여왕들을 조각한 문설주 조각상들이 있는데, 이것들은 좁은 기둥의 몸체에 맞추기 위해 길게 늘어나 있다. 옷의 선도 몸체와 마찬가지로 가늘고 직선적이어서 고대시대의 조각에서 보았던 인체 비례 법칙은 전혀 적용되고 있지 않다. 이 인물상들은 뻣뻣하고 똑바르고 단순하며 길쭉하고 성스러운 모습을 하고 있다는 점에서 그전의 로마네스크 양식과 별로 달라진 것이 없다. 고딕 건축물처럼 천상을 향해 신체가 가늘고 길게 표현되어 몸의 사실적인 흔적은 거의 찾을 수 없고 오히려 영혼의 성스러움을 느끼게 한다. 또한 헬레니즘 조각의 선정적이고 뒤틀어진 동작과는 달리 침착하고 인자한 표정이다.

〈수태고지〉와 〈성모 마리아의 방문〉(1230-1265), 랭스 성당, 서쪽 파사드

　그러나 12세기말과 13세기 초에는 좀 더 편안한 자세의 자연스러운 조각들이 나타났고 이러한 경향은 랭스 대성당 조각에서 절정에 이르렀다. 1,225~1,290년 사이에 제작된 랭스 대성당의 서쪽 정문 문설주 조각 〈수태고지〉(왼쪽의 두 인물상)와 〈성모 마리아의 방문〉(오른쪽의 두 인물상)은 거의 건축적인 배경에서 독립하여 기둥 아래의 받침대 위에 서있다. 이 조각들은 로마네스크 시대 조각들의 위엄과 당당함을 그대로 지니면서도 개성 있는 얼굴과 모습을 갖고 있으며, 발치까지 흘러 내린 옷 주름을 비롯하여 자연스러운 자세와 몸짓을 보이고 있다. 그들의 고전적인 자세는 이 작품을 조각한 석공들이 고대 로마의 조각을 잘 알고 있었음을 나타낸다. 기둥머리를 장식하는 나뭇잎이 지극히 사실적으로 새겨져 있는 것으로 보아 초기 고딕 시대의 석공들은 식물 등 자연물도 자세히 관찰했음이 분명하다.

　〈성모 마리아의 방문〉에서는 잉태한 마리아가 세례 요한을 잉태한

중세 시대의 몸

친척 언니 엘리자베스의 방문을 받고 서로의 잉태를 기뻐하고 있다. 동정녀 마리아와 엘리자베스의 입상은 왼쪽 다리에 무게를 싣고 서있고 상체를 서로를 향해 돌리고 있다. 표정이 풍부한 나이 든 엘리사베스의 얼굴에는 주름살이 있고 옷 주름도 전보다 훨씬 풍성하게 표현되어 있다. 콘트라포스토의 기법으로 몸 자태에 S자의 곡선이 명백히 드러난다. 사르트르 성당의 뻣뻣한 수직적인 조각들과는 크게 차이가 난다. 두 여인의 복부를 가로지르는 수평적인 옷자락은 몸의 물리적 부피를 강조하는 효과를 낳는다.

〈성모 마리아의 방문〉 조각보다 10여년 후에 만들어졌다고 추측되는 〈수태고지〉는 스타일에서도 차이를 보인다. 또한 〈수태고지〉의 천사와 마리아는 각각 다른 조각가의 작품이다. 두 조각은 본래 한 개 쌍을 이루는 작품으로 제작된 것이 아니었지만 나중에 랭스 성당 외벽에 함께 붙여 놓은 것이다. 〈수태고지〉에서는 마리아가 미소를 짓는 천사로부터 수태 소식을 듣고 수줍어하는 젊고 날씬한 처녀로 묘사되어 있다. 마리아의 몸은 다소 뻣뻣한 수직의 자세를 취하고 있으며 옷자락도 수직으로 늘어진 편이다. 또한 옷 주름이 교차하는 선도 날카로운 각을 이룬다. 이와는 반대로 천사는 우아한 모습을 드러낸다. 작고 동그란 얼굴, 구불구불한 머리칼, 우아한 미소, S자 형을 이룬 가느다란 몸매, 풍성한 옷자락은 부드러움의 극치를 이룬다. 이러한 "우아한 스타일"은 고딕 조각의 표본으로 확대되었다.

사르트르 대성당과 랭스 대성당의 두 조각상들을 비교해 보면 전자가 딱딱하고 비례에 맞지 않게 길게 표현된 데 비하여 후자는 좀 더 둥글고 자연스러운 스타일이다. 아리스토텔레스의 저서가 재발견된 이후로 중세 철학은 더 이상 육체를 사악한 것이 아닌 영혼의 덮개로 간

주했다. 예술가들도 육체를 차츰 자연스러운 방식으로 묘사하게 되었
다. 미술에서의 휴머니즘 물결은 인간의 육체 표현에서 가장 먼저 그
리고 명확하게 나타났다.

4

르네상스 시대의 몸

1. 휴머니즘의 몸 출현: 세계를 인식하는 척도

르네상스의 인본주의 정신

르네상스는 대략 14세기 이탈리아 도시국가로부터 시작하여 점차 유럽 전체로 확산되어 17세기에 이르기까지 서구의 근대를 형성시킨 문화운동이었다. 중세와 근대를 잇는 이 시기는 서구의 문학, 철학, 예술, 정치, 과학, 종교 및 여러 지적 탐구에 커다란 영향을 끼쳤다. 르네상스는 여러 분야의 지적 탐구에 새로운 변혁을 가져왔지만, 특히 레오나르도 다빈치와 미켈란젤로 같은 다재다능한 천재의 업적에 의해 예술 분야에 새 물결을 가져온 시기로 잘 알려져 왔다. 르네상스의 학자들은 각 연구 분야에서 근본적으로 인본주의 정신에 입각한 새로운 방식을 채택하였고, 예술가들은 그들의 작품에서 인간의 감정을 사실적으로 표현하려고 하였다.

르네상스는 "부흥" 또는 "재생rebirth"이라는 그 이름의 뜻이 말해주 듯 고대 그리스·로마의 인본주의의 재탄생을 의미한다. 서유럽에서 고전 문헌들이 재발견되면서 고대에 대한 관심이 되살아나게 되었고, 그 결과 이탈리아 르네상스의 인본주의적 기초가 형성되었다. 오토만 제국의 침공으로 동로마 비잔틴 제국이 1453년 멸망하자 수많은 고전 학자들이 대거 이탈리아와 유럽으로 도망 오게 되면서 중세의 긴 기간 동안 잊혀져 있던 고대의 그리스·로마 문헌들이 전파되었고, 이들을 통한 고대 사상과 문화는 르네상스 학자들에게 새로운 인본주의적 사 유를 촉발시켰다. 르네상스 사상가들은 라틴어와 그리스어로 쓰인 고 대 문헌에서 지식을 발굴하여 중세의 기독교 문화에서 강조해왔던 초 월적 정신과는 전혀 다른 세속적 지식과 감성을 완성시키기를 원하였 다. 따라서 그리스·로마 문화의 부흥을 알리는 르네상스의 인본주의 정신은 인간에 대한 새로운 해석이며 인식이었다. 이제 몸은 죄의 원 천으로서 타락한 존재가 아니라 세계를 인식하는 기준이 되는 척도였 다. 육체와 정신의 근원적 갈등은 지속되었지만, 이 갈등을 보다 깊고 구체적이며 현실적인 인식으로 전환시키면서 인간중심적 도시 자유민 의 이상에 적합한 새로운 지평을 연 것이다.

물론 르네상스 학자들은 기독교를 부정한 것은 아니었다. 오히려 그와는 정반대로 르네상스의 위대한 저술과 예술은 기독교를 옹호하 는 데 바쳐졌고, 기독교 교회는 르네상스의 수많은 예술작품과 학문을 지원한 강력한 후원자였다. 그렇지만 문화적 삶의 여러 영역에 반영되 었던 종교를 르네상스의 인본주의자들이 접근해가는 방식에서는 미묘 한 변화를 많이 읽을 수 있다. 예를 들어, 중세 말기 르네상스 정신을 예고하는 마사초(Masaccio, 1401~1428)라는 미술가는 원근법과 빛을 보다 자연스럽게 도입한 기법을 개발하여 인간 형체를 사실적으로 그리려고 했으며, 니콜로 마키아벨리는 정치적 삶을 현실 그대로에 입각하여 이성에 근거한 국가 정부의 모형을 세워가려고 하였다. 종교에 있어서도 신과 인간의 관계는 새롭게 인식되었다. 1517년 마틴 루터는 부패한 가톨릭에 대항하여 95개의 개혁안을 선언한 종교개혁에서 신약성경을 인본주의적 관점으로 접근하고 있다. 뿐만 아니라, 르네상스 시기의 문필가들은 라틴어와 희랍어를 배우는 데에 그치지 않고 자기 나라의 언어로 글을 쓰기 시작하였다. 더구나 이들의 글은 당시 인쇄술의 발견으로 문화에 엄청난 변화를 가져오는 데 큰 몫을 할 수 있었다. 이처럼 르네상스는 고대로부터의 지식과 사상을 재발굴하고 이를 새로운 시선으로 해석함으로써 인간 중심의 세속적이고 현실적인 세계관을 확산시키는 중요한 역할을 담당하였다.

르네상스의 인본주의는 철학이 아니라 학문의 연구방법에 더 가깝다. 중세의 스콜라 학문이 저자들 사이의 이론적 대립을 해결하려는 데 초점을 두었다면, 르네상스의 인본주의 학자들은 고대 원전을 직접 읽고 이들을 이성적 추론과 경험적 증거를 통해 평가하는 방식에 치중하였다. 이에 따라 인본주의 교육도 문학, 문법, 윤리학, 수사학을 바탕으로 하였다. 무엇보다 인본주의자들은 인간의 천재성, 즉 인간 정신만의 고유하고 독특한 능력을 강조하였다. 인간이 모든 사유의 중심을 차지하게 된 것이다. 서구 문예부흥은 우주 속에서 인간의 위치를 발견하기 위해 인간의 몸에 관심을 집중시킨 것이었다. 그리스 인본주의 정신의 부활은 이렇게 시작되었다. 그리스와 로마의 예술이 다시금 부활된 것도 이들 고대 예술에 투영된 고전적 관념들, 즉 신체의 비례, 운동, 그리고 균형 등 인간의 몸에 대한 깊은 인식을 이어받으려는 노력의 결과였다. 르네상스인들도 고대인들과 마찬가지로 인간의 이성적 관념을 통해 "영혼의 내적 작용"을 표현하고 싶어 했다.[1]

중세의 몸이 종교 체험의 육체성을 강조한 기독교와 미신에 의해서 육체의 공포와 불안의 상징으로 대두되었던 것과는 달리, 르네상스 시대의 몸은 합리주의, 휴머니즘, 그리고 고전적 학풍이 되살아나는 가운데 고무되었던 새로운 자신감을 나타낸다. 인체를 보다 정확하게 묘사하려는 자연주의적 경향은 꾸준히 강도를 더해갔으며, 때로 이러한 경향은 몸의 외적 경계를 넘는 탈선을 수반하기도 한다.

몸의 비례 ― "균형 잡힌 인간"

건축가 비트루비우스는 건축에 관한 그의 저술에서 신체를 측정하는 방식을 다음과 같이 정한다. 4개 손가락[의 넓이]은 1개 손바닥 크기이며, 4개의 손바닥 크기는 1 푸트[즉, 12인치], 6개의 손바닥 크기는 1 큐빗[팔꿈치에서 가운데 손가락 끝까지의 길이], 4 큐빗은 한 남자의 크기이다. 그리고 4 큐빗은 걸음 한 폭의 길이이며, 24개 손바닥 크기는 남자의 키에 해당한다. 남자의 뻗은 두 팔의 길이는 그 남자의 키와 동일하다. 머리칼 선에서 턱 끝까지는 키의 1/10, 턱 끝에서 머리끝까지는 키의 1/8, 가슴 위에서 머

---

1. 플린, 앞의 책, 62쪽.

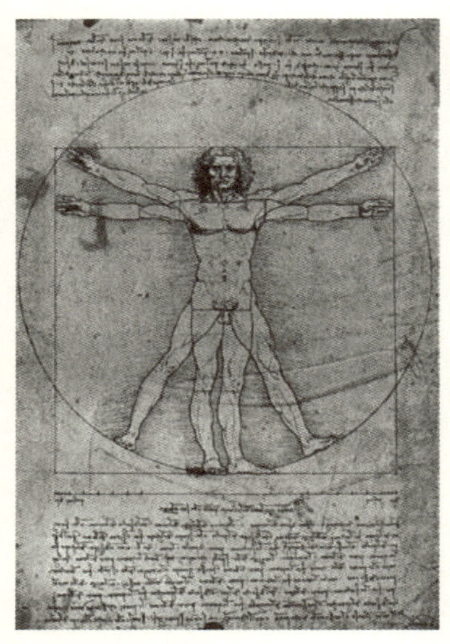

레오나르도 다 빈치,
『비트루비우스의 비례론에 대한 도해』(1485-90)

이 도해에는 한 누드 남성이 원과 정사각형 안에 두 팔과 다리를 벌린 채 서 있는 두 개의 모습이 겹쳐있다. 배꼽은 당연히 인체의 중심에 놓여있다. 등을 대고 누워 두 팔과 다리를 뻗으면, 컴퍼스 중심을 배꼽에 맞춰서 그린 원에 두 팔의 손가락 끝과 두 발의 발가락 끝이 닿는다. 인체의 둘레에 선을 그으며 정확한 원을 얻을 수 있듯이 또한 정사각형을 얻을 수도 있다. 사람 키를 발바닥에서 정수리까지 잰 길이는 두 팔을 가로 벌린 너비와 같기 때문이다. 〈비트루비우스식 사람〉이란 이름이 붙은 이 도해는 다빈치가 1490년 자신의 일기에 그린 것으로, 로마의 건축가 비트루비우스가 발전시킨 인체 비례에 대한 연구서 『건축술』의 내용을 바탕으로 재구성한 그림이다. 비트루비우스는 배꼽을 인체의 중심으로 한 신체의 수학적 비례를 엄밀하게 정의하고자 했지만, 사실상 그

---

2. 레오나르도 다빈치의 노트로부터 발췌. http://www.sacred-texts.com/aor/dv/ 참조.

의 서술과 실제는 차이가 있었다. 반면 다빈치의 도해는 비트루비우스의 서술 외에 실제 인체에 대한 자신만의 세밀한 관찰을 담고 있다. 정사각형의 중심점이 원의 중심점 배꼽과 동일하지 않고 그보다 조금 아래에 위치한다는 걸 그는 정확하게 파악한 것이다. 비트루비우스 이후 여러 사람들이 신체 비례 그림을 시도하였지만, 다빈치에 와서야 명확하게 그 차이를 재조정한 그림을 완성할 수 있었다는 점에서 그의 날카로운 관찰력을 발견하게 된다. 또한 그는 들어올린 두 팔의 손끝 위치가 머리끝 선과 일치하게 함으로써 그보다 더 높이 올린 비트루비우스의 경우와는 다르게 그리고 있다. 이 도해와 함께 적어놓은 다빈치의 글은 흥미롭게도 거울에 비친 모습처럼 뒤집힌 형태로 적혀 있는데, 그가 신체 비례에 대해 얼마나 꼼꼼하게 관찰했는지를 잘 말해준다.

신체의 비례를 나타내는 이 도해는 르네상스 시기 신체의 이상형인 "균형 잡힌 인간"이라는 관념을 구현하고 있다. 이 개념은 바로 비트루비우스(기원후 1세기)가 그리스의 조각가 폴리클레이토스의 카논에서 발전시킨 인체 비례에서 유래된 것이다. 인물 조각상의 척도로서 카논을 구현하려는 노력은 그리스 정신 속에 깊이 각인되어 있었다. 그렇기 때문에 이들은 인간의 삶을 표현할 때 조화로운 균형과 평형이야말로 가장 고상한 표현이라고 여겼다. 조화로운 신체상의 '척도'는 운동과 정지, 행위와 사색, 그리고 좌우의 긴장된 다리와 이완된 다리 사이의 관계를 통해 성취되었다. 상반되면서도 서로를 보완해 주는 이 모든 역학이야말로 인물상에 한층 광범위한 철학과 문화적 성향을 집약하는 내적 균형을 불어 넣어주는 것이다.

르네상스 화가들은 신체의 비례가 우주의 기하학적, 수학적 질서에 일치하는 것으로 보았다. 다빈치가 신체의 비례에 남달리 깊은 관심을

르네상스 시대의 몸

보인 이유도 인간과 우주가 서로 밀접하게 연관되어 있다는 인식을 갖고 있었기 때문이다. 그야말로 인간은 소우주인 것이다. 그의 도해는 인체를 정확하게 그리려는 의도에서 시작된 것으로 예술과 기하학이 별개가 아님을 밝히는 대표적 예가 된다. 그의 도해에서 정사각형은 물질적 존재를, 원은 정신적 존재를 상징한다고 해석하는 학자들도 있다. 다빈치는 인간 존재의 이러한 두 측면 사이에 존재하는 상호관계를 나타내려고 했다는 것이다.

다빈치의 이 도해가 갖는 상징성은 현대에도 많이 활용되고 있다. 현재 여러 의학 회사와 연구기관에서는 이 도해를 회사와 단체의 상징으로 채택하고 있다. 또한 이 도해는 이탈리아의 1유로 동전에 이미지로 새겨져 있다. 당시 경제부 장관이며 나중에 이탈리아 대통령이 된 카를로 씨암피에 의해 "모든 사물의 척도인 인간"을 뜻하는 상징으로 이 이미지가 채택된 것이다. 그런가 하면 "완벽한 인간" 또는 "보편적 인간"의 상징으로 쓰인 예를 1994년 영화 〈프랑켄슈타인〉에서 발견할 수 있다. 과학자 프랑켄슈타인은 자신이 창조한 인간을 마지막 완성하면서 바로 다빈치의 이 도해를 힐끗 쳐다본다. 프랑켄슈타인이 만들고 싶어 하던 완벽한 인간의 모형이 다빈치의 "비트루비안식 사람"이었다.

미켈란젤로의 〈다비드〉

1501년 8월 미켈란젤로(Michelangelo, 1475~1564)는 피렌체 도시 위원회로부터 다비드상의 조각을 의뢰받았다. 대성당의 작업장에는 40여 년

전에 구약성경에 나오는 다비드 왕의 조상을 새기려고 준비해 두었던 5미터가 넘는 거대한 대리석이 놓여있었다. 이 조각상은 피렌체의 영주 메디치의 뒤를 이은 종교적 압제자 사바나롤라를 몰아내고 주변 경쟁 국가들의 침략을 막아낸 피렌체 공화국이 시민들의 자유와 독립을 상징하기 위한 목적으로 기획되었다. 이를 위해 이 조각상은 시민 정부가 자리잡고 있는 터였던 시그노리아 궁 정면에 세울 예정이었다.

미켈란젤로가 의뢰받기 오래 전부터 피렌체 성당 위원회는 산타 마리아 대성당의 버팀벽으로 구약성경에 나오는 위대한 인물상 12개를 기획했다. 그러나 이 계획은 조각가 도나텔로와 그의 조수 두초에 의해 2개가 완성된 이후 중단되었다. 이 계획을 완성하기 위해 1464년 다시 두초가 다비드상을 만들기로 계약을 맺었지만 다리의 형체를 만드는 시작 단계에서 끝이 나고 말았다. 이후 이 거대한 대리석은 그대로 방치된 채 성당의 작업장에서 오랜 세월 비바람을 맞으며 조금씩 마멸되어갔다. 엄청난 돈을 들여 이태리 북부 채석장에서 옮겨온 이 거대한 대리석은 위원회의 커다란 걱정거리였다. 1501년 위원회는 다시 이 작업을 완성시킬 예술가를 물색하였고, 마침내 당시 26세였던 젊은 미켈란젤로가 적임자라는 결정이 내려졌다. 그해 9월 미켈란젤로는 조각 작업에 착수하여 3년여에 걸쳐 르네상스 조각의 기념비가 될 5.17m의 거대한 영웅상을 완성하였다.

구약성경에 나오는 다비드(다윗)는 적군의 거인 장수 골리앗을 돌팔매로 쓰러뜨린 소년 영웅이다. 이전에 제작된 다비드상들은 보통 골리앗의 머리를 발밑에 두고 손에 칼을 쥔 승리한 젊은이의 모습이었다. 미켈란젤로도 처음에는 그런 모습의 다비드상을 생각하고 그 데생을 해보았다. 그러나 이에 만족하지 못한 그는 이전의 다비드상들을 사상

르네상스 시대의 몸

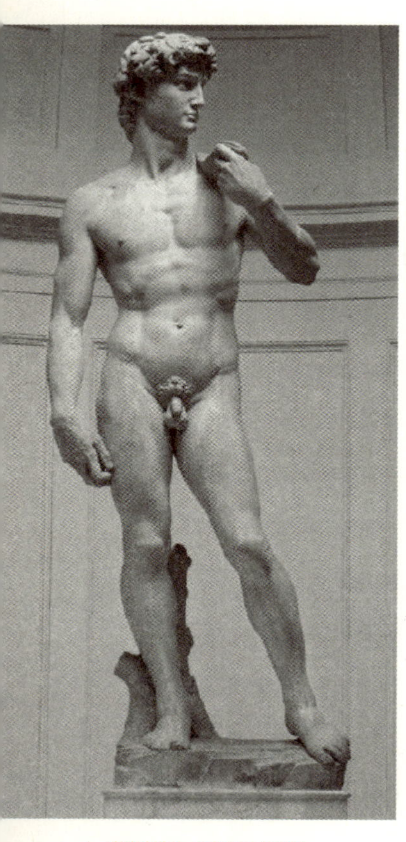

미켈란젤로, 〈다비드〉(1504),
아카데미아 미술관, 피렌체

적으로나 형태적으로 능가하는 조각상을 만들기로 결심한다. 마침내 미켈란젤로는 자신보다 훨씬 큰 거인을 쓰러뜨린 승리의 영웅을 그리는 대신, 막 싸움에 나서는 다비드의 긴장된 모습을 포착하였다. 내려뜨린 오른팔의 혈관은 불뚝 불거져있고, 한껏 비틀린 몸자세는 막 돌을 던지는 동작의 느낌을 강렬하게 전달한다. 미켈란젤로의 다비드상은 골리앗과 싸움을 결정한 이후의, 그리고 싸움이 실제로 일어나기 직전의 다비드 모습이다. 의식적인 선택과 의식적인 행동 사이의 순간을 잡아낸 것이다.

미켈란젤로의 다비드 누드상은 남성의 신체에 대한 정확한 지식을 바탕으로 이루어졌다. 남성의 형체 연구는 그 자체가 신의 연구라는 당대 르네상스 예술가와 과학자 사이에 널리 퍼져있던 인본주의적 사유를 미켈란젤로도 그대로 그의 작품에 반영시킨 것이다. 인간의 영혼을 물리적 신체 안에서 발견할 수 있다는 신념이 거대한 돌덩이를 다비드의 이미지로 바꿔놓은 것이다. 그것은 힘과 젊음의 미를 상징하는 이미지이다. 더군다나 미켈란젤로의 다비드는 단순히 젊음의 힘이 아니라 지성에 의해 통제되는 힘이라는 르네상스적 감성이 스며있다. 그렇기 때문에 미켈란젤로는 완성된 다비드상에 피렌체 도시의 힘센 수호자라는 이미지 이상의 지적 의미를 부여했다. 적의 거인과 싸우는 다비드는 본래 위협적인 모습이지만 미켈란젤로의 다비드는 위협적이고 공격적인 인상을 전혀 주지 않는다. 도시를 내려다보는 이 거대한 조각상이 권위적인 모습을 띠지 않도록 미켈란젤로는 이 구약성경 영웅에 정신적 속성을 첨가한 것이다. 그의 다비드상은 야만적인 힘을 억누르는 내적 영혼의 힘이 드러나도록 조용한 포즈로 표현되었다.

그리스 조각에서 발전된 콘트라포스토 자세는 르네상스 시기에서도 인체 조각의 중요한 요소였다. 다비드상도 굳게 디딘 한쪽 발에 온몸의 체중을 부여하는 대신 다른 쪽 발은 느슨하게 이완되어 있다. 이런 자세에 의해 엉덩이와 양 어깨는 반대편 각도에서 휴식을 취할 수 있게 되어 몸 상체가 약간 S자 형태의 굴곡을 갖는다. 또한 왼편으로 돌려진 얼굴에 따라 왼손은 돌팔매를 하기 위해 왼쪽 어깨에 올려져 있고 고무줄 새총은 어깨 뒤로 늘어뜨려져 있다. 울퉁불퉁한 근육, 거대한 갈비뼈를 드러낸 옆구리 가슴, 자신만만한 자세는 동적 감각과 정적 감각을 동시에 담고 있다.

미켈란젤로의 다비드상은 비례에 있어 실제 인간 형체에 꼭 들어맞지는 않는다. 머리와 상체가 하체보다 약간 큰 것이다. 양 손도 일반적인 비례 규칙보다는 조금 커 보인다. 이에 대한 해석으로는 이 조각이 본래 성당 정면이나 높은 받침대 위에 설치될 예정이어서 이 조각을 아래쪽에서 거리를 두고 보면 그 비례가 정확하게 나타나게 된다는 설명이 있다. 그러나 이 조각상은 처음 계획과는 달리 큰 규모로 인해 성당의 정면에 설치되지 않고 새 공화국의 상징인 시청으로 쓰이는 베키오 궁의 정면에 놓여졌다. 1873년 보존상의 이유로 이 조각상은 피렌체 아카데미 미술관 내부로 옮겨졌고, 그 대신 조각 복사본이 시그놀리아 궁 앞에 세워졌다.

투시원근법 — 레오나르도 다빈치의 〈최후의 만찬〉

서양 미술사에서 가장 획기적인 사건은 평면 위에 공간감과 거리감을
표현하는 방법인 원근법의 발견이다. 르네상스 시기에 이루어진 이 방
법은 이후 500년 동안 서구 회화의 기초가 된다. '선 원근법'이란 한
점(소실점)을 향해 뻗어나간 선들에 의해 사물들이 뒤로 물러선 듯한 시
각적 효과를 주는 방법이다. 예를 들어 다빈치(Leonardo da Vinci, 1452~
1519)의 〈최후의 만찬〉을 보면 그림 속의 선들이 가운데에 앉아있는
예수의 눈으로 집중되어 있음을 알 수 있다. 그곳이 이 작품의 원근법
이 시작되는 소실점이다. 화가들은 또한 사물이 뒤로 갈수록 점차 사
라지는 것처럼 보이게 하기 위해 사물의 크기를 줄여나가거나 색조를
흐리게 하고 세부를 간략하게 묘사하는 방식을 사용하였다.

원근법은 인간의 시각으로 세계의 비례를 측정하기 위한 방법으로
발견되었다. 하나의 통일된 중심, 하나의 원리 아래에 모든 공간을 중
심으로부터의 공간적 위계에 따라 균질 분등하고자 하는 욕구의 표현

레오나르도 다 빈치, 〈최후의 만찬〉(1495), 산타마리아 델레 그라치에 성당, 밀라노

이 원근법이었다. 이것은 개인적 차원에 볼 때 한 개인의 눈높이와 욕구가 세계를 자신의 시각에서 통제하고자 하면서 나타나는 근대적 의지의 표현이자, 세계를 자신의 시각적 전망에 따라 지배하고자 하는 욕구의 표현이라고 할 수 있다. 확인할 수 있는 것과 확인할 수 없는 것을 통틀어 중앙 집중의 권력구조 안에 무차별적으로 통제하면서 조화롭게 부분들을 전체의 전망 아래에 지배할 수 있게 하는 방법이 원근법적 비례구성방식이다. 이는 세계의 질적 내용을 기하학적, 수학적 논리 형식 아래 환치하는 방식으로서 근대세계를 움직이는 중심원리가 된 방식이다.

몸의 자연주의적 시각화 — 미켈란젤로의 〈피에타〉

앞 시대와 비교하여 르네상스 화가들이 신체 표현에 있어서 놀랄만한 성과를 이룩하였다는 것은 이 시대의 작품들을 보면 분명히 드러난다. 그 대표적 예로 미켈란젤로의 조각상을 살펴보자.

　미켈란젤로는 1475년 피렌체에서 여러 세대에 걸쳐 소규모 은행 업무를 해온 집안에서 태어났다. 부모는 비교적 신분이 높은 집안이었지만, 미켈란젤로가 태어날 즈음 아버지는 이따금씩 그의 신분에 적합한 나라 일을 맡아볼 뿐이어서 집안이 풍족하지는 못하였다. 어머니가 몸이 병약하여 그는 태어나자마자 보모에게 키워졌는데, 보모의 남편은 석공이었다. 그가 6세에 어머니는 병으로 돌아가셨고, 그 후 미켈란젤로는 10세가 되기까지 보모 집에서 양아들처럼 자랐다. 그래서 그는 늘 망치와 징으로 돌을 쪼는 광경을 보며 자랐다. 그는 13살에 재혼한

미켈란젤로, 〈피에타〉(1497-98), 바티칸 박물관, 로마

아버지를 떠나 피렌체에서 가장 이름난 화가였던 도메니코 기를란다요 밑에서 1년간 견습살이를 하였다. 그는 곧 메디치가의 후원을 받게 되어 17세 때까지 여러 젊은 견습생들과 함께 메디치가에서 훈련을 닦았다. 로렌조가 죽자 미켈란젤로는 집에 돌아와 가족과 살며 계속 조각가로서의 훈련을 닦았는데, 이때 수도원의 병원 영안실에서 일을 하며 신체를 해부할 기회를 가졌다.

로마의 바티칸 성당에 있는 등신대 조각상 〈피에타〉(1497~1498)는 스물세 살의 미켈란젤로에게 명성을 안겨준 첫 작품이다. '그리스도의 죽음을 애도함' 이라는 의미의 〈피에타〉상은 마리아의 무릎 위에 죽은 아들 예수가 잠든 듯이 안겨 있다. 상념에 잠긴 듯한 마리아의 얼굴과 늘어진 예수의 시신이 하나의 대리석으로 조각되어 절묘한 조화를 이룬다. 작품의 구도는 다빈치에게서 배운 피라미드 구도이며, 성모 마리아의 잔잔한 얼굴은 그리스 조각의 사실적인 표현을 보여주고 있다. 특히 아직 젊은 성모 마리아와 완전히 성인이 된 아들의 늘어진 시신이 이루고 있는 대조적인 대비는 그 효과를 한층 강화해 준다. 뿐만 아니라 하나의 응축된 대리석 덩어리에 두 인물을 분명히 하기 위해 남성과 여성, 수직과 수평, 옷을 입고 있는 모습과 나체상, 죽은 자와 산자 등의 대조적인 요소들이 강조되었다. 최근의 연구에서 젊은 성모 마리아와 아들 그리스도 사이의 나이 불일치는 단테의 『신곡』에서 성 버나드가 성모를 일컬어 그녀 아들의 딸이라 부른 것에서 비롯된다고 한다. 사실이 어쨌건 간에, 신체 표면의 피부막과 안쪽 뼈대의 관계를 효과적으로 시각화한 것이 바로 이러한 대비를 성공적으로 이끈 요인이며, 나아가 15세기의 막을 내리고 전성기 르네상스를 여는 전환기 작품임을 각인시킨다.

미켈란젤로가 초기에 사용한 방법의 특징에 대해서는 바사리의 논평이 잘 말해준다. "대가다운 예술적 재능을 이보다 더 잘 보여줄 수는 없을 것이다. 예를 들어 팔다리가 더 아름답게 표현되거나 뼈대를 감싸며 뻗어 있는 근육, 혈관 및 신경이 더 구체적일 수 있거나, 혹은 죽어서 늘어진 시신의 느낌을 보다 더 완벽하게 전달할 수 있는 신체조각을 찾을 수는 없을 것이다."[3] 바사리의 평가처럼 미켈란젤로는 신체 내부기관의 구조와 상호작용을 면밀히 관찰하여 대리석 형상을 만든 것이다. 지나칠 정도로 사실적인 능숙한 인체 표현 때문에 이 작품에는 원칙주의적인 반종교개혁가들로부터 신성모독이라는 비난이 쏟아지기도 하였다. 그렇지만 이런 사실성은 과학적이고 의학적인 연구 성과가 예술적 목표와 일치하는 데에서만 가능할 수 있다. 신체의 내부 구조가 어떻게 구성되어 있으며 어떻게 서로 연결되어 있는지를 충분히 알아야 신체의 외부 형태를 정확히 표현할 수 있기 때문이다. 이미 미켈란젤로는 젊은 시절 신체를 해부한 경험도 있었지만, 그 외에도 신체 해부를 직접 시도하였던 예술가는 그 당시에 많이 있었을 것이

31. 플린, 앞의 책, 77쪽에서 재인용.

르네상스 시대의 몸

다. 그만큼 르네상스 미술가들은 신체 내부의 구조에 대한 지식이 신체의 외면을 정확히 묘사하는 데에 절대적으로 중요하다는 점을 깊이 이해하고 있었다.

개성의 시대 — 개인 초상화

르네상스의 휴머니즘 정신은 인간이 자기 자신에 대한 관심으로 나타났다. 이런 관심은 다양한 영역에서 드러나고 있는데, 그 대표적인 표상으로 자서전과 자화상의 유행을 들 수 있다. 자기를 성찰하는 기록은 자서전이나 사적 서신에서 16세기에 괄목할 만한 숫자로 늘어났다. 고대나 중세에 쓰인 자서전의 예가 극히 드물어서 일반적으로 자서전의 시작은 15세기 르네상스 시대부터라고 알려져 왔다. 마찬가지로 미술에 있어서도 화가 자신의 모습을 그린 자화상이 본격적으로 그려지기 시작했다. 이것은 자의식에 대한 관심을 말해주는 좋은 예가 된다.

자화상의 유행과 더불어 중세 말부터 고조된 현실에 대한 관심은 르네상스 시기에 더욱 가열되어 사실적 초상의 제작이 두드러지게 활발해졌다. 초상화 예술의 기원은 중세로 거슬러 올라가는데, 이미 15세기에는 이탈리아와 플랑드르에서 각각 특징 있는 초상의 형식이 만들어졌다. 이탈리아에서는 단순 초상의 경우 고대의 화폐초상을 모범으로 하여 완전한 측면의 정적인 흉상이 제작되었다. 한편 플랑드르의 초상화는 똑같은 흉상이지만 비스듬히 옆을 바라보도록 그림으로써 생생한 실재감을 강조했다. 초상화가 가장 많이 생산된 전성기는 바로 16세기이다. 알브레히트 뒤러(Albrecht Dürer), 한스 홀바인(Hans

Holbein), 산치오 라파엘로(Sanzio Raffaello), 티치아노 베첼리오(Tiziano Vecellio)는 대표적인 16세기의 초상화가들이다.

예술가들에게 초상화를 주문한 최초의 세대들은 군주들과 귀족의 대표자였고, 다음에는 시민과 상인, 학자들이었다. 이 시대의 거의 모든 유명 인사들이 초상화를 남기고 있다. 대부분 실제와 똑같이 그렸다고 하지만 개인의 개성을 묘사한 작품은 많지 않다. 의상이나 함께 그려진 상징물들이 보여 주듯 초상화는 항상 기본적으로 고귀함, 부유함 그리고 학식을 드러내야 했기 때문이다. 초상화에 그려지는 사람은 덕이 있는 사람으로 그려져야 했고, 대체로 외모는 아름답게 표현되어야 했다. 이들은 일차적으로 어떤 계급이나 어떤 가정의 구성원이었다. 부부 초상화도 마찬가지였다. 부인들은 덕이 있는 부인이나 가정주부로 그려져야만 했다.

많은 초상화들의 뒷면에는 초상화 속 인물들의 인생사가 기록되었다. 이는 삶의 무상함과 죽음을 말하는 것이었다. 앞면에는 초상화가 그려져 있었고, 많은 유명인사들은 대개 충실한 모사를 통해 자신을 영원불멸의 존재로 만들고자 했다. 비록 당대 스타일에 따랐음에도 그림이나 텍스트는 특정인을 어떤 계급의 대변자로서가 아니라 그가 지닌 개성을 알아보게 만들어주었다.

한스 홀바인(Hans Holbein, 1497-1543)은 역사상 가장 위대한 초상화가로 알

한스 홀바인, 〈에라스무스〉(1523), 국립미술관, 런던

르네상스 시대의 몸

려져 있다. 정확한 사실주의와 선을 주로 사용하는 북유럽 네덜란드적인 방법과 이탈리아의 균형적인 구성, 명암 대조법, 조각적인 형태, 원근법을 잘 결합하였다. 그는 몇 차례에 걸쳐 네덜란드 출신의 대표적 르네상스 인문학자 에라스무스(Erasmus1469-1536)의 초상화를 그렸다. 이 그림은 3/4쯤 앞쪽으로 돌아앉은 프로필로, 당시 54살인 초로의 학자의 모습이다. 눈썹 아래로 길고 곧게 뻗은 큰 코, 조용히 다문 넓은 입, 감기려는 듯한 눈은 강직하지만 따뜻하며 온화한 학자의 성격을 드러낸다.

2. 해부 — 몸 내부의 지형도

해부된 인간

르네상스 시대의 인본주의 정신은 신이 아닌 인간을 세계를 인식하는 기준의 척도로서 다시 세워놓았다. 신의 존재를 부정하는 것은 아니었지만 이제 인간은 신에 예속된 존재로서가 아니라 독자적으로 세계를 파악하는 존재가 되었다. 자연히 인간 존재에 대한 과학적인 탐구가 시작되었고, 그 탐구는 일차적으로 인간의 몸에 대한 관심으로 집중되었다. 흥미롭게도 르네상스 시기의 활발하게 진행된 인간 몸에 대한 관심과 탐구는 과학자만이 아니라 예술가에게도 마찬가지였다. 몸은 인간의 생각과 감정을 담고 있는 그릇이어서 그 생각과 감정을 제대로 표현하기 위해서는 육체를 정확히 이해해야 했기 때문이다. 이에 따라 인간의 몸을 구성하는 뼈대와 근육 등 해부학적 구성과 조화, 그리고 신체 내부기관들의 보이지 않는 유기적 연관성을 파악하려는 과학적 노력들이 본격적으로 시도되었다. 중세 말에는 간간이 비밀리에 시행되던 인체의 해부학적 연구가 공공연히 이루어지기 시작하더니, 17세기에 들어서면서 해부는 일반 대중들에게까지 커다란 관심거리이며 흥밋거리로 발전했다.

인간에게 실행된 해부의 사례가 르네상스 이전에는 전혀 알려져 있지 않던 것은 아니었다. 드물기는 했어도 이미 고대인들도 해부를 한 것으로 알려져 있다. 그리스의 유명한 의사였던 갈레노스(Claudius Aelius Galenus, 129~200)에 의해 해부학, 생리학, 병리학에 걸친 방대한 의학 체계가 세워질 수 있었던 것도 부분적으로는 그가 직접 인체의 해부를 통한 경험에서 얻어진 지식을 바탕으로 하였기 때문에 가능하였을 거라고 추측된다. 그렇지만 갈레노스의 놀라운 의학지식은 주로 살아 있는 동물의 신경을 절단해 보는 등 동물들의 생체 해부를 통한 실험에서 생겨난 것이었다. 그는 인체가 아닌 원숭이, 개, 돼지, 소 등의 동물에게서 얻어진 지식을 이론으로 보완하여 인체에 적용했기 때문에 혈액의 흐름이나 뇌의 구조 등에서부터 기본적인 오류가 생겨날 수밖에 없었다. 그럼에도 그의 성과는 17세기까지 유럽 의학의 절대적 권위로 큰 영향력을 발휘하였다. 아직 인체 해부가 공식적으로 허용되지 않았기 때문에 16세기의 해부학 서적들은 갈레노스의 책에 많이 의존하였으며, 구조적으로 인간의 신체와 별로 큰 차이가 없다고 간주되었던 개나 돼지의 해부를 통해 유추하는 것이 일반적 경향이었다고 한다.[4]

---

4. 다비드 르 브르통, 홍성민 옮김, 『근대성과 육체의 정치학』(서울: 동문선, 2003), 58쪽.

신체에 관한 의학적 지식을 목적으로 해부가 본격적으로 시행되기에 앞서 오래 전부터 인간의 신체 외부를 여는 일이 시작되었다. 중세 후반에 들어오면 성인의 죽은 몸을 영구히 보존하기 위해 내장을 꺼내고 방부 처리하는 일이 수도원에서 행해졌다. 그런가 하면 원인 모를 병이나 유행병으로 사망하는 경우 가족의 건강을 위해 가족의 요청으로 죽은 자의 사체를 해부하는 경우도 종종 있었다. 최초의 사체 검시 기록은 1286년으로 알려져 있다. 그 해에 이태리의 여러 도시에서 사람과 닭의 치사율이 높아지자 닭과 사람을 동시에 검시한 결과 동일한 유행병 병원체를 발견하게 되었다고 한다. 이에 따라 의사들은 병에 걸린 닭과 달걀의 위험을 알리는 공고문을 게시했다. 이처럼 공공의 건강 안전을 위해 사체 검시는 필요하였고, 이런 필요에 의해 공식으로 검시가 때때로 이루어졌다. 또한 14세기에 들어서면 사망의 원인을 밝히기 위해 판사의 요청에 따라 사체 검시가 시행되기도 했다. 특히 독살의 의심이 있는 경우 신체 내부의 구체적인 사망 원인을 밝혀야 할 필요에 따라 검시가 이루어졌다.

중세 후반에 재판상 목적의 검시나 성인의 신체를 영구히 보존하기 위한 종교적 신체 절개와 내장적출이 꾸준히 지속되었으며, 이는 점차 의학 교육과 지식을 목적으로 하는 해부학자들의 전문적 해부를 시도할 수 있는 길을 열어주었다. 최초의 공식적 해부는 14세기 초에 이탈리아의 대학들에서 사형수의 사체를 대상으로 이루어졌다고 한다. 물론 이때에도 해부는 교회의 엄격한 통제 아래 이루어졌으며, 교회가 허용한 규칙들을 철저히 준수해야 했다. 즉, 교육적 목적으로 진행된 해부에는 외과의사, 이발사, 일반 의사, 그리고 학생들이 참석했으며, 며칠에 걸쳐 진행된 해부과정은 엄숙한 의례 절차가 뒤따르는 엄숙한 분위기에서 이루어졌다. 교회는 비록 해부를 허용했지만, 해부된 인간이 기독교적으로 매장되기 전에 미사를 받을 권리를 갖도록 배려하였다. 사형수는 그의 범죄로 인해 "공동체의 법과 완전히 결별한 인간"임에도 불구하고 신 앞에서는 여전히 인간으로 머물기 때문에 교회의 "상징적 몸"에 속한 것이었다.[5]

르네상스 초기 의과의사들에 의해 저술된 의학서적, 특히 해부학에 관한 서적들은 신체의 내부 구조를 해명해가면서 자신이 실제로 경험한 해부학적 지식을 첨가하였다. 또한 그 저술에는 당시 시행했던 해부의 실제 장면을 그림으로 수록하였다. 그 대표적인 저서로 이탈리아의 의사이며 볼로냐 대학의 의학교수 몬디노(Mondino de Luzzi, 1258-1326)의 『해부학』(1315)이 있다. 해부학에 관해 체계적으로 정리한 몬디노의 이 저서는 명료한 내용 덕분에 3세기에 걸쳐 유럽의 거의 모든 의과대학에서 교재로 사용될 정도로 인기가 높았으며, 이 책에 언급되지 않은 사항은 이례적인 예외로 간주될 만큼 이 책의 권위는 높았다. 이 책에는 몬디노 자신의 실제 해부 경험에 의한 해부지식은 많지 않지만, 직접 관찰을 통해 신체 내부 구조를 이해하는 연구방식을 이끌었다. 이 책에 서술된 신체에 관한 상세한 설명은 해부학 발전에 커다한 공헌을 끼쳤다.

몬디노의 『해부학』에 실린 해부학 장면은 당시의 해부과정을 잘 말해준다. 해부를 주관하는 선생은 중앙의 강단 위에 서서 갈레노스의 책을 읽으며 손으로 신체기관들을 가리키고, 선생의 말에 따라 이발사가 그 신체기관을 들어내 보인다. 그 주변에는 학생들이 둘러싸고 신

33. 같은 책, 42-43쪽과 60-61쪽 참조.

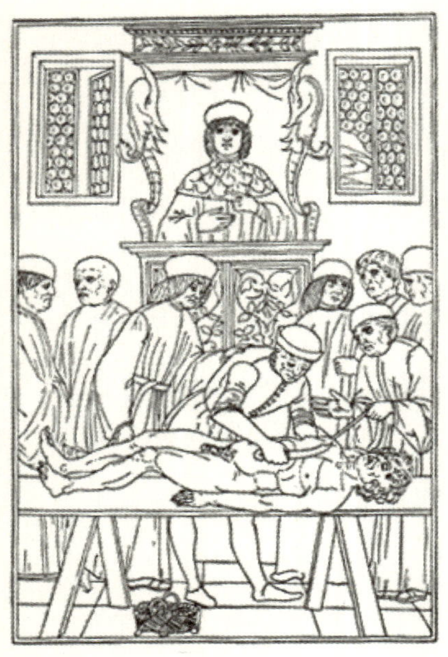

체기관을 눈으로 확인해 나간다. 흥미롭게도 해부 수업임에도 불구하고 신체를 직접 개봉하는 자는 선생이 아니라 이발사이며, 선생은 해부되는 신체에서 약간의 거리를 두고 있다. 육신을 자르고 신체기관을 해치는 일은 신분이 낮은 사람을 고용한 것이다. 이것은 당시 해부과정의 전형적인 패턴으로, 비록 의학상의 교육적인 목적이라 해도 인간의 몸에 직접 칼을 대는 일이 여전히 종교적 신념 상 받아들이기가 쉽지 않았음을 말해준다.

해부학이 가장 필요한 의학 분야는 역시 수술을 필요로 하는 외과이다. 교황 클레멘트 6세의 주치의였던 프랑스 외과의사 기 드 숄리아크(Guy de Chauliac, 1300~1368)의 의학 개론서 『외과학 총론』(1363)은 제목 그대로 당대 의과 분야의 지식을 집대성한 저서이다. 이 책에서 저자는 해부학을 강조하여, 해부학에 무지한 외과 의사를 맹인이면서도 나무를 조각하는 것으로 비유하였다. 그는 아비뇽에서 교황의 주치의였음에도 불구하고 외과의 발전을 위해 처형된 범죄자의 사체를 해부용으로 사용할 것을 강력히 주장하였다.

『외과학 총론』에 들어있는 이 세밀화는 몽펠리에 대학에서 해부를 하는 장면으로 해부된 몸의 의미를 상징적으로 잘 보여준다. 즉, 몬디노의 저서에 나오는 해부과정 그림과 유사하게 해부되는 몸을 둘러싼

사람들과 해부되는 사체
와의 거리는 미묘한 사회
적 위계를 드러낸다. 선생
은 사체가 놓여 있는 탁자
에서 약간 떨어져서 갈레
노스의 책을 손에 들고 책
에 나와 있는 신체기관을
지목한다. 그러면 신체를
해부한 이발사는 그 기관

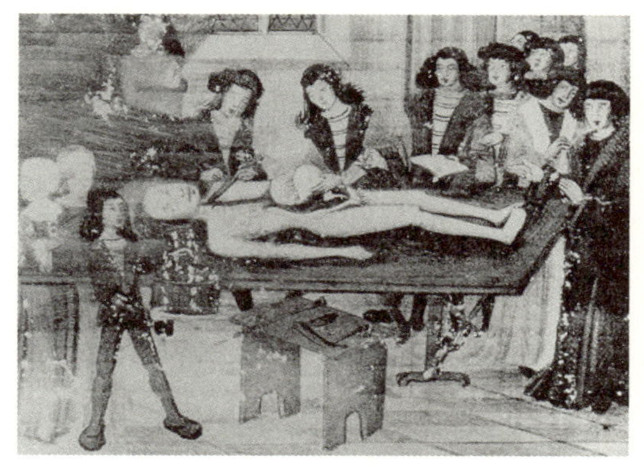

을 끄집어내어 주위 사람들에게 들어내 보여준다. 여전히 선생과 해부
되는 몸의 거리는 유지되고 있다. 이 그림에는 여러 명의 성직자들이
등장한다. 해부되는 몸의 내부에 대한 호기심 때문인지, 아니면 죽은
자의 영혼을 구원하기 위해 옆에서 기도를 드리고 있는지 알 수가 없
지만 해부장면의 한 관객으로 참여하고 있다. 해부 과정에서 선생이
갈레노스의 책에 의거하여 가리키는 것과 실체 해부한 신체기관이 일
치하지 않으면 해부되는 사체를 비정상적인 몸체로 간주하였다.

14세기 초에 최초로 공식적 해부학 실험이 시도된 이후, 해부는 16
세기와 17세기에 유럽에서 점차 일반화되기 시작하였다. 또한 해부는
원래의 의학과 교육의 목적을 벗어나서 일반 청중의 호기심을 위해 공
연과 같은 방식으로 확대되었다. 여러 청중들 앞에서 해부를 하기 위
해서는 넓은 장소가 필요했고, 그래서 1594년 이태리의 파두아 대학에
최초로 해부 극장이 세워졌다. 해부용 탁자가 놓여있는 한 가운데를
중심으로 여러 층의 좌석이 빙 둘러 놓여 있어 누구나 해부 장면을 잘
볼 수 있도록 극장은 만들어졌다. 이러한 구조물은 나중에 오페라 극

장의 건축설계에 직접적으로 영향을 끼쳤다고 한다. 이러한 해부 공연장이 큰 인기를 모으자 볼로냐와 라이덴의 대학에서도 똑같은 건물들이 생겨났다. 라이덴 대학의 건물은 사용되지 않던 교회를 개조한 것으로 그 현판에는 "너 자신을 알라"는 문구가 새겨져 있었다. 이 건물은 "경이로운 방kunstkummer"으로 알려졌으며, 여름에는 전시회를 하고 겨울에는 비교적 오래 사체를 보존할 수 있기 때문에 해부 공연장으로 사용하여 박물관의 시초가 되었다. 해부 극장들은 여행안내 책자에 언급될 정도로 대중의 인기를 모았다. 이때 해부되는 사체는 반역죄 또는 살인을 저질러 교수형을 당한 중범죄자의 것이 대부분이었는데, 중범죄자들은 죽음보다 해부를 당하는 일을 더 두려워했다. 그렇지만 해부의 관객들은 범죄자의 몸이 낱낱이 해부되는 과정을 끔찍한 일로 생각하기는커녕 대단한 호기심을 갖고 몰려들었다. 타인의 몸을 빌려 자신의 몸 내부를 알고 싶어 하는 궁금증이 그만큼 컸기 때문일 것이다.

르네상스의 해부학자들이 실시한 최초의 인간 해부는 서구의 사고방식에 있어서 커다란 변화를 보여준다. 중세 종교의 금지라는 그늘 하에 오랜 세월동안 비밀로 덮여 있던 인간의 몸 내부가 해부학자의 손에 의해 하나씩 드러나기 시작했다. 신에 의해 창조된 육신의 비밀이 과학의 힘으로 서서히 밝혀지기 시작한 것이다. 신의 창조물인 신체를 훼손하는 일은 중세 내내 허용되지 않았지만, 이제 해부는 그 금기를 무너뜨렸다. 이제 "몸과 인간을 구분하는 이원론"이 시작된 것이다. 그것은 인간의 물리적 몸이 "더 이상 존재와 연결되지 않는다"는 서구의 근대적 사고의 출발을 의미한다. 온전한 형이상학적 존재로서의 인간으로부터 분리되어 몸은 단지 그 자체로 작동하는 메커니즘으로서 연구되기 시작한 것이다.

레오나르도 다 빈치의 해부

신체의 표면을 통해서 인간을 움직이게 하는 심층적 구조를 나타내기 위해서는 신체 내부의 구조에 대한 해박한 지식을 갖출 것이 요구되었다. 이 필요성이 바로 많은 미술가들로 하여금 인체를 연구하게 만든 동인이었다. 시체 해부는 당연히 의학 분야에 해당하는 것으로 간주되었지만, 합리적인 탐구를 권장하는 전반적인 문화 추세 속에서 예술가들은 자신들이 직접 신체의 내부를 들여다보길 권했다.

해부에 관한 다빈치의 생각은 미술제작을 위한 보조수단이나 신체 조직의 구조를 과학적으로 밝힐 기회라는 식의 단순한 차원에 머무르지 않았다. 오히려 그에게 있어 해부는 인간의 본질을 이루는 영적인 것과 물질적인 요소 사이의 관계를 규명하고자 하는 보다 야심에 찬 기획의 일부였다. 이를 위해 그는 무엇보다 자연과학적 관찰에 치밀하였다. 그는 인간을 둘러싼 모든 기술적, 자연적 현상에 깊은 관심을 가졌으며, 인간의 해부도를 그리며 인간의 모든 현상을 기록해 나갔다. 750점에 이르는 그의 화집에서 흔히 볼 수 있는 골격의 구조와 근육 외에도, 자궁 안의 태아, 여성의 질, 여성과 남성의 생식기관 해부도 등 보통 화가들이 건드리지 않는 영역까지 그는 들어갔다. 그가 그린 해부도의 정확성은 그에 앞서 시도되었던 어떤 그림과도 비교할 수 없을 정도로 앞선 것이었다. 심장에 대한 그의 세밀한 관찰은 혈액의 순환이란 개념의 발견 직전까지 다가갔을 정도였다. 예술가로서 그는 특히

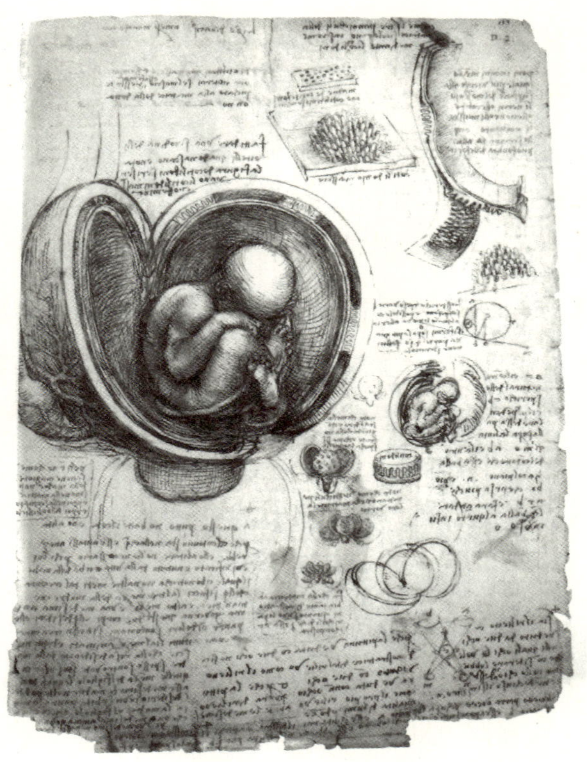

근육에 대한 관찰과 사실적인 묘사에 집중하였다. 그러한 근육들이 골격이나 관절과 어떤 식으로 결합하여 인체의 표면에 드러나는지를 알고 싶었기 때문이다.

다빈치는 베살리우스에 앞서 30여구의 사체들을 해부할 수 있었다. 주로 로마의 시체안치소로부터 사체를 공급받았지만, 1515년 교황 레오 10세로부터 해부 금지를 명령받으면서 이는 중단되었다. 그러나 다빈치는 이미 해부를 통해 인간 해부 구조에 대한 수많은 노트와 자료들을 남겼다. 물론 그의 인체 해부도는 매우 개인적인 것이었다. 그는 교회의 심판을 피하기 위해 아무도 쉽게 읽을 수 없도록 거울에 비친 문자, 즉 좌우를 뒤집은 문체로 자신의 해부도를 기록했다. 아쉽게도 그는 자신의 생각이나 그림들을 결코 발간하지 않아 그의 수많은 다른 과학적 발명들처럼 빛을 보지는 못했다. 그가 죽은 후 그의 글들은 이 손 저 손을 거치다가 1796년 체임벌린이 해부 그림들 중 일부를 한 권의 책에 실으면서 넓게 확산될 수 있었다. 특히 19세기 말 인쇄업자들이 그의 수작업 원고를 복사할 수 있게 되면서 해부학 분야에 있어서 다빈치가 수행한 작업의 놀라운 질적 성과와 해박한 지식이 널리 알려졌다. 베살리우스는 아마도 그의 그림들과 설명들을 전혀 알지 못했던 것으로 전해진다.

베살리우스의 『인체의 구조에 대하여』

안드레아스 베살리우스(Andrea Vesalius, 1514~1564)가 피사의 대학에서 교수로 활동하게 된 것은 해부학 발전에 큰 전환을 가져왔다. 이 대학의 후원자는 메디치 가문의 코지모 공작으로, 플로렌스 지역의 지적, 문화적 활기를 부흥하기 위한 일환으로 이 대학을 개편하여 훌륭한 학자와 학생들을 모으는 데 열성이었으며 1543년부터는 새로운 체제하에 교육을 시행하였다. 몇 달 후 베살리우스도 이 대학의 교수로 합류하였다. 당시 그는 해부학으로 명성을 한껏 드높이고 있었다.

베살리우스는 브뤼셀에서 태어나 루뱅과 파리에서 공부를 하였으며, 1537년 이태리의 파두아 대학에서 의학 박사학위를 받았다. 스물세 살에 외과 강사로 임명된 후 그는 이내 선생으로서 그리고 해부학

베살리우스의 『인체의 구조에 대하여』(1543) 표지

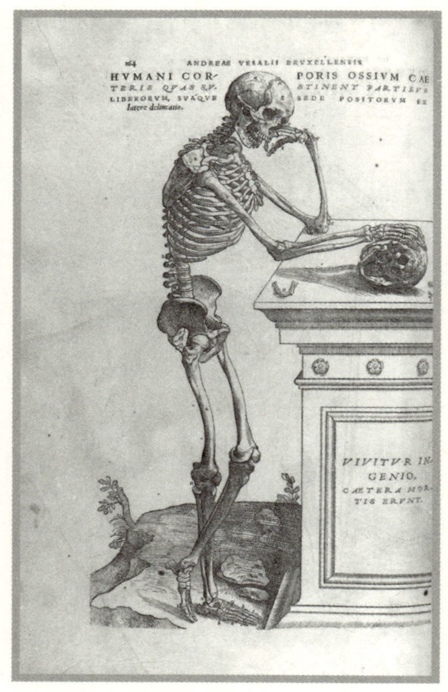

베살리우스의 『인체의 구조에 대하여』 중에서 '인체 골격 해부도'

자로 이름을 다져가기 시작했다. 1543년에 출판한 『인체의 구조에 대하여』는 그의 명성을 확고히 다지는 계기가 되었다. 그해 8월 그는 황제 찰스 5세에게 자신의 책 내용을 직접 강의한 이후 왕실의 의사로 임명되었다.

베살리우스는 해부학 분야에 혁명을 일으켰다. 이 분야는 중세 말기에 새롭게 부각된 학문으로 15세기 전반에 걸쳐 널리 확대되어 유럽의 여러 대학에서 규칙적으로 인체 해부가 시행되었다. 그렇지만 해부에 대한 지식은 갈레노스를 비롯한 고대의 몇몇 저자들의 권위에서 벗어나 있지 못하였다. 따라서 해부는 직접 해부를 통한 확인의 차원이기보다는 이들 고전 책에서 서술된 이론적 내용을 예시하는 데 주된 목적이 있었다. 볼로냐와 파두아와 같은 이름 있는 대학에서 해부 과정은 기본적으로 세 사람으로 구성되었다. 해부학 교수는 그의 강단에서 고대의 저술들을 읽는 방식을 통해 강의를 해나가고, 외과 의사 또는 이발사가 실제로 해부를 시행하며, 조수는 교수가 지칭한 신체 부위를 해부한 신체에서 찾아 학생들에게 가리킨다. 때로 학생들은 저서에 써있는 내용과 실제 증거가 서로 일치하지 않는다는 걸 발견하기도 했지만, 베살리우스는 더욱 과학적인 방식을 사용하여 체계적으로 해부의 실제 사항을 정리한 학자였다.

베살리우스는 직접 해부를 관찰하는 역을 맡았을 뿐 아니라 교육방식을 획기적으로 변화시켰다. 해부에서 교수, 조수, 이발사 식의 셋으로 구분된 전통적 역할방식을 폐지하고 그는 세 개의 역할을 모두 직접 당당하였으며, 몸의 골격과 해부 도형을 교육자재물로 활용하였다. 나아가 학생들이 실제 해부에 참여하여 직접 실시하도록 명하기도 하였다.

해부 연구를 위해 죽은 신체를 얻는 일은 쉽지 않았다. 교회에서는 이런 해부 실험을 알고는 있었지만 공식적으로 금지하는 칙령을 내리지는 않았다. 그보다는 해부를 할 사체의 가족에게서 허락을 얻는 일이 더 어려운 일이었다. 가장 손쉬운 방법은 죄인으로 사형을 받은 범죄자의 신체였다. 사형수가 불에 태워지거나 몸이 잘리는 대신 사후에 의학 지식을 위해 해부 대상으로 사용되는 일은 그러나 몸을 훼손하는 일이라 하여 쉽게 받아들여지지 않았다. 할 수 없이 베살리우스와 학생들은 막 매장을 끝낸 사체를 훔치는 불법을 저지르기도 하였다고 한다.

해부를 할 사체를 구하는 어려움을 해소하는 해결책으로 베살리우스는 메디치 가문의 도움을 얻어 피사가 아닌 플로렌스의 산타 마리아

르네상스 시대의 몸

누오바 병원을 활용하였다. 이 병원에서 나오는 막 임종한 사체들을 별다른 절차 없이 얻어올 수가 있었는데, 이 병원은 일찍이 레오나르도 다빈치가 해부학 연구를 위해 사용했던 곳이기도 하다. 냉동 방식이 없던 시기에 사체를 부패하지 않도록 하기는 쉽지 않아 강을 통해 재빨리 운반하는 방식이 주로 채택되었다. 베살리우스의 설명에 따르면 그는 메디치가 공작의 도움으로 피렌체의 묘지에 막 묻힌 수녀를 해부하는 기회도 얻었으며, 자신의 학생이 피사의 공동묘지를 몰래 열고 들어가 막 매장한 17살 소녀의 사체를 훔쳐와 해부하기도 했다고 한다. 감옥에서 사형당하는 죄수의 사체는 거의 남성이어서 위의 경우처럼 여성을 해부하는 기회는 극히 드물었다고 한다.

베살리우스는 처음 갈레노스의 옹호자로서 출발하였지만, 파두아 대학으로 옮긴 후 자신이 실제로 해부를 해보면서 갈레노스의 오류를 발견하기 시작했다. 그는 수업시간에 직접 해부를 하면서 학생들에게 신체기관을 보여주었을 뿐만 아니라 학생들이 공부할 수 있게끔 해부 모형도를 그림으로 그렸다. 아주 섬세하게 그려진 이 모형도들 덕분에 그는 너무나 유명해져서 파두아의 법정은 사형수의 사체를 계속 공급받을 수 있는 권한을 그에게 주었다. 그는 인간 신체에 대한 정확한 지식을 얻어감에 따라 갈레노스의 오류를 여러 곳에서 발견하였다. 갈레노스의 해부학적 지식은 원숭이를 해부하는 데에서 많은 자료를 얻었지만, 베살리우스는 원숭이와 인간의 골격 구조에 큰 차이가 있다는 것을 인체 해부를 통해 발견해냈다. 그는 자신이 습득한 새로운 해부학 지식들을 모아 700페이지나 되는 『인체의 구조에 대하여』를 출간하였다.

1543년 스위스 바젤에서 7권으로 출간된 베살리우스의 『인체의 구조에 대하여』에는 티치아노의 제자이며 당대 베니치아에서 최고의 삽화가였던 장 칼라르(Jan Stephan Kalkar)가 그린 300장의 삽화가 함께 실려 있다. 칼라르의 삽화는 당시에는 새로운 기법이었던 목판화와 구리도판을 사용하여 생생하게 그려낼 수 있었다. 책의 첫머리 그림은 사체에 시술하고 있는 베살리우스를 상징적으로 보여준다. 그는 관찰한 내용을 세밀히 기록하기 위한 펜과 종이를 그의 곁에 놓고 피부가 벗겨진 알몸의 인체 표본으로부터 팔을 들고 있다. 거기에는 남녀가 박피가 된 채 서 있는 그림이 있는가 하면, 이탈리아의 굽이치는 전원풍경을 배경으로 인간 해골이 느슨하게 주랑에 기대어 서있다. 베살리우스는 박피된 신체와 해골들을 인간화된 형상으로 재현하고 있지만, 그것이 결코 살아있는 듯한 느낌을 주지는 않는다. 그와 같은 해부학자들에게 인식론적으로 인간으로부터 분리되어 자율적이 된 몸은, 그림으로 그려지고 박피되고 나서는 인간의 몸과는 전혀 다른 객체로 인식된다.

코페르니쿠스의 『천구의 회전에 관하여』는 1543년 출판되었다. 지구가 더 이상 우주의 중심이 아닌 수많은 천체 중 하나로 여겨지게 만든 코페르니쿠스의 지동설은 근대과학의 출현을 알리는 획기적인 상징적 사건이었다. 코페르니쿠스의 저술과 같은 해에 출판된 베살리우스의 『인체의 구조에 대하여』는 유럽의 해부학 전통을 새롭게 뒤바꾼 혁명적인 저술이었다. 두 과학자에 의해 대우주와 소우주에 대한 이해가 갑작스런 도약을 맞이한 것이다. 인간의 위치는 우주 안에서 새로운 차원을 갖게 되었다. 이제 해부학자들은 오직 자신의 객관적 관찰만을 신뢰하며 미지의 신대륙을 탐험하듯 인간의 몸을 탐구하기 시작하였다. 갈레노스와는 달리 인간과 다른 동물과의 중요한 차이점을 밝혀낸 베살리우스의 발견은 또한 비교 해부학을 발전시키는 원동력이 되었다. 그의 연구방식을 이어받은 연구자들은 동물과 인간의 공통점과 차이점을 하나씩 구별해나갔다. 그리고 그런 연구과정에서 이들은 인간이 수많은 생물 종 중의 하나이며, 인간이 많은 독특한 특성을 가지고 있지만 다른 동물과 공통점 또한 지니고 있다는 것을 깨달았다. 베살리우스 이후 300년이 지나 다윈은 진화론을 세워나갈 때 베살리우스의 해부학적 지식을 그 바탕으로 삼아갈 수 있었다. 신이 창조한 인간만의 고유함이란 중세적 사고는 우주적 차원에서 더 이상 설 땅을 찾을 수 없었다.

골상학 — 몸에 대한 지식

나의 몸집은 중간 정도다. 발은 작고 발가락 앞쪽은 넓적하며 발등은 약간 높이 솟았다. 그래서 나는 맞는 신발을 찾기가 힘들며 맞출 수밖에 없었다. 나의 가슴 폭은 약간 좁다. 두 팔은 너무 가늘고 오른손은 너무 볼품없고 손가락은 못 생겼다. 손금 보는 사람은 내 손을 보고 내가 우둔하고 거친 사람이라는 결론을 내릴 것이다. 그렇다면 그들은 자신의 학문에 대해 창피한 줄 알아야 한다. . . 나의 목소리는 좀 큰 편이라서 자칫 친구들에게 흉을 들었다. 목소리 자체는 거칠고 강하지만, 강의에서는 사람들이 조금만 떨어져 앉아도 무슨 말인지 내 말을 알아듣기가 힘들다. 나의 강연방식은 편안한 것이 아니라 오히려 매우 장황하다고 할 수 있는데 나의 시선은 깊게 생각하는 사람처럼 꿋꿋하고 직선적이다.[6]

16세기 몸의 연구는 이에 대한 지식으로 인간을 치료하려는 의사들의 소원과 소우주를 알려는 인문주의자들의 학문적 호기심에 기인한다. 이미 중세에도 인간에 대한 개별적인 기술들이나 조사 결과들이 있었고 그 밖에도 고대로부터도 어느 정도 지식을 전수받기는 했다. 그러나 인간 몸에 대한 근대적 방법론과 학문적 연구는 16세기에 들어와서야 시작되었다. 인간 몸의 구조를 알려는 관심, 각 기관과 그 기능을 파악하여 결국 인간의 생명을 이해하고자 하는 관심은 끝을 몰랐다.

16세기에 해부학의 급속적인 발전과 함께 골상학(physiognomy) 연구가 시작되었다. 골상학은 사람의 외모, 특히 얼굴 모습으로 그 사람의 성격이나 개성을 평가하는 방식을 취한다. 오늘날 골상학은 실증적 정밀성의 부족으로 학문적 가치를 인정받지 못하고 있지만, 근대 초기에는 '몸에 대한 지식'의 정수였다. 이 지식은 인간에 대한 지식과 인간에 대한 사랑을 촉진하는 데 가장 큰 기여를 했으며, 또한 미술과 미술 감상 및 태동하는 인류학에 지대한 영향을 미쳤다.

골상학은 근대에 발견된 것이 아니며 최초의 골상학적 고찰은 이미 아리스토텔레스에서 유래하지만, 인류학적 연구로 행해진 것은 근대 초기, 르네상스 시대다. 바로 다빈치, 뒤러, 미켈란젤로 같은 예술가들이 인간의 형상을 새롭게 발견한 시대인 것이다. 실제로 과학자이며 발명가이기도 한 다빈치는 골상학에 큰 관심을 갖고 이 분야를 파고들어 연구를 하였다. 그러나 개인의 개성을 말해 주는 인간의 외모, 즉 골상학적 관찰을 기록한 글들이 본격적으로 나오기 시작한 것은 잠바티스타 델라 포르타(Giambattista della Porta, 1535~1615)의 『인간 골상학』

---

6. 잠바티스타 델라 포르타, 『인간 골상학』(1586) 중에서.
http://www.nlm.nih.gov/exhibition/historicalanatomies/porta_home.html 참조.

잠바티스타 델라 포르타,
Giambattista della Porta, 1535~1615

(1586)과 동시대 인문주의자들이 쓴 다양한 자기묘사들이다.

이태리 나폴리 출신의 포르타는 종교 개혁과 과학혁명 시기 17편의 희극을 쓴 작가이면서 과학과 수학에 관한 유명한 저서를 남긴 박학다식한 과학자였다. 정부 관리의 아들로 태어난 포르타는 가정교사에게서 훌륭한 교육을 받으며 유럽의 여러 곳을 여행하면서 스스로 다방면의 학식을 닦았던 전형적인 르네상스인이었다. 그는 오늘날 자연사 박물관의 모형에 해당하는 박물관을 개인적으로 갖고 있었으며, 또한 과학 아카데미의 창립자였다. 이 과학 아카데미는 '자연의 신비' 연구를 창립 목적으로 세워졌기 때문에 자연과학뿐만 아니라 신비학에 관심을 기울였던 포르타는 나중에 회원직을 박탈당했다.

포르타의 『인간 골상학』(1586)은 골상학에 관한 기존의 산발적인 연구들을 정리하여 이를 뒷받침하는 자료들을 엄청나게 모아놓은 저서이다. 이 책에서 그는 얼굴의 외모와 성격에 영향을 주는 것은 하늘의 별이라는 미신적인 통설을 거부하고 대신 그것은 개인의 기질이라고 주장하였다. 이를 입증하기 위해 그는 자신의 저술에 수록된 수많은 목판화를 통해 얼굴의 외모와 동물 유형을 나란히 대비시키면서 그 유형에 따라 인물의 성격을 분류하였다. 예를 들어, 양과 같은 외모를 지닌 사람은 양과 비슷한 성격을 지녔기 때문에 어리석고 음란한 성품을 갖는다고 그는 기술하였다. 그런가 하면 살이 찐 얼굴을 지닌 사람의 성품은 게으르다는 것을 입증하기 위해 소와 인간을 나란히 비교하기도 하였다. 그가 이마의 형체, 코의 길이, 뺨의 넓이에 관해 세밀하게 분석하는 점에서 해부학적 연구의 변방 분야를 연구했다고 할 수는 있지만, 이런 분석을 동물의 성격과 유추함으로써 골상학은 과학적 신빙성을 상실하게 되었다.

포르타의 골상학적 주장은 당장 로마 가톨릭의 비난에 부딪쳤다. 교회의 성직자들에게 골상학은 점괘와 비슷한 것으로 받아들여졌으며, 인간의 내적 특성이 외모에 의존한다는 논리적 전제는 자유의지를 부정하는 것으로 의심받게 되었다. 1585년 교황 식스토 5세는 교서를 내려 손금이나 골상학과 같은 방법으로 운명을 예언하는 일을 금지시켰다. 포르타는 재빨리 자신의 책 서문에 인간의 외모는 오직 개인의 기질을 가리킬 뿐이며 그 기질을 키워나가는 것은 개인의 양심에 달려 있는 문제라고 밝혀 다행히 가톨릭의 금서목록에서 벗어날 수 있었다. 인간의 물리적 특성은 그의 성품을 결정짓는 실마리이기는 하지만 결정적인 요소는 아니며 단지 성향일 뿐이라고 후퇴함으로써 운명론을 피하고 개인의 책임감을 인정한 것이다.

포르타의 골상학에 대한 주장이 얼마만큼 진실성을 갖는지는 의문의 여지가 있다. 그렇지만 이러한 골상학적 관심은 당대 사람들의 환상을 많이 자극하였으며 당시의 의학 서적에 인용되기도 하였다. 포르타의 골상학 이론을 물려받은 사람은 영국의 인본주의 학자 토머스 브라운 경(Sir Thomas Browne)이었다. 의학과 과학에 깊은 학식을 지녔던 브라운 경은 한편으로 비교秘敎에도 깊은 관심을 보였다. 그의 서가에는 포르타의 저서가 꽂혀 있었으며, 당시 유럽에서 베스트셀러가 되었던 그의 명상록 『종교 의학』에는 골상학과 점성술 내용이 일부분 담겨 있다.

라바터는 골상학을 한 단계 높은 수준으로 끌어올렸다. 그는 인간의 머리 모양을 기초로 개인의 지능과 성격을 파악하는 연구로 발전시켰다. 정통 과학의 영역을 벗어났지만 일반인의 관심을 끈 골상학이 최대 인기를 누린 것은 18세기였다. 18세기에 골상학을 대중화시킨 사람은 스위스의 신학자인 요한 카스파르 라바터(Johann Kaspar Lavater, 1741~1801)이다. 취리히에 있는 성베드로 교회의 목사였던 그는 인간 안에 깃든 신성神性의 명백한 흔적을 찾으려 했다. 그는 인간의 영혼과 육체가 서로 상호작용을 한다고 믿고 영혼이 얼굴 생김새에 끼치는 영향을 찾으려고 했다. 그의 골상학에 대한 연구와 신들린 상태에 대한 관심은 이러한 그의 종교적인 믿음에서 비롯되었다. 그는 괴테와 따뜻한 우정관계를 유지하기도 했으나, 괴테가 그의 골상학을 미신이며 위선이라고 비난하면서 둘의 관계는 단절되고 말았다.

라바터는 4권으로 된 『사람들의 인식과 인류애의 촉진에 대한 골상학 소고』(1775~8)를 발표하여 유럽 전역에서 큰 명성을 얻게 되었다. 이 저술에서 그가 전개한 이론은 얼굴의 실루엣 그림자를 해석하는 방법이었다. '얼굴이 영혼의 거울' 이라는 생각은 이미 고대부터 계속 내려오는 믿음 중 하나였는데, 라바터는 이를 발전시켜 얼굴의 옆모습이 그대로 드러나는 실루엣 그림자를 통해 개인의 성품을 찾아내려고 하였다. 이것은 얼굴이 아니라 얼굴의 옆모습이 투영된 그림자의 선을 활용한다는 점에서 새로운 방식이었다. 라바터의 새 방식은 한편 고대로부터 내려오는 또 하나의 믿음을 활용한 것으로, 이는 '인간의 영혼이 그림자로 투영' 된다는 믿음이었다. 인간은 신의 형상에 따라 유사하게 만들어졌지만, 인간의 죄악은 신과의 유사성을 상실케 만들었다는 종교적 주장을 그는 이어받은 것이다. 이 주장에 따르면, 신과 인간의 관계는 육체의 악에 의해 어두운 그림자로 가려졌다. 이러한 인간 내면의 악이 외부로 투영된 것이 그림자이며, 그래서 라바터는 이 그림자를 해독하여 인간의 품성을 판독하려고 하였던 것이다.

라바터의 '그림자 분석' 방식에 의하면, 성마른 성격이나 낙천적 성격을 지닌 사람은 얼굴이 볼록한 옆모습을 갖고 있는가 하면, 우울한 성격이나 차분한 성격을 지닌 사람은 얼굴이 오목한 옆모습을 갖는다. 또한 이런 차이들은 머리가 길쭉한 모습과 머리가 짤막한 모습으로 각각 드러나게 된다. 뿐만 아니라 코, 입술, 이마 등의 모습도 개인마다 각자 차이가 있다. 이처럼 얼굴의 옆모습은 개인의 성품과 밀접한 연관을 맺으며 나타난다는 것이 라바터의 주장이었다. 얼굴과 성품과의 관련성을 다루는 그의 골상학 이론은 엄밀한 과학적 방법론을 세우려는 야심찬 목적으로 진행되었지만, 사실상 그것은 하나의 분석방법은 될지언정 과학적 신빙성과는 거리가 멀다는 점에서 오늘날의 관상학과 많은 유사성을 갖고 있는 듯이 보인다.

라바터 식의 골상학에 대한 비판에도 불구하고 이 학문에 대한 관심은 19세기에까지 이어졌다. 그의 생각과 구상들은 18세기 말에 인간과 인간 성격 연구에 대한 관심을 전반적으로 크게 높여주었다. 골상학은 발자크, 찰스 디킨즈, 토머스 하디, 샬롯 브론테, 애드거 알랜 포우 같은 19세기 소설가들에게도 많은 영향을 끼쳐 사람을 묘사하는 데 자주 사용되기도 하였다. 무엇보다도 골상학은 전형적인 것과 개별적인 것을 보는 개인들의 수준을 높여주었는데, 이는 상류층에 국한된 것이 아니었다. 이제까지 학자, 상인, 시민과 농부들이 주로 계급을 대표하는 인물들로 그려졌다면 이 이후로는 전형적으로 개인적인 것―즉, 인류학적인 것--을 서술하게 되었다. 특히 19세기는 유난히 엄격한 복장으로 몸을 숨긴 시대였으며, 몸에 관한 지식은 주로 손과 얼굴에 제한되어 있었다. 그래서 몸의 외형적 특징을 통해서 인간의 내면을 읽으려고 시도했던 골상학과 관상학이 당시에 유행했다. 두 분야도 오늘날에는 과학적 신빙성이 적은 까닭에 무시되지만 이에 대한 일반 대중의 관심과 인기는 아직도 살아 숨쉰다. 비록 경험과학의 측면에서는 이 분야가 받아들여지지 않지만 일반 대중의 잠재의식에는 본능적으로 사람의 성격을 판단하는 골상학적인 관념이 들어있는지도 모른다 .

근세
시대의 몸

1. 근대적 이원론의 탄생—데카르트

데카르트의 이원론: "나는 생각한다, 고로 존재한다."

[나는] 내가 존재한다는 것을 확실히 알고 있고, 그렇다고 해서 내가 하나의 사유 이외의 다른 어떤 것도 내 본성이나 또는 내 본질에 필연적으로 속하지 않는다는 것을 알고 있는 것으로부터, 나는 내 본질이 오직 내가 하나의 생각하는 것이라는 점에 있다고 정당하게 결론짓는다. 그리고 아마도 (혹은 내가 곧 뒤에서 말하는 바와 같이, 확실히) 나는 아주 밀접하게 이어진 하나의 육체를 가지고 있지만, 그리고 한편으로 내가 오직 생각하는 것이고, 연장이 아닌 것으로서 나 자신에 대해서 명석하고 판명한 관념을

가지고 있고, 또 다른 한편으로 육체가 오직 하나의 연장을 가지고 있을 뿐이요, 전혀 생각하는 것이 아닌 한에서, 내가 육체에 대해서 판명한 관념을 가지고 있기 때문에, 이 나라는 것, 즉 나의 영혼(내가 나인 것은 이 영혼에 의해서인데)은 완전히, 그리고 정말 나의 육체와 다르다는 것과 내 영혼이 육체 없이 존재하고 있다는 것은 확실하다.[1]

"근대 철학의 아버지"라고 불리는 르네 데카르트(Rene Descartes, 1596~1650)는 서구 근대의 몸 이론에 결정적인 족적을 남겼다. 몸에 관한 데카르트 인식론의 중요성은 탈신체화된 마음 개념으로 이끌어 나갔던 방식에 있다. 그는 몸과 마음을 구별하여 몸은 마음에 의해 통제된다는 이원론을 주장하였다. 이원론은 이미 고대 그리스의 플라톤과 아리스토텔레스에서부터 꾸준히 주장되었던 바지만, 데카르트는 근대 인식론의 측면에서 새롭고 독창적인 이원론을 정립하였다. 그리스의 두 철학자는 육체와 대립되는 개념을 영혼이란 이름으로 지칭하였다. 따라서 비물질적인 영혼은 지성과 지혜의 능력을 갖고 있으며, 이들이 파악하는 형상(이데아)의 영역은 영원하고 불변적이라는 것이다. 반면 육체와 같이 감각으로 지각되는 물리적 세계는 끊임없이 변화하기 때문에 단지 형상의 그림자에 지나지 않는다고 생각했다. 이들의 이원론과는 달리 데카르트는 형상의 세계를 인정하지 않으며, 윤리성을 담지하고 있는 듯한 영혼을 인식론적 차원의 마음(정신), 즉 사고하는 의식

---

1. 데카르트, 김형효 옮김, 『방법서설/성찰/정념론 외』(서울: 삼성출판사, 1990), 193-4쪽.

으로 대치한다. 이로써 근대의 이원론적 인식론이 성립되었다.

데카르트는 프랑스에서 태어나 그곳에서 성장했지만, 철학자 및 과학자, 수학자로서 그의 저술 작업은 대부분 네덜란드에서 이루어졌다. 신교도를 포함한 이교도에 대한 가톨릭의 박해가 심했던 프랑스와는 다리 네덜란드는 종교에 있어 관용적이었다. 데카르트는 가톨릭을 부정한 적이 없는 교인이었지만 자신의 혁신적인 연구가 종교에 방해받지 않기를 원하지 않았기 때문에 34세가 되던 1628년부터 죽기 바로 이전 해(1649년)까지 약 20여 년간 네덜란드에 머물며 연구와 저술 활동에 몰두하였다. 그는 수학과 철학에 혁명을 가져왔지만, 그가 염려하던 바대로 그의 저술은 1663년 가톨릭의 금서목록에 오르고 말았다. 그렇지만 그의 사상은 자연과학을 위한 철학적 토대를 마련한 최초의 근대 사상이란 명성을 얻었다.

데카르트가 이룩한 근대 인식론은 그의 유명한 "나는 생각한다, 고로 존재한다"라는 명제를 설명하는 데에서 출발한다.[2] 그의 대표적인 저서 『방법서설』은 인식론의 출발점으로 의심할 여지없이 진실임을 알 수 있는 근본 원칙을 세워나갈 필요성을 제기한다. 그래서 그는 형이상학적 의심 또는 방법론적 회의라 부르는 방식을 채택하여, 우선 인식론적 물음을 던진다. 그것은 의심의 여지가 전혀 없이 가장 확실한 인식론적 발판이 무엇인가 하는 물음이다. 이 물음에 대해 첫째, 권위에 기초한 지식은 노련한 전문가들도 간혹 틀릴 수 있으므로 버려야 한다. 둘째, 감각 경험에서 얻은 지식은 때때로 착각을 낳으므로 신뢰해서는 안 된다. 셋째, 추론에 기초한 지식은 가령 덧셈과 같이

---

2. 같은 책, 77쪽.

잘못을 저지르는 경우가 있으므로 믿을 수 없다. 넷째, 또 어떤 지식은 없는 것을 있는 것처럼 경험하도록 하여 사람을 속이는 악마나 꿈, 정신착란 등에서 오는 환상일 수 있다. 그러나 데카르트는 비록 속아서 사유하더라도 "내가 생각하는 한, 나는 존재한다"라는 직관만은 확실하다고 생각한다. 즉, 사유하는 활동은 자신의 자아가 존재한다는 확실한 지식을 제공하므로 논리적으로 자명한 진리이다. 이제 사유하는 자아를 모든 인식의 출발점으로 삼은 데카르트의 인식론이 확대될 수 있다.

"나는 생각한다, 고로 존재한다"라는 명제를 더욱 발전시키면 사유하는 마음(또는 정신)이 우리의 본질이기 때문에, 마음은 우리의 몸과 아무런 상관이 없다는, 즉 마음은 탈신체적이라는 논지로 발전한다. "영혼과 육체의 본성이란 서로 다른 것으로서 인식될 뿐만 아니라 또한 동시에 서로 반대되는 것으로서 인식된다."[3] 데카르트에 따르면 우리에게는 두 가지 종류의 관념이 있다고 주장한다. 첫 번째 관념은 신체적 감각에서 비롯되며, 외적 대상들에 관한 관념이다. 한편 두 번째 관념은 몸과 전혀 결합되어 있지 않으며, 마음 자체의 구조에만 관련되어 있다. 그는 전자를 "외래적 관념" 또는 "표상"이라고 부르고 후자를 "본유적 관념"이라고 부른다. 데카르트는 후자의 사례로 수학적 관념들과 사유 자체의 구조, 신의 관념의 세 가지를 든다. 이것들 모두에 있어서 특징적인 것은 그것들이 감각들로부터 비롯되는 것이 아니며, 따라서 태어날 때 아이들에게 이미 존재하는 것이어야 한다는 것이다.

3. 같은 책, 140쪽.

데카르트에 의하면, 감각 지각에서 비롯되는 관념들은 문제가 많은 한계를 갖고 있다. 그는 이를 입증하기 위해 「제2성찰」에서 밀랍 조각의 우화를 예로 든다. 우리 앞에 밀랍 한 조각이 있다고 상정하면, 우리의 감각은 이 밀랍이 형태, 냄새, 빛깔, 크기, 견고함 등 겉보기에는 축소될 수 없는 상당수의 특질들을 분명히 갖고 있다는 것을 알려준다. 그러나 불길이 닿으면, 밀랍 조각은 처음의 모양이 없어지기 시작한다. 그것은 액체로 퍼지고 뜨거워지며 냄새는 사라지고 빛깔도 변한다. 결국 처음 감각을 통해서 주어진 특질들은 헛된 것임이 드러난다. 색, 냄새, 견고함이 동일하지 않지만 그럼에도 불구하고 그것은 여전히 밀랍조각과 동일한 물체이다. 그러므로 밀랍의 본질을 올바르게 포착하기 위해서 우리는 감각을 사용할 수 없다고 데카르트는 결론짓는다. 그래서 감각 대신에 우리의 정신(마음)을 사용해야 한다고 그는 주장한다. "나는 나의 정신 안에 있는 유일한 판단력에 의하여 내 눈으로 본다고 믿었던 것을 이해하게 되는 것이다."[4] 이처럼 감각의 몸은 비합리적 불확실성을 낳는 불확실한 인식체가 되기 때문에 데카르트는 감각 지각을 믿을 수 없는 것으로 폐기한다.

데카르트는 이성에 해당하지 않는 모든 인간의 능력을 정신의 영역에서 제거한다. 그 중의 하나가 상상력이다. 상상력은 영상들의 근원인 감각적 지각과 연결되어 있기 때문에 데카르트는 이를 몸의 능력이라고 판단한다. 따라서 데카르트는 상상력이 갖는 모든 특권을 박탈한다. "나는 나의 내부에 있는 상상력은, 그 상상력이 지각하는 능력과 상이한 한, 나의 본성이나 본질에, 다시 말하면 내 정신의 본질에 조금

---

4. 같은 책, 154쪽.

도 필요하지 않다"고 선언한다.[5] 그에게 유일하게 중요한 것은 "나의 정신 안에 있는 유일한 판단력"이다.[6] 이런 방식을 통해 데카르트는 감각을 믿을 수 없는 것으로 폐기하고, 대신 연역의 방법만으로 지식체계를 구축해나간다. 인간의 감각성과 상상력에 의해 유지되는 혼동을 가로질러, 정신의 이성은 감각을 넘어서 애매함을 진리로 밝혀준다. 이처럼 진리에 도달하는 것은 육체적이거나 상상적인 흔적들을 제거하는 일이다.

인간 주체를 분리하여 어두운 곳으로 알려진 몸을 명료하게 밝혀내려는 작업들은 분명 사회적, 문화적으로 보아 데카르트 이전의 것이다. 데카르트의 이원론은 정신과 몸 사이의 단절을 만든 최초의 것은 아니지만 그의 이원론은 중세에서처럼 종교적 토대를 기반으로 하는 것이 더 이상 아니라는 점에서 커다란 변화를 예고한다. 생각은 신을 기반으로 한다. 생각이 영혼에 내재해 있다는 것을 수십 년 전에는 생각할 수 없었다. 생각하는 능력이 신체의 감각기관들에 매우 밀접하게 결합되어 일체를 이루고 있는 것은 사실이지만, 그렇다고 해서 그것들 없이는 존재할 수 없다고 생각해서는 안 된다고 데카르트는 결론짓는다. 왜냐하면 생각하는 능력이 이러한 신체기관들에 의해 방해받는 것을 우리가 종종 보기 때문이다.

데카르트에게 있어서 생각은 완전히 몸으로부터 독립된 것이다. 생각은 신을 기반으로 하며, 몸은 사람의 부속물로 간주된다. 그것은 소유의 목록에 들어간다. 그래서 사람의 육체에는 무가치하다는 환멸감

---

5. 같은 책, 190쪽.
6. 같은 책, 190쪽.

이 낙인처럼 찍혀진다. 반대로, 인간에게서 약간의 신성을 보존시켜야
하는 것처럼, 세계에 대한 환멸은 시작되었지만 정신은 신의 보호 아
래 머문다. 몸은 기계로 간주됨에도 불구하고 감각의 자료들을 지각하
는 데 있어서 충분히 믿을 만하거나 엄밀하지 않다는 결점을 갖고 있
어, 인간은 그런 몸에 의해 방해를 받는다.

　"나는 생각한다, 고로 존재한다." 데카르트의 이 유명한 명제는 근
대적 이원론의 출발을 알리는 선언이다. 인간의 현존성을 확고하게 알
려주는 근원은 사유하는 정신이라는 주장이다. 이제 우리 존재의 현존
성과 합리성을 알려주는 것은 몸의 범주가 아니라 정신의 범주이다.
몸은 이성의 도구가 아니기 때문에 인간의 현존과 구분되는 몸은 무의
미한 것이 될 수밖에 없다. 이러한 데카르트의 철학은 한 시대의 감성
을 대변해주는 선언이다. 데카르트적 인식론은 "가장 진보한 사회적
계층들 안에 퍼진 세계관의 결정체"인 것이다.[7] 이러한 세계관은 자연
과학의 비약적 발전과 함께 시작된 근대사회를 이끄는 중추적 원동력
이었다.

데카르트의 송과선: 기계로서의 몸

　이러한 모든 것[육체의 모든 생물학적 작용]은 인간의 산업이

여러 가지 '자동기계', 즉 움직이는 기계로부터 얼마만큼 형성될

7. 다비드 르 브르통, 홍성민 옮김, 『근대성과 육체의 정치학』(서울: 동문선), 81쪽.

수 있는가를 알고 있고, 많은 뼈들과 근육들·신경들·동맥들·정맥들, 그리고 각 동물의 육체 속에 있는 다른 모든 부분과 비교하여 조그마한 공간 속에 갇혀 있는 이 육체를, 신의 손에 의해서 만들어졌기 때문에 인간의 손에 의하여 발명될 수 있는 어떤 기계보다도 더 놀랄만한 운동을 그 자체에 가지고 있고, 또 비교할 수 없으리만큼 잘 정돈된 기계로 생각하려고 하는 자들에겐 조금도 이상스러운 것이 아니다.[8]

데카르트의 이원론에 따르면 신체적 실체의 속성은 공간 안에서 연장되는 것처럼 공간성을 갖는 반면, 정신적 실체의 속성은 사유이므로공간성을 갖지 않는다. 이처럼 정신적 실체는 물리적 실체와 전적으로 다르기 때문에 생각하는 존재라는 것이 인간 본성의 유일한 본질이며, 따라서 우리의 몸은 본질적인 우리와는 아무런 상관도 없다고 그는 결론지었다. 그렇다면 비물리적 실체인 정신이 물리적 실체인 몸에 어떤 방식으로 영향을 끼칠 수 있는가? 서로 완전히 별개의 실체가 어떻게 서로 연관을 맺는 것일까?

이 문제를 해결하기 위해 데카르트는 정신의 지성과 몸을 접합시키는 곳으로 "공통감각," 즉 송과선을 생각하였다.[9] 송과선이란 솔방울 모양의 내분비 기관으로, 뇌의 일부는 아니지만 뇌의 중앙부

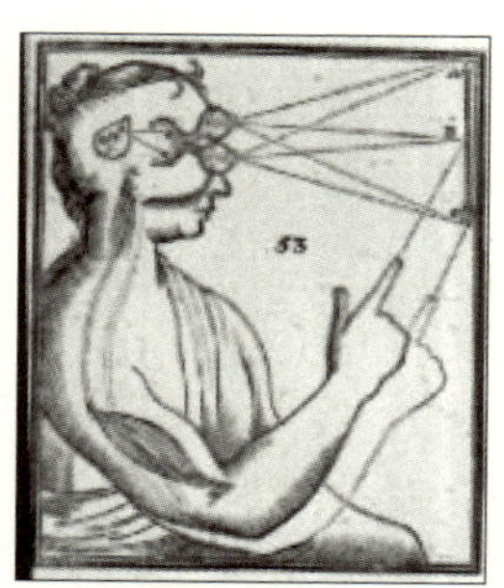

데카르트, 『광학』 중 삽화: 눈의 시각을 통해 들어온 감각자료는 뇌에 입력되고, 이것은 마침내 비물질적인 정신으로 전달된다.

깊숙한 곳(제3뇌실)에 위치하고 있으면서 신경과 정신계를 담당하는 것인데, 데카르트 당대의 철학가들에게 신비로운 미지의 것으로 생각되었다. 데카르트는 이곳을 '영혼의 안식처'라고 부르기도 하였다. 시신경과 바로 연결되어 있기 때문에 송과선이 균에 감염되면 시신경에 이상이 생겨 빛 자체를 감지할 수 없는 상태가 된다. 데카르트는 몸과 정신이 송과선을 통하여 상호작용한다고 보았다.

데카르트는 몇 가지 이유에서 송과선을 내세웠다. 첫째, 정신은 한 방향으로만 작용한다고 생각했으며, 뇌의 여러 영역과는 달리 송과선도 한 방향으로만 작동한다고 생각했다. 그는 송과선이 액체를 흘러내리도록 하는 밸브처럼 작동한다고 생각했다. 따라서 머리의 뇌가 깊은 생각에 빠져들면 송과선의 밸브가 열린다고 믿었다. 둘째, 송과선이 뇌실에 위치하고 있으면서도 뇌처럼 좌우의 두 개로 갈라져있지 않다는 걸 해부학을 통해 데카르트는 알고 있었다. (물론 현대 과학은 송과선도 2개의 반구로 나뉘어져 있다는 걸 발견하였다.) 그리고 뇌실의 동물적 영혼이 신경을 통해 육체를 통제한다고 믿었기 때문에 송과선이 이 통제 작용에 영향을 주는 기관으로 판단하였다. 셋째로, 데카르트는 오직 인간만이 정신을 갖고 있기 때문에 인간만이 송과선을 갖고 있다고 생각했다. 그러나 이것은 오류이다. 그는 이런 판단으로 인해 동물들은 고통을 느낄 수 없다고 생각했다. 이런 생각은 데카르트 외에도 당대의 많은 사람들이 공유하고 있던 것이어서 살아 있는 동물을 생체해부하는 일이 널리 시행되었다.

---

8. 같은 책, 100쪽.
9. 같은 책, 200쪽.

데카르트는 그의 이원론적 인식론을 과학적으로 입증하기 위해 송과선 이론을 끄집어냈지만, 그 당시는 아직 생체학이 발전되지 않은 시기여서 송과선의 타당성은 과학적으로 검증될 수 없었다. 그렇지만 비물질적인 정신이 물질적 육체에 어떻게 영향을 주는지(또는 현대에 있어서는 역의 관계도 성립되어 물질적 육체가 비물질적 정신에 어떻게 작용하는지)에 대해서는 현재까지도 많은 논란이 있다. 이것을 "상호작용주의 문제"라고 부르는데, 현대철학에서 이에 대해 다양한 이론이 전개되는 이유도 존재론적으로 두 개의 이질적 실체 사이의 관련성이 모호하기 때문이다.

데카르트의 이원론은 영혼과 몸의 결합을 증명하기 위해 송과선을 끄집어내는 왜곡된 추론으로 빠져들었지만, 그럼에도 불구하고 인간이 기계장치라는 결론에 도달하게 되었다. 데카르트에게 있어서 몸의 모든 부분들은 기계다. 인간은 영혼에 의해 움직이는 자동기계로 인식된다. 「제6성찰」에서 인간의 몸은 "뼈, 신경, 근육, 혈관, 혈액, 피로 구성되어 있는 기계"로서 "톱니바퀴와 추로 구성된 시계"로 비유된다.[10] 시계와의 강력한 유사성은 별들의 운동이나 자연 운동, 또는 인간의 운동들을 설명하기 위한 비유로서 기능한다. 시계의 기계적인 운동은 인간의 신체운동과 똑같이 기능한다고 생각했기 때문이다. 그렇기 때문에 "수종병"에 걸린 사람의 육체적 기능이 잘못 작동되는 것은 마치 잘못 만들어진 시계가 시간을 제대로 맞추지 못하는 것과 마찬가지라고 데카르트는 설명한다. 톱니바퀴 장치에 의해 정확히 움직이는 시계는 기계론의 가장 대표적인 모델이다. 정념들의 본성도 마

---

10. 같은 책, 198-199쪽.

찬가지여서 몸의 기계적 장치들에 의해 만들어지는 효과라고 그는 판단하였다. 그리고 그것들은 인간이 이성을 통해 통제할 수 있다고 생각한 것이다.

데카르트에게 있어서 생물학은 물리학의 한 분야일 뿐이다. 생물학은 살아 있는 존재의 물리학에 해당한다. 생명체는 무생명체와 마찬가지로 운동과 연장의 법칙에 의하여 지배된다. 바로 그러한 이유로 인간의 육체는 하나의 기계로 간주된다. 육체 속에서 모든 기능은 마치 시계나 다른 자동기계의 운동이 톱니바퀴나 평형추에 의해 지배받는 것처럼 기계적으로 작동한다. 이처럼 인간의 몸을 자동기계로 축소시킴으로써 데카르트는 인간성과 몸을 분리해버렸다.

서구의 근대사회는 자연과학의 발전으로 기존의 종교적 세계관을 벗어나 점차 기계론적 세계관으로 이행해 가기 시작했다. 그리고 데카르트의 인식론은 변해가는 기계적 세계관의 근간이 되었다. 교회의 권위와 초월적 신앙에서 인간을 해방시킨 것은 인간 인식의 능력을 확인시켜 주었기에 가능했다. 이 일을 데카르트는 인식론적으로 풀어나갔다. 그러나 다른 한편 그 작업은 인간의 몸을 사유의 노예로 만드는 균열을 가져왔다. 인간 존재 내에서 정신과 몸의 균열이 생긴 것이다.

근세 시대의 몸

2. 사이보그로 향하는 기계적 몸

보편적 기계론

> 인간은 몹시도 복잡한 기계여서 미리 그 기계에 대한 명확한 개념을 얻는 것은 불가능하며, 따라서 그것을 정의하는 것도 가능하지 않다. 그러므로 이제까지 모든 탐구는 헛되이 진행되어왔다. 가장 위대한 철학자들이 해온 선험적 작업이란 말하자면 정령의 날개를 사용한 격이다. 그럼으로 인간 자신의 본성에 관해 가장 가까이 다가설 수 있는 가능성은, 비록 그의 본성이 무엇인지 확실히 발견할 수는 없을지라도, 오직 후천적인 방식으로 또는 신체기관에서 영혼을 분리시키려고 할 때 얻어진다.[11]

데카르트 이후 17세기 계몽주의 시대에서도 인간에게는 기계가 갖고 있지 않은 영혼이라는 독특한 것이 존재한다는 전통적인 믿음이 끈질기게 이어져 내려왔다. 사유와 믿음으로 대별되는 이런 영혼의 기능과 그 세계는 인간과 신을 매개하면서 무기물이나 동물에게는 없는 인간만의 특성이라 간주되었기 때문이다. 그렇지만 인간 존재도 기계의 일부라는 생각은 과학의 발전과 함께 점차 부각될 수밖에 없었다. 생리학자나 정신병을 치료하던 의사들의 노력에 의해 인간의 영혼에 대한

11. 줄리앙 오프리, 『인간 기계』(1748) 중에서.
   http://www.cscs.umich.edu/~crshalizi/LaMettrie/Machine 참조.

사람들의 종교적, 철학적 집착이 이완되어갔다. 쇄도하는 과학 혁명의 시기를 맞아 기계론적 세계관이 크게 대두되었으며 점차 세력을 확대해나갔다. 기계론적 세계관이라 하지만, 이미 데카르트에서 보았듯이, 우주를 포함한 인간 세계의 모든 것이 철저히 기계적 개념으로 설명될 수 있다는 우주 보편적인 기계론을 주장하는 사람은 극히 드물었고, 대신 인간에 관한 모든 것을 마치 시계나 가솔린 엔진처럼 완전히 기계적인 작동으로 설명할 수 있다는 인류발생론적 기계론(anthropic mechanism)은 과학자들 사이에서 크게 득세하였다.

데카르트는 정신세계와 구별되는 물질세계는 철저하게 기계적으로 작동한다고 주장했지만, 홉스(Thomas Hobbes, 1588~1679)는 그 기계적인 작동 원리를 정신과 의지로까지 확장시켰다. 그는 이 정신의 영역도 지각의 효과와 욕망의 추구라는 측면으로 설명할 수 있다고 보았으며, 이 두 가지 측면은 신경체계의 물질적인 작용으로 완벽하게 해명될 수 있다고 주장했다. 홉스의 뒤를 이은 기계론자들은 더욱 철저하게 정신의 작용을 기계적인 것으로 설명해나가려고 하였다. 그 대표적인 예가 줄리앙 오프리(Julien Offray de La Mettrie, 1709~1751)의 『인간 기계』(1748)에서 전개된 이론이다.

줄리앙 오프리는 데카르트의 이성론적 인식론에 정면 대응하여 로크의 경험론을 지지하였다. 그는 우리의 육체적 감각만이 유일하게 지식을 모을 수 있는 능력을 가졌다고 주장하면서, "감각이 없으면, 관념도 없다"고 말하였다. 뿐만 아니라 그는 데카르트의 인식론적 이분법을 부정하여 영혼이나 정신의 상태는 육체적 상태의 등가물에 지나지 않는다고 주장하였다. 또한 데카르트는 동물이란 기계에 지나지 않으며 영혼과 정신을 제외한 인간의 몸도 동물처럼 기계와 동일하다고 생각한 반면, 인간의 영혼을 부정하는 줄리앙은 인간과 동물은 모두 똑같이 기계와 동일하다는 유물론적 입장을 택하였다.

인간이 기계와 마찬가지로 작동한다는 기계론적 사고는 줄리앙이라는 한 개인에게만 해당되는 것이 아니었다. 이처럼 인간 존재를 영혼을 지닌 고유한 신의 창조물이라는 인식은 점차 쇠퇴하는 대신 과학적 발전에 의해 인간 존재를 유물론적으로 파악하려는 입장이 점차 널리 퍼져갔다. 그런 사고는 이제 우주 전체를 움직이는 작동 원리를 신의 섭리로 설명하는 것을 거부하고 기계론적으로 설명하는 보편적 기계론으로 발전하였다.

보편적 기계론은 우주의 본질을 유물론적으로 해석하는 입장이다. 그 주창자들은 우주를 완벽한 기계적 체계로 파악하여 그 체계는 전적으로 자연의 규칙적 체계 하에 움직이는 물질로 구성되어 있다는 유물론적 입장을 취한다. 이 기계론자들은 과학혁명의 성과에 고취되어 우주의 모든 현상들은 궁극적으로 기계적 법칙으로 설명될 수 있다고 생각했다. 그런 면에서 보편론적 기계론은 필연적으로 철저한 우주론적 결정론의 형태를 띠게 된다. 즉, 모든 현상이 물리법칙 하에 움직이는 물질의 움직임을 통해 완벽하게 설명될 수 있다면, 그 현상들은 물질의 속성에 의해, 그리고 자연 법칙의 작용에 의해 완전히 결정된다. 그것은 시계의 톱니바퀴가 1시를 치고 난 다음 1시간 뒤에 정확히 2시를 알리는 것처럼 확실하게 그 결과가 결정되어 있는 것이다.

사실상 보편적 기계론에 함의된 결정론은 심지어 시계의 작동보다 더 강력히 결정론적이다. 시계의 기계적 작동은 그 부품이 파손되면 작동을 멈추리라고 예상할 수 있지만, 보편적 기계론에서는 기계체계의 한 부품이 제대로 작동하지 않게 될 때에도 우주의 한 부분이 되어 여전히 자연의 기계법칙에 따라 작용하기 때문이다. 뉴턴의 과학적 발견은 이러한 보편적 기계론을 뒷받침하는 힘이 되었다. 그의 중력 발견은 지구와 우주에서 벌어지는 모든 사물의 힘의 원리를 설명하는 인식상의 혁명을 가져왔다. 중력은 수학공식으로 풀려나오듯이 단지 기계적 원리에 따라 작동하는 보편적 원리가 된 것이다. 이제 기계론을 주장하는 이들에 의해 인간의 정신과 자유의지는 부정된다. 대신 몸을 유물론적으로 받아들이는 기계론적 사고가 더욱 힘을 얻게 되었다.

자동인형(automata) — 인공의 몸

18세기 합리주의 시기에는 자동인형에 대한 관심이 유난히 높았고, 그 제작도 활발하였다. 그것은 자연과학의 기술이 발전하면서 생겨난 여파일 것이다. 인간 및 모든 생명체도 궁극적으로 자동기계와 멀지 않은 존재라는 세계관에서 파생된 시대적 유행이었다. 그런 유행의 하나가 보캉송(Jacques Vaucanson, 1709~1782)이 만든 자동오리이다. 이것은 진짜 오리와 구별하기 힘든 자맥질하는 기계 오리로 세계에서 최초로 만들어진 일종의 로봇이라고 하겠다. 데카르트의 철학적 사고가 보캉송의 손에 의해 현실화된 것이다.

　보캉송은 해부학과 기계 기술을 습득한 프랑스 발명가였으며 일종의 예술가였다. 그는 기계 오리뿐만 아니라 세계에서 가장 먼저 완전히 자동화된 베틀을 만든 발명가였다. 그의 어렸을

보캉송의 〈자동오리〉
(1738)

보캉송
Jacques Vaucanson,
1709~1782

적 꿈이 시계 제작자였다는 것으로 보아 이미 어려서부터 기계에 대한 관심이 많았던 것을 알 수 있다. 18세에 그는 프랑스 리옹에 개인 작업실을 갖고 기계들을 제작하였다. 이때 그는 인조인간을 만들 결심을 하였다고 한다. 그가 생각한 자동인간은 손님이 오면 식사 때 식탁을 준비하고, 식사가 끝나면 식탁을 정리하는 일을 해주는 것이었다. 그러나 한 국가 공무원이 보캉송의 특이한 생각을 불경스러운 일로 판단하여 작업장을 파괴하도록 명령을 내렸다.

그러나 10년 후 보캉송은 인조 플루트 연주자를 만들었다. 이 연주자는 작은 북과 피리로 12곡을 연주하는 실제 크기의 목동이었다. 이듬해 그는 자신의 제작품을 과학 아카데미에 제출하였다. 그 당시 기계인형이 유럽에서 유행하고 있었는데, 대부분의 기계인형들은 작은 장난감 정도여서, 보캉송이 제작한 실제 모형 크기의 기계인형은 혁명적인 것으로 인정받았다. 이후 그는 추가로 탬버린을 치는 연주자와 자맥질을 하는 오리 등 2개의 자동인형으로 세상을 또 한 번 놀라게 만들었다. 특히 자동오리를 구성하는 데 움직이는 기계부품이 1,000개가 넘었고, 날개를 움직이는 데만도 400개가 넘는 움직이는 기계부품이 사용되었다. 이 자동오리는 날개를 퍼덕이고, 물을 마시고, 곡식알을 집어삼켜 배출까지 할 수 있을 만큼 정교하였다. 물론 이때 집어삼킨 곡식알이 소화되어 직접 똥으로 배출되는 것은 아니었고, 미리 소화시킨 음식물을 숨겨둔 내부 장소에서 따로 배출하도록 고안된 것이었다.

가짜라고 볼 수도 있지만, 오리의 소화내장까지 만들어내는 놀라운 기술을 보여준 보캉송은 세계 최초로 탄력성 있는 고무 튜브를 창안했다고 한다.

이러한 과학적인 발명품은 당시의 부유층과 권력층의 호기심을 자극하여 이들을 경제적 후원자로 만들었다. 보캉송의 발명품도 프러시아의 프레더릭 2세의 관심을 끌어 그의 궁정으로 초대되었지만, 보캉송은 자신의 조국에서 일하기를 원해 이를 거절하였다. 그는 프랑스의 실크 제작공장 감독관이 되었고, 직물제조 공정에서 기계 자동화를 위해 여러 가지 개선책과 발명품을 내놓았다. 그 중의 하나가 기계 베틀이었다.

보캉송은 마침내 프랑스의 과학 아카데미 회원이 되었다. 그는 당대에 인기를 끌었던 수많은 기발한 기계인형들을 열심히 수집하였고, 죽으면서 자신의 발명품과 상당한 수집품을 루이 16세에게 기증했다. 이 기증품들이 명성이 높은 파리 국립 공예원의 기초가 되었다. 유감스럽게도 그가 만든 플루트 연주자와 탬버린 연주자는 프랑스 혁명 시에 파손되었고, 다른 자동기계 발명품들도 모두 소실되었다. 다행인 점은 그가 만든 자동오리의 도해가 남아 있어 위의 사진처럼 오리의 내부를 살펴볼 수 있다. 또한 그를 기념하는 프랑스 그르노블의 작은 박물관에는 어느 시계 제작자가 그의 자동오리를 본떠 만든 복제품이 전시되어 있다.

보캉송의 기계인형들은 그 시대의 인기를 반영한다. 그야말로 18세기는 철학적 인형의 황금기였다. 프랑스의 사상가 볼테르는 보캉송을 가리켜 "새로운 프로메테우스"라고 불렀다. 보캉송이 자동인형 플루트 연주자를 만들어 전시회를 했을 때, 그 입장료는 노동자의 일주일

근세 시대의 몸

급료에 해당하는 3리브르였다. 그런데도 그 전시회는 대성황을 이룰 만큼 대중의 관심은 매우 높았다고 한다. 보캉송의 발명품만이 아니라 바이올린을 연주하는 기계 원숭이, 그림을 그리는 소년 인형, 체스를 두는 기계 인간 등을 만들어 사람들의 관심과 상상력을 자극하였다. 이런 것을 디자인하고 제조하는 데에는 조각술이나 모델링 기법까지 망라하는 기술이 요구된다. 여러 범주에 속하는 기법들이 총동원되는 것은 결과적으로 지금까지 조각이 고유의 영역에 국한되었던 인간과 기계의 경계를 허무는 작용을 하게 된다. 장난감 인형, 자동인형, 그리고 나중에는 로봇에 이르는 길이 열린 것이다.

이런 종류의 생산물들은 예술과 과학, 그리고 인간의 자연적 몸과 인공의 몸 사이에 확실한 경계가 있다고 믿었던 사람들에게 충격과 공포를 일으켰다. 이런 불안감의 중심에는 아무리 다양하고 사실적으로 재현되더라도 살아 있는 인간의 신체가 지니는 우월성은 유지되어야 한다는 생각이 자리 잡고 있다. 자연적인 신체와 그것에 대한 재현 사이의 경계를 무너뜨리는 위협은 그 어떤 것이라도 그로테스크하다고 여겨졌으며 금기 사항을 어기는 행위로 받아들여졌다.

프랑켄슈타인의 창조 — 몸으로 이루어진 괴물

아담처럼 나는 실재하는 어떤 존재와도 전혀 연관이 없었소. 그러나 그의 위치는 모든 면에서 나와 전혀 달랐소. 그는 완벽한 피조물이었고, 신의 손에서 태어난 행복하고 창창한 존재였으며 창조주의 특별한 보살핌으로 인도되었소. 그는 고등한 존재와 대화하며 지식을 얻었지만, 나는 흉측하고 도와줄 사람 하나 없는 혼자였소. 내 상황에 맞는 상징은 오히려 사탄이라는 생각이 자꾸 들었소… 그것은 내가 태어나기 전 넉 달 동안 당신이 쓴 일기였소. 당신은 작업의 모든 과정을 그 종이에다 빠짐없이 기록했소. … 이게 그 기록이오. 내 저주받은 탄생에 얽힌 모든 것들이 들어 있는 기록. 나의 존재를 만들어낸 그 역겨운 상황들이 눈에 선하게 그려져 있소. 내 징그럽고 혐오스러운 모습을 자세히 묘사한 글에는 당신의 공포가 생생히 드러나 있고, 나 역시 씻을 수 없는 참담함을 느꼈소… "저주받을 창조자! 왜 당신조차 역겨워 고개를 돌릴 소름끼치는 괴물을 만들었는가? 신은 자신의 형상을 본떠 인간을 아름답고 매력적으로 만들었건만 내 모습은 추잡한 인간의 모습이고, 인간과 비슷하기 때문에 더욱 끔찍해졌다. 사탄에게는 칭찬해주고 용기를 줄 동료 악마들이라도 있었지만, 나는 철저히 혼자이고 미움을 받는 존재라니."[12]

1818년 메리 셸리(Mary Shelley, 1797~1851)는 『프랑켄슈타인』이라는 특이한 공포소설을 발표하였다. 그 후 인간 괴물의 표본으로 "프랑켄슈타인"은 신화처럼 반복되며 영화나 소설로 재표상되고 있다. 이 인간 괴물은 인간보다는 악마 또는 흡혈귀의 상징으로 그려진다. 그러나 메리 셸리의 소설을 살펴보면 이 작품은 단순한 공포소설의 차원을 넘어

12. 메리 셸리, 오숙은 옮김, 『프랑켄슈타인』(서울: 미래사, 2002), 192-193쪽.

가부장제 문화의 이데올로기에 도전하는 여성의 깊은 욕망이 표현되어 있는 작품이다. 또한 몸을 다루는 이 수업의 표제에 맞추어 이 작품을 새롭게 해석할 수도 있다. 이 작품의 내용을 한 번 살펴보자.

과학자 빅토르 프랑켄슈타인 박사의 열렬한 과학적 호기심은 마침내 인간을 창조하는 길로 나아간다. 그러나 죽은 사체의 뼈와 피부를 모아 인간의 모형을 만들어 낸 이 괴물의 외모는 너무도 흉측스러워 보는 사람마다 공포에 떨게 만든다. 모든 사람에게서 배척받는 이 괴물은 마침내 복수심에 차올라 사람들을 해치기 시작한다. 특히 자신을 창조한 프랑켄슈타인 박사에게 복수심은 집중되고, 박사와의 타협 끝에 자신과 똑같은 모습의 여자를 만들어 달라는 요청을 한다. 위의 인용한 글은 이 괴물이 프랑켄슈타인 박사에게 자신의 저주받은 상황을 기술하는 장면이다.

신의 은총으로 축복을 받으며 탄생한 인간 존재와는 달리 과학의 산물인 이 괴물에게는 영혼이 결핍되어 있다. 죽은 사체의 몸으로 만

메리 셸리, 『프랑켄슈타인, 근대의 프로메테우스』(1818)의 1832년 판본

들어진 이 괴물은 영혼이 없는 물리적 몸만 지닌 존재이다. 그래서 그는 너무나도 흉측한 모습을 지니고 있는 것이다. 인간 고유의 이성과 지식을 지니고 있지 못한 이 괴물은 사실상 일종의 자동인형의 연장으로 만들어낸 인간 모방물이라고 할 수 있겠다. 그러나 이 자동인형이 창조자의 통제를 벗어나기 시작할 때 그는 저주받은 사탄의 모습을 띤다. 그 괴물도 이런 저주에서 벗어나기 위해 인간과 같은 영혼을 달라고 프랑켄슈타인 박사에게 요구한다. 자기가 사랑할 수 있고 자기가 사랑받을 수 있는 여자 배우자를 만들어달라는 것이다. 여기에서도 영혼(정신)과 몸이라는 이분법적 사고가 깊이 존재하고 있음을 볼 수 있다.

드라큘라, 늑대인간, 또는 프랑켄슈타인과 같이 18세기 후반 낭만주의 시대에 등장한 고딕적 괴물 신화는 과학문명이 발전해감에 따라 인간이 느끼는 원초적 두려움에 대한 알레고리라 할 수 있다. 인간의 몸이 과학, 기술, 의학, 또는 인간성 그 자체의 알 수 없고 감지해낼 수 없는 세력에 의해 점점 왜곡되고, 부패하고, 돌연변이로 변화해가는 것이 아닌가 하는 공포감의 표현이다. 이제까지 영혼의 거주지로 여겨왔던 인간의 몸이 한갓 기계제품에 지나지 않는다는 두려움이 스며드는 것이다. 영혼에서 떨어져나간 몸이 겪는 시련은 현대로 올수록 더욱 증가된다. 산업화의 과정은 몸을 철저하게 유물론적인 세계로 해석하도록 하며, 몸을 기계의 부품으로 전락시키기 때문이다.

진화론에 입각한 유물론 ─ 도구를 사용하는 기계적 몸

> 여기서 밝혀지고 강조될 도구와 인간의 기관 사이의 본원적 관계─의식적인 발명이라기보다는 무의식적인 발견에 더 가까운 그런 관계─는 도구 속에서 인간이 스스로를 연속적으로 생성했다는 것이다. 효용성과 힘이 증대되어야 하는 인간의 기관이 이 과정을 통제하는 요소이기 때문에, 도구의 적합한 형태는 오직 인간의 기관으로부터만 나올 수 있다. 풍요한 정신적 창조물이 인간의 손, 팔, 이빨에서 나왔다. 구부러진 손가락은 갈고리가 되었고, 손바닥의 움푹 팬 곳은 그릇이 되었다. 칼, 창, 노, 삽, 갈퀴, 괭이에서 우리는 팔, 손, 손가락의 일상적인 위치를 발견한다. 이러한 도구는 사냥, 어획, 정원에서 쓰이는 도구에 다시 적용되었다.[13]

모든 생명체는 공통된 조상으로부터 자연 선택 과정을 통해 진화해왔다는 찰스 다윈(Charles Darwin, 1809~1882)의 진화론은 인간과 동물의 생물학적 경계를 무너뜨렸다. 인간 자체도 다른 생명체와 마찬가지로 오랜 진화의 산물이고 지금도 진화하고 있다는 진화론 사상은 하느님이 인간을 창조했다는 성서의 말씀을 뒤집는 혁명을 가져왔다. 16세기 코페르니쿠스가 지구는 우주의 중심이 아니라는 지동설을 주장하여 우주에 관한 일들이 창조자의 의지가 아니라 자연과학의 영역에 속

---

13. 에른스트 카프, 『기술철학의 원리』(1877) 중에서.
   http://www.tshaonline.org/handbook/online/articles/KK/fka1.html 참조.

한다는 인식의 변혁을 가져왔다. 이제 다윈은 자연법칙에 의해 지배받는 유동적인 물질계로서의 자연에 대한 인식을 생물계로 확장시켜, 생물계를 자연과학의 영역으로 옮겨 놓음으로써 코페르니쿠스의 혁명을 완성시켰다.

다윈은 1831~36년에 비글호로 세계여행을 하며 표본들을 채집할 수 있었다. 이러한 과학적인 관찰과 여행에서 수집한 자료에 의거하여 다윈은 1859년 『자연선택에 의한 종의 기원에 관하여』를 출판하면서 진화론의 정립 및 진화의 진로 결정에서 자연선택의 역할을 확립했다. 다윈의 진화론은 인간은 신성한 피조물이라는 전통적인 개념을 뒤집었다. 이제 인간 신체는 신적인 완전함의 모사가 아니라 많은 진화하는 종들 중의 하나로 생각되었다. 인간의 우월성을 신이 명한 것이라고 생각하는 한, 인간 육체의 완전함을 주장할 필요가 없었지만, 이제 그러한 이상주의는 진화론을 반박하거나 피해가야만 하게 되었다. 진화론은 인간을 진화라는 메커니즘을 통해 이해함으로써 인간을 다른 생명체의 한 부분으로만 이해하게 되었다. 그렇다면 유일하게 영혼을 지니고 있는 존재로서 인간과 다른 동물의 차이는 무엇인가? 인간 과학기술문명의 발전은 무엇으로 설명될 수 있는가?

인간이 동물과 구별되는 것은 영혼이 아니라 인간만이 사용할 줄 아는 도구/기술이라는 점이 진화론의 한편에서 강조되기 시작했다. 다윈의 영향 아래 인간의 진화와 기술의 진화를 연결시켜서 생각한 사람으로는 마르크스와 엥겔스가 있다. 두 사상가는 영혼에 대한 형이상학적이고 종교적인 집착에 반대한 대표적인 유물론자들이다. 가령, 엥겔스는 인간이 직립하고 손을 자유롭게 쓸 수 있게 된 시점이 인간을 다른 동물의 세계로부터 해방시킨 결정적 순간이라고 보았다. 즉, 인간의 도구사용과 이를 통한 노동이 인간을 직립하게 만들고 손을 해방시킨 동인이라는 것이다. 인간의 진화가 기술의 사용을 낳은 것이 아니라, 기술을 사용한 노동이 인간의 현재 모습에 진화를 가져왔다는 것이다. 이러한 해석에 의하면 이성보다 도구의 사용이 인간이라는 종의 시작이 되며, 따라서 인간은 호모사피엔스가 아니라 호모파베르(Homo faber)이다.

이런 진화론에 입각해서 기계를 인간 몸의 '연장'이라고 주장한 사람이 독일 철학자 카프(Ernst Kapp)였다. 그는 1877년 『기술철학의 원리』에서 기술을 인간 몸의 연장으로 간주했다. 앞에서 보여준 자동인형은 자연적인 인간의 몸을 인공적 몸으로 발전시켜 나간 것이지만 18세기 사람들은 자동인형이 인간의 몸의 기능이나 운동을 모방한 것이라고 생각했지, 인간의 몸의 일부라거나 몸을 연장한 것이라고는 생각하지 않았다. 그렇지만 카프는 인간의 몸을 하나의 도구와 동일시하고 있다. 이것은 인간의 몸이 기계라는 인식이 기술문명의 발전과 함께 굳건해졌다는 증거가 된다. 카프는 여기서 더 나아가 철도를 인간 순환계의 연장으로, 전신을 인간 신경망의 연장으로, 언어와 국가를 인간 정신작용의 연장으로까지 기술하고 있다. 지나치게 허황된 사고이지만 이런 인식이 어떻게 형성되었는가를 고찰해보면 그저 우발적인 돌연변이의 사고가 아님을 알 수 있다.

3. 신고전주의의 미학에서의 몸

두 개의 몸을 지닌 절대군주

"짐이 곧 국가이다."라는 루이 14세의 말은 절대군주제의 특성을 말해 준다. 절대군주제란 무제한의 중앙집권적 권위와 절대주권이 모두 군주에게 집중된 정치 교리이다. 절대군주제는 중세의 질서가 와해되면서 새롭게 등장한 민족국가 의식과 왕의 권력이 밀접히 결탁하여 형성되었다. 절대군주제에서의 군주는 교회와 봉건영주들의 권한을 폐지하는 대신 국가의 절대적 권위를 옹호하고 국가의 수장首長으로서 자신의 절대권력을 주장했다. 16세기에 이르러 절대군주제는 서유럽의 대다수 지역으로 확산되었으며, 17·18세기에 접어들면서 유럽 전체에 걸쳐 확대되었다. 프랑스에서는 루이 14세 때 최고 절정에 다다랐다.

절대군주제를 옹호하는 가장 단순한 논리는 '왕권신수설', 즉 왕은 자신의 권위를 신으로부터 부여받았다는 주장이다. 이러한 사고는 심지어 폭군적인 통치조차도 인간의 죄를 사하기 위해 지배자가 행하는 신성한 처벌로 정당화시킬 수 있었다. 이러한 왕권신수설의 기원은 중세에까지 거슬러 올라간다. 즉 신은 로마 가톨릭 교황에게는 정신적 권력을 부여했고 한편 정치적 통치자에게는 세속의 권력을 부여했다는 것이다. 그러나 새로운 민족국가의 군주들은 모든 사안에서 자신의 권위를 내세웠으며 국가뿐만 아니라 교회의 수장이 되려고 했다. 군주의 권력은 절대적이었는데 그것은 본질적으로 중세 군주에게는 불가능했던 일이었다. 왜냐하면 중세의 군주는 권력의 또 다른 중심이었던 교회와 대치하고 있었기 때문이었다.

절대군주제의 왕권신수설은 군주의 몸에 대한 새로운 해석을 요구한다. 군주의 절대적 권위가 신에게서 부여받은 것이라면 그는 왜 일반 사람들과 마찬가지로 죽음을 맞게 되는지에 대한 의문이 제기된 것이다. 이것은 군주의 몸과 권력이 어떻게 서로 분리될 수 있는지를 묻는 물음이다. 여기서 정치 이론가들은 제왕은 두 개의 몸을 가지고 있다는 개념을 만들어냈다. 그 하나는 군주 개인의 인간적인 육체이며, 다른 하나는 죽을 수밖에 없는 인간의 나약함과 결함의 범위를 넘어서 불멸의 존재, 결코 죽지 않는 왕이라는 신화적 개념이다.[14] 거의 신성하다시피한 정치적 몸은 대관식 때에 왕에게 기름을 부어 신성하게 하는 의식을 수행함으로써 상징화되는데, 이는 군주를 일반인들과는 다른 존재로 격상시킨다. 왕은 하나의 개별 인격이면서도 동시에 공동체 국가의 구현물이다. 모든 사람들 중에 왕만이 스스로의 권리로 신성하면서도 세속적인 권력을 행사할 수 있게 된다. "왕은 두 개의 신체를 지닌다."라는 개념으로 절대군주국가에서 신성과 인성을 결합시키는 정치적 세속화의 방법을 찾아낸 것이다.

왕의 두 가지 신체라는 개념은 폭력의 정당화 및 합리화를 가져온다. 절대군주의 신체에 어긋나는 어떠한 행위도 반역죄로 여겨지기 때문에, 공개처형으로 죄인의 신체를 처벌한다. 정치적 신체의 완벽성은 다른 신체에 가해지는 폭력을 정당화하고 강요한다. 모든 범죄의 경우에 그와 같은 처벌은 왕의 권한으로 위임된다. 왕의 신체가 범죄에 의해 훼손되면, 범죄자의 신체는 정치적 신체의 완전성을 회복시키기 위해 범죄를 실토하고 처벌받아야만 한다.

---

14. Ernst H. Kantorowicz, *The King's Two Bodies*, Princeton University Press, 1997을 참조.

두 개의 신체를 지닌 군주의 이미지는 근대의 예술에서도 그대로 반영되었다. 평범한 인간에서 신에게 부여받은 절대군주로의 변화는 그림, 조각, 동전, 메달, 극장, 정원 및 건축의 멋진 장식에서 나타났다. 이들 재현물은 공허한 군주의 이미지가 아니라, 더욱 중요한 의미에서 그것들이 바로 군주이며 황제이다. 황제의 재현물은 황제 본래의 신체와 동일시되었다. 황제의 자화상은 본래의 신체와는 달리 결코 잠들지도 병에 걸리지도 나이가 들지도 않는다. 황제의 재현물을 공격하거나 손상을 입히는 행위는 절대군주의 가장 중요한 요소인 정치적 신체, 그 자체를 공격하는 것이었다. 그런 까닭에 황제의 멋진 장식과 화려함을 모두 보여주는, 히야신스 리고(Hyacinthe Rigaud, 1659~1743)가 그린 유명한 루이 14세의 초상화는 황제가 부재하는 동안 베르사이유에 있

프랑수아 지라동, 〈루이 14세 기마상〉(1699)

는 황제의 공식 알현실에서 황제의 자리에 걸렸고, 초상화에 등을 돌리는 것은 황제에게 등을 돌리는 것과 같은 죄악이었다.

1685~6년 동안 20여개에 가까운 루이 14세의 주요 조각상들이 프랑스 도처의 공공광장에 세워졌다. 그리고 1715년까지 700여개 이상의 조상과 그림이 제작되었다.

이처럼 많은 조각들은 정치적 불안정이나 독립의 기미를 보이는 마을에 세워졌고, 조각상 황제의 존재는 왕권과 왕의 존엄성을 상기시키도록 의도되었다. 각각의 조각상들은 화려한 행렬을 필두로 세워졌다. 이러한 황제 조각상의 정점은 1699년 8월, 파리의 루이 르 그랑 궁전에서 있었던 프랑수아 지라동(Francois Giradon)이 만든 커다란 기마상의 제막식이었다. 그 조각상은 너무 커서 설치하는 동안 20명이나 매달려야 했다. 거대한 크기의 작품을 완전하게 하기 위해, 지라동은 루이를 로마의 황제로 묘사했는데, 아우구스투스 황제의 기마상으로부터 그 구성을 따온 것이다. 거대한 크기의 조각상은 당시의 치세가 최고로서 고대 그리스 로마의 업적에 필적할 뿐만 아니라 능가하기조차 한다는 메시지에 힘을 실어주었다.

단두대에서 처형되는 왕의 몸

그의 피가 흘러내린다. 80,000명의 무장한 시민들로부터 기쁨의 탄성이 대기를 갈라놓는다. 그의 피가 흘러내리자, 그 피에 손가락과 깃털 펜, 종이 조각을 적시려고 사람들은 몰려든다. 심지어 그 피의 맛을 보는 사람도 있다. '지독히도 짭짤하군!' 단두대 위의 처형 집행자는 한쪽에서 그의 작은 머리다발을 판다. 사람들은 그 머리다발을 묶었던 리본을 사려고 한다. 모두들 그의 옷가지 또는 피에 젖은 유품 조각들을 가져간다. 마치 어떤 축제에 온 것처럼 모든 시민들이 팔에 팔을 건 채 웃고 떠들며 지나간다. 피에 물든 광장의 술집에는 평소처럼 포도주병들이 비워졌다. 머리가 잘려진 몸뚱이는 일반 범죄자처럼 광주리에 담겨졌다. 사람들은 그 몸뚱이를 둘러싸고 케이크와 파이를 팔았다.[15]

1793년 1월 21일 오전 10시 22분 프랑스 부르봉 왕가의 루이 16세는 왕비 마리 앙투아네트와 함께 단두대에서 처형되었다. 프랑스에서 왕이 처형된 일은 일찍이 없었다. 루이 16세만이 유일하게 처형당한 프랑스의 왕이었다. 그것도 온 시민이 보는 앞에서 공개적으로 단두대의 이슬로 사라진 것이다. 왕권의 권위가 높았던 만큼 추락의 깊이도

15. 국민의회 대의원 메르시에(Louis-Sebastien Mercier)의 루이 16세 처형장면 묘사는 http://www.schoolhistory.co.uk/year8links/frenchrevolution/executionofking.pdf 에서 발췌.

근세 시대의 몸

그만큼 깊었던 모양이다. 광장에서 벌어지는 왕의 처형은 마치 한 사람의 일반 범죄자를 처형하듯이 축제분위기에서 이루어졌다. 신성한 왕의 머리가 단두대 망나니의 칼에 잘려나가는 순간 군중들은 하늘 높이 환호했다. 사형집행자는 떨어져나간 왕의 머리칼을 붙잡고 군중에게 보여주었다. "공화국이여 영원히!" 군중들은 소리쳤다. 그 메아리는 광장에서 몇 발자국 떨어져 있지 않은 국민의회당까지 메아리쳤다. 군중들은 왕의 피를 만져보고 옷가지를 한 조각이라도 가져가려고 몰려들었다. 이로써 불멸하는 신성한 왕의 몸이라는 정치적 신화는 일순간에 거품처럼 사라졌다.

절대군주제에 대한 도전은 민중에 의한 프랑스 혁명에서 시작되었다. 아버지를 일찍 여윈 루이 16세는 할아버지 루이 15세의 왕권을 이어받아 19살의 나이로 프랑스의 왕권을 이어받았다. 그는 처음에는 백성으로부터 사랑을 받았으나, 재정 정책의 실패와 우유부단한 성격으로 앙시엥 레짐(구체제)을 대표하는 폭군의 상징이 되어버렸다. 무리한 세금 부과에 분노한 파리 시민들이 베르사이유 궁전으로 몰려들며 혁명은 시작되었다. 1792년 8월 10일에 이르러 프랑스 혁명은 가장 급진적인 국면으로 접어들었다. 흥미롭게도 혁명가들의 첫 번째 행동 중의 하나는 루이 14세의 기념비적 조각상들을 포함하여, 군주정치의 상징물을 파괴하는 일이었다. 이러한 파괴는 왕의 초상화를 폐기함으로써 왕의 두 신체와 관계된 지배적 신화를 제거하는 일이었다. 1793년 1월 21일 루이 16세는 38살의 젊은 나이로 단두대에서 처형당했다. 이날은 800년 이상 프랑스를 군림했던 절대군주제가 무너지는 순간이었다.

혁명위원회가 조직한 회화 공모전(1794년 4월 24일)에 다비드의 제자 르쉬에(Pierre-Etienne Le Sueur)는 〈폭군의 처형〉이라는 제목으로 루이

16세의 처형에 대한 드로잉에 착수
했다. 그는 그림의 주제를 왕의 숭
고한 종말보다는 대중적 축제로 만
들기 위해 처형 직후의 순간을 묘
사의 주제로 선택했다. 광장에 모
인 엄청난 군중의 난동을 염려하여
수비병들이 단두대를 에워싸고 있
는 장면이 전면에 보이지만, 이 그
림의 초점은 후면에 있다. 왕을 처
형한 단두대의 사형집행자가 잘려
나간 왕의 머리를 군중들에게 보여
주고, 군중은 이를 환호하고 있다.
왕도 평범한 한 인간에 불과하다는
것을 군중에게 선언하는 장면이다.

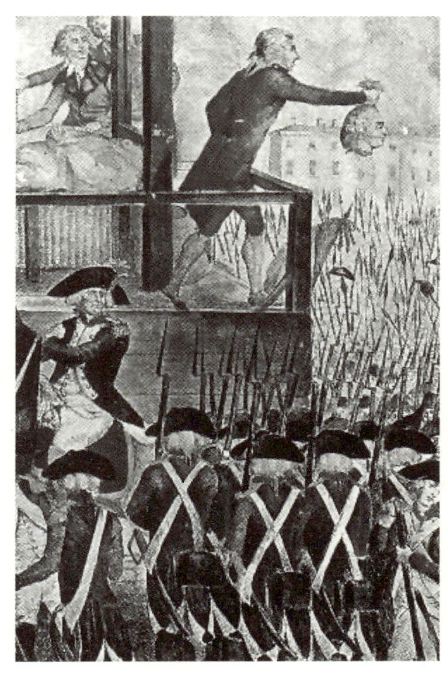

피에르 드 쉐르, 〈폭군의 처형, 1793년 1월 21일〉

　왕의 신체와 정치적 신체로서 왕의 초상화는 제거되었다. 왕의 두
신체의 종말과 그것이 가져온 동포애적 감정의 해방감을 표현하는 그
림이다. 왕도 단지 한 인간에 불과하다는 것이 밝혀졌다.

영웅적 남성미－고귀한 단순성, 숭고함

프랑스 혁명에 의해 절대군주제가 무너진 이후 찾아온 18세기 시민사
회는 혈통으로 이어지던 절대왕권을 시민의 손으로 넘겨받았다. 이제
새로 시작된 공화정은 시민적 덕목을 활성화하기 위한 이상적인 척도

를 새로이 요구하였다. 이런 이상형의 역할이 더욱 두드러진 곳은 프랑스로서 청렴과 절제라는 도덕적 이념을 가장 중요한 덕목으로 여겼으며, 이를 고대 그리스 로마의 영웅적인 모범상에서 다시 발견하였다. 18세기 계몽의 시대는 기본 시민권을 신장시키면서 새로운 도덕적 질서를 모색하기 시작한 것이다.

예술에서도 새로운 사회변화가 반영되었다. 화려함과 장식성을 추구했던 앞 시대 바로크와 로코코 양식의 흔적은 쉽게 지워지지 않았지만 이미 신고전주의 예술이라는 새로운 양식이 이를 대치하기 시작했다. 논리와 합리성을 강조하는 신고전주의는 고대 그리스와 로마의 예술에서 빌려온 도덕적 주제를 채택하였다. 복고풍의 신고전주의 변화를 가장 잘 반영해주는 화가는 프랑스의 다비드(Jacques-Louis David, 1748~1825)였다.

다비드는 프랑스 혁명의 열렬한 지지자였으며, 재능 있는 특출난 화가로서 그 자신 스스로 시대의 정치적 변혁에 직접 참여했던 정치적 활동가였다. 그는 루이 16세의 처형에 찬성표를 던졌던 혁명의회의 의원이었으며, 공화정을 이끌었던 마라와 로베스피에르의 친구로서 자코뱅 당의 공식 화가로 활약하였고, 나중에는 나폴레옹을 지지했던 인물이었다. 그는 더 이상 누구도 정치적 신체라는 다중적 의미를 내포하고 있는 왕의 재현물을 숭배할 수 없다는 것을 감지하였다. 대신 새로운 공화정 시대에 맞는 새로운 가치를 발견해야 한다는 것을 그는 깨달았다. 그가 3년간 정성을 기울여 1784년 완성한 〈호라티우스 형제의 맹세〉는 시대의 새로운 가치관을 대담하게 형상화시킨 상징적 작업이었다.

이 그림은 주제를 기원전 7세기 고대 로마의 한 이야기에서 가져온

다비드, 〈호라티우스 형제의 맹세〉(1784), 루브르 박물관, 파리

일종의 역사화이다. 리비와 플루타크는 로마와 알바 강 사이에 국경선
시비를 해결하기 위해 양측에서 대표로 3명의 병사를 뽑아 검으로 승
부를 겨루게 되었다. 로마를 대표하여 세 명의 호라티우스 형제가 나
섰고, 알바에서도 세 명의 쿠리아티우스 형제들이 선택되었다. 미묘하
게도 쿠리아티우스 형제 중의 한 명이 호라티우스 형제들의 여동생과
약혼을 한 상태였으며, 또한 호라티우스 형제 중의 한 명이 쿠라티우
스 형제들의 여동생과 결혼한 사이였다. 싸움의 결과로 단지 호라티우
스 형제 중의 한 명만이 살아남아 돌아왔다. 그의 여동생이 자신의 약
혼자를 죽였다고 저주하자 그는 여동생을 칼로 찔러 죽이고 말았다.

근세 시대의 몸

이러한 역사의 이야기 대신 다비드는 기록되지 않은 장면을 상상하여 화폭에 담았다. 아버지에 이끌린 호라티우스 형제들은 죽을 때까지 싸우겠노라고 맹세한다. 이 그림의 구성은 아주 단순하면서도 명확하다. 결의에 찬 용맹스러운 남성 모습은 괴로움에 슬퍼하는 여성들과 대조된다. 가족사의 측면에서는 비극적인 싸움에 나서는 몸이지만 국가라는 대의를 위해 인내하는 남성들은 오른편에 직선과 날카로운 각으로 표현되는 반면 남편 또는 약혼자를 잃게 된 비극 앞에서 사적인 감정을 억누를 수 없는 여성들은 왼편 아래에 느슨한 선과 곡선으로 대비된다. 그림의 한가운데 서있는 아버지는 대립되는 두 가치관과 감정을 결합시킨다. 그는 단호하면서도 고통에 찬 표정이다. 그는 자신의 정면에 검을 들고 자식들에게서 맹세를 받으며 가족의 수호신에게 기도를 드린다. 필연적으로 개인적 희생이 따르지만 최고의 미덕을 위해 아들들이 헌신한다는 표현이다. 또한 이 그림은 이제 최고의 미덕이 더 이상 노인들을 위한 것이 아니라 젊은이에게로 전수되었음을 암시한다. 적을 무찌르지 못하면 죽음을 택하겠다고 맹세하는 세 명의 형제들은 방탕함 대신에 자기희생을 강조하는 새로운 사회 분위기를 잘 대변하고 있다. 프랑스 혁명으로 방탕한 귀족 계급이 전멸했듯이 이 회화는 새로운 금욕주의적 가치관을 보여준다.

다비드는 맹세를 소재로 하는 그림들에 관심을 많이 기울였다고 한다. 그만큼 맹세의 주제를 중요하게 여겼던 모양이다. 어두움에 싸여 엄숙함을 강조해 주는 수직의 로마식 주랑, 아취, 마루의 질서 있는 기하학적 무늬, 동상처럼 뻣뻣이 얼어붙은 남성들의 자세 등은 궁극적으로 우리의 시선을 칼을 쥔 아버지의 양손으로 몰리게 한다. 강렬한 빛의 조명을 받고 있는 아버지의 양손은 맹세의 엄숙함을, 그리고 고귀한 미덕을 대변해준다. 다비드가 이 그림을 처음 의뢰받았을 때 그림 크기는 한 면이 10피트 가량 되는 정사각형 모양이었다고 한다. 이런 크기는 2층까지 통해 있는 응접실에 거는 그림들의 전형적인 크기인데, 다비드는 이 그림에서 수평적 길이를 더욱 늘렸다고 한다.[16] 이런 변화는 그림의 안정감을 주기도 하지만, 한편으로는 한가운데의 중심으로 시선을 응집시키는 효과를 배가시킨다. 이 맹세 이후에 일어날 처참한 비극을 함의한 이 장면은 극적 효과를 담고 있기 때문이다.

다비드는 이 그림에서 왕의 두 신체 대신에 남성과 여성의 대립적 이미지를 표현하였다. 국민 모두를 합일시키는 왕이 하나의 성을 가진 단일성의 신체였다면, 다비드의 과업은 이 단일체의 상징을 대체하는 일뿐만 아니라 새로이 차별화된 두 성을 포함할 수 있는 몸의 재현을 탐구하는 일이었다. 그리고 그는 그 과업을 통해 이 그림에서 두 성을 포함하는 시민적 가치를 발견하였다. 이 그림이 신고전주의의 세계관을 대변해주는 이유도 바로 여기에 있다.

여성적 감성으로서의 몸

신고전주의 시대에 들어서 정신과 육체는 남성적인 것과 여성적인 것의 성질로 분리, 구별되어 인식되기 시작하였고, 정신은 합리성을 대변하는 이성의 본질로 격상된 반면, 육체는 감성논리에 지배되는 수동

16. Monica K. Wendt, "Jacques-Lous David: Artistic Interpretation in Tumultuous Times," *Anistoriton Journal*, vol. 11 (2008-2009), p. 1.

적 욕구기관으로 전락하였다. 이성의 원리에 의해 지배되는 육체는 기계적일 수밖에 없다. 데카르트 이래 서구 합리주의와 계몽주의가 내세운 근대성의 과업은 이런 원리가 보편적으로 지배하는 세계를 꿈꾼다.

　육체의 수동성은 여성의 신체에서 더욱 두드러지는데 이와 같은 사고방식에 의하면 여성은 이를 통해서 자기 정체성을 가장 잘 보장받을 수 있다는 것이다. 초상화와 인물화를 제외한 서양미술 작품들 가운데 누드화가 대종을 이루는데, 미술사가들에 의하면, 이상미의 형식으로 실체화된 육체에서, 즉 이성의 가상을 띤 육체의 완벽함과 순종에의 의지에서 그 의미를 찾았다는 것이다. 르네상스 시대에는 육체의 능동적 감각을 통해 만물에 접근해 들어간다고 생각했던 반면 이제 신고전주의 시대는 육체를 수동적 기계로 이해하기 시작했다. 성의 이데올로기가 예술의 영역에서 더욱 첨예하게 노출된 것이다.

　신고전주의 화가들은 여성의 몸을 대상으로 한 그림들을 많이 발표하였다. 다비드 이후 프랑스의 신고전주의 미술을 대표하는 화가는 앵그르(J.A.D. Ingres, 1780~1867)이다. 그를 가리켜 사람들은 신고전주의 화풍을 대표하는 마지막 거장 또는 수호자라고 부른다. 나폴레옹 황제의 총애를 받던 다비드가 1815년 나폴레옹의 몰락으로 외국으로 망명을 떠난 이후 그 빈 자리를 앵그르가 채워주었기 때문이다. 앵그르 그림의 신고전주의 특성은 선명한 윤곽과 선을 강조하는 데에서 잘 나타난다. 그렇지만 그의 그림에는 낭만주의 특성도 동시에 두드러진다. 그는 이태리에서 거의 18년간 머물면서 고전주의에 깊이 빠져 들어갔으면서도 한편으로는 중세, 비잔틴, 초기 르네상스 예술에도 큰 매력을 느꼈다. 그가 이태리에서 그렸던 〈그랑 오달리스크〉(1814)에서도 이런 양면성이 명확히 발견된다.

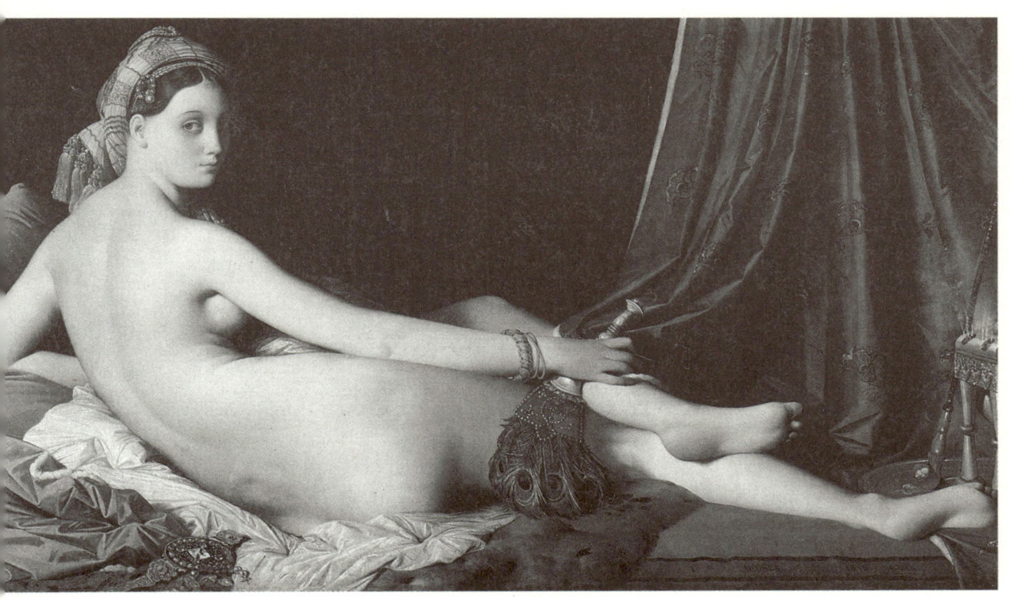

　터키의 한 후궁을 그린 앵그르의 이 누드화는 소위 서구인의 오리엔탈리즘을 대표하는 그림이다. 오리엔탈리즘이란 서구인들이 오리엔트라고 하는 동양 문화에 대해 환상적으로 품고 있는 매력과 기호를 가리킨다. 물론 이때의 동양이란 북아프리카의 회교도 세계나 중동 지역이었다. 서구인들이 보여주는 이런 동양에 대한 매력은 부분적으로는 나폴레옹의 이집트 원정(1798~1799)과 그에 따른 이집트 연구물(1809~1822 사이에 24권으로 출판됨)에서 생겨난 것이기도 하다. 오리엔탈리즘은 서구인들의 이성적 문화와는 대조적으로 동양의 문화를 신비하고 이국적인 타자로 간주하는 인식에서 나온 것이지만 한편 그 인식의 밑바탕에는 서구의 이성에는 미치지 못하는 비이성적이고, 열등하며, 비도덕적이고 야만스런 동양문화라는 제국주의 이념이 깔려있다고 비

판을 받는다. 앵그르의 그림에서도 신비스럽고 육감적인 동양의 여성을 재현해가는 화가의 시선에는 오리엔탈리즘의 인식이 스며있는 것이다. 이처럼 동양과 서양, 여성과 남성, 누드화의 모델로서의 여성과 누드화를 그리는 화가의 구분에는 가치의 우열이라는 시대적 이데올로기가 작동하고 있다.

〈그랑 오달리스크〉의 모델은 터키의 한 후궁이지만 그의 누드 양식은 르네상스나 바로크의 여신상, 특히 기대어 있는 비너스 그림을 따르고 있다. 더군다나 파리 관객들의 기호를 맞추려고 모델의 얼굴 모습과 머리장식은 유럽인에 더 가깝다. 유혹하는 육감적인 자세, 마약을 피우는 장죽, 향로, 머리 터번은 이국풍을 확실히 보여주지만, 그림의 전체적 느낌은 세련된 아름다움과 고전적으로 보이는 이상성을 드러낸다.

〈그랑 오달리스크〉에서 앵그르의 초점은 우아한 고전적 선으로 표현한 동양 모델의 육감적인 육체 모습에 있다. 대조적인 음영을 배경으로 모델의 육체는 부드럽고 풍만하면서도 우아하게 보인다. 나른하면서도 부드러운 몸의 자세는 육감적 분위기를 풍겨주며, 어두운 색깔의 배경과 대조적으로 벗은 몸에 빛이 모아진다. 풍부한 색깔, 화려한 침대 커튼, 공작 깃털은 감각적인 분위기를 더욱 고양시킨다. 특히 여분의 세 개 척추를 덧붙여 길이를 늘인 후궁의 등과 유난히 긴 오른팔 팔꿈치는 애매한 해부학적 부정확성 때문에 오랫동안 비난을 받기도 하였다. 그렇지만 우아한 구성을 위해 앵그르는 의도적으로 왜곡시킨 것이 확실하다.

이슬람 왕실의 여자들이 거처하는 곳을 재현한 이 그림은 사실상 서구인들의 환상을 투사한 것이다. 동양의 여성에 대한 서구인의 성적 에로티시즘을 앵그르는 그대로 반영한다. 사실성을 벗어나 신체를 왜곡시켰던 이유도 이러한 서구인의 오리엔탈리즘의 욕구를 충족시키는 것이다. 이러한 오리엔탈리즘의 이면에는 여성의 몸을 에로티시즘의 대상으로 생각하는 남성적 사고도 반영되어 있다. 여성과 남성의 몸이 각각 대변하는 이미지가 분리되고 있다.

4. 낭만주의 미학에서의 몸

낭만주의--육감적 몸의 전율

18세기 말 이성을 중시했던 신고전주의에 반발하여 일어난 낭만주의는 감수성을 특히 중요시했다. 1789년 프랑스 혁명에 자극받은 낭만주의 예술가들은 합리성과 질서를 최고의 가치로 내세웠던 계몽의 정신 또는 18세기의 물질주의적 사회풍조에 대한 환멸로 감성, 직관, 상상력에 의존했다. 낭만주의자들은 자신의 정열이 이끄는 대로 극한까지 추구해 나갔으며, 착실한 생활보다는 강렬한 삶을 선택했다. 낭만적 취향이란 개별적인 성향일 수도 있지만, 시대적 미학 사조의 측면으로 보면 낭만주의 예술은 집단(또는 사회)의 공적 가치보다는 개인의 개별성을 부각시키는 데 초점을 맞추었다. 따라서 낭만주의 예술은 일반적으로 개인의 개별성, 주관성, 감성, 상상력, 의식적이지 않은 자연성, 예언적이고 초월적 세계를 강조한다. 뿐만 아니라 개인의 개별성을 중시하는 낭만주의는 예술적 천재라는 개념을 숭앙하였다. 이때의 천재란 사회와 독립하여 사회규범에 도전하고, 새로우면서도 진지한 가치를 창조하는 자이다. 낭만주의는 영국과 프랑스를 비롯하여 북유럽에서 19세기 중반까지 작가와 미술가들에게 큰 영향을 끼쳤다.

낭만주의 미술의 특성은 풍경화에서 가장 잘 나타난다. 자연에 깃들인 신성함을 표현하고자 하는 낭만주의 풍경화는 평범한 질서의식이 아니라 공포와 같은 극단적인 감정을 유발하여 궁극적으로 숭엄함의 미적 감정으로 이끌어가는 평범하지 않은 자연 풍경을 그려나갔다. 경건한 경외감을 불러일으키는 자연의 이미지를 담아낸 이들 풍경화는 자연의 미세한 실재를 담아낼 뿐만 아니라 더 나아가 그 자연에서 촉발되는 인간의 감정을 풍요롭게 표현하는 데 초점을 맞추고 있다.

한편 개인과 주관적 감성에 관심을 쏟는 낭만주의의 특성은 풍경화 외에도 초상화에서도 커다란 성과를 가져왔다. 전통적으로 개인의 유사성을 성실하게 기록하는 초상화는 낭만주의 화가에 의해 심리적이고 정서적인 상태를 표현하는 수단이 되었다. 제리코(Theodore Gericault)는 정신병 환자를 그림의 소재로 삼아 그리면서 비정상의 극단적 심리를 파헤치는가 하면 어린이들을 특이하게 그려내 어린 시절의 어두웠던 면을 탐구하였다. 이처럼 극단적인 정서적 상태를 그려내는 초상화는 사회적 신분을 그려낸 신고전주의의 전형성과 커다란 차이를 보인다.

장-밥티스트 클레젱제(Auguste Jean-Baptiste Clesinger, 1814~1883)가 제작한 〈뱀에 물린 여인〉은 사실적 표현 방식의 한계를 넘어 무한한 감정을 불러일으키는 조각 작품이다. 출품된 이 대리석 조각에서 활처럼 굴곡진 여인 몸의 선과 독이 퍼져 나른해진 자세, 그리고 허벅지에서 물결치는 얇은 옷자락은 에로틱한 감성을 극대화시키고 있다. 뱀에 물려 죽은 여인의 몸이라고 하지만, 그녀의 손목을 감싸고 있는 것은 작

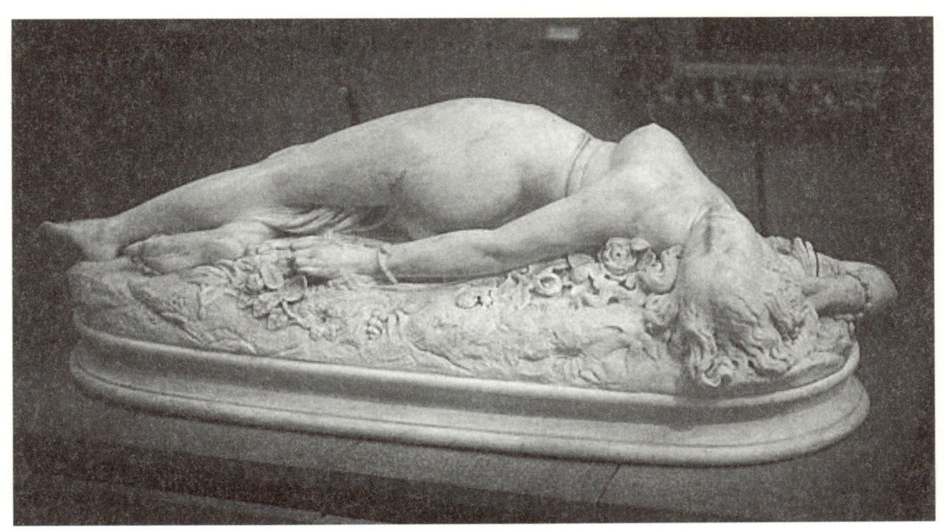

장-밥티스트 클레젱제, 〈뱀에 물린 여인〉(1847), 오르세 박물관, 파리

은 뱀인지 아니면 주변에 덮인 장미와 함께 뱀 모양의 팔찌인지 명확하지 않다. 1847년 파리 살롱전에서 이 조각은 비평가들 사이에서 커다란 논란을 일으켰다고 한다. 그것은 이 신체상이 역사적이거나 신화적 인물의 모습이 아니라 클레젱제의 연인인 사바티에 부인과 너무나도 흡사한 사실적인 몸으로 느껴졌기 때문이라고 한다. 비평가 테오필 토레는 "채색된 대리석과 맥박이 뛰는 살갗 아래에 흐르는 젊은 혈기를 느낀다. 만일 이 하얀 요부를 직접 만져볼 용기를 감히 낼 수만 있다면 생명의 온기까지도 느낄 수 있을 것이다"라고 평하였다고 한다.[17] 이러한 반응은 이들 작품이 유발하는 육감적인 전율을 적나라하게 드러내 준다. 그렇지만 이런 특성은 이 육감적인 성적 매력을 퇴폐와 죽

17. 톰 플린, 김애현 옮김, 『조각에 나타난 몸』(서울: 예경, 2000), 129쪽에서 재인용

음의 원천이라고 간주하는 부르주아 계급의 청교도적 관점에서 부정
적인 비평을 불러일으키는 직접적인 요인이기도 하였다. 이미 신고전
주의 앵그르의 그림에서도 할렘 여성의 이국적인 요염한 아름다움을
추구하는 낭만주의 특성을 볼 수 있었지만, 클레젱제의 조각은 더욱
감성을 자극하는 극단화된 낭만주의 예술의 형태를 보여준다.

감각적인 몸

자연이 최초의 출발점이었다가, 자연을 주제화하는 대신 시각적이고
감정적인 충격을 극대화하기 위하여 감정을 과장하여 표현하는 것은
19세기 후반 프랑스 조각가들 사이에서 널리 사용된 전략이었다. 정부
가 연이어 뒤바뀐 와중에서 프랑스가 겪은 체제 내부의 정치적, 사회
적 혼란이 조각가들에게 허탈감 섞인 솔직한 태도로 혐오스럽고 음산
한 문화적 고정관념들을 파헤치도록 만들었다.

　제2제정 당시 추앙받던 프랑스 조각가 카르포 (Jean-Baptiste Carpeaux,
1827~1875)는 공공조각으로 큰 명성을 얻었다. 그렇지만 그의 조각은
당시의 신고전주의 양식에서 점점 멀어져 이와는 전혀 다른, 인물의
강렬한 감정을 표출하는 데 쏠려 있었다. 이러한 그의 낭만적 특성을
잘 말해주는 작품으로는 그의 명성을 확고히 해준 〈춤 The Dance〉
(1869)를 들 수 있다. 거대한 인물 누드 군상인 이 조각상은 파리 오페
라 극장을 위해 만들어진 것으로, 이 작품에서 느껴지는 에너지가 분
출하는 듯한 활력과 리듬, 활짝 만개한 감각적 감성은 당시 일반인들
이 가졌던 지적 통제의 규범을 벗어났다는 비판을 받기도 하였다.

낭만주의 조각의 특성을 잘 말해 주는 카르포의 또 다른 작품으로는 〈우골리노와 아들들〉을 들 수 있다. 이 조각은 단테의 『신곡』 "지옥편"에서 불후의 명성을 얻게 된 한 일화에 근거를 두고 있다. 피사의 백작이었던 우골리노는 교황을 지지하는 정치가였지만, 자신의 세력을 공고히 하려다 황제를 지지하는 반대파의 음모에 몰려 1288년 반역죄로 구속되어 탑에 갇혔다. 이때 그 자신만이 아니라 4명의 아들들과 손자들이 9개월 동안 같이 갇혔고, 이들은 굶

장-밥티스트 카르포, 〈우골리노와 아들들〉(1863), 메트로폴리탄 박물관, 뉴욕

주림에 고통받다가 죽고 말았다. 단테의 『신곡』에는 이들이 서서히 굶어 죽기 전에 우골리노의 자식들이 자기들을 잡아먹으라고 아버지께 간청했고, 마침내 우골리노에게는 배고픔이 슬픔보다 더 강했노라고 적혀 있다. 이런 이유로 그는 식인종 백작으로 알려졌고, 『신곡』의 "지옥편"에서는 저주받는 영혼으로 나오며, 로댕의 조각 〈지옥의 문〉에서 그 자신에 경악하여 자신의 손가락을 씹고 있는 모습으로 새겨져 있다.

카르포의 작품은 피렌체 산 로렌조 교회당에 있는 미켈란젤로가 만든 〈로렌조 데 메디치〉가 취한 자세를 차용하여 전율하는 힘으로 그것을 더 구부려 버렸다. 우골리노의 포개진 발들은 중심이 되는 주제를 뒷받침하고 있다. 어떤 각도에서 보든지 이 작품이 담고 있는 보편적

근세 시대의 몸

메시지를 전달하는 것은 이완되었거나 무기력하거나 간에 표현적인 잠재력이 충만한 신체이다. 일반적으로 융통성 없는 아카데미적 관점은 이러한 역사적인 인물상에 적절한 의상을 착용시킬 것을 요구한다. 그러나 이러한 교의를 과감히 무시하고 누드를 선택함으로써 카르포는 미켈란젤로에 대한 경의를 더욱 분명히 표하였으며, 동시에 해부학적 근거를 바탕으로 표면을 정확히 묘사하였다.

5. 살아있는 몸의 현실성

사실주의 ― 의복을 걸친 사회적 몸

사실주의 예술은 일상생활의 인물, 상황, 곤경 등 현실세계를 있는 그대로 그리려는 시도이다. 이것은 극적인 장면, 고상한 주제, 고전적 형식을 거부하고 일상적인 주제로 방향을 바꾸었다. 낭만주의의 현실 도피는 19세기 중엽에 들어오면서 강한 비판을 받기 시작했다. 이제까지 화가들은 그들의 주제를 이상화하거나 극적으로 다룸으로써 이상주의(소위 "정신화된 신체")를 표현한 반면, 새로운 사실주의 화가들은 시각적으로 인지된 것들만 정확하게 모방하기를 고집했다. 사실주의의 주제 역시 종래와는 완전히 달라져서 화가들은 개개인이 체험할 수 있는, 그 당시에 일어난 일만을 그리는 것으로 주제를 국한시켰다. 따라서 고대의 신이나 여신들, 영웅들 대신 농부나 도시의 노동자 계층, 그리고 도시 거리와 카페의 모습을 다루게 되었다. 또한 몸과 성적 내용을 다루는 데에서도 이전과는 달리 더욱 솔직하게 표현하려 하였다. 1830년대와 40년대 프랑스 혁명 시기에 체계적인 형태를 갖기 시작한 사실주의 미술은 제2제정(1852~1870) 때 절정을 이루다 70년대 들어오면서 점차 기울기 시작했다. 특히 1855년은 사실주의가 유럽에서 확고한 기반을 잡은 의미 깊은 해였다. 왜냐하면 바로 그 해에 쿠르베(Gustave Coubet, 1818~1877)가 파리의 전시회에서 자신의 작품 40점을 전시하며 데뷔를 하였는데, 그 작품들 중에는 살롱의 전시회에서 심사위원들에 의해 거부되었던 작품들도 포함되어 있었다. 또한 바로 같은 해에 바르비종파의 화가들이 처음으로 대중 앞에 작품전을 열었던 기념비적 사건이 있었기 때문이다.

풍경화에서도 이상화된 자연의 모습보다 사실적인 풍경을 그리려는 일단의 화가들이 미술계에 신선한 바람을 불러 일으켰다. 19세기 중반 파리 근교 바르비종 마을에서 그림을 그렸던 풍경화가들은 고전적 화풍에 반기를 들고 풍경 그 자체의 매혹에 이끌려 그림을 그리는 화가들이 주를 이루었다. 바르비종파(1830~1870)라고 불리는 이들은 무엇보다 자연에 대한 면밀한 관찰을 강조하여 하루하루 또는 계절별 자연의 변화를 자유롭고 미묘한 붓자국으로 기록하였고, 이는 나중에 인상주의의 길을 열어주는 징검다리가 되었다. 이들에게 자연 풍경은 극적 사건의 단순한 배경으로가 아니라 그 자체로 그림의 주제였다.

바르비종파를 대표하는 화가 중의 하나가 밀레(Jean-Francois Millet, 1814~1875)이다. 그는 자연풍경을 그리는 데서 벗어나 농부들과 그들의 일상 생활상, 특히 들판에서 일하는 모습을 즐겨 화폭에 담았다. 그의 대표작으로 일컫는 〈이삭 줍는 여인들〉(1857)은 세 명의 농부 아낙네가 추수가 끝난 들판에서 이삭을 줍는 모습을 담고 있다. 이 장면에는 어

근세 시대의 몸

떠한 극적인 사건이나 역사적 이야기도 담겨있지 않은 한 폭의 담담한 풍경만이 그려져 있다. 그러나 그 풍경은 이상화된 전원의 아름다움이 아니라 그 시대의 사회적 조건, 즉 농부들의 생활 현실을 즉각적으로 말해주는 상징성이 담겨 있다. 즉, 이삭을 줍는 일은 오랜 세월 동안 가난한 여성이나 어린 아이들이 해오던 일로 추수가 끝난 들판에서 흩어진 마지막 곡식 알갱이들을 주워 모으는 것이다. 밀레는 바로 이 주제에서 영원성을 발견했다. 그렇기 때문에 그는 이 그림에서 따스한 황금빛 저녁 노을을 배치하여 생존투쟁이 벌어지는 일상생활의 성스럽고 영원한 의미를 제시하고 있다. 엎드린 세 여인의 등 위로 흐르는 선은 땅을 나타내는 지평선과 평행으로 이어지며 끝을 모르고 휴식도 없이 해나가는 힘든 노동의 삶을 암시한다. 그러면서도 이 여인들의 소박한 옷차림은 배경의 황금빛 들판과 대조되어 강건함을 전달해주어 각 여인들마다 품위 있는 건강한 삶의 가치를 풍겨준다.

밀레의 〈씨뿌리는 사람〉도 그가 즐겨하는 소재인 시골 농부들의 노동과 생활을 그리고 있다. 이 작품은 1850년 살롱에 전시되었다. 당시의 전원풍경을 그린 그림들은 인간의 존엄성을 상징하는 낭만풍이 대부분이었지만, 밀레의 이 작품은 어둡고 황량해 보이는 토지에서 단조롭게 노동을 하는 장면을 담았다. 이런 이유로 살롱의 비평가들은 이 그림을 "야만적"이고 "난폭한" 그림이라고 비난하였다. 프랑스 시골의 빈곤한 상황이 점점 악화되면서 사회주의가 부르주와 사회를 위협해 들어오는 시기에 밀레가 저급한 농부를 영웅적으로 그린 것이 이들 비평가에게 충격을 주었던 모양이다. 이 그림의 힘은 희미하게 사라져가는 저녁 노을의 잔광이 남아 있는 언덕을 배경으로 전경에 대담하게 확대된 농부의 자세에서 생겨난다. 시간과 계절을 표시하는 이런 단순

한 암시들이 씨를 뿌리는 인간 행위가 무한히 반복되는 자연의 주기 중의 일부분임을 말해줌으로써 이 장면에 종교적인 경건함의 감정까지 불러일으킨다.

사실주의 미술에서 시작되어 바르비종파(코로, 밀레)에 이르기까지 근대 회화의 문을 연 이들이 보기 시작한 것은 죽어야 할 숙명을 지닌 사회적 인간이었다. 사실주의자들은 인간의 사회적 존재를 넘어선 어떤 초월적 권위도 인정하지 않았다. 이때부터 미술은 사람의 사회적 표징, 즉 몸의 사회적 의미들을 구별하기 시작했다. 사람의 몸이 담고 있는 사회적 표징은 가시적, 비가시적인 그 사람의 사회적 의복이라고 볼 수 있을 것이다.

인간이 걸친 의복의 사회적 의미들에 주목하기 시작한 것은 근대 이후부터이다. 인간의 신체는 '의복'을 걸치고 있다. '의복'이란 일종의 문화라고 할 수 있는데, 사실주의자들에게 의복이란 몸과 하나가 되어 있는 것과 같아서, 의복은 곧 사회적 몸이다. 그런데 본래 몸이란 동물적 본질에 속하는 것이기 때문에 이것은 곧 몸의 사회성 자체가 동물적이라는 것을 의미하게 된다. 사회가 병들고 그에 따라 몸도 병들게 되면, 병든 몸을 은폐하는 것이 의복의 권위이다.

살아있는 몸의 순간—인상파

1874년 프랑스에서는 첫 번째 인상주의 전시회가 열리면서 비평가와 대중의 주목을 끌었다. 이후 1886년까지 7번의 전시회가 더 열렸고 회화의 일대 변혁이 시작되었다. 인상주의는 사람의 눈에 보이는 대로 그린 것뿐이어서 완성된 그림의 형태이기보다는 그저 인상적인 스케치에 지나지 않는 그림이라는 보수적인 비평가들의 조롱에서 붙여진 이름이었다. 그렇지만 마네는 이미 인상주의라는 용어를 자신의 그림에 사용하여 자신의 사실주의적 예술관을 설명하고 있었다. 사실상 인상주의는 그 비판의 내용처럼 완성되지 않은 모습, 즉 순간의 느낌을 화폭에서 그대로 전달하려고 시도한 점에서 전통의 방식을 깨뜨리고 있다. 인상주의는 보이는 모든 것을 인상의 기호로 전환시킨 것이다. 시각의 엄밀한 객관주의를 추구하였기에 동시에 시각이 갖는 주관성을 전폭적으로 인정할 수 있었던 것이다. 회화의 모더니즘이 인상주의에서 시작되었다.

인상주의는 주제를 사실적으로 그린다. 그러나 세속적이고 전원적인 화풍의 쿠르베나 밀레의 사실주의와는 달리 인상주의는 도시중심의 세련되고 현대적인 화풍이다. 인상주의는 프랑스 사회에서 일어나고 있는 현대화의 도시풍경을 주로 그렸다. 즉 파리 주변의 조용했던 마을들이 공장과 상업지역으로 바뀌며 법석이는 도시 외곽지대 및 주말이면 식당과 요트 타는 곳으로 몰려드는 도시의 여가풍경들을 그린 것이다. 인상주의 미술은 화실에서 모델을 사용하며 그림을 구성하던 방식에서 탈피하여 집 밖의 야외에서 상황에 따라 빛이 변해가는 순간을 경험적으로 포착하는 사실적 방식을 택하였다. 이들 화가들이 그린 것은 머리 속으로 알고 있는 내용이 아니라 실제 그들의 눈으로 목격한 광경이다.

인상주의 미술은 빛이 내려 쏟는 도시풍경을 그린 풍경화 장르에서 최고의 특징을 살려나갔지만 인물화 장르에서도 독특한 기법으로 새로운 면모를 구축하였다. 고전적 미술 방식은 가장 아름다운 신체의 모델을 찾기 위해 신체의 비례와 명암의 구조를 연구하였지만, 이제 인상주의 미술은 역동적으로 살아 있는 신체를 도입하였다. 정체적이고 영원한 신체, 현실을 떠난 신체, 만인 공통의 신체가 아니라 살아있는 환경 속의 신체, 순간순간에 따라 변화하는 신체가 탄생하였다. 이들의 신체는 빛의 움직임에 의해 지배받는 순간의 신체이다. 드가의 인물화는 정적인 인물 모델이 아니라 움직이는 무용수의 순간을 포착해낸다.

인상파 화가 중에서도 르누아르(Pierre-Auguste Renoir, 1841~1919)는 여성 인물화를 즐겨 그린 화가이다. 여성 누드는 그의 중심 주제였다. 그는 인상파의 다양한 색채술을 사용하여 여성의 육체적 관능성을 그려나갔다. 대기 속에서 진동하는 빛과 그 빛을 흡수한 다채로운 색상과

르누아르, 〈목욕 후〉(1888)

친근한 구성으로 여성의 몸이 지닌 관능성이 그대로 재현되었다. 화폭에 자유롭게 붓으로 색깔을 묻혀가는 그의 인상주의 기법 모델이 주변과 부드럽게 섞여들게 만드는 효과를 최대한 살려주었다. 〈목욕 후〉는 르누아르가 즐겨 그린 여성 누드화 중의 하나다. 반짝이는 색깔과 빛으로 충만한 이 그림에서 인상주의의 특징은 여실히 드러난다. 가는 붓으로 몸의 윤곽선을 부드럽게 무너뜨리며 붉은 색조로 표현한 살결은 건강하면서도 풍만한 몸의 세계를 펼쳐 보이고 있다.

신체 그 자체로—로댕의 살아있는 몸

현대의 미켈란젤로라는 평판을 받는 로댕(Auguste Rodin, 1840~1917)의
뫼동 묘지에는 그의 유언대로 저 유명한 작품 〈생각하는 사람〉이 묘석
을 대신하고 있다. 깊은 사색에 잠겨있는 이 작품의 주제가 로댕의 마
음을 끌었던 것인지는 모르지만 로댕은 이 작품에서 과거의 조각 전통
을 자유롭게 벗어던지고 있다. 현대조각의 새 기원을 만든 것이다. 조
각에 대한 새로운 미학적 인식은 이 작품에 대한 그의 논평에서 쉽게
찾을 수 있다. "나의 작품 〈생각하는 사람〉의 인물을 사색에 잠긴 사
람처럼 만든 요소는 그의 머리, 찌푸린 눈썹, 벌어진 콧구멍, 긴장된 입
술 때문만이 아니라 양팔, 등, 두 다리의 근육 하나하나, 그리고 꽉 움
켜쥔 주먹과 오그린 발가락이 모두 함께 작용했기 때문이다."[18] 로댕
자신의 지적처럼 조각상의 신체 각 부분이 나름대로 작품의 주제를 직
접 말해주는 것이다. 그는 신체 자체의 살아있는 물리적 특성을 생생
하게 재현하는 데 모든 주의를 기울였다.

　로댕은 기념비적인 표현이 아니라 개성과 감정을 정확하게 잡아내
는 자연주의 조각가이다. 수세기 동안 이어져 내려왔던 그리스의 이상
주의나 바로크의 장식적인 화려함을 거부하고 육체의 구체성과 세부
적인 표면의 질감을 통해 전해오는 감정을 정밀하게 표상하는 것이 그
의 예술적 미학 원리였다. 개인의 개성은 육체의 물리적 특성에 의해
드러난다는 로댕의 신념으로 창조된 작품들은 현대조각의 지표를 세
우게 만들었다. 장식적이거나 공식화된 표현, 신화와 알레고리에서 따

---

18. 워싱턴 국립미술관의 설명서, www.nga.gov/collection/sculpture/flash/zone2-2.htm
　　참고.

온 주제에서 벗어나 그의 독창적인 작품들은 살아있는 인체를 모델로 하여 개성과 육체의 물리성을 찬양하였다.

로댕의 작품은 전통적인 아카데미의 자세를 모방하지 않았다. 그는 전문 모델의 상투적인 자세를 지양하고 대신 아마추어 모델을 사용했다. 거리에서 공연을 벌이는 사람들, 곡예사, 무용수, 튼튼한 일반인들을 아틀리에로 불러 자유롭게 걸어 다니고 자세를 취하게 하였다. 로댕은 진흙으로 재빨리 모형을 만들고 이것을 나중에 다듬어 석고상이나 청동상, 또는 대리석으로 주조하였다. 그는 유난히 무용이나 자연스런 동작에 매력을 느꼈다. 동작이란 시간 속에 각기 다른 근육이 조합되었다가는 또다시 변형되는 것이기 때문이다. 그를 가리켜 조각의 인상주의자라고 부르는 것은 그다지 틀린 말이 아니다.

조각의 인상주의는 로댕이 〈칼레의 시민〉과 〈발자크 상〉을 완성한 이후 20세기 전환기에 그의 작품에서 두드러지게 나타나기 시작했다. 그는 아카데미에서 요구하는 주제들을 버리고 신체의 한 부분만을 조각하는 방식을 택하였다. 인물의 전체 모습을 포기하는 대신 조각하는 인체 부분의 독특한 자세에서 풍겨나는 인상에 로댕의 초점은 집중된 것이다. 즉, 신체 부분의 동적인 특성이 최고로 고양된 핵심적 사항 외에는 모두 제거하는 방식이었다. 마치 인상주의 미술에서 대상의 순간적 인상을 특징화시켜가는 방식이 조각에서 채택된 것이다.

순간을 포착해가는 로댕의 스케치적인 조각들은 언제나 인물의 전체 모습이 되지 못한 "불완전한 인물"로 나타난다. 그 대표적인 작품이 〈걸어가는 남자〉이다. 이 조각상도 목 위의 부분과 양팔이 제거된 불완전한 인물임에도 강렬한 동작의 힘을 넘치듯이 드러낸다. 조각은 본래 그가 1878년 만든 〈설교하는 세례자 요한〉을 재구성한 작품이

다. 그가 두 번째로 만든 남성 누드
상 〈설교하는 세례자 요한〉도 앞
으로 걸어나오는 자세의 조각상으
로 종교적인 주제와는 전혀 상관
없이 연속적인 동작의 느낌을 표
현하는 데 중점을 두었던 작품이
다. 그런데 로댕은 20년이 지나 자
신의 작품에서 더욱 동적인 자세
그 자체만을 강조하였다. 그는 오
직 앞으로 나아가는 동작의 순간
에만 집중한 것이다.

로댕, 〈걸어가는 남자〉(1900), 로댕 박물관, 파리.

　　로댕은 육체적 신체의 가장 순
수한 리듬과 힘에 초점을 맞추면
서 자신의 조각 작품을 파편화시켰다. 신체의 전체 모습이 조화되는
유기적 인격체가 아니라 동작의 에너지를 집중시키는 신체의 일개 부
분만을 잘라놓은 것이다. 어느 면에서 보면 그의 작품에는 전통적인
주제는 사라지고 오늘날의 예술작품에서 흔히 보는 "무제"라는 제목
이 그의 작품에 더 어울릴 듯싶다. 왜냐하면 그의 작품 주제는 순수한
힘의 리듬 또는 균형이라는 구체적이면서도 추상적인 세계를 다루고
있기 때문이다. 현대의 추상예술이 로댕의 조각에서 생겨난 것이다.
이제 인간은 신체 전체로 보여주는 모습이 아니라 어느 한 부분으로
응축된 것으로 대변되는 것이다. 인체의 파편화가 현대미술의 중심 주
제라고 한다면, 이미 로댕은 그것을 선취했다.

근세 시대의 몸

사진의 발명

나의 소망은 사진의 품위를 높여 고급예술의 특징을 성취하고 그것만큼 활용되게 하는 것이다. 이를 위해서는 시와 미에 가능한 모든 것을 헌신하여 진리를 조금도 훼손하지 않으면서 사실성과 이상성을 함께 결합시켜야 한다.[19]

19세기 초반 광학과 화학 분야의 과학적인 발견으로 사진이라는 새로운 미술 형태가 탄생했다. 1826년 프랑스의 화학자 니엡스(Nicephore Niepce, 1765~1833)는 오늘날 남아 있는 것으로는 최초의 사진 영상을 만들었다. 그 후 그의 동료인 다게르는 1837년 보다 실용적인 사진을 발명해 냈으며, 1839년에는 최초의 인물사진을 찍기도 했다. 1839년 영국인 탈보트가 발표한 네거티브 사진 기술로 사진촬영 기법이 진일보하면서 새로운 양상을 맞이하였다. 1858년 즉석 사진기가 발명되었고, 1880년에는 휴대용 카메라와 롤필름이 대중화되기 시작했다.

프랑스의 낭만주의 화가였던 들라로쉬는 사진에 대한 이야기를 처음 들었을 때 "이 순간부터 회화의 역사는 막을 내릴 것이다!"라고 외쳤다고 한다. 15분이면 완성되고 가격도 저렴한 다게레오 타입의 사진이 발명되면서 실제로 초상화의 수요는 급격히 감소했다. 그러나 어떤 화가들은 사진을 회화에 유용한 부속물로 사용했다. 들라크루아는 "사

---

19. 줄리아 카메론이 존 허셀 경에게 1864년 12월 31일 보낸 편지.
http://www.getty.edu/art/gettyguide/artMakerDetails?maker=2026 참조.

진을 활용하면 우리 자신도 미처 몰랐던 포즈를 잡아낼 수 있다"고 하였다. 이제 미술의 가장 기본적 원칙인 사실성과 정확성의 세계에 사진이 개입되기 시작했다.

사진이 발명되면서 오래지 않아 화가들은 초상화를 그릴 때 고객들이 장시간 지루하게 앉아 있지 않아도 되게끔 사진을 사용하기 시작했다. 화가들은 고객의 사진을 보고 그와 흡사하게 습작한 다음 마지막 마무리 단계에서 실물을 앉혀 놓고 초상화를 완성하였다. 비어스타트는 자신의 파노라마 풍경화를 그릴 때 사진을 모델로 했으며, 쿠르베나 마네도 회화에 사진을 모델로 사용하였다. 드가는 관례에서 벗어난 구도나 특이한 포즈를 그릴 때 움직임을 순간 포착한 사진을 활용하였다. 사실성을 확보하는 경쟁에서 사진이 미술을 밀어내기 시작한 것이다. 이제 사진의 활용에 의해 사실성의 극점에 도달할 수 있는 길이 열렸다.

사진작가들도 점점 단순히 인물이나 풍경을 재현하는 기술자이기보다는 예술가로서 대우받기를 요구했다. 작가 라마르틴은 "사진이란 단순한 기술 이상의 것이다. 그것은 예술가가 태양과 합작해서 생산해 낸 걸작이다."라고 주장했다. 한편 사진사들은 회화의 효과를 일부러 모방하기도 했다. 예술사진 작가들은 영상을 초점에서 약간 어긋나게 촬영하거나 네거티브 필름을 수정하거나 인화지에 덧그림을 그리거나 이중 인화방식을 사용하여 기계적으로 만들어진 영상들을 능란하게 다루어 화가들의 상상력에 필적할 정도의 영상을 창조해냈다.

1863년에 카메론(Julia Margaret Cameron, 1815~1879)은 갈채와 조소를 동시에 얻은 사진 실험을 시작했다. 그녀의 작업은 시와 문학에서 양식화된 장면에 집중하는 매우 정감적인 것이었으며, 그녀가 아는 사람

의 초상화였다. 이들 확인된 모델들뿐 아니라, 카메론은 자신의 아이들, 친구들, 하인들을 타블로 비방에 찍어 넣음으로써 와이트 섬에 있는 자신의 집에 모델들의 지역 써클을 마련했다. 그녀가 가장 좋아한 모델 중의 하나는 그녀의 시녀 메리 힐리어였는데, 메리는 카메론의 종교작업 시리즈에 반복적으로 포즈를 취해 주었다. 따라서 메리는 종종 성모의 포즈를 취했는데, 그로 인해 그녀는 그 지역에서 '메리 마돈나'로 알려지게 되었다. 카메론의 경건한 장면들은 그녀의 특징인 부드러운 포커스와 극적인 조명효과를 사용한 것이지만, 그 장면들은 라파엘이 확립하고 앵그르가 새로운 생명을 부여한 마돈나의 전통을 곧 알아볼 수 있게 설정되었다.

　1865년의 사진 〈신성한 사랑〉은 메리가 어린아이를 안고 있는 마돈나로 차려입은 것이다. 그녀는 라파엘식의 옷차림과 머리두건 때문에 쉽게 마돈나임을 알아볼 수 있으며, 가운데 가르마를 타서 뒤로 쓸어넘긴 전형적인 앵그르식의 머리 스타일을 갖추고 있다. 메리는 아무 표정도 짓지 않으면서 눈을 아래로 내리깔고 있는 고요한 얼굴이다. 그녀는 아이의 이마에다 입을 대고 있지만 실제로 키스하고 있는 것 같지는 않다. '신성한 사랑'이라는 작품 제목은 정확히 어린 예수에 대한 마돈나의 사랑이 아니라 더욱 일반화된 성모의 자비와 사랑의 표현일 것이다. 메리의 밝고 하얀 어깨의 살결과는 대조를 이루고 있는 그 아이는 오히려 더럽고 단정치 못해 보인다.

　1866년 카메론이 또다시 메리를 모델로 해서 찍은 사진 〈신성한 사랑〉에서 아이는 천사와 같다. 아이는 우리 눈에는 보이지 않는 곳에 머리를 기대고 잠자고 있다. 메리의 포즈는 마치 조상 같고 움직임이나 표정이 전혀 없다. 이러한 경건한 주제 때문에 1865년 베를린 국제 전람회의 심사위원들은 카메론에게 동메달을 수여했다.

많은 사진 비평가들은 사진에 예술적 상상력이 개입될 수 있는 어떠한 가능성도 배제했을 뿐만 아니라, 수작업에 대한 실행으로 격하시키면서 사진의 기술적 순서와 정확한 제작만을 고집했다. "사진의 구성에서 손으로 작업하는 부분은 대규모의 사진꾸미기에 다름아니다"라고 주장을 하였다. 그러나 카메론은 그녀의 예술적 질을 주장하기 위해서 일부러 사진 기술을 배우는 것을 거부했다.

해체되는 몸―보들레르의 『악의 꽃』

기억해보라, 님이여, 우리가 보았던 것을,

그토록 화창하고 아름답던 여름 아침:

오솔길 모퉁이 조약돌 깔린 자리 위에

드러누워 있던 끔찍한 시체,

음탕한 계집처럼 두 다리를 쳐들고,

독기를 뿜어내며 불타오르고,

태평하고 파렴치하게, 썩은

냄새 가득 풍기는 배때기를 벌리고 있었다.

근세 시대의 몸

태양은 이 썩은 시체 위로 내리쬐고 있었다.

　　알맞게 굽기라도 하려는 듯,

위대한 「자연」이 한데 합쳐놓은 것을

　　백 갑절로 모두 되돌려주려는 듯;

하늘은 이 눈부신 해골을 바라보고 있었다,

　　피어나는 꽃이라도 바라보듯.

고약한 냄새 어쩌나 지독하던지 당신은

　　풀 위에서 기절할 뻔했었지.

그 썩은 배때기 위로 파리떼는 윙윙거리고,

　　거기서 검은 구더기떼 기어나와,

걸쭉한 액체처럼 흘러나오고 있었다,

　　그 살아 있는 누더기를 타고.

그 모든 것이 물결처럼 밀려왔다 밀려나갔다 하고,

　　그 모든 것이 반짝반짝 솟아나오고 있었다;

시체는 희미한 바람에 부풀어올라,

　　아직도 살아서 불어나는 듯했다. . . .

─허나 언제인가는 당신도 닮게 되겠지,

　　이 오물, 이 지독한 부패물을,

내 눈의 별이여, 내 마음의 태양이여,

　　내 천사, 내 정열인 당신도!

19세기 말엽 프랑스 상징주의 시인 보들레르(Charles Pierre Baudelaire, 1821~1867)는 인간의 몸에 대한 낭만적 시선을 철저하게 거부한다. 그의 냉혹할 정도로 차가운 시선은 뜨거운 태양 아래 부패되어 가는 한 시신을 응시하고 있다. 해체되어 가는 그 시신에 그는 장차 자신의 사랑을 독점하던 여인의 몸이 똑같이 변모해가는 모습을 겹쳐 놓는다. 뜨거운 태양의 열기 속에 썩어가는 그녀의 몸 위로 파리가 날고 구더기가 몰려든다. 악취가 퍼져가고 몸은 한껏 부풀다가 조금씩 문드러져간다. 자연의 순환 앞에 그를 고뇌하게 만들던 그녀의 몸은 더 이상 달콤한 사랑의 대상도 아니고 영혼의 거주지도 아니며 이성의 소유자도 아니다. 그의 영혼을 받쳤던 연인의 몸도 죽음 앞에서는 단지 해체되는 물리적 물체일 뿐이다. 결국에는 추악하게 뭉그러지는 몸을 지닌 인간이란 존재

---

20. 보들레르, 윤영애 옮김, "썩은 시체," 『악의 꽃』(서울: 문학과 지성사, 2003), 85-87쪽.

는 무엇인가? 몸에 대한 낭만적 환상은 어디에서 생겨난 것인가?

보들레르는 길지 않은 그의 일생동안 파란만장하게 살았던 보헤미안이었다. 파리의 몽마르트 언덕에서 술과 마약으로 무절제한 생활을 지내며 세기말의 염세적인 사고를 외쳐대다 스러져간 시인이었다. 그렇지만 그의 시에서 섬광처럼 드러나는 삶에 대한 직관적 관찰은 냉혹한 진실을 담고 있다.

어려서 아버지를 여의고, 이어 바로 재혼한 어머니에 대한 사랑과 미움, 혼자 버려진 듯한 외로움과 불안은 늘 그를 따라 다녔던 정서적 불안정의 원인이었다. 어려서부터 남보다 조숙했던 그는 유별난 문학적 감성을 지니고 있었다. 처음에 그는 예술비평으로 명성을 얻었지만, 그의 진가는 간간히 발표한 시 작품에 있었다. 그의 최고 작품으로 인정받는 첫 시집 『악의 꽃』은 1857년에서야 출판되었지만, 이미 20대의 젊은 나이부터 그 안에 포함될 시들을 쓰기 시작하였다. 『악의 꽃』은 소수의 독자에게만 읽혀졌지만, 동시대의 다른 작가들에게 끼친 충격은 대단하였다. 그 충격의 하나는 이 시집에서 다루는 주제에 있었다. 섹스와 죽음, 여성의 동성애, 성스럽고 불경한 사랑, 변형, 우울, 도시의 붕괴, 사라진 순수성, 삶의 억압 등의 다채로운 주제는 종종 사회의 도덕적 금기라는 경계선을 넘어섰다. 그는 풍기문란 죄로 고소당해 결국 벌금을 물게 되었고, 그의 시는 판매금지가 되었다. 그의 작품에는 거의 100년이 지나 1949년 5월 11일 무죄판결이 내려졌고, 삭제되었던 6편의 시와 함께 다시 출판되었다.

『악의 꽃』이 동시대 예술가에게 끼친 영향의 진가는 그의 시에서 울려나오는 상징주의 감성에 있었다. 프랑스의 상징주의는 무엇보다 낙관주의에 기초한 사회사상들과 이를 바탕으로 한 문학에 대한 일종의 반발로 태동하였다. 이 문학은 과학적 방법론을 통해 사물을 객관적으로 정확하게 보고 그것을 시 속에 형상화시키는 것을 목표로 하였다. 즉, 이들은 근본적으로 과학과 예술의 행복한 결합을 꿈꾸는 낙관적 세계관을 지니고 있었다. 그러나 보들레르의 상징주의 감성은 이러한 발전론적인 낙관론의 순박한 낭만성을 받아들일 수 없었다. 오히려 그는 현실의 한계를 넘어 초월적 세계의 진실을 시인의 주관적 직관으로 해독하는 일이 상징주의 시인의 역할이라고 생각하였다. 상징주의는 현실 세계를 초월하고자 하지만 현실 세계자체를 폐기하지는 않는다. 시인은 상징을 통해 진실성의 의미를 현실에게 부여하기 때문이다.

"썩은 시체"의 시에서 물리적 몸은 처참하게 부패되어 간다. 그때의 몸은 과학의 실증적 방법론으로 접근한 단순한 물체이다. 그러나 죽음의 물리적 세계를 넘어서 형이상학의 세계로 존재의 의미를 끌어간다면, 그때 시인의 메시지가 새롭게 전달되어 올 것이다. 이성과 과학의 눈으로 응시된 몸은 "병독으로 더럽혀진" "흉측한 물건"에 지나지 않는다. 그러한 몸이 철저하게 부패되어 "먼지처럼 흩날릴 때", 역설적으로 몸의 "신성한 본질"이 다시 탄생하게 된다. 인간의 몸을 움직이는 생명의 신비는 이성의 저편에 있다. 그것이 이 시에서 보들레르가 전해주는 예언적인 비전이다. 데카르트 이후 근대성의 이념은 몸을 이성에 예속시켜왔지만, 19세기가 저물어가는 전환기에서 근대성의 이념에 대한 반성이 다른 한편에서 점차 솟구쳤던 것이다.

6

20세기
현대의 몸

1. 근대적 이성에 대한 도전—몸의 해체

감성의 몸—니체의 이성주의 비판

몸을 경멸하는 자들에 대하여

몸을 경멸하는 자들에게 말하고자 한다. 나는 그들이 새로 배우고 새로 가르치라고 말하지 않는다. 그 대신 자신의 몸에 작별을 고하고, 침묵하라고 말할 뿐이다.

"나는 몸이며 영혼이다." 아이는 이렇게 말한다. 그렇다면 왜 우리는 아이처럼 말하지 못하는가?

그러나 각성한 자, 지자智者는 이렇게 말한다. "나는 전적으로

> 몸이며, 그 밖의 아무것도 아니다. 그리고 영혼은 몸에 속하는 그
> 어떤 것을 표현하는 말에 지나지 않는다.”
>
> 몸은 하나의 거대한 이성이며, 하나의 의미로 꿰어진 다양성
> 이고, 전쟁이자 평화이며, 가축의 무리이자 양치기다.
>
> 형제여, 그대가 정신이라고 부르는 그대의 작은 이성도 그대 몸
> 의 도구이며, 그대의 커다란 이성의 작은 도구이고 장난감이다...
>
> 그대의 몸에는 그대의 최고의 지혜 속에 있는 것보다 더 많은
> 이성이 들어 있다.[1]

프리드리히 니체(Friedrich Nietzsche, 1844~1900)의 철학은 헤겔 철학체계
에 대한 비판이 점차 커져가던 19세기 말을 배경으로 발전하였지만,
서구의 계몽주의적 이성주의에 대한 비판이 거세게 몰아치던 20세기
후반에 들어올수록 그의 지적 영향력은 더욱 커지고 있다. “신은 죽었
다”라는 선언으로 인식론과 도덕성에 새로운 전환을 언명한 니체의 지
적 사유는 서구세계를 지배해온 지적 도그마에 대한 도전이었다. 엄밀
한 철학체계를 구축하기보다는 자유분방한 스타일로 제시된 그의 철
학적 담론은 그 논리적 불투명성 때문에 많은 해석상의 논란을 낳았지
만, 그것과는 별개로 이성을 기반으로 하는 서구 근대철학의 근본 기
획에 대항하여 새로운 삶과 도덕성의 관점을 제시하고자 했다. 그런
면에서 니체는 데카르트 이후 지속되어온 서구의 이성 철학과 과학적
합리성의 사유에 의해 억압되고 배재된 이성의 타자, 즉 감성의 복원

---

1. 프리드리히 니체, 장희창 옮김, 『차라투스트라는 이렇게 말했다』(서울: 민음사, 2004),
   50-51쪽.

20세기, 현대의 몸

을 철학적 사유의 중심 과제로 삼았다. 니체는 감성의 복원을 통해 과거의 전통적 생활방식에 억눌려 삶의 심층부에 잠겨있던 진정한 새로운 세계가 탄생될 수 있다는 강렬하고 열정적인 믿음을 우리에게 제시하였다. 그가 내세운 초인(Übermensch)이란 신의 죽음으로 대변되는 서구의 기존 사유체계를 폐기하고 새로운 삶의 세계를 설계하는 창조적 인물을 가리킨다. 마치 예언자의 목소리와도 같이 니체는 기독교와 같은 서구의 니힐리즘 정신을 극복하고 삶을 긍정하는 적극적 세계로 나아갈 것을 주장하였다. 그만큼 니체는 이성 중심의 기존 서구 사유체계의 몰락을 예언하고 있다.

니체는 초기 저술에서부터 이성과 대립되는 감성의 중요성을 깊이 인식하였다. 그의 저서 『비극의 탄생』(1872)은 예술에 있어서 아폴로적 충동과 디오니소스적 충동의 두 대립적 성격을 구분하여, 이성의 가치를 뛰어넘는 감성의 가치를 부각시켰다. 니체는 그리스 예술의 정점을 이루는 그리스 비극의 특성이 무엇인지를 분석하는 틀로서 그리스 신화에 나오는 아폴로와 디오니소스의 상징성을 차용하였다. 아폴로가 태양, 빛, 음악, 시의 신으로 이성, 개별성, 문명을 대변하는 삶의 원리라면, 디오니소스는 포도주, 어둠, 쾌락, 환희의 신으로 감성, 통합성, 원초적 본성을 대변하는 삶의 원리이다. 아폴로는 질서를 창조하려는 인간의 이성적 욕망이고, 디오니소스는 자연의 혼돈과 환희, 본능적이고 직관적인 감성의 충동이다. 니체의 주장에 따르면, 그리스 비극은 삶의 절망과 니힐리즘을 초월하는 예술 형태로, 그리스 관객은 비극을 통해 인간적 고통의 심연을 들여다보며 이를 열정적이고 환희로 전환시키는 적극적 긍정의 길로 나아갔다. 이 두 개의 원리가 결합되어 그리스 비극의 전성기가 확립되었지만, 소크라테스의 이성주의에 영향을 받으면서 그리스 비극은 아폴로적 특성과 디오니소스적 특성의 균형이 무너지고 그 활력을 잃기 시작했다는 것이다.

문화에서 아폴로적 특성은 세련되고, 외면적 모습을 중요시하는 개별성을 강조하지만, 이런 문화는 인간을 자연의 미분화된 감각 세계로부터 분리시킨다. 반면 디오니소스적 특성은 자연과의 통합을 추구하기 때문에 삶 자체에 대한 열광적인 적극적 참여를 의미한다. 또한 니체는 이 두 개의 원리를 미학적으로 구분 지었지만, 이런 구분은 궁극적으로 자신의 철학적 사유를 발전시키는 토대로 사용하였다. 아폴로적 문화 특성에 치우쳐버린 그리스 비극에 대한 니체의 비판은 궁극적으로 소크라테스와 플라톤의 이성중심의 합리주의 전통을 겨냥한 화살이었다.

니체 철학의 핵심은 "신의 죽음"으로 상징되는 서구문명의 허무주의를 극복하는 데에 있다. 니체가 말하는 신의 죽음이란 단순히 좁은 의미의 기독교의 신을 의미하는 것이 아니라 서구문명을 이끌어온 형이상학의 체계, 도덕적 윤리, 존재의 의미 등 모든 서구문명의 가치를 포괄한다. 19세기가 저물어가면서 니체는 그의 저술에서 반복적으로 서구세계에 퍼져가는 허무주의의 물결을 경고한다. 근대문명의 발전으로 서구는 풍요와 안정을 구가하는 것 같지만, 그 기저에는 정신적인 빈곤과 공허, 불안과 황폐함이 물밀듯이 밀려들고 있다는 것을 니체는 누구보다도 민감하게 지각하였다. 허무주의에 의해 서구세계의 운명이 파국으로 빠져들기 전에 이 허무주의가 어디에서 비롯된 것인지, 그리고 이것을 어떻게 극복할 수 있는지를 찾는 작업의 급박성과 필요성을 니체는 예언자의 목소리로 강조한다.

허무주의란 삶의 최고의 가치들이 그 힘을 상실해갈 때 발생한다.

20세기, 현대의 몸

니체는 서구문명에 깊이 뿌리박힌 허무주의의 근원을 찾기 위해 서구
문명을 뒷받침해온 근본 가치들을 진단하며, 허무주의의 기원으로 거
슬러 올라간다. 니체의 진단에 따르면 그 기원은 바로 디오니소스적인
삶의 특성이 소크라테스의 이성중심의 합리주의와 그 이후 기독교에
의해 무너진 시점에서 시작되었다. 그리스 인들은 인생의 밝은 면만
을 본 것이 아니라 인생의 어두운 면과 비합리성에 대한 예리한 감수
성을 가지고 있었다. 이러한 감수성으로 인해 삶의 가혹한 파괴성과
함께 삶을 혼연히 긍정하는 것이 그리스 비극의 본질이 되었다. 그렇
지만 그리스 비극의 쇠락에서 보듯이 소크라테스의 합리주의는 인간
의 이성과 지성을 앞세우며 본능, 감성, 생명의 의지를 무시하였다. 그
런가 하면 기독교는 인간의 독자성을 박탈하고 모든 것을 신의 뜻에
맡기는 등 인간을 수동성의 나락으로 빠뜨렸다. 세계의 주인은 인간인
데도 기독교는 주인의 권리를 간섭하고 규제하여 현세의 삶을 경시하
고 내세에 눈을 돌리게 만들었다. 기독교적인 도덕은 인간의 의지를
무력하게 만들어버린 것이다. 이런 것들은 모두 삶의 본능과 욕구를
빼앗는 반자연적인 도덕이며 일종의 허상이라고 니체는 맹렬히 비난
한다.

　인간에게서 가장 중요한 것은 삶의 충동이라고 니체는 사유한다.
이것은 인간을 저급한 동물의 차원에서 벗어나 더 높은 단계로 고양시
키는 원동력이며 에너지이기 때문이다. 무의미하게 생성 소멸하는 이
지상의 세계를 살아나갈 수 있는 유일한 길은 인간 자신의 내적 힘을
강화하는 것이다. 니체는 이것을 "힘에의 의지"라고 이름 지었다. 니
체에게 있어 진정한 힘에의 의지란 "자기 강화와 자기 극복에의 의지
이며 자신의 힘으로 자신을 구원하고자 하는 의지"다.[2] 인간의 자기

극복 과정은 끝이 없는 험난한 투쟁이다. 니체에게 인간 존재의 위상은 이처럼 끝없이 자기 극복의 길을 향해 떠나는 "비결정성, 중간성, 미완결성"에 있다.[3] 그리고 이러한 자기 성장과 초월의 길로 나아가는 자가 니체적 의미의 초인이 된다. 초인의 소명은 이성중심의 전통 형이상학의 체계와 기독교적 도덕을 폐기하고 디오니소스적인 새로운 가치를 다시 회복하는 것이라고 니체는 생각한다. 초인은 새로운 가치 창조를 위해 과거의 전통적 가치를 모두 파괴해야 한다. 파괴의 과정에는 고통이 따르지만, 이를 두려워하지 않고 새로운 것을 창조해내는 자가 진정한 초인이기 때문이다.

니체가 추구하는, 힘에의 의지라는 삶의 충동은 서구의 근대철학이 발전해온 계보와는 철저히 대립된다. 니체에 의하면 소크라테스와 플라톤에서 시작한 이성주의는 데카르트와 칸트로 이어지면서 서구 근대철학을 주도해왔다고 비판한다. 이러한 이성주의에 대항하여 니체는 몸의 중요성을 내세운다. 니체가 말하는 힘에의 의지는 바로 몸의 회복을 뜻한다. 『차라투스트라는 이렇게 말했다』에서 인용한 위의 구절 중에 한 현자賢者는 다음과 같이 말한다. "나는 전적으로 몸이며, 그 밖의 아무 것도 아니다. 그리고 영혼은 몸에 속하는 그 어떤 것을 표현하는 말에 지나지 않는다." 니체가 바라보는 인간은 근대철학에서 중시했던 영혼, 정신, 또는 이성에 근거하는 형이상학적 존재가 아니다. 니체의 인간은 영혼까지를 포함하는 몸의 인간, 즉 구체적으로 욕구하며, 삶의 세계를 감각하고, 그리고 자기 초월의 의지로 나아가는 구체

2. 박찬국, 『해체와 창조의 철학자, 니체』(서울: 동녘, 2001), 39쪽.
3. 전봉주, 「니이체의 인간이해–심신이원론에 대비해서 본 니이체의 인간개념」, 『니이체 철학의 현대적 이해와 수용』, 정영도 외 (서울: 세종출판사, 1999), 210쪽.

적 존재이다. 따라서 니체가 말하는 몸이란 정신과 대립되는 부분으로서의 육체를 뜻하는 것이 아니라 세계 속에 던져져 있는 인간 실존을 뜻한다. 더 정확하게 니체의 용어를 빌리면 '몸이성'이다. 그래서 위의 인용문은 "몸은 하나의 거대한 이성"이라고 말한다.

　니체의 몸이성은 전통적인 형이상학에서 내세우는 이성과는 다르다. 니체는 데카르트식의 이성을 "작은 이성"이라고 부른다. 작은 이성은 "개념화, 범주화, 체계화, 논리화의 작용"으로 사물을 우리의 의식 표면에 올려 세운다. 이러한 "의식 중심의 세계 이해"는 몸을 이성에 종속시키고 규제하기 때문에 니체에게는 작은 이성에 해당할 뿐이다.[4] 이와는 달리 "거대한 이성"에 해당하는 몸이성은 살아있는 몸의 이성이다. 그것은 머리만의 이성이 아니라 외부의 자극을 느끼고 감응하며 또한 생각을 통해 반응을 보이는, 세계와 교감하는 생명의 통합체다.[5] 니체의 몸이성은 피상적인 합리성만을 추구하는 이성이 아니라 거대한 지적 능력과 감각을 동시에 지닌 다면성의 실체다. 따라서 작은 이성은 데카르트가 주장하듯이 독자적 존재로 존립하는 것이 아니라 몸이 세계와 교감을 하는데 사용되는 하나의 도구일 뿐이다.

　플라톤 이래 서구의 형이상학에서는 정신과 영혼이 우리를 지배하는 주인으로 간주되어 왔으며, 데카르트의 이성 중심주의는 서구의 근대문명을 이끌어온 중심축이었다. 그러나 20세기에 들어오면서 서구의 근대사는 곧바로 두 번의 세계대전으로 점철되었고 이성에 의한 합리주의의 서구 근대문명이 인류의 인본주의 가치를 발전시킬 수 있는지에 대한 회의를 가져왔다. 이러한 회의를 보여주는 작품은 제1차 세

---

4. 김정현, 『니체, 생명과 치유의 철학』(서울: 책세상, 2006), 73쪽.
5. 같은 책, 52쪽과 73쪽 참조.

계대전이 끝난 시점에 출판된 T.S. 엘리엇의 『황무지』(1922)이다. 통합성을 상실한 분열된 인간 의식에 파편화된 시적 구성을 대응시킨 엘리엇의 장시 『황무지』는 서구문명의 조종을 알리고 있다. 19세기 말에 이미 예언자의 목소리로 이를 경고했던 니체의 철학적 언명들이 현실로 나타난 것이다.

니체는 삶이라는 거대한 현상을 정신과 육체가 혼연일체를 이루고 있는 통일체라고 생각하였다. 인간의 몸은 '위대한 이성'이며 이성이 감정이나 육체에서 분리될 수 없다는 것을 그는 깊이 파악하였다. 그의 철학적 작업은 서구문명에 깊이 뿌리박은 이성 중심주의의 편협성에 도전하여 감성의 복원을 주창하였다. 그에게 있어 몸의 복원은 궁극적으로 감성의 복원이다. 감각과 몸을 경멸했던 플라톤의 철학과 기독교 교리에 맞서 몸과 감성의 중요성을 새로이 복원시키려고 하였다. 이런 복원이야말로 인간의 자연성을 되찾는 길이기 때문이다. 삶의 진정한 이해는 감각하고 체험하는 몸의 이성, 즉 감성에 뿌리를 두지 않고는 공허할 뿐이다.

억눌린 몸의 고통

두 친구와 함께 길을 따라 걷고 있을 때, 해가 서쪽으로 기울고 있었다. 그때 갑자기 하늘이 핏빛으로 변하였다. 온 몸에 힘이 빠지는 느낌으로 나는 담장에 기대고 멈춰 섰다. 푸른빛이 감도는 어두운 피요르드와 도시 위로 날름거리는 붉은 핏빛이 퍼져갔다.

산업화된 세계로 인해 가려져 있는 음울하고 억눌린 개인적 육체의 고통스런 세계가 있다. 20세기 전환기에 시작된 모더니즘 예술은 억압받는 육체의 극한적 고통을 표상하기 시작한다. 세기말 정서라고 불리는 비엔나 중심의 모더니즘은 이제까지 표현되지 않았던 병든 육체의 이미지를 강하게 형상화시켰다. 이런 이미지는 늪에 갇혀 자유롭게 떠돌지 못하고 억눌린 영혼에서 배어나는 외면적 표상이다. 병든 영혼이 병든 육체로 스며나오는 것이다.

17세기 계몽주의 이후 눈부시게 발전해온 유럽문명 위에 19세기가 끝을 향할수록 커다란 암운이 내려앉기 시작하였다. 프로이트의 정신분석학과 슈펭글러의 유럽문명의 멸망에 대한 진단에서처럼 서구사회 내부의 위기의식은 극심한 개인의 내적, 외적 정체성의 위기로 나타난다. 고호에서 고갱, 뭉크, 클림트, 그리고 표현주의자들에게 예술적 진실이란 좌절된 영혼과 몸의 욕구가 내면 정서로 엉켜있는 것을 상징한다.

노르웨이 출신의 화가로서 독일 표현주의에 중요한 영감을 제공한 화가는 에드바르트 뭉크(Edvard Munch, 1868~1944)이다. 어머니는 그가 5세 때 결핵으로 죽었고, 10년 뒤에 누나도 같은 병으로 죽었으며, 누

---

6. Jose Maria Faerna, *Munch*, New York: Harry N. Abrams, 1996, p. 17.

이동생은 정신병에 걸렸다. 아버지
와 남동생까지도 뭉크가 어렸을 때
죽었다. 어린시절에 경험한 죽음의
공포와 질병이 주는 불안은 평생 그
를 사로잡았고, 그의 작품의 중심 주
제가 되었다. 〈병든 아이〉, 〈죽음의
방〉, 〈죽음의 침상 곁에서〉, 〈죽은
어머니〉 등의 작품은 어렸을 때 받
은 죽음의 인상이 반영된 수많은 그
림과 판화들 가운데 일부이다.

뭉크, 〈절규〉(1893), 뭉크 박물관, 오슬로

　　우울하고 사색적인 성격의 아웃
사이더였던 뭉크는 고통스런 유년
시절에 대해 "질병, 광기, 죽음—이것이 나의 요람을 지키는 암흑의 천
사"였다고 적고 있다. 요양원에서 우울증 치료를 받던 중 뭉크는 자신
의 정신병이 그림을 그리는 데 촉매 작용을 하고 있음을 알았고, "난
병이 치유되기를 원치 않는다."고까지 말하였다. 그는 질투, 관능적인
욕망, 고독 같은 극단적인 감정을 표현하는 데 특히 뛰어났으며, 자신
의 그림을 통해 보는 이의 강력한 반응을 끌어내려 했다. 그는 구불구
불한 선을 사용한 기법으로 인간 실존의 고통과 불안을 표현했다. 그
는 젊은 시절 파리에 머물면서 인상주의와 후기 인상주의의 영향을 받
기도 했지만, 가장 창조력이 왕성했던 시기는 1892~1908년 동안 베를
린에 머물던 시기였으며, 그의 회화, 에칭, 석판화, 목판화의 중심소재
는 현대인의 고뇌, 의식의 분열이었다.

　　뭉크의 가장 유명한 작품인 〈절규〉(1893)는 참을 수 없는 공포심에서 광기를 일으키는 순간을 표현하고 있다. 그림 속의 모든 선들은 동요하는 감정으로 굽이치고 있고, 보는 이의 눈에 조금도 쉴 틈을 주지 않는 격렬한 리듬을 형성하고 있다. 그림에서 유난히 많이 쓰인 붉은색은 보는 이의 심리적 정서를 요동치게 만든다. 전면에 그려진 사람의 극히 단순화된 기형적인 얼굴은 정신병 환자의 얼굴이며 광기와 죽음의 그늘이 짙게 내리워져 있어 보인다. 극도의 불안감이 보는 이에게 그대로 전파된다. 노르웨이의 국립미술관에 소장되어 있는 〈절규〉외에도 뭉크는 동일한 제목의 동일한 구성으로 50개가 넘는 작품을 각기 다른 매체를 사용하여 그려냈다.

뭉크가 자신의 일기 속에 적어놓은 위의 인용한 글귀는 이 그림의 성격을 잘 말해준다. 갑작스럽게 뭉크에게 엄습해온 형언할 수 없는 불안감이 어디에서 생겨났는지 규명할 수는 없지만, 뭉크가 개인적으로 느꼈던 감정의 강렬함은 그림을 바라보는 우리에게도 너무나 강하게 전해온다. 공포에 질린 두 눈, 저절로 벌어진 입, 귀를 막고 있는 양손, 해골과 같은 형체는 절망에 빠진 한 인물의 내면적 심리상태를 보여준다. 가운데 서있는 인물은 절규를 외치는 것이 아니다. 그것은 사방에서 들려오는 절규의 소리에 공포에 젖어 귀를 틀어막으려는 절망적인 몸부림이다. 인물의 그로테스크한 모습은 차라리 사람의 형체를 갖춘 미라를 연상시킨다.

길가를 걷고 있는 이 인물의 배경으로 피요르드가 등장한다. 화가의 불안감을 반영하듯 밝은 붉은색과 오렌지 빛 색조가 대담하게 대조를 이루며 온통 하늘을 덮고 있다. 구불구불한 선과 함께 단순화시킨 형체는 보는 이의 감정을 더욱 자극하여 강렬한 감정의 회호리가 휘몰아치는 느낌에 압도당한다. 극적이고 과도한 원근법의 사용은 불안과 긴장감을 자아낸다. 이 그림에서 뭉크는 "나 자신의 자아를 말해주는 한 영혼의 모습"을 그리고 있다.

〈절규〉는 뭉크가 자신의 병적 불안감과 절망감을 표현하는 그림이면서도 그 시대의 증상을 전해주는 가장 상징적인 그림이다. 그의 그림은 상징주의와 후기인상파의 영향을 보여주면서 표현주의의 특성을 암시한다. 표현주의는 정서적 효과를 표현하기 위해 실체의 모습을 왜곡하는 주관적인 예술 형식으로 흔히 고통 받는 내적 위기감을 표현한다. 이처럼 〈절규〉는 표현주의의 표제인 고통과 절망을 압축적으로 보여주는 작품으로 심리적 고통과 불안을 경험한 사람들 모두에게 그 감정의 세계를 대변해준다. 구불구불한 선은 예술가가 느끼는 고독과 함께 내적 소용돌이를 반영한다. 색채와 형체 모두 인간의 실존적 불안감과 폐쇄공포증의 감정을 한껏 고양시킨다. 현대문명의 발전은 삶의 낙관적인 전망을 보여주기는커녕 오히려 인간의 잠재의식 속에 깊이 파묻어 있는 가장 근원적이고 원초적인 존재의 불안감을 더욱 부추길 뿐이다.

몸의 변신―카프카의 『변신』

어느 날 아침 그레고르 잠자가 불안한 꿈에서 깨어났을 때, 그는 자신이 침대 속에 한 마리의 커다란 해충으로 변해 있는 것을 발견했다. 그는 갑옷처럼 딱딱한 등을 대고 누워 있었는데, 머리를 약간 처들면 반원으로 된 갈색의 배가 활 모양의 단단한 마디들로 나누어져 있는 것이 보였고, 배 위의 이불은 그대로 덮여 있지 못하고 금방이라도 미끄러져 내릴 것만 같았다. 나머지 몸뚱이 크기에 비해 비참한 정도로 가느다란 다리가 눈앞에서 힘없이 흔들거리고 있었다.

'어찌 된 일일까?' 그는 생각했다. 결코 꿈은 아니었다. 약간 좁긴 해도 제대로 된 사람 사는 방이라 할 수 있는 그의 방은 낯익은 네 개의 벽으로 둘러싸여 있었다. 옷감 견본 꾸러미가 풀려져 있는 책상 위쪽에는--잠자는 외무 사원이었다--그가 얼마 전에 화보 잡지에서 오려내 금박으로 된 멋진 액자에 끼워 넣은 그림이 걸려 있었다. . . .

이불을 벗어 던지는 것은 아주 간단했다. 몸을 좀 부풀게 하니까 저절로 미끄러져 내렸다. 그러나 그 다음 동작부터가 힘들었다. 몸이 너무 옆으로 퍼져 있었기 때문에 더욱 그랬다. 일어나려면 팔이나 손이 있어야 하는데, 그런 것은 없고 다리만 많았다. 그 다리들은 끊임없이 멋대로 움직였고, 뜻대로 통제할 수 없었다. 한 다리를 구부리려고 하면 그 다리가 먼저 퍼지는 것이었다.[7]

인간의 실존적 불안과 소외는 현대미술에서뿐만 아니라 현대예술 전반에 걸쳐 가장 중심 주제로 등장한다. 20세기 모더니즘 문학에서 인간의 실존적 소외를 다룬 대표적 작가로 체코 태생의 독일 작가 프란츠 카프카(Franz Kafka, 1883~1924)가 있다. 그의 사후에 출간된 대표작

7. 프란츠 카프카, 이주동 옮김, 『변신』(서울: 솔출판사, 2003), 109-113쪽.

『심판』과 『성』은 극도로 고립되어 가는 인간의 근원적 소외를 다룬다.

흥미롭게도 카프카의 작품에는 유별나게 몸에 관한 내용이 많다. 그의 작품세계에서 자주 등장하는 변신 이야기, 동물들의 이야기, 죽음의 모티브 등이 모두 몸과 관련된 것들이다. 카프카 문학의 가장 주요한 모티브라 할 수 있는 변신 이야기는 정신과 몸의 분열에 관한 이야기이다. 위에 인용한 단편 『변신』의 첫머리에서 보듯이, 이 작품의 주인공 그레고르 잠자는 어느 날 아침 침대에서 눈을 떠보니 정신은 인간의 정신 그대로인데 몸은 커다란 갑충으로 변신해 있는 자신의 모습을 확인하게 된다. 처음에는 다소 목소리가 이상하기는 해도 가족들과 의사소통을 할 수 있었지만 점점 목소리마저도 "동물의 목소리"로 변해버려 멀쩡한 인간 정신을 갖고서도 인간사회로부터 단절되고 만다. 왜 이처럼 절망적인 상황이 그레고르에게 나타났는가? 인간의 몸이 동물의 몸으로 일순간에 변해버린다는 상상력이 어떻게 생겨났는가?

주인공 그레고르는 자신이 왜 벌레로 변신되었는지 알지도 못하고 또한 거기서 벗어날 길도 알지 못한다. 자신의 의지와는 무관하게 혐오스런 벌레의 몸으로 변해버렸지만 그런데도 그는 여전히 인간의 정신을 유지하고 있다. 오히려

프란츠 카프카
Franz Kafka, 1883~1924

몸이 생각을 따라주지 못하기 때문에 혼자만의 자의식이 더욱 강해지는 면도 있다. 여하튼 변신의 사건과 함께 몸과 정신이 서로 일치하지 않는 분리 현상이 일어난 것이다.

그레고르의 변신은 전근대적 변신이나 근대적 변신의 이야기와 비교된다. 예컨대 제우스의 변신은 정신이 자유자재로 몸을 변형시킨 것으로서 정신과 몸의 통일성을 잘 유지하고 있으며 여기서는 강력한 정신이 몸을 잘 통제하고 있는 것으로 볼 수 있다. 그런가 하면 개구리 왕자, 백조로 변신한 왕자 등의 이야기에서 보이는 근대적 변신의 경우에서는 정신과 몸의 통일성이 유지되고 있지만 변신의 원인은 마녀나 마법사 같은 외부의 힘들이다. 그래서 변신된 주체의 정신도 대개 몸에 따라 움직인다. 개구리나 백조로 변신한 왕자는 개구리나 백조에 불과하다. 그레고르처럼 인간적 번뇌나 감정, 생각을 표출하지 않는다. 이에 비해 그레고르의 변신은 정신과 육체의 분열이라는 점에서 탈근대적 변신이라 할 수 있다.

탈근대적 변신은 현대인이 겪는 자아의 분열 현상을 일컫는 이름에 다름 아니다. 카프카의 작품에 나타난 몸의 위기는 정신의 위기에서 발생한다. 그리고 그런 정신의 위기는 언제나 자아분열의 결과이다. "자아의 분열"은 순수 자아와 일상의 자아 사이의 분열을 의미한다. 예를 든다면, 『변신』에서 그레고르는 인간적인 자신의 삶을 영위하려는 순수 자아와 아버지의 빚을 짊어지고 가족 때문에 소외된 일을 해야 하는 일상적 자아로 분열되어 있다. 그는 벌레로 변신된 직후 순수 자아를 살릴 수 없는 안타까움을 토로하고 일상적 자아에 매몰된 자신의 신세를 한탄한다. 그가 인간의 정신과 벌레의 몸으로 분열된 것은 그의 자아가 순수 자아와 일상의 자아로 분열되고, 일상의 자아가 순수 자아에서 벌레의 형태로 분열되어 나간 것이라 할 수 있다.

자아의 분열은 그레고르의 경우에서처럼 육체가 주도하는 몸의 해체를 가져온다. 즉 육체가 정신과의 통일성에서 벗어나는 것이다. 그레고르의 육체는 어느 날 갑자기 그의 의지와 무관하게 커다란 벌레로 변해버린다. 아무리 자기 정신과 일체를 이루었던 원래의 인간 육체로 되돌아가려고 노력해도 그 노력은 죽을 때까지 허사에 그친다. 오히려 그의 정신은 갑충으로 변한 육체가 가하는 한계 안에서만 활동할 수 있을 뿐이다. 아무리 말을 하려고 해도 이상한 벌레 소리만 낼 수 있고 벌레로서 기어 다닐 수밖에 없다. 그는 원치 않게 벌레로 변신됨으로써 직장에서 해고되고, 가족마저도 점차 그를 냉대하다가 마침내는 저버리자 그의 정신은 극도로 약해진다. 그래서 그는 오히려 죽음을 기다린다. 정신의 약화가 몸을 죽음으로 이끄는 것이다. 그가 그렇게 헌신했던 가족에게마저도 버림받을 때 그의 소외는 극에 달한다. 물건 치우듯이 그레고르의 주검을 해치우고 오히려 홀가분해하는 가족들의 모습에서 우리는 철저히 소외된 인간모습을 보게 된다. 결국 자아분열과 인간 소외는 동전의 양면이다.

몸과 기계의 혼합 — 다다이즘

서구인들이 대전쟁(The Great War)이라 부르는 제1차 세계대전(1914~1921)은 서구 근대문명의 모순과 갈등이 현실로 드러난 역사적 사건이었다. 물리적으로나 심리적으로 제1차 세계대전은 서구문명을 극도의 위기로 몰아넣었다. 단 한 번의 전투에서 수십만 명의 병사들이 한꺼번에 목숨을 잃는 처참한 파괴의 순간이 이어졌다. 많은 서구인들이 보다 나은 세계를 구축해 나갈 원동력으로 이성, 과학, 기술에 전적인 믿음을 걸었지만, 이 참혹한 전쟁은 이런 근대성의 믿음을 뿌리채 뽑아버렸다. 합리적 이성에 의거한 계몽이라는 서구 근대성의 정신은 19세기 과학기술이 낳은 기관총, 장거리 대포, 탱크, 잠수함, 폭격기, 독가스 등 살인무기 앞에서 많은 사람들을 회의에 봉착하게 만들었다.

제1차 세계대전은 즉각적으로 예술에서 다다이즘을 탄생시켰다. 다다이즘은 비이성적인 허무주의 예술형태로, 과학기술에 대한 깊은 믿음을 지켜온 부르주아지의 가치와 삶의 방식을 맹렬하게 공격하였다. 다다이즘의 주창자들은 근대성의 철학적 기반을 폐기하고 새로운 세계 질서의 길을 모색하였다. 이들 중의 일부는 자연과학 기술이야말로 계급 없는 유토피아를 창조할 수단이라 여기며 근대성의 기계화 시대를 환영하였다. 그렇지만 다른 한 편에서는 점차 영혼이 죽어가는 물질주의 사회에서 근대성의 기계화 시대를 거부하며 보다 고차원의 진리 또는 정신성의 세계를 추구해야 한다고 주장하였다.

“다다”라는 이름은 우연의 산물이었다. 후고 발이 운영하는 카페에서 독일 시인 리하르트 휠젠베크, 장 아르프, 트리스탄 차라를 비롯한 젊은 예술가와 반전주의자들이 모임을 가지고 있었는데, 한 번은 프랑스-독일어 사전에 끼워져 있던 종이 자르는 칼이 우연히 “다다”라는 단어를 가리키고 있었다. 이 모임에 참석했던 사람들은 이 단어가 정통주의 미학에 반기를 든 자신들의 예술 활동에 가장 적절한 표현이라고 생각하여 이를 채택하였다고 한다. “다다”는 프랑스어로 “막대 끝에 머리가 달린 목마”의 뜻이었는데, 이 단어는 어린이다운 순박함을 연상시켰고, 시인들은 자신들의 언어 선택행위가 제멋대로의 폭력을 함축한다고 생각했다. 다다라는 이름의 채택과정이 암시하듯, 다다이즘 운동의 근본이념은 삶의 우연성과 부조리성에 있다. 논리와 이성은 오직 전쟁으로 이끌 뿐이라고 이 예술가들은 주장하였다. 이들에게는 비이성과 불합리성이 부르주아의 자기만족과 관습적 사고에서 벗어나게 하는 도구가 되었다. 이처럼 이 운동은 문화와 정치계의 고착된 현상을 뒤엎는 도전적 정신으로 시작되었다.

다다이즘은 1916년 중립국 스위스의 취리히에서 시작되었다. 당시에 많은 작가들이 전쟁을 피해 스위스에 몰려들었고, 이들은 전쟁과 국적을 넘어서 다른 이상을 위해 사는 독자적인 인간세계가 존재한다는 것을 보여주기 위해 다다이즘 운동에 적극 참여하였다. 다다이즘은 스위스에서만이 아니라 미국의 뉴욕과 독일의 베를린으로도 번져나갔다.

오스트리아 출신의 라울 하우스만(Raoul Housmann, 1886~1971)은 전위적 미술가이면서 작가였다. 비엔나에서 출생한 그는 14살에 부모를 따라 베를린으로 이주하여 그곳에서 성장하였다. 그는 당대의 전위적 예술가들과 교류를 하며 활발하게 작품 활동을 하던 중 베를린에 머물던 리하르트 휠젠베크와 함께 1918년 다다 클럽을 결성하고 다다이즘 운동을 주도해 나갔다. 그가 1920년 제작한 〈우리시대의 정신을 위한 기

라울 하우스만, 〈우리시대의 정신을 위한 기계적 머리〉 (1919), 국립현대박물관, 파리

20세기, 현대의 몸

계적 머리〉는 다다이즘 예술의 대표적 작품이 되었다.

이 창의적인 작품에서 하우스만은 이제까지 예술세계에 낯설었던 방식을 사용했다. 그저 폐물로 여겨지던 기성 제품들을 끌어 모아 하나로 조립하는 방식이었다. 미용사를 위한 가발 모델 마네킹, 길이를 재는 자, 타자기와 카메라 부품, 주석 컵, 악어가죽 손지갑, 제품 상표, 손톱 등이 이 작품의 재료였다. 기성 물품들이 함께 조합된 이 작품으로 조각을 만드는 새로운 방식이 생겨난 것이다. 그리고 이런 방식은 물질주의와 개별성의 상실을 고발하는 메시지를 전달한다.

하우스만의 작품에 대한 한 논평을 소개하면, 이 조각품은 19세기를 대표하는 철학자 헤겔의 유명한 저술 『정신현상학』을 상기시킨다. 정신에 모든 것을 부여하는 헤겔의 유심론적 입장과는 정반대로 맑스는 그를 정면으로 비판하며 사고는 물질에 의해 결정된다는 유물론을 주장하였다. 그러나 기성 제품과 기계부품으로 머리를 구성한 하우스만의 작품은 이성의 거주지로서의 머리라는 서구 근대적 관념을 뒤엎는다. 오히려 머리는 냉혹한 외적 힘에 의해 침입되고 지배받는다는 것을 하우스만은 작품을 통해 드러낸다.[8] 이 작품의 머리 위에 올려진 작은 주석 컵 표면에는 사랑의 표시가 새겨져 있다. 그 빈 컵 속에 인간의 영혼과 감정이 공허하게 담겨있는 것은 아닐까? 제목 그대로 기계로 조합된 머리가 현대인의 정체성이다. 죽음처럼 표정 없는 눈과 입이 그것을 말해준다.

---

8. Jonathan Jones, "The Spirit of Our Time--Mechanical Head, Raoul Hausmann," *The Guardian* (27 September, 2003).

2. 몸의 해방

육체의 원초적 감성을 통한 통합 ─ 로렌스의 성 미학

19세기가 저물어가면서 넓은 의미의 휴머니즘에 의해 표방되어온 가치들이 균열의 조짐을 보이기 시작하였다. 인간의 이성과 합리성을 근간으로 하는 서구의 전통적 이성주의적 휴머니즘의 가치는 "신은 죽었다"는 니체의 선언으로 격렬한 도전에 직면하였고, 사실상 20세기에 들어오면서 급속히 와해되기 시작하였다. 이성적 존재라는 인간의 주

---

9. D.H. 로렌스, 강만식 옮김, 『채털리 부인의 사랑』(서울: 청목사, 1984), 211-212쪽.

체성에 대한 믿음에 위기가 닥쳐온 것이다. 실제로 20세기 전반기에 발생했던 두 차례의 세계대전은 이러한 위기가 단순히 관념적인 것이 아님을 실증해주는 역사적 사건이었다. 산업기술의 무한한 발전을 통해 문명의 진보를 이룩하려는 서구의 근대적 이성주의는 그 의지를 완벽하게 관철해나가려고 하면 할수록 인간 고유의 존재와 가치 자체의 소멸을 강요받는 역설의 상황으로 빠져간 것이다. 20세기 전환기에 사회학, 심리학, 철학, 문학 등 인문학 전반에 걸쳐 광범위하게 확산된 "인간의 죽음" 또는 "인간 주체의 죽음"과 관련된 논의들은 이러한 위기의 반영이었다. 이때의 인간 또는 인간 주체란 근대적 이성을 중심축으로 하는 이성적 인간 존재를 의미한다.

20세기에 널리 확산되기 시작한 전통적 휴머니즘에 대한 논의는 이성주의에 대한 반성과 함께 인간의 고유한 존재와 가치에 대한 새로운 모색을 가져왔다. 이성에 대한 과도한 믿음으로 소외되었던 인간성의 진정한 가치가 무엇인가를 탐색하는 작업이 여러 각도에서 시작된 것이다. 자연히 이성과 대립되는 인간성의 가치로서 몸이 부각되었다. 그렇다면 몸이 대변하는 인간성의 세계와 가치는 무엇인가?

20세기 초의 모더니즘 문학과 예술은 전통적 인간관에 대한 비판적 성찰의 토대 위에서 시작되었다. 모더니스트들은 전통적 휴머니즘이 부딪친 어려운 상황과 과제에 대한 첨예한 자의식을 가지고 이를 본격적으로 감당하려한 예술가들이었다. 모더니즘의 예술가들은 인간의 자아에 대한 분석적 해체 작업을 과감하게 수행하였으며, 또한 해체된 자아를 다시금 새로운 인간성의 가치로 구축하는 적극적이고 긍정적인 작업을 동시에 해나갔다. 모더니즘의 예술가들이 공통적으로 보여주는 실험정신은 이러한 해체와 새로운 구축의 두 과제를 짊어진 진지한 노력의 산물이었다. 즉, 이들은 우선 과거와의 철저한 단절을 선언하였으며, 새로운 대안을 근본적으로 구축하는 실험을 시도하였다. 따라서 이들의 실험은 데카르트적 이성주의의 견고한 자아를 해체하는 작업으로 시작되었다.

인간의 육체적 성(sex)에 대한 묘사는 문학에서 오랫동안 금기의 영역이었다. 19세기 후반기 영국의 빅토리아조 문학은 엄격한 도덕성으로 인해 성에 대한 사실적 묘사를 극도로 제한하였기 때문에 성은 오직 간접적으로만 표현될 수 있었다. 심지어 여성의 하반신에 대한 어휘도 사용될 수 없었고 대신 미화된 어휘로 우회적으로만 표현될 수 있었다. 더구나 인간의 성적 욕망을 솔직하게 드러내는 일은 생각도 할 수 없었다.

이런 오랜 금기를 깨뜨리고 과감하게 성적 욕망과 성적 행위를 사실적으로 그려낸 용기 있는 작가가 로렌스(D.H. Lawrence, 1885~1930)이다. 『채털리 부인의 연인』(1928)을 쓴 작가로 일반 대중에게도 잘 알려진 로렌스는 성에 관한 금기에 도전하여 이를 그의 작품세계의 중심 주제로 다루었다. 그렇지만 『채털리 부인의 연인』은 외설성 시비로 곧바로 출판이 금지되어 오랫동안 햇빛을 보지 못하다가 1960년에서야 재판을 통해 겨우 출판이 허락되었다.

로렌스에게서 성은 참다운 인간성을 회복시켜주는 원초적 본능이다. 서구 근대의 산업화 과정은 인간의 이성만을 지나치도록 비대하게 만들면서 이러한 인간의 원초적 본능을 위축시켰다고 로렌스는 비판하였다. 머리만 발달한 현대인들은 삶의 진정한 기쁨을 느끼지 못하고 각자 고립된 자의식에 빠져 소외된 채 타자와의 소통은 단절되었다고 그는 현대 문명을 진단하였다. 로렌스의 문학은 개인을 소외시킨 현대

문명을 비판하면서, 이런 자아의 고립에서 벗어나 근원적인 생명력을 다시 소생시키는 일에 집중되었고, 그는 근원적 생명력을 인간의 육체성과 성에서 발견하였다. 로렌스 문학의 중심 주제는 인간의 육체성과 성의 진정한 의미를 복원하여 온전한 인간 존재를 실현하는 일이었다. 진정한 인간 가치의 실현은 자의식이라든가 관념주의, 지성, 이성 중심주의 등을 폐기하고 인간의 무의식, 감성, 원초적 본능, 자연과의 교감을 다시 살려낼 때 가능해진다고 로렌스는 주장하였다.

　　로렌스의 작품에서는 언제나 남녀 간의 성적 갈등이 중심 소재로 등장한다. 남녀 간의 관계란 주체와 타자간의 관계이며, 이 양자의 진정한 소통으로 이루어지는 합일의 순간은 개별자의 소외를 넘어서서 인간성의 진정한 가치를 성취하는 단계이다. 남녀 간의 사랑으로 맺어지는 합일의 순간은 주관과 객관의 이분법적 의식 상태를 뛰어넘는 순간이다. 이때 남녀 간을 하나로 맺어주는 사랑은 단순히 정신적 사랑의 힘만으로 엮어지는 것이 아니라 오히려 감성과 직관의 육체적 성이 관여될 때 진정으로 결합된다고 로렌스는 주장하였다.

자유로운 무의식적 욕망으로서의 몸—초현실주의

1916년에서 1923년 사이에 맹위를 떨쳤던 초현실주의 운동의 중심 과제는 이성에 의한 합리적인 이해과정을 혁파하는 데 있었다. 다다이스트들은 세계 제1차 대전의 여파에 시달리는 상황에서 합리주의를 고수하는 것은 무의미하다고 주장하였으며, 이러한 태도를 이어받은 초현실주의자들은 1924년에 발표된 운동의 주요 강령 속에서 자신들의 목표를 체계적으로 이론화하였다. 프랑스의 시인 앙드레 브르통이 작성한 선언문의 내용은, "미래에는 너무도 상반되어 보이는 꿈과 현실이라는 두 현상이 융합되어 하나의 절대적인 현실, 즉 초현실을 이룰 것이다"라는 자신들의 포부를 담고 있다.

프로이트의 정신분석학에 강한 관심을 가지고 합리적 사고를 극복할 수단을 꿈과 '순수하게 마음속에서만 작용하는 오토마티즘'에서 찾고자 했던 초현실주의에 오면, 이제 신체는 의식적으로 진행되는 연구와 분석에 의해 형상화되지 않는 국면으로 들어서게 된다. 그러나 이것은 초현실주의 미술에서 신체가 배제되었거나 무형화되었다는 것을 뜻하지는 않는다. 작품 속에서 일관성 있게 묘사되기보다는 함축된 신체로서, 승화되거나 상징적 모습을 띠고 나타나긴 했지만, 신체는 무의식적인 욕망, 감정, 환상, 공포를 전달하는 매개물로서 여전히 비중 있는 자리를 차지하고 있다.

스위스 출신의 조각가이자 화가로서 1930년대부터 이 운동에 참여하기 시작한 알베르토 자코메티(Alberto Giacometti, 1901~1966)의 작품 속에서 브르통이 염원했던 초현실주의의 기획이 실현되고 있다. 〈목 잘린 여인〉(1932)에서 신체의 이미지는 잔상으로 남아 있고, 날카롭고도 갑각류 같은 불룩한 형태와 병치된 애매한 여성 형상은, 초현실주의 오브제에서 중심적인 구성요소로서 자주 등장하게 되는 성적인 폭력을 암암리에 나타내고 있다. 배치를 바꿔보고 싶은 생각이 들

자코메티, 〈목 잘린 여인〉(1932), 현대 미술관, 뉴욕

게 하면서도 막상 재배치가 불가능하게 통째로 이어져 있는 〈목 잘린 여인〉은—자코메티는 너무 무거워서 자신의 손으로는 도저히 들 수 없게 되는 착란적 공포를 작품을 통해 환기시키고 싶었다고 말했다.— 언젠가는 꿈틀거리면서 황급히 달아나 버릴 것 같은 잠재적 운동 가능 성을 내재하고 있다. 이 작품이 받침대를 관람자가 서 있는 곳, 바닥과 공유한다는 사실은 그 같은 효과를 증폭시킨다.

초현실주의 시인과 화가들의 독특한 상상력 속에서 종횡무진 변용 하는 몸은 훨씬 더 포괄적인 상징성을 내포한다. 몸은 초현실주의 그 룹의 존재론적이고 예술적인 탐구의 과정을 반영한다. 삶과 예술을 동 일한 것으로 보는 그들의 작품 속에서 몸은 가시적 세계라는 외적인 삶과 꿈과 무의식의 세계라는 내적인 삶의 구체적인 매개체로 기능하 고 있다. 따라서 이 그룹의 작가들과 화가들에 있어서 몸 이미지의 변 용은 타인과 세계, 시간과 공간의 연관 속에서 자기 자신의 존재를 변 화시키고 풍요롭게 하는 것을 의미한다.

몸은 나와 타인, 유기체와 무기체, 몸과 세계 간의 경계들을 없애면 서 상반된 것들의 모순을 화해시키는 역할을 한다. 다시 말하면 몸은 브르통이 초현실주의 2차 선언에서 말했던 "삶과 죽음, 현실과 상상, 과거와 미래, 소통할 수 있는 것과 소통할 수 없는 것, 높은 것과 낮은 것이 더 이상 모순된다고 느끼지 않는 정신의 어떤 지점"을 체화한다. 그렇다면 초현실주의 예술가들이 표현하는 몸 이미지는 어떤 방법으 로 이 모든 이분법적 대립들을 무화하는가?

몸은 초현실주의자들의 예술작품에서 빈번히 나타나는 중점적 테 마이다. 이들 예술가들이 주로 표현하는 정신, 무의식, 꿈의 주제들은 이성의 통제에서 벗어난 정신의 자유로움을 그리고자 하는 것이었으며, 이런 정신의 자유로움은 궁극적으로 몸의 자유로 이어진다. 이들은 생물학적 몸이나 사회성에 길들여지는 몸의 세계를 거부하고 일상의 한계와 경계를 넘나들며 자유로이 변화하는 몸을 그려낸다. 지하 깊은 곳에서 빛을 발하는 다이아몬드로 비유되는 투명하고 단단한 몸은 의식과 일상성의 기저에서 끓어오르는 용암과도 같은 무의식과 꿈, 상상력의 자생적 창조를 상징한다. 존재하지만 가시적으로 볼 수 없고 잡을 수 없는 이러한 인간 존재의 가려진 요소들은 광물질의 살이라는 구체적인 상관물로 육화되어 나타난다.

몸의 외연에서 해방 ─ 헨리 무어의 유기적 추상 조각

추상적 초현실주의는 사물의 표면 아래 숨어있는 보편적 진리를 모색하는 많은 예술가들에게 영감을 부여했다. 19세기의 낭만주의 풍경화가들처럼 초현실주의 예술가들은 우주의 보이지 않는 생명의 충동을 파헤치기 위한 시도로 자연에 초점을 맞추었다. 이러한 고차원의 진리와 리얼리티를 드러내기 위해 예술가들은 유기적이며 추상적인 형체로 관심의 방향을 돌렸다. 이들은 초현실주의 전람회에 자신의 작품을 내놓기는 하였지만 그들의 관심은 1930년대 브르통의 초현실주의와는 사뭇 달랐다. 브르통은 불안, 욕망, 섹스의 심리에 더 관심을 기울였던 반면, 추상적 형체의 유기성을 실험하는 작가들은 우주의 강렬한 힘을 표현하고자 노력하였다. 이러한 성향의 스타일을 실험한 대표적 예술가 중에는 영국 조각가 헨리 무어가 있다.

　20세기 영국의 최고 조각가로 인정받는 헨리 무어(Henry Moore,

1898~1986)는 유기적이며 추상적인 형태의 인물상으로 현대의 인본주의 조각의 전통을 세워나간 예술가이다. 그는 정식으로 정규 미술교육을 받았지만, 오히려 미술학교에서보다는 고대 조각품을 광범위하게 소장하고 있는 영국박물관과 로댕의 뛰어난 조각들을 소장하고 있는 앨버트 박물관에서 혼자 작품연구를 하며 더 많은 것을 터득했다.

그렇지만 무어에게 가장 큰 예술적 영감은 유럽의 조각 전통이 아니라 이집트와 에트루리아의 조각, 미국 원주민의 조각, 아프리카의 조각 등이 지닌 신비한 힘과 독특한 아름다움에서였다. 특히 그의 작품에 가장 큰 영향을 끼친 것은 고대 멕시코의 돌조각이었다. 파리의 한 박물관에서 비의 정령을 뜻하는 마야의 석회상을 본뜬 석고상을 보고 그는 깊은 인상을 받았다. 마야의 돌조각에서 그는 서구의 어떤 조각에서도 찾지 못했던 강렬한 힘과 깊이감, 독창적인 형태 등을 발견하였다. 그는 이 마야의 남자 형상을 여자 형상으로 바꾸어 좀 더 인간적이고 자연적이며 율동감 넘치는 독특한 형상을 표현하기 시작하였다.

그에게 조각가로서의 명성을 세워준 누워 있는 여인상, 모자상母子像, 여성 반신상 등이 연작으로 만들어졌다.

1930년대 무어는 잠시 인물상 조각을 그만두고 인물상에 추상형태를 결합하는 실험에 전념했다. 당시 추상미술은 대중의 호응을 받지 못했지만 그는 이를 괘념치 않았다. 이전보다 더 과격하게 인체의 형태를 왜곡시키고 부숴뜨리는 작업을 자유롭게 시도했다. 그는 친한 동료 조각가 바바라 헵워스처럼 순수한 기하학적 추상형태에 몰두하지는 않았다. 그보다는 오히려 유기적이고 자연적인 형태의 추상조각에 깊은 관심을 기울였다. 그가 집중했던 일은 자갈, 바위, 조개껍질, 뼈 등을 모아 스케치하고 연구하여, 그야말로 형태와 리듬의 자연법칙에 따라 자신의 작품을 만드는 것이었다. 이 과정에서 움푹 팬 형태나 빈 공간이 뚫어지는 조각이 제작되기 시작했다. 그의 초기 조각들이 매체의 덩어리를 다루는 방식에 집중했다면, 이제는 단단한 매체와 공간을 대비하고 접합시키는 일이 중요하였다. 그것은 공간이 조각상의 몸으로 침투하는 추상의 몸을 만드는 일이었다. 이에 따라 오목한 형체와 볼록한 형체가 한 몸체에서 교차하면서 연속성을 이룬다.

무어의 〈가로누운 인물〉(1938)은 고대의 누워있는 여신을 상기시키지만 직접적으로는 고대 마야 문명의 인물상을 토대로 하였다. 그는 서구 고대미술의 고전적 아름다움보다는 삶의 근원적이며 보편적인 것을 투사하는데 더 관심이 있었다. 이런 관심은 자연의 형태와 인물의 형체간의 연결성을 탐구하는 데에서 생겨났다. 이 조각상의 대상은 한 여성 인물이지만, 이 조각상의 매체인 돌은 여전히 돌로서의 정체성을 유지하고 있어 수백 만 년이 지나면 부식되게 된다. 그러나 이 여성 인물과 돌이 하나이며 동일하다는 것을 무어는 강조한다. 여성의 형태와 돌의 줄무늬들이 서로 조화를 이루게 만들며, 돌 안에 내재한 보편적 힘을 인물에게로 전이시키는 것이다. 그러면 이 인물은 대지의 여신 또는 풍요의 여신이 된다. 또한 이 여성 인물의 추상적인 몸을 이루는 파동은 그녀를 하나의 풍경으로 변형시킨다. 이러한 신비스런 아우라에 덧붙여 단단한 것과 비어 있는 것 사이에 상호작용이 이루어지며 각자 동일한 비중으로 하나의 구성을 이룬다. 그것은 마치 해변가 바위에 자궁과 같은 신비스런 동굴 또는 조류에 생겨난 물웅덩이가 형성되는 것과도 같다.

1936년 런던에서 열렸던 국제 초현실주의 전람회에서 무어는 〈가로누운 인물〉과 유사한 작품들을 전시하였다. 그의 작품들의 목표는 초현실주의 미술작품처럼 사물의 표면 아래 잠겨있는 고귀한 리얼리티를 표현해내는 것이었다. 그렇지만 동시에 그의 작품들은 자연의 보이지 않는 강렬한 힘을 느끼게 하는 추상성의 깊이를 보여준다. 그의 조각들이 자연의 유기적이면서도 신비스러운 아우라를 전달해주기 때문이다.

20세기 전반의 모더니즘 예술은 자아의 분열과 소외를 드러내는 데 열중하였다. 인간의 몸도 비틀어지고 그로테스크하게 변하는 변형의 과정을 겪었다. 그러나 무어의 조각들은 다시금 인간의 몸에 온기를 전해준다. 어머니와 아이들이 한 덩어리로 얽혀 들어가는 그의 모자상 母子像과 가족 군상에는 일종의 장엄함과 신성한 초연함이 느껴진다. 소외된 몸이 아니라 자연과 소통하며 그 일부가 되는 따스함이 스며있다. 누워있는 여인상들은 문화생성 이전의 원시적이고 원초적인 기원으로 되돌아가는 태고성과 자연의 율동감이 전해진다. 조각나고 분리되었던 몸이 다시 온전한 하나의 유기체로 돌아온 것이다.

포스트모던 시대의 몸

1. 몸 정체성의 위기

"당신의 몸은 전쟁터"

몸은 인간 경험의 거대한 영역이다. 때로는 신비의 대상이며, 형이상학적 탐구의 대상이고, 때로는 개인의 심리적 분석과 내향적 관찰의 터전이 되며, 때로는 사회적, 정치적, 문화적 문제들이 서로 충돌하고 경쟁하는 이데올로기와 미학의 경기장이 된다. 몸은 시대의 변화에 따라 늘 새로운 설명과 해석을 요구하는 담론의 복합체이다. 시대가 변하면 몸에 대한 해석도 새로운 해석을 요구한다. 현대 사회가 부딪치는 건강, 젠더, 섹슈얼리티, 자아의 문제들은 갈수록 그 설명이 복잡해지듯이, 그런 담론의 중심에 위치한 몸 역시 새로운 이해를 요구한다. 우리의 몸은 사회의 온갖 담론이 서로 경합을 벌이는 "전쟁터"이다.

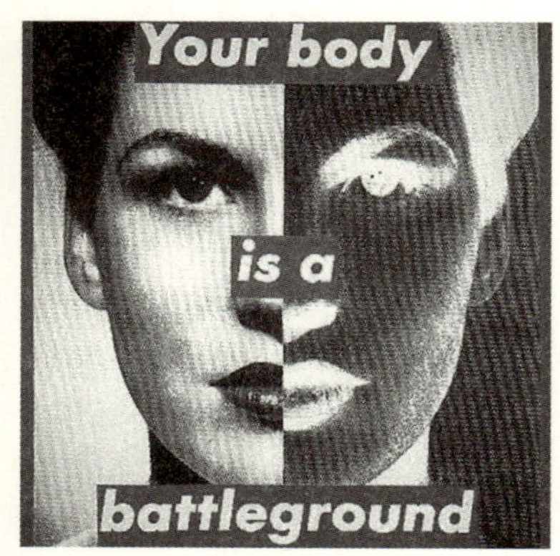
바바라 크루거, 〈당신의 몸은 전쟁터이다〉(1989)

내 몸이 나만의 요새이며 나만이 머무
는 고요한 풍경이었던 시절은 이제 기
억 속에서 사라져가는 아득히 먼 추억
일 뿐이다.

"당신의 몸은 전쟁터이다." 이 표어
는 바바라 크루거(Barbara Kruger, 1945~)
의 책 표지와 정치 포스터로 사용되면
서 널리 알려지게 되었다. 크루거의 다
른 작품들과 마찬가지로 이 포스터는
흑백의 사진을 바탕으로 표어의 성격을 지닌 문자 텍스트를 함께 사용
하고 병치시키고 있다. 붉은 테두리에 푸투라마 볼드 이탤릭체의 흰
글씨로 쓴 텍스트는 흑백사진과 결합되어 강한 인상을 준다. 더욱이
흑백 사진은 정면을 바라보는 확대된 얼굴이며, 그 얼굴의 응시는 바
로 이 사진을 바라보는 우리를 향하고 있어 바라보는 우리에게 불편한
느낌을 강하게 불러일으킨다. 나의 몸이 전쟁터라니? 텍스트의 내용
은 우리의 불편한 느낌과 잘 호응한다. 내 몸 위에서 누가 무엇을 위해
싸우고 있는가?

이 작품은 크루거가 1989년 워싱턴에서 낙태 권리 회복 집회를 위
한 포스터로 사용하기 위해 다시 디자인하면서 그 본래 의도를 보다
명백히 드러냈다. 전쟁터가 되는 문제의 신체는 여성이며, 그 전투는
출산의 권리에 관련된 것이었다. 1960년대부터 여권신장 운동이 거세
게 휘몰아친 이후 여성 스스로 낙태를 선택할 권리가 부여되어야 한다
는 주장이 여성 해방 운동으로 확대되었다. 잉태한 아기가 여성만의
소유물은 아니지만 보통 여성의 몸을 통해서만 태어나는 아기는 여성

402

의 사회적 삶에 엄청난 영향을 미친다는 점에서 여성의 낙태 권리가 문제시된다. 물론 태아의 시기부터 인간 생명의 존재를 인정하는 바티칸 가톨릭교에서는 낙태 권리를 수용하지 않지만, 최근에는 미국 대통령 선거에서 이 문제에 대한 후보자의 입장에 따라 진보적인가 보수적인가를 가름하는 핵심 쟁점이 된다.

한편 모든 예술작품이 다양한 의미를 갖고 있다는 점을 고려한다면, 우리는 이 포스터에 보다 풍요로운 의미를 부여할 수도 있다. 1차적으로 페미니즘 입장에서 여성의 낙태 권리를 옹호하는 작품으로 이해하는 게 올바른 독해 방식이겠지만, 크루거의 작품은 제한된 해석을 넘어서는 시각 디자인을 보여주고 있다.

우선 이 포스터의 사진은 동일하게 보이는 한 여성의 얼굴이 중앙을 중심으로 좌우가 상반되게 표현되어 있다. 왼쪽 여자의 얼굴은 포지티브(양화)의 형태를, 오른쪽의 얼굴은 네거티브(음화)의 형태를 취하면서 서로 대조를 이룬다. 대립되는 두 개의 세계가 동일 터전에서 맞부딪치는 형상이다. 정성들여 다듬은 눈썹과 립스틱을 바른 반듯한 얼굴 모습은 자연적인 모습이 아니라 극히 인공적인 느낌을 주는 포토몽타주의 성격을 갖는다. 아마도 이 선명하게 대조된 양자의 대립을 통해 크루거는 세상을 이루는 모든 이항 대립의 세계를 명시한지도 모르겠다. 너와 나, 음과 양, 몸과 영혼, 남성과 여성, 미술과 사진, 자아와 타자, 자연과 문화, 고급문화와 저급문화, 모던과 포스트모던 등 대립과 갈등을 포괄적으로 암시하는 것이다.

몇 해 전 한국에서 열린 국제 전시회에도 참석한 적이 있는 크루거는 처음에는 그래픽 디자이너로 출발하였다. 대학에서 디자인을 전공하고 책과 잡지의 사진 편집자 및 디자이너로 활동하던 그녀는 70년대

말부터 포스터나 광고를 연상시키는 작품을 발표하면서 커다란 주목을 끌었다. 이후 그녀는 대중문화의 이미지를 차용하여 권력남용, 여성차별, 상업주의 속물성, 자본주의 등을 고발하는 포스터류의 작품을 통해 현대사회의 주요한 논점들을 쟁점으로 부각시켰다. 개념주의 예술에 속하는 그녀의 작품 세계는 깔끔하고 간결한 디자인에 눈에 띄는 메시지의 구도 및 배치에 의해 더욱 강렬한 인상을 창조한다. 때로는 빛 바랜 흑백사진, 빨간색 바탕 위에 쓴 그녀만의 독특한 푸투라마 볼드 이탤릭 글씨체, 저돌적이고 공격적인 문구는 언제나 관객의 눈길을 사로잡는다. 사진 이미지와 텍스트로 구성된 그녀의 작품은 시각예술과 대중문화의 접합점을 최대한 활용하는 효과를 갖는다.

크루거는 미술과 상업을 접목시켜 성공을 거둔 포스트모던 작가이다. 앤디 워홀의 팝 아트의 영향을 많이 받은 그녀는 잡지 표지, 버스 광고, 건물 외벽, 쇼핑백, 머그잔, 티셔츠 등의 매체를 통해 자신의 작품을 상품화시키며 대중성을 확보하였다. 이처럼 그녀는 미술을 상품화시킴으로서 고급과 저급간의 문화적 구분을 무너뜨리는 데 커다란 공헌을 했을 뿐 아니라 문화 속에서 우리의 몸에 작동하는 권력의 기제를 고발하는 데 집중하였다. "나"와 "너", "우리"와 "그들"의 대명사는 권력을 통제하고 행사하는 자에 대한 도전적인 메시지를 던져준다. 권력, 몸, 정체성, 섹슈얼리티의 문화적 재현에 등장하는 전형성을 노출시키는 그녀의 작품세계는 예술의 정치성을 보다 직접적으로 표명하는 큰 역할을 담당하였다.

크루거가 제시한 이항 대립은 20세기 후반기 포스트모던 사회에서 우리의 몸을 접점으로 첨예하게 충돌한다. 갈수록 가속화되는 성적 자유는 몸에 대한 욕망을 풀어놓았지만 급속도로 부각된 에이즈의 위협

아래 심각한 도전을 받고 있다. 남성과 여성이라는 생리학적 구분은 젠더의 구분과 갈수록 그 차이가 벌어지고, 동성 간의 섹슈얼리티가 법적 제한을 무장해제시키고 있다. 이제는 동성 간의 결혼이 합법화되고 자식도 입양할 수 있는 권리가 법적으로 인정받기 시작한다.

또한 하루가 멀다 하고 신문 지상에 발표되는 새로운 의학, 생체기술의 발달과 진보는 타고난 우리 몸의 자연스러움을 하나씩 뒤바꿔놓는다. 간단한 성형수술에서부터 시작하여 장기 이식이 성행하며, 더 나아가 인공 관절, 인공 장기, 인공 플라스틱 동맥의 이식이 성공하면서 공상소설에서나 가능했던 몸 전체의 인공적 대치를 상상할 수 있게 되었다. 최근 얼굴 전체를 한꺼번에 뒤바꾸는 성형수술이 성공했다는 뉴스 보도는 정체성의 변화를 예고한다. 우리 몸의 유전자 구조가 거의 완벽하게 해명됨에 따라 이제 각 개인의 미래 건강을 거의 확실하게 예측할 수 있는 가능성의 길이 열렸다.

컴퓨터를 비롯한 정보기술의 급속한 발전은 새로운 삶의 세계를 열어놓았다. 인터넷을 통해 타인과의 무제한적 교류가 가능해졌고, 게임 기술의 발전은 현실 세계를 떠나 가상세계 속으로의 여행을 가능하게 만들었다. 새롭게 펼쳐지는 가상세계에서 우리는 다른 사람을 만날 수 있고 다른 인격으로 변신할 수도 있으며 시간을 거슬러 과거의 세계로 또는 시간의 한계를 넘어서는 미래의 세계로 들어설 수도 있다. 이런 상황에서 정체성을 규정하는 기존의 개념과 범주는 무력하게 되어, 비록 몸은 내 몸이어도 내 몸의 정체성이 무엇인지 일괄적으로 정의를 내리고 이해하기가 어려워졌다. 몸에 대한 의학적인 신비가 한꺼풀씩 벗겨지고 있지만 내 몸의 낯설음은 더욱 가속화 되고 있는 것이다.

이처럼 서로 이질적인 개념들이 우리 몸에서 서로 충돌하고 대립한

포스트모던 시대의 몸

다. 명확하고 고정된 개념이 부여되기를 거부하는 우리의 몸은 복합적이며 유동적이다. 우리의 몸은 그야말로 몽고의 유목민과도 같이 정체되지 않고 떠도는 노마드(nomad)적인 실체이다. 예전에 인간은 영혼의 존재를 찾으며 그 성격을 해명하려는 노력을 경주하였다. 그러나 오늘날 영혼의 실체를 논하는 물음은 종교의 제한된 영역에서만 제기될 뿐이고 이제는 몸이 여러 담론의 중심을 차지한다. 몸은 그 낯설음으로 인해 불안, 의혹, 충돌의 대상이 되는 만큼 새로운 인식과 개념을 요구하는 자유분방한 실체이다. 우리 시대의 몸은 그 뒤에 은거했던 영혼이라는 비물질적인 실체의 보호막을 내려놓은 대신 수많은 담론들이 뛰어들어 해석의 경쟁을 벌이는 실체의 전쟁터이다.

몸의 현존과 부재 — 투명피부

어느 날 밤, 나는 실험실에 혼자 남아 있다가 마침내 용단을 내리고 나 자신을 상대로 나의 투명화 기술을 시험하였다. 결과는 성공적이었다.

나는 내 몸을 온전히 관찰하기 위해 옷을 벗었다. 살갗을 통하여 위, 간, 염통, 콩팥, 허파가 보이고, 그물처럼 퍼져있는 혈관이 보였다. 내 모습은 학창 시절에 생물학 강의실에 놓여 있었던 피부를 벗긴 인체모형과 비슷했다. 한 가지 다른 점은 내가 살아있다는 것이었다. 말하자면 나는 살아있는 박피 인체 모형이었다.

나는 거울에 몸을 비춰 보다가 나도 모르게 공포의 비명을 지르고 말았다. 그 비명은 내 심장이 빨리 뛰게 하는 효과를 가져왔다. 나는 거울을 보면서 내가 느낀 공포의 결과를 확인하였다. 동맥은 격렬하게 팔딱거렸고, 허파는 대장간의 풀무처럼 오르락내리락했다. 또 연한 노란색의 아드레날린은 피를 주황빛으로 물들였고, 림프계는 미친 듯이 돌아가는 낡은 증기기관처럼 림프액을 맹렬하게 순환시키고 있었다.[1]

기발한 상상력으로 독자들의 인기를 얻고 있는 프랑스 작가 베르베르는 단편 「투명 피부」에서 인간의 몸을 소재로 삼아 독특한 상상력을 발휘한다. 작가의 물음은 "인간이 진정으로 자신의 몸에 관심을 갖고 있다고 볼 수 있을까?"이다. 몸에 대한 관심과 투자가 그 어느 시대보다도 놀랍도록 집중된 오늘날 이런 질문은 어리석어 보이기까지 한다. 그러나 자세히 보면, 요즘 세태의 몸에 대한 관심은 몸을 자신의 의지대로 만들어 갈 수 있다는 전제에서 출발한다. 즉, 몸을 일종의 기계 장치처럼 생각하여 고장난 부분은 수리공에게 맡기듯 의사에게 내맡기는 것이다. 때로는 몸의 부품을 바꾸기도 하고, 성형수술로 몸의 리모델링도 시도한다. 그러나 그에 따라 몸의 신비감은 사라진다. 베르베르는 현대인들이 늘 몸과 부딪치지만 정말로 몸의 신비감을 체험하고 있는지를 묻고 있다.

몸의 피부란 몸의 내부와 외부를 가르는 얇은 막의 접경선이다. 이 얇은 막을 베끼면 몸의 내부가 드러나는데, 베르베르는 이 막을 뚫는

---

1. 베르나르 베르베르 지음, 이세욱 옮김, 「투명 피부」, 『나무』 (파주: 열린책들, 2003), 53-54쪽.

포스트모던 시대의 몸

장치로 투명 피부의 상상력을 사용한다. 이제까지 투명인간이라는 개념이 상상력의 모티브로 활용됐던 문학작품들이 있지만, 베르베르는 과학실험의 힘을 빌려 몸의 내부를 막는 불투명한 피부를 투명하게 만든다는 상상력을 발휘한다. 이제 투명피부의 안에서 드러난 몸의 내부 기관은 보는 이를 공포에 사로잡히게 만든다. 자신의 몸을 실험대상으로 했던 나 자신을 비롯하여, 내 몸의 내부 기관을 목격한 사람들은 모두 공포의 비명을 내지른다. 인간의 나체라는 게 바로 이것이 아니겠는가. 옷의 장막을 거둬내는 일에서 더 나아가 피부라는 마지막 장막까지 벗겨내면 드러나는 몸의 내부는 공포의 대상이다. 그만큼 우리는 몸의 내부를 목격할 수 있는 기회가 주어져있지 않다. 하물며 내 몸의 뒤쪽을 본다는 일은 더더욱 어려운 일이다.

베르베르가 제시하듯이 투명 피부를 통해 몸의 내부를 본다는 일은 현실적으로 불가능하다. 그러나 여기서 본다는 일은 단순한 시각 인지가 아니라 인식의 차원을 의미한다. 우리 몸의 내부란 우선 물질체로서의 외면에 반대되는 정신의 영역으로 생각되기 마련이지만, 몸의 내부 자체도 살덩어리라는 물질체이며 복잡한 여러 기관들의 결합체이다. "우리 인간이 순전한 정신적 존재가 아니라 살아 움직이는 살덩이이자 갖가지 빛깔의 기관들 속으로 이상한 액체들을 순환시키기 위해 끊임없이 활동하는 장기들의 집합체"[2]이다. 그 물질체인 장기들의 끊임없는 활동이 생명체를 움직이는 원동력이며 몸의 신비감을 불러 일으키는 원천이기도 하다. 그래서 이 단편에서 투명 피부를 가진 "나"에게 사랑스런 그녀가 나타나자 나의 생식샘에 기묘한 액체가 가득 찬다.

---

2. 같은 책, 57쪽.

베르베르가 제시한 투명피부라는 상상력은 우리가 늘 가깝게 접하는 몸의 실체를 올바르게 인식하지 못하고 살아간다는 사실을 상기시킨다. 우리의 존재를 규정하는 실체임에도 불구하고 이를 제대로 인식하지 못한다는 사실. 여기서 우리 몸의 현존과 부재가 함께 동시에 인정되는 역설이 성립된다.

사실상 우리의 생활은 똑같은 일의 반복이다. 그리고 반복되는 생활의 흐름 속에서 몸의 존재는 의식으로부터 사라지는 것처럼 보인다. 아침마다 집을 나서기 전 습관처럼 거울을 들여다보지만 그것도 일상의 한 과정일 뿐이고, 하루의 일과를 시작하면서 몸에 대한 의식은 멀어진다. 또는 거울을 통해 매일 우리가 바라보는 몸은 그저 외견으로 드러나는 모습일 뿐 우리 몸의 내부세계나 주체의 참된 면을 인식하고 의식하는 것은 아니다. 몸은 우리의 삶 속에 존재하는 것이기에 우리 곁에 늘 현존하지만, 동시에 우리의 의식에서 부재한다. 그렇기 때문에 몸은 모든 사회적 인간관계를 맺어주는 매체인데도 사람들은 현존하는 물질적 실체로서의 몸을 잊고 살아간다.

그러나 우리의 몸에 신체적 이상이 생겨나면 몸은 침묵을 벗어던지고 의식의 표면으로 솟구쳐 오른다. 일상의 반복적인 생활에서 몸은 침묵을 지키지만 정상적인 몸의 상태를 벗어날 때 우리는 몸의 존재를 강하게 의식하기 시작한다. 예를 들어, 지치거나, 상처가 나거나, 신체적 고통이 찾아올 때 우리는 몸을 예민하게 의식하기 시작한다. 또는 쾌락, 애무, 성, 흥분 등 과잉의 순간에도 우리는 몸의 실체를 섬세하게 감지한다. 사람들이 나이가 들어가면 갈수록 몸에 대한 관심이 깊어진다든지, 전쟁과 같은 위기가 닥쳐오면 몸에 대한 자의식이 깊어지는 것도 몸의 침묵이 깨어지는 상황이다. 이처럼 몸의 현존과 부재는 동

포스트모던 시대의 몸

전의 양면이다. 그렇다면 우리가 살아가는 현 시대는 어느 면을 더 부각시키는가? 몸의 현존을 의식하게 만드는 우리 시대의 문화적 특성은 무엇인가?

2. 몸 프로젝트

자아표현: 주체의 분신이 되는 몸

80년대 초부터 마이클 잭슨과 함께 뮤직 비디오의 새로운 붐을 일으킨 마돈나(Madonna, 1958~)는 성적으로 자신감이 넘치는 여성의 자기표현을 말해주는 문화적 아이콘이다. 미국 미시간에서 출생한 마돈나는 미시간 대학교에서 발레를 전공하다 중퇴하고 뉴욕에서

우리 시대의 문화적 아이콘 마돈나

노래로 연예계에 등장하여 폭발적인 인기를 모았다. 1983년 그녀의 첫 데뷔 앨범 〈마돈나〉는 급진적이고 과격한 댄스 동작과 함께 마돈나식 댄스 장르의 탄생을 예고하며 인기를 모았다. 여기에 음악 전문채널 MTV가 생기자 마돈나의 뮤직 비디오는 급속히 세계로 전파되었다. 첫 데뷔 앨범 이후 2000년까지 미국 빌보드 차트에서 7번이나 1위를 차지하였으며, 전 세계적으로 2억장 이상이 판매되는 기록을 세웠다. 1999

년에는 〈광선〉으로 그래미상을 수상하는 감격을 누리기도 했다. "팝의 여왕"이라는 명칭처럼 세계에서 최고로 성공한 여성 가수로서 기네스북에 올랐으며, 2008년 3월에는 록앤롤 명예의 전당에 이름이 새겨졌다.

　마돈나의 앨범은 종교적인 상징과 성적 주제를 동시에 담고 있어 80년대 후반 로마 카톨릭의 비난을 받기도 하였다. 음악 외에도 마돈나는 누드 화보집을 출간하였으며, 에로틱한 주제를 담은 영화에도 주연으로 출연하여 성을 지나치게 상품화시킨다는 부정적인 비판을 받기도 하였다. 첫 앨범 뮤직 비디오에 등장하는 마돈나의 선정적인 옷차림은 어린 소녀들과 젊은 여자들에게 선풍적인 인기를 끌었다. 레이스가 달린 윗옷, 아슬아슬한 짧은 바지, 망사 스타킹에 십자가가 달린 목걸이, 표백한 머리칼은 1980년대 여성 패션이 되었다. 거기에다 짙은 화장, 도발적인 무대 매너, 콧소리가 많이 섞인 그녀의 가창력이 더해져 그녀의 이미지는 확고히 굳어졌다. 팝계에서 순식간에 센세이션을 일으킨 마돈나의 이미지는 MTV를 통해 전 세계로 전파되었다. 그녀가 MTV 비디오 뮤직에서 선보인 보이 토이 벨트를 찬 의상은 이제 그녀의 트레이드 마크가 되었다. 여성 음악가로는 처음으로 뮤직 비디오의 가능성을 활짝 열은 마돈나는 MTV를 자신의 이미지 관리매체로 즐겨 활용하였다. 〈처녀처럼〉(1984)에서는 "마돈나"라는 순진한 소녀의 이미지로, 〈기도처럼〉(1989)에서는 흑인 예수가 등장하고 그와의 키스 장면을 통해 성적 "죄인"의 독특한 이미지를 만들어냈다. 〈너 자신을 표현하라〉는 자주적이고 독립적인 여성의 이미지를 부각시킨 것이다. 이 뮤직 비디오에는 더러운 지하실에서 일하는 상의를 벗어던진 남성

노동자의 육체적 매력과 화려한 옷차림으로 노래하는 마돈나가 교차 편집되면서 남성의 벗은 몸이 여성에게 시각적 쾌락의 대상이 된다. 대부분의 영상에서 여성의 에로틱한 몸이 남성 시각의 대상이었던 것을 철저하게 뒤집은 것이다.

이후 마돈나는 음반과 뮤직 비디오, 콘서트의 공연, 또는 매스컴과의 인터뷰 등에서 보다 적극적이고 강하게 자신의 성적 욕망에 대해 이야기하고 보여주었다. 항상 여성의 모든 욕망을 정면으로 주시하라고 말하며, 콘서트 현장에서 남성 백댄서들을 성적 도구로 마구 휘두르는 그녀의 모습에서 "마초적 페미니스트"의 대중문화적 아이콘을 발견할 수 있다. 이러한 마돈나의 모습과 활동은 억눌린 여성 욕망을 적극적으로 표출하는 자의식 과잉의 여성상을 만들고 있다고 하여 경멸의 대상이 되기도 하지만, 어쨌든 세상에 새로운 여성상을 제시한 것만은 틀림없다. 비록 상업성이 깃든 것이라 하더라도 오랫동안 내려오던 고정된 여성상을 이처럼 일순간에 뒤엎는 힘을 대중에게 보여준 여성을 마돈나 외에는 찾아보기 어렵다. 성적 욕망을 몸으로 분출시키며 여성의 주체성을 자신 있게 주장한 인물이 바로 마돈나이다.

20세기 후반기 급속도로 팽창하는 상업문화의 힘은 과거와 달리 몸에 부여된 가치를 상승시키고 있다. 마돈나의 경우처럼 몸은 자아의 정체성을 표현하는 가장 효과적이며 직접적인 매체가 된다. 예전에는 조심스럽고 신중했던 몸의 부분들이 오늘날에 와서는 젊음의 기호가 되고 삶의 활력으로 등장한다. 여성들의 미니스커트가 매혹적이었던 시대는 이미 과거가 되었다고 할 정도로 몸의 노출은 자연스러워졌다. 그것은 여성에게만 국한된 일이 아니어서, 남성도 남성다움의 표현을 몸으로 드러내는 일이 자연스러워졌다. 몸을 숨기는 것이 아니라 이제는 밖으로 드러내는 시대이다. 성적 매력을 공공연히 드러내는 것은 자아의 정체성을 보여주는 표현방식의 한 가지가 된다. 그만큼 자아의 정체성에 몸을 통한 성적 특성이 중요한 몫을 차지한다. 몸의 노출에 성적 매력을 뽐내려는 의도만 담겨있는 건 아니다. 임신한 여자의 나체가 광고 속에 들어오는가 하면 뚱뚱한 털북숭이 남성의 벗은 상체가 광고 속에 당당하게 등장한다. 영혼의 아름다움을 이상적인 정체성의 표본으로 삼아오던 시대는 사라지고, 그 빈 공간을 몸의 개별성이 대치해가고 있다. 몸의 외면성이 자신의 정체성을 말해주는 중요한 기표가 된다.

몸을 가꾸는 대표적 예로는 보디빌딩이 있다. 생활주변마다 헬스장이 유행한 지는 이미 오래다. 헬스장은 사람들이 건강을 위해 운동을 하는 곳이지만, 동시에 자신의 외적 몸매를 가꾸고 유지하려는 욕망을 충족시키기 위한 장소이기도 하다. 대중의 관심을 끌어 모으는 소위 몸짱은 몸매를 가꾸기 위해 피나는 노력을 경주한 결과로 얻어지는 것이다. 1970년대 미국 영화를 대표하는 스크린의 아이콘들이 대체로 연약하고 고통 받는 주인공들 또는 실패한 자의 모습으로 그려지는 더스틴 호프먼, 알 파치노, 드니로, 제인 폰다 등이었다면 그 이후 세대의 주인공은 람보, 아널드 슈워제네거, 브래드독처럼 강철 같은 근육을 지닌 영웅이나 사이보그로 변신한 단단한 인간기계로 바뀌었다. 시대적 감수성은 근육질 몸매를 드러내는 남성상을 요구한다.

잘 다듬은 강건한 몸매는 남성상을 대변하는 기호지만, 여성들에게 남성과 동등한 사회참여의 권리가 부여된 현 사회는 여성성의 기호를 바꿔놓았다. 가련하고 청순한 이미지의 연약한 여성상이 아니라 남성과 동등하게 지적이고 활동적이며 능동적인 여성상이 요구되는 것이

포스트모던 시대의 몸

다. 게다가 육체적으로도 이전과는 달리 더욱 건강하고 탄력있는 몸매를 가진 여성을 선호하기도 한다. 여성이 남성화의 길로 나아간다면, 남성은 여성화의 방향을 채택한다. 예를 들어, 요즈음 화장은 여성에게 국한된 일이 아니라 남성도 피부를 가꾸고 신경을 쓰는 시대가 되었다. 여성 화장품만이 아니라 남성 화장품 시장이 엄청나게 확대되고 있다는 사실은 이러한 풍조를 말해주는 분명한 예가 된다. 이처럼 남성과 여성의 전통적인 몸의 기호들이 맞바뀌지는 유니섹스의 추세가 사회를 주도하고 있다.

몸을 가꾸고 개발하는 일은 아주 보편화되었다. 몸은 이제 더 이상 사람들이 체념하고 받아들이는 자연의 산물이 아니라, 개인 스스로가 자기 방식대로 만들어가는 대상이 되었다. 자아의식을 확대하고 확정하는 과정이 몸을 통해 이루어진다. 몸은 주체의식을 이루는 핵심이 된다. 주체의식을 규정하던 과거의 형이상학적이고 본질론적 개념들이 사라지는 대신 몸의 관계를 통해 새롭게 주체를 설정하는 인식론이 대두되고 있다. 이제 몸의 침묵은 깨어졌고 주체를 결정짓는 "또 다른 자아"로 인정받게 되었다. 몸은 주어진 수동성이 아니라 자아를 만들어가듯 새로이 만들어가는 능동성의 대상이다. 이제 모두들 제각기 몸 만들기를 기획하는 몸 프로젝트의 시대에 들어섰다.

만들어가는 몸

마음 속 깊이 느낌을 느끼려면 외모를 관리해야 한다는 사실을 최근에야 알았다. 우리는 살아가기 위해 우리 몸에 의지하지 않으면 안 된다. 그리고 건강한 육체를 유지하기 위해서는 많은 노력이 필요하다. 그러나 그렇게 하지 못하는 사람이 대부분이며 그렇게 하겠다고 약속도 못한다. . . .

이[몸 건강] 프로그램을 실행하면서 무엇을 하겠다고 결정하는 것, 즉 무엇을 하면서 시간을 보낼 것인가를 결정하는 일이 매우 중요하다는 사실을 깨달았다. 예전에 나는 내 모습을 엉망으로 만드느라 바빴다. 그러나 지금은 몸매를 가꾸는 일로 바쁘게 지낸다. 진정한 도전은 쉬운 일이 아니다. 어쩌면 '쉬운 도전' 이란 말 자체가 모순인지도 모른다. 하지만 진정한 도전을 성공적으로 마쳤을 때 받는 보상과 혜택은, 이를 얻기 위해 겪어야 했던 어려움을 능가한다.

내 자신에 대해 특히, 내 강점과 약점에 대해 나는 많은 사실을 발견했다. 미래를 내다보고, 목표를 달성하겠다고 스스로 다짐할 때 느껴지는 뭔지 모를 감동도 체험했다. 나는 내가 원하는 몸의 모습을 끊임없이 마음속에 그려보곤 했다. 그런데 이제 바라던 그 모습이 나타났다. 체중을 6킬로그램이나 줄였고 강한 체력과 근사한 근육을 얻었다. 자신감도 생겼다. 지난 12주간 쏟은 노력의 결과로 운동하는 일이 즐거워졌고, 이제 올바른 식이요법이 무엇인지도 알게 되었다. 운동을 하면 겉모습이 좋아질 뿐 아니라 내적인 기쁨도 찾게 된다.[2]

▶한 달 전, 토니 애벗 호주 보건장관이 27년 전 버렸던 사생아를
찾았다며 기자회견을 했다. 방송 인터뷰 때 애벗 장관의 옷에 마
이크를 달아주기도 했던 방송국 음향기술자였다. 19살 때 여자
친구와의 사이에 낳아 입양기관에 맡겼던 아들이라는 것이다. 둘
의 부자관계는 한 달 남짓으로 끝났다. 호주 언론은 지난 22일 두
사람은 남남으로 밝혀졌다고 보도했다. DNA 검사를 해본 것이
다. 애벗 장관의 어릴 적 여자 친구에게 다른 남자친구도 있었다
는 이야기다.

▶옥스퍼드 대학의 브라이언 사이키스 박사는 DNA에 새겨진 혈
통 족보를 캐는 분자생물학자다. 그가 '사이키스' 란 성(姓)을 가
진 사람들의 DNA를 조사해봤다. 그랬더니 사이키스 가문의 족보
가 700년 전의 한 조상에게로 모였다. 그러나 사이키스 박사 연구
에선 사이키스 가문 여자들이 낳은 자식의 1%는 다른 가문 남자
들의 피가 섞여 있다는 생각지도 않은 결과도 드러났다.

▶기원 전 53년 중동지방으로 원정을 나갔다가 전쟁에서 패한 후
행방불명된 고대 로마군단 6000명이 있다. 이들의 후손이 중국
간쑤성의 한 마을에 살고 있다는 사실이 DNA 조사로 밝혀졌다.
DNA가 2000년 전 조상이 누군지를 밝혀준 것이다. 하버드 대학
의 어느 유전학자는 미국 흑인들이 아프리카의 어느 부족 출신인
지를 가르쳐주는 장사까지 하고 있다. 한번 검사해주는 데 300달
러씩 받는다. . . . 이제 인류의 역사는 기록과 발굴에 의해서만이
아니라 실험실에서도 쓰여지고 있다.[3]

오늘 날 젊은이들 사이에서는 외모가 성격보다 더 중요하다는 믿음이 팽배하다. 특히나 자라나는 여학생들은 외모가 여성으로서 성취해야 할 가장 중요한 것 중의 하나라는 인식이 널리 퍼져있다. 과거에는 여성에게 모성을 중요한 덕목으로 강조해왔는가 하면, 걸 스카우트와 같은 단체에서는 몸의 외적 특성보다는 내적 특성을 중요시해서 인격을 갖춘 여성을 지지해왔다. 그러나 20세기에 들어서 대중문화의 힘이 커짐에 따라 육체적 외모에 대한 기대치도 높아져 대부분의 여성들은 몸매로 자신의 가치를 판단하려는 경향을 보인다. 몸의 가치가 높아진 것이다. 이는 현대 대중사회에서 아름다움이 일종의 자본주의 상품으로 절대적 힘을 발휘하고 있다는 보드리야르의 분석과 일치한다. 육체의 아름다움은 고가의 상품과 같은 교환가치를 갖는다.

사람들은 자신의 몸을 소중히 여겨야 할 대상으로 생각하며, 몸을 가꾸기 위해 많은 노력을 기울인다. 식이요법은 아름다운 몸매와 건강을 지키기 위해 많은 사람들이 관심을 기울이는 대상이 되었다. 식이요법에 관한 각종 상품들이 광고에 등장하고 이에 대한 서적도 하루가 멀다 하고 계속 출판되고 있다. 새로운 바이오 상품들이 등장하여 식생활에 대한 기존 의식을 변화시키고 있다. 이처럼 사람들은 자신의 몸을 그냥 방치하는 게 아니라 최상의 생산성을 얻기 위해 시간과 비용을 투자한다.

어느 신문매체의 보도에 따르면 한국 성인 여성의 76%가 다이어트를 시도해본 적이 있다고 한다. 물론 그 다이어트 시도에서 실패를 맛본 사람들이 대부분이었다. 몸을 간수하고 돌보는 일은 쉬운 일이 아

2. Bill Phillips, 전태원 옮김, 『Body for Life』(서울: 한언, 2001), 256쪽.
3. 한삼희, 『조선일보』의 "萬物相"에서 발췌.

니지만 그래도 몸은 끊임없이 돌봐야 할 기계로 취급된다. 몸에 더 많은 관심을 기울일수록 그 기능은 향상된다. "반짝 반짝 빛나는 피부, 반질반질 윤기 나는 도자기로 만들어보자." 이 구절은 어느 화장품 회사의 제품 광고문이다. 정성을 기울여 도자기를 빚듯이 우리들의 피부도 공들여 관리하라는 권고이며, 그만큼 피부에 공을 들일 때 도자기처럼 윤기가 날 거라는 유혹의 문구이다. 몸은 개인적인 자산으로서 자리 잡았다. 몸은 소유자의 노력에 의해 갈고 다듬어질 수 있는 변화 가능한 실체가 되었다.

몸을 기계로 비유하는 것은 몸도 하나의 메커니즘이라는 인식에서 나온다. 몸을 기계로 생각하는 인식은 이미 17세기의 철학자 데카르트에서도 찾아볼 수 있지만, 그의 주장은 몸이라는 기계가 정신에 의해 작동되는 것임을 강조하기 위한 것이었다. 그에게 중요했던 것은 몸이 아니라 몸을 작동시키는 인간의 고귀한 정신 또는 이성이었다. 그러나 오늘날에는 정신과는 구분된 몸의 물질성에 초점을 맞춘다. 그 몸은 이성의 힘에서가 아니라 몸 자체의 메커니즘을 향상시켜 잘 작동하게 되는 기계이다. 몸이 다른 어떤 기계나 로봇보다 더 정교한 부품이라면 우리는 이것을 신에게서 부여받은 "경이로운 기계"라고 부를 수 있을 것이다. 최근에 인간의 유전자 정보가 담긴 게놈 표준지도가 완성되었다는 보도가 발표되었다. 몸의 청사진이라고 부르는 게놈 지도 안에 미래에 몸에서 작동할 모든 메커니즘의 도표가 기록되어 있는 것이다. 우리의 유전자 정보를 분석하면 우리의 조상이 누구인지 알아낼 수가 있다. 유전자 정보에 의해 진정한 족보를 찾을 수가 있는 것이다. 경이로운 기계의 신비가 하나씩 벗겨지면서 몸은 더욱 메커니즘에 따라 작동하는 기계가 되고 있다.

단편으로 조각난 몸: 성형(미용)수술과 장기이식

프랑스, 중국에 이어 세계 네번째로 미국에서 안면 전면이식 수술이 성공적으로 이뤄져 화제다. 지난 17일 미국 클리블랜드 병원 마리아 지미오나우 박사 팀은 호흡기 없이는 숨도 못 쉬던 여성 환자에게 뇌사자의 얼굴 조직을 이식해 얼굴의 80%를 재생시키는 데 성공했다고 밝혔다. 의료진 8명이 22시간 동안 매달린 안면 전면 이식 수술은 뇌사자가 남기고 간 얼굴 피부는 물론 얼굴 신경, 모든 얼굴 근육, 윗입술, 코와 코 일대, 치아를 포함한 위턱을 살아 있는 환자의 얼굴로 옮기는 데 성공했다.

얼굴이식 수술을 받기 전 여자 환자의 얼굴은 눈꺼풀 윗부분과 이마, 아랫입술과 아래턱 부분만 남아 있을 정도로 부상이 심각했다. 영양 공급과 호흡은 기계에 의존하는 상태였다. 클리블랜드 병원의 생명윤리담당 책임자인 에릭 코디시 박사는 "이번 수술에서 얼굴 생체조직 기증부터 수술 완료에 이르기까지 문제가 없었다"면서 "이번 수술은 단순한 성형수술이 아니다"고 말했다.

지금까지 얼굴이식 수술을 받은 환자는 2005년 프랑스에서 개에 얼굴을 물린 여성, 2006년 곰에 얼굴을 공격받은 중국 남성, 2007년 악성 종양으로 얼굴이 일그러진 프랑스 남성이 있다. 얼굴 전면을 이식한 것은 이번이 사실상 처음이다.[4]

---

4. 『코미디 닷컴』, 2008년 12월 26일 기사.

소우주로서 몸은 경이로운 기계이지만 또한 연약하고 손상당하기가 쉽다. 매일 발생하는 교통사고는 우리의 몸이 너무나 취약하다는 사실을 깨닫게 만든다. 불의의 사고가 아니라도 나이가 들면서 또는 질병에 걸리면서 몸의 기능은 쇠약해지고 심지어 마비된다. 몸의 부분은 회복 불가능할 정도로 치명적인 손상을 입기도 하고 영구히 작동을 멈추기도 한다. 아직 몸은 영구성을 지니지 못한 불완전한 기계이다. 죽음을 극복할 수 없는 존재 조건으로 가지고 있기 때문이다.

의학의 발전은 불안정한 몸의 기능을 급속도로 개선시키고 있다. 신체기관이라는 몸의 부품이 소모되어 마멸되거나 파손되면 성능이 좋은 것으로 교체할 수 있다. 최근에 보도된 미국 클리블랜드에서의 안면 성형 수술은 이러한 발전의 한 면을 말해준다. 전체 얼굴의 80%를 다른 뇌사자의 얼굴로 대치하는 어려운 수술이 성공한 것이다. 이 환자는 이식한 피부가 거부반응을 일으키지 않고 제대로 정착하기 위해 상당한 시간을 기다려야 하며, 다른 병원균의 감염을 막기 위해 평생 동안 약을 복용해야 한다고 한다. 이런 점으로 봐서 성형수술이 갈 길은 멀어 보이며, 더구나 몸 전체를 대상으로 한 성형수술은 아직 생각하기 어려워 보인다. 그렇지만 그것이 전혀 불가능하다고 단언하기에는 의학의 발전이 너무도 빠르다.

성형수술의 한 부분으로 미용수술은 오늘날 널리 퍼져 있다. 통계에 따르면 2006년 미국에서만 천만번이 넘는 미용수술이 시행되었다고 한다. 성형수술은 신체상 형체나 기능상의 결함을 수정하거나 정상으로 회복시키기 위한 수술을 말하지만, 미용수술은 의학적 이유가 아닌 비의학적, 미적 기준에 의거해서 몸을 수정하는 수술이다. 즉, 이것은 젊음과 여성다움 및 남성다움에 대한 특정한 미의식에 따라 몸을 개조하는 수술이다. 가벼운 쌍거풀 수술이나 피어싱에서부터 지방 흡입 수술에 이르기까지 자신의 몸을 더욱 근본적이고 직접적인 방식으로 몸을 변형하고 수정하려는 시도이다.

미용수술의 보편화는 몸이 개인의 자산이며 개인의 자아정체성을 표현할 매개물이라는 시대적 사고를 반영해준다. 젊고 잘 가꾸어진 몸의 외모에 가치를 부여하는 시대에 자아를 상징하는 것은 바로 몸의 외적 영역이다. 그런 면에서 몸은 철저히 사회적 상징물이다. 미용수술의 기준이 되는 미의식은 개인적인 것이지만 동시에 사회가 요구하는, 특히 대중문화에 의해 형성된 미의식의 산물이다. 또한 미용수술에 의한 외모의 변화로 자신의 자아정체성을 새롭게 갖게 되는 것도 타자의 시선에 의한 기준이라는 점에서 사회성을 갖는다.

성형(미용)수술은 우리의 몸에서 지방과 살, 그리고 뼈를 바꾸고 보충하는 것을 가능하게 함으로써 도대체 몸이란 무엇인가 하는 의문을 불러일으킨다. 더구나 몸이 자아정체성을 드러내는 표현물이 된 오늘날 몸을 몇 차례씩 뜯어고치는 사람들의 자아정체성은 어떻게 정의내릴 수 있는가? 가장 대표적인 예로 미국의 흑인 팝 가수 마이클 잭슨을 들 수 있다. 거의 강박관념에 사로잡힌 것처럼 자신의 피부색까지 여러 차례 바꿔나간 마이클 잭슨의 자아정체성에 대한 의구심은 가라앉지 않는다. 앞에서 언급한 클리블랜드에서 안면수술을 받은 환자에 관해서도 의사들은 의학적인 염려 외에 정신심리학적인 염려를 보였다고 한다. 즉, 이 환자는 얼굴이 전면적으로 뒤바뀌는 바람에 자신의 정체성에 대한 불안과 회의를 보일지도 모른다는 것이다. 이를 고려하여 의사들은 환자에게 얼굴을 이식해준 뇌사자의 얼굴 사진을 보여주지 않았으며, 수술 전에 정신심리학 테스트를 거쳤다고 한다. 그만큼 성형수술이 야기하는 정체성 불안의 문제가 제기된다. 우리 몸의 외면만이 아니라 내 몸을 구성하는 내부의 신체부분을 뒤바꾸는 장기이식의 경우로 넘어가면 내 몸의 정체성 물음은 더욱 어려워진다.

　인간의 몸은 유기체여서 피부에 상처가 나도 시간이 흐르면 다시 원래대로 복원이 된다. 또는 스케이트를 타다가 뼈가 부러져도 잘 치료를 받으면 별 무리 없이 다시 본래 상태로 돌아간다. 그렇지만 우리 몸의 복원력은 극히 제한적이다. 한번 손상당하면 또다시 복원되지 않는 신체부분이 대부분이다. 더구나 내 몸은 오직 하나뿐인 희귀한 재료이어서 손상당하거나 기능을 제대로 하지 못하는 신체기관은 다른 사람의 신체기관을 이식해서만 치료가 가능해진다. 장기 이식, 수혈, 줄기세포 활용, 유전자 조작, 의족이나 의안 따위의 인공보조기구 등의 의학적 또는 생물학적 기술이 눈부시게 발전해가는 것도 우리 몸이 지닌 희귀성 때문이다.
　우리 몸의 희귀성으로 인해 살아 있는 사람의 신체 장기를 구하는 일이 쉽지 않다. 어느 나라든지 장기나 혈액을 사고 파는 행위가 불법으로 규정되어 있지만, 공식적인 기증을 떠나 불법적으로 또는 암묵적으로 이를 판매하는 경우가 많다. 가난한 저개발국가에서는 많은 사람들이 자신의 신장을 개인병원에 팔고 있으며, 제3세계의 불우한 사람들은 채혈을 하는 대가로 생계를 유지하기도 한다. 전 세계적으로 장기가 은밀하게 밀거래되고 있으며 극빈국에서 부유한 나라로 일방적으로 흘러들어오는 유통구조를 갖는다. 인간의 몸은 도덕적 가치를 상실하고 상품 가치로 전락할 위기에 처해 있다.
　장기 이식은 아직 살아있는 사람에게서 장기를 떼어온다는 점에서 많은 윤리적 문제를 안고 있다. 생명은 붙어 있지만 뇌사 상태로 판명된 사람에게서 장기를 이식받는 경우가 대부분이어서, 생명의 종언을 어느 시점으로 보느냐 하는 문제가 생긴다. 생명의 윤리성을 넘어 몸에 관한 우리의 검토에서 더욱 흥미로운 사항은 인간 몸의 일부분을 임의적으로 떼어내어 다른 몸에게 이식한다는 것이다. 장기 이식의 가능성으로 인해 인간 몸은 처분하고 사용가능한 대상이 되어버렸다. 나의 몸은 오직 하나라는 고유성이 사라지고 임의로 전이 가능한 대상이 된 것이다. 환자의 생명을 구한다는 명분 아래 새로운 "식인 풍습"이 탄생한 것이다.

장기를 이식받은 환자는 그 제공자에게 깊은 고마움을 느끼지만, 이식된 장기가 제공자의 몸일 수는 없다. 이처럼 임의로 떼어내고 접붙일 수 있는 몸의 조각은 인간존재의 일부분으로 고려되지 않는다. 이식되는 몸의 조각에 인간성의 잔영이 남아있다고 말할 수 없기 때문이다. 수혜자 환자의 생체조직들 사이에 거부반응을 일으키지만 않는다면 이식받는 몸의 조각은 수혜자의 몸이 된다. 그렇다고 해도 그 이식된 몸 조각이 수혜자의 인간 존재를 담아내는 그릇이라고 말하기는 쉽지 않다. 오히려 이식되는 몸의 조각은 인간 존엄성이 배제된 무의 기호일 뿐이다.

장기 이식과 함께 인간의 통일성은 파편처럼 조각났다. 인간 몸의 부품은 상품처럼 주고 받는 대상이 되었다. 법률적으로 장기 이식의 거래를 엄밀하게 제한하고 규정하지만, 장기 이식의 철학적 밑바탕을 이루는 인간 존재의 고유한 통일성은 무너졌다. 20세기에 들어와 인간 정신의 파편화를 경고하는 목소리는 예술의 영역에서 끊임없이 높아져왔지만, 이제 장기 이식의 의학적 발전은 몸의 구체적인 파편화를 목격하게 만들었다. 몸은 더 이상 인간 정체성의 완벽한 분신이 아니라 그저 장기들의 집합체가 되었다. 그리고 그 집합체의 일부분을 기계의 부품처럼 교체하는 일도 언제나 가능해졌다. 현대 의학이 확립해가는 이원론의 인식론적 입장이 이를 통해 명백해진다.

사이보그의 몸: 유기체와 기계의 잡종

사이보그는 인공 두뇌의 유기체로, 기계와 유기체의 잡종이며, 허구의 피조물일 뿐 아니라 사회적 실재의 피조물이다. 사회적 실재는 우리가 체험하는 사회 관계들, 우리의 가장 중요한 정치적 구성물, 세계를 변화시키는 허구 등이다... 현대의 과학소설은 사이보그—모호하게 자연적이며 만들어진 세계들에 거주하는 동물이자 동시에 기계인 피조물들--로 가득차 있다. 근대 의학 또한 사이보그로 가득 차 있으며, 유기체와 기계간의 짝짓기로 가득 차 있다. 유기체와 기계는 각각 성욕의 역사에서 발생되지 않았던 그런 권력을 가진, 친밀한 관계에 있는 코드화된 장치들이라고 상상된다. . . .

우리의 시대며, 신화적 시기인 20세기 말에 위치한 우리들은 모두 기계와 유기체의 이론화되고 제작된 잡종인 키메라chimera이다. 요컨대 우리들은 사이보그이다. 사이보그는 우리의 존재론이다. 사이보그는 우리에게 우리의 정치를 준다. 사이보그는 어떤 역사적 변형의 가능성도 구성하는 두 개의 결합된 중심인 상

상력과 물질적 실재의 응축된 이미지이다. '서양'의 과학 및 정
치의 전통들--인종차별적이고 남성-지배적인 자본주의의 전통,
진보의 전통, 자연을 문화 생산의 자원으로 전용하는 전통, 타자
의 반영으로부터 자아를 재생산하는 전통 등--속에서 유기체와
기계간의 관계는 경계 전쟁이었다.[5]

줄기세포를 통한 장기 복제 기술은 한동안 우리 사회를 떠들썩하게 만
들었던 이슈였다. 장기 이식으로는 인간의 몸이라는 희귀한 물품을
제대로 공급할 수가 없으며, 의학적으로도 장기 이식에서 발생하는 생
체 거부반응을 줄일 수 있는 길은 장기 복제이다. 자신의 줄기세포를
통해 새로운 장기를 배양해낼 수 있다면 인간은 여분의 몸 조각을 가
질 수 있게 된다. 그리고 거기서 한 걸음 더 나아간다면 몸 조각만이 아
닌 몸 전체를 여분으로 가질 수 있는 가능성도 열리게 된다. 심지어는
동일한 두 개의 인격체만이 아니라 무수한 복제품이 함께 공존할 수
있을 거라는 이론상의 가설도 성립된다. 과장하여 말하면, 그야말로
붕어빵을 찍어내듯 동일한 인간이 마구 생겨날 수 있다는 끔찍한 상상
도 가능한 것이다. 이런 상상력은 이미 1932년 올더스 헉슬리가 그의
소설 『멋진 신세계』에서 풀어놓았다. 모든 아기들이 부화장에서 생산
되어 감시되는 미래를 그려놓았기 때문에 그의 작품을 반유토피아 소
설이라고 부른다. 정부 과학자들이 부화장에서 알파 족과 엡실린 족을
구분하여 일반 천민과 세계를 통치할 지배자를 태어날 때부터 따로 분

---

5. 다나 해러웨이, 민경숙 옮김, 『유인원, 사이보그, 그리고 여자』(서울: 동문선, 2002), 267-
　　268쪽.

리시키는 것이다. 천민의 운명이 부여된 천민 알파 족은 소모품처럼 대량 생산된다.

장기 복제의 유용성과 함께 문제점이 예견되는 상황에서 인간의 몸을 대치할 또 하나의 가능성은 생체기관이 아닌 인공 부품을 만드는 일이다. 이미 인공 관절과 보청기구들은 널리 사용되고 있지만, 이것에서 더욱 발전한 인공심장을 만드는 일이 시도되고 있다. 최근 외신 보도에 따르면, 한 프랑스 의학 연구팀이 15년간의 연구 끝에 인공심장을 개발했다고 한다. 이번에 새로 개발된 인공심장은 심장 박동 속도와 혈액 흐름을 조절하는 전자 센서가 삽입돼 실제 심장과 거의 비슷하게 작동하며, 표면 조직이 특별 처리돼 신체 면역시스템 및 혈액 응고에 의한 거부반응을 막을 수 있다고 연구팀은 주장한다. 아직 임상실험을 위해 정부의 허가를 기다리고 있는 중이지만, 이와 같은 인공심장 개발 사례는 이제까지 꾸준히 지속되고 있다. 완벽한 인공심장이 개발 완료되기까지는 세월이 더 필요하겠지만 심장의 기능을 도와주는 심장 박동 보조기구를 삽입하는 수술은 이미 성공을 넘어서 실용화되고 있다. 우리의 몸 안에서 인공 기계제품이 함께 작동하게 된 것이다. 인간의 사이보그는 가상현실이 아니라 벌써 현실에서 시작되었다.

위에 인용한 다나 해러웨이의 글은 「사이보그 선언문: 20세기 말의 과학, 기술, 그리고 사회주의적 페미니즘」이란 논문의 일부분이다. 이 유명한 사이보그 선언문을 한번 읽어 내용을 파악하기란 여간 어려운 게 아니지만, 기본 내용은 "사이보그는 우리의 존재론"이라는 선언으로 요약된다. 해러웨이의 설명처럼 사이보그(cybog)는 "인공두뇌 유기체cybernetic organism"가 축약된 용어로 "기계와 유기체의 잡종," 즉 합성물이다. 우리가 이미 살펴보았듯이 의학적으로도 인공적 기계가 우리의 유기체 몸 안에 섞여들어 왔다. 자연의 산물이라고 하는 유기체 몸만의 고유한 세계는 존재하지 않으며 인위적인 것과의 혼합된 잡종이 우리 세계의 실제 모습이다. 해러웨이는 이를 발전시켜, 사회적으로 규정되는 개념들은 고유하고 본래적인 자연성을 갖춘 게 아니라 언제나 인위적인 산물이며 사회적 관계망에서 형성되는 실재일 뿐이라고 주장한다. 이를 더 쉽게 이해하기 위해 예를 들면, 우리는 문명(또는 이의 동반자격인 기술)과 자연을 철저하게 구분해왔다. 서구의 인식론을 지켜온 이런 이분법적 구분을 해러웨이는 부정하고 양자의 경계선이 불분명하다는 점을 이 선언문에서 밝히고 있다. 따라서 해러웨이는 고유한 정체성이 존재한다는 근원주의 사고를 거짓으로 거부하고 대신 잡종화된 정체성을 강조한다. 이 선언문은 본래 포스트모더니즘과 결합된 페미니즘을 주창하기 위한 글이어서, 일부 페미니스트들이 주장하는 여성성의 고유성 또는 여성만의 경험을 근원주의 입장이라고 해러웨이는 공격한다. 그렇지만 이 선언문의 유효성은 페미니즘에만 국한되지 않고 모든 인문학과 사회과학 영역에까지 적용되어 발표 당시 그 파급효과는 지대하였다. 사이보그는 인간의 존재론이다.

공상 과학소설은 사이보그 인간 또는 인조인간을 미래사회에서 종종 창조한다. 리들리 스콧(Ridley Scott) 감독의 〈블레이드 러너〉는 사이보그 세계를 다룬 고전적 작품 중의 하나이다. 미래사회의 모습을 자주 그려온 인기 작가 필립 딕(Phillip K. Dick)의 소설을 원작으로 한 이 영화는 2019년 로스앤젤레스를 배경으로 인간과 인조인간과의 관계에 초점을 맞추었다. 지구로 침투해온 인조 복제인간(Replicants)을 색출하여 제거하는 특수경찰 데커드와 그 인조인간 중의 한 명인 레이철 간의 사랑을 주제로 한 것이다.

　본래 우주의 화성 개척에 필요한 노예로 만들어진 인조인간 넥서스 6들은 그들의 창조주인 인간 유전공학자들과 지능 면에서 대등하며, 힘과 민첩성에서는 오히려 더 뛰어난 복제인간들이다. 이들이 인간과 다른 점은 4년 밖에 살 수 없는 짧은 수명의 한계이다. 우주에서 반역을 일으키고 지구로 잠입한 이들은 인간과 거의 동일한 외모, 사고, 감정을 갖추고 있어서 이들을 식별해 내는 일은 몹시 어려운 일이었다. 인간과의 극히 미미한 차이를 찾아내어 이들 인조인간을 제거하는 일을 맡은 데커드는 색출작업을 진행할수록 그 차이점에 대해 더욱 회의하게 된다. 인조인간이 동물에 보이는 무감각한 잔인성을 인간과 구별되는 식별법으로 그는 사용하지만, 한편 자신이 지정한 장소를 벗어났다는 이유로 모든 인조인간을 처단하려는 인간 행위야말로 더욱 무자비한 비인간적 일이라는 도덕적 회의에 빠진 것이다.

　　인간 정체성의 혼돈과 인조인간과 구별되는 경계의 모호성은 데커드가 인조인간 레이철과 "인간보다 더 인간적인 사랑"에 빠지게 되면서 더욱 심화된다. "인간보다 더 인간답게"라는 모토 하에 제작된 미모의 레이철이 인조인간임을 알게 되지만 어쩔 수 없이 사랑에 빠지면서 데커드는 말할 수 없는 혼란에 휩싸인다. 레이철 역시 자신이 간직하고 있는 기억이 외부로부터 이식된 것임을 알게 된 후 주체할 수 없는 혼란과 고통을 느끼게 된다. 두 남녀가 각각 경험하는 심리적 갈등과 혼란은 서로의 고통을 엮어주는 공감의 통로가 되고 결국 깊은 사랑으로 이어진다. 사랑하는 법이 입력되어 있지 않은 인조인간 레이철에게　데커드와의 사랑은 전혀 낯설은 경험이었지만 마침내 그 어느 인간보다 더 강렬한 사랑의 감정을 누리게 된다. 이에 대해 한 비평가는 다음과 같이 지적한다. "인조인간이 단순한 기계의 영역이 아니라 복잡한 인간의 사고와 감정의 영역까지 진입해 들어가고, 그 결과 인간의 사랑을 일방적으로 받아들이는 수동적 대상이 아니라 인간과 능동적 사랑을 나눌 수 있는 주체로 부각됨에 따라 지금까지 확연히 구분되는 것으로 여겨졌던 인간과 인조인간 사이의 경계가 와해되기 시작한다."[6]

　　〈블레이드 러너〉는 인조인간이 인간보다 더 인간적일 수 있음을 보여줌으로써 인간사회를 비판하고 있을 뿐 아니라 인간과 인조인간 사이의 인위적 경계선을 무너뜨린다. 인조인간이 단순한 기계 로봇의 영역을 넘어 사랑의 감정까지도 새롭게 창출해갈 가능성을 예고한다. 비록 이 영화는 공상과학의 세계를 다룬 것이지만 사이버 문화는 벌써

---

6. 강규한, 「인간과 기계사이」, 『영어영문학』 제50권 3호, 2004, 716쪽.

우리의 삶에 깊이 침투해 있다. 그리고 사이버 문화는 우리의 물리적 몸에 직접적으로 영향력을 미친다. 예를 들면, 우리 몸은 워크맨, 휴대폰, 캠코더, 계산기 등과 같은 기계와 상호 호환되는 상황 속에서 기능한다. 단백질 유기체와 실리콘 물질이 서로 통합된 사이보그 생태계를 형성한 것이다. 나의 신경계는 지속적으로 디지털 망에 접속되고 확장되어, 양자 간의 구별이 불가능해진다.[7]

더군다나 정보기술의 발전은 몸을 배제한 방식의 새로운 지식생산 가능성을 열어놓았다. 컴퓨터 과학은 인간의 삶을 물리적 시공간을 넘어서는 가상공간의 세계로 확대시켰다. 그 대가로 인간의 몸을 매개하지 않고서도 가상공간에서의 활동이 가능해졌다. 중세 시대가 정신의 탈육화라는 꿈을 지향했다면, 포스트모던 시대에 들어와서는 컴퓨터와 같은 과학기술의 발전에 힘입어 몸으로부터의 해방이 눈앞에 다가온 것이다. 전통적으로 누려왔던 몸의 정의는 포스트휴먼 세계에서 급속한 변화를 맞게 되었다. 우리는 그 변화가 무엇인지를 꾸준히 관찰하고 탐구해야 한다.

7. 김원방, 「사이보그적 생태, 사이보그적 예술-디지털시대와 몸의 새로운 숙명」, 피종호 엮음, 『몸의 위기』(서울: 까치글방, 2004), 166쪽.

3. 몸의 예술적 표상

"나의 몸은 소프트웨어" — 오를랑의 신체예술

> 나는 고통 없이 내 자신의 몸이 칼에 의해 열리는 걸 관찰할 수 있다!...나는 내 스스로 창자로 이어지는 길을 본다. 새로운 거울 단계. "나는 내 연인의 심장까지 볼 수 있다. 내 연인의 엄청난 의도는 병약한 감상적 생각과는 아무런 관계가 없다." 여보, 난 당신의 비장脾臟을 사랑한다오. 난 당신의 간을 사랑하오. 난 당신의 췌장을 숭배하오. 그리고 당신의 대퇴골의 윤곽선이 나를 흥분시킨다오.[8]

신체 미술이란 신체, 특히 예술가 자신의 신체가 예술의 주된 매개체이며 초점이 되는 미술형태이다. 신체미술은 1960년대부터 다양한 형식으로 광범위하게 진행되어 왔다. 이것은 예술가가 일정하게 계획한 안무나 또는 즉흥적으로 창안한 행동을 보여주는 해프닝 예술로, 신체에 직접적으로 관여하는 행위예술과 많은 공유점을 갖는다. 그런가 하면 그림, 조각, 사진, 영화, 비디오를 포함하는 여러 다양한 매체로 신체를 탐색하는데 초점을 맞춘다. 신체 미술은 종종 젠더와 개인의 정체성 문제를 다루며, 또한 신체의 한계와 고통을 참아내는 정신

---

8. Orlan, "Carnal Art Manifesto,"
    http://www.english.ucsb.edu/faculty/ecook/courses/eng114em/surgeries.htm 참조.

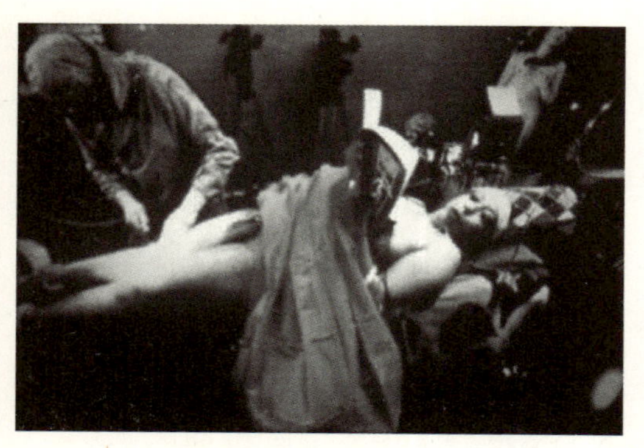

오를랑, 〈파멸하는 몸〉(1993),
자신의 몸을 직접 성형수술하는 행위예술 장면

의 능력을 측정하기 위해 고안된 물리적 장치로 구성된 작품을 통해 몸과 정신의 관계를 주요 주제로 삼기도 한다. 신체미술은 신체의 육체적인(물리적인) 측면을 강조하여 육체적 실체와 영양의 문제에 초점을 맞춘다. 또한 옷을 걸친 몸과 누드, 몸의 내부와 외부(표면), 몸 전체와 각 부분과의 대조적 관계를 집중적으로 조망하기도 한다. 어떤 경우에서든 신체는 언어의 매개물로 보여진다.

작품을 통해 보다 치열한 자기 성찰을 전개하는 미술가로는 멀티미디어 작업을 하는 프랑스 미술가 오를랑(Orlan, 1947~)을 들 수가 있다. 오를랑은 육체를 그녀의 가장 큰 관심거리로 삼는 조형 예술가이자 대학교수이다. 자신의 몸을 예술의 도구로 삼아 예술품을 연출하는 점에서 오를랑은 다른 신체 미술가와 동일하지만, 그녀의 특색은 자신의 몸을 성형수술하며 신체의 실상을 표현하는 충격적인 방식에 있다. 그녀는 메스를 이용하여 자신의 몸에 직접 초상을 새기는 작업을 하는 것이다.

60년대부터 오를랑은 자신의 몸을 예술의 매체로 사용하는 신체 미술(그녀는 이를 "오를랑-몸"이라고 불렀음)과 행위미술을 꾸준히 시도하면서 미술계에 많은 센세이션을 일으켰다. 특히 1990년부터 1993년까지 9번의 성형수술을 하는 행위미술을 실시하였다. 자신의 얼굴을 바꾸는 오를랑의 성형수술 작업은 영상을 통해 파리와 뉴욕을 비롯하여 세계 여러 도시의 미술관으로 그대로 중계방송되었다. 그녀의 말에 의하면, 이런 성형 수술의 목적은 여성을 그림의 대상으로 삼았던 남성들이 제시하는 이상적 미를 얻기 위한 것이었다. 이를 위해 오를랑은 보티첼리의 비너스가 지닌 턱, 제롬의 프시케에 그려진 코, 프랑스와 부셰의 에우로페가 지닌 입술, 16세기 퐁텐블로파의 다이아나 그림에 나오는 두 눈, 다빈치의 모나리자가 지닌 앞이마를 조합한 혼합 얼굴 모양을 의도하였다. 그렇지만 오를랑이 이들의 특성을 채택한 이유는 단지 이들이 대변하는 미의 전형성 때문이 아니라 이들과 연관된 이야기 때문이었다. 즉, 사냥의 여신 다이아나는 남성에게 굴종하지 않는 공격적 기질로 인해, 모나리자는 미의 기준을 제시해서가 아니라 오히려 미의 기준을 어긋나게 하기 때문에, 프시케로부터는 사랑과 영적 미를 필요로 하기에, 비너스는 풍요와 창의성의 이미지를 담고 있으며, 에우로페는 알 수 없는 미래를 향한 모험적 관점을 지니고 있기 때문에 이들을 채택한 것이었다.

오를랑의 몸은 그녀의 목적을 구현하는 매개체이다. 그녀의 성형수술은 예수로 태어나는 육화 과정을 본 따 새로운 육화의 과정이라고 그래서 그녀의 성형수술 행위미술을 〈성 오를랑의 재림〉이라고 이름 지었다. 그녀 자신의 지적처럼, 그녀의 성형수술은 자신의 아름다운 외모를 향상시키기 위한 것이 아니라 자신의 몸을 "변형의 매개체"로 사용하고 있는 것이다. "나는 내 몸을 예술에 주었다. 따라서 내가 죽은 후 내 몸은 과학이 아니라 박물관에 주어질 것이다. 이것은 비디오를 장착한 중심 작품이 될 것이다"라고 그녀는 주장한다.

성형수술을 배척하는 대신 오히려 이를 사용하고, 남성중심적 이데올로기를 거부하는 대신 이를 수용한다는 점에서 어떤 페미니스트들은 오를랑의 목적과 수단이 반페미니스트적이라고 비판한다. 그러나 오를랑은 남성중심의 이데올로기를 그대로 수용하여 남성이 생각하는 여성적 미를 받아들이기 위해 성형수술을 하려는 것이 아니다. 오히려 그녀의 사고는 탈모더니즘적이다. 그것은 남성중심의 가부장적 문화만이 아니라 고유한 여성성을 주장하는 페미니스트들의 이상도 모두 거부하고 끝없이 수정되고 변모하는 노마드적 정체성 개념을 지향하고 있다.

컴퓨터를 이용한 모핑(morphing) 기법으로 오를랑은 자신의 얼굴을 변화시키고 예술사에 남는 전형적인 얼굴과 자신의 얼굴을 혼합하여 우리에게 당혹감을 안겨준다. 이것은 우리의 외면으로 정체성을 결정짓는 기존의 문화방식을 해체하려는 시도로 새로운 가상의 복합된 잡종 정체성을 만드는 작업이다. 정신/육체, 신성함/불경스러움, 지배/종속, 미/추, 자연스러움/인위성, 주체/객체, 물질/비물질, 내부/외부, 예술/의학 등의 이분법적 사고가 서구 문화를 발전시켜온 큰 틀이라고 한다면, 오를랑의 기획은 이 경계선을 무너뜨리려는 시도이다. 오를랑이 시도하는 성형수술은 몸의 내부와 외부를 경계 짓는 피부의 매개물을 변형시키는 작업이다. 오를랑의 시도가 성공할 경우 그녀는 여러 정체성의 혼합물로 탄생한다. 한 비평가의 표현처럼, 오를랑을 통해 현대에 새로운 "프랑켄슈타인의 신부"가 탄생한 것이다.[9] 또한 오를랑의 말을 빌리면, "내 작업은 타고난 본래성, 변경이 허락되지 않는 것, 이미 프로그램화된 것, 자연, DNA . . . 그리고 신에 대항하는

9. 오를랑의 성형수술 작품에 대한 Supervert의 리뷰.
　　http://supervert.com/essays/art/orlan 참조.

투쟁"이다. [10]

오를랑은 생물학적, 유전학적 결정론에서 벗어나 새로운 신화를 창조하기 위하여, 자신의 신체를 변화시키는 수술에 의학적 기술을 이용한 것이다. 이제 나의 정체성을 결정짓는 내 몸은 마음껏 바꿀 수도 있는 소프트웨어가 된다. 성형수술을 통한 몸의 변형은 우리의 몸이 끊임없는 유동성의 상태에 있음을 일깨워준다. 오를랑이 이상적인 미의 이미지를 자신의 몸에 침투시켰다고 해서 그녀의 새로운 정체성이 확립되었다고 말할 수 있는가? 아니면 변화된 정체성을 확정지으려는 시도를 다시금 해체할 가능성을 열어주는 일은 아닌가? 누가 그녀의 정체성을 결정짓는 주인인가? 성형수술을 결정한 오를랑인가, 아니면 그녀의 수술을 집도한 의사인가?

핀업 걸 ─ 팝 아트

미국의 팝 아트를 대표하는 예술가 앤디 워홀(Andy Warhol, 1928~1987)은 색깔, 크기, 형태를 바꿔가며 전설적인 여배우 마릴린 먼로의 초상화를 실크스크린 기법으로 다양하게 제작해나갔다. 워홀은 예술가로서의 자신의 명성에 깊은 관심을 기울였지만, 사회의 유명인사에 대해서도 커다란 매력을 느꼈다고 한다. 그는 마릴린 먼로, 엘비스 프레슬리, 잭키 오나시스, 그레타 가르보, 리즈 테일러 등 대중의 인기를 한몸에 받았던 유명 인사들의 사진에서 대중 이미지를 발굴하였다. 미국인

---

10. 같은 사이트에서 재인용.

들이 대중 연예인에 열광하는 이유 중 하나는 미국이 왕이나 여왕의 역사를 갖고 있지 않기 때문이라고 한다. 워홀의 스크린 예술은 대신 대중 미디어로 생성되는 연예 인사 내지는 핀업 걸을 통해 미국인의 욕망을 표현했다.

1962년 8월 세상을 깜짝 놀라게 만든 마릴린 먼로의 자살사건 이후, 워홀은 〈나이아가라〉 영화에 나오는 마릴린 먼로의 유명한 컷 사진을 활용하여 자신의 실크스크린 작품을 여러 편 만들었다. 그는 한 가지 색으로 캔버스를 칠한 다음 그 위에 몬로의 사진 한두 개 내지는 여러 개를 겹쳐서 실크스크린으로 인쇄하였다. 그 효과는 아주 매혹적이었다. 놀라울 정도로 밝고 빛나는 색깔의 이미지를 얻게 되지만, 동시에 밝은 이미지는 오히려 무언가 섬뜩하고 병적인 느낌을 전달해준다. 그 대표적인 예는 〈황금빛 마릴린 먼로〉로, 황금빛의 빛나는 이 그림은 기독교 예술사에서 흔히 보게 되는 종교적 이콘을 상기시키지만, 한편으로는 밝은 웃음을 띤 모습에 병적인 우울함이 스머나는 듯하다. 반짝이는 윤기는 일시적인 듯하며, 대담한 웃음은 취약함을 지니고, 남을 압도하는 성적 매력은 한 때의 환상인 듯한 느낌을 동시에 부여한다. 빛나는 밝은 색상으로 이루어진 얼굴은 그 내부를 들여다보이기를 거부하는 마스크를 쓴 듯한 느낌을 강렬하게 투사한다. 해맑게 웃음 짓는 그 얼굴 그대로 얼어붙은 모습이 오히려 생경하고 인위적으로 다가온다. 그야말로 헐리우드 연예인의 가면 쓴 복합 인격의 인물 모습이다.

워홀이 마릴린 먼로에 빠져들었던 이유는 그녀의 미모와 함께 그녀의 대중 이미지가 지닌 역할 모델에 있다. 워홀은 그의 작품에서 먼로를 성적 매력을 극대화하는 매력적인 모습의 대중 스타로만이 아니라 어둡고 신비스런 또 하나의 이미지를 표현한다. 따라서 욕망의 대상으로서 먼로, 그리고 역할 모델로서의 먼로, 이 두 측면을 그려낸 것이다. 워홀의 말을 빌리면, 먼로와 같은 인기 연예인은 "15분간의 명성"을 지니고 있을 뿐이다. 그만큼 대중의 관심은 잠시 머물었다가 또 다른 인물 또는 이미지를 찾아 떠나버린다. 그것이 대중 미디어의 속성이다.

실크스크린 작품의 특징은 대량생산을 위한 대중 기법 예술이라는 점이다. 이것은 예술가의 내적 세계관을 표현하려는 데 목적을 두고 있지 않다. 그보다는 미디어에 등장하는 대중문화의 표피적 이미지를 적극 활용하여, 이 이미지들을 하나의 상품처럼 대량으로 복제가 가능하게끔 만든다. 이것은 상업성과 결합될 뿐 아니라 이를 의도적으로 활용하고 있다는 점에서 엘리트 전위예술 전통을 전적으로 뒤엎는 예술형태이다. 그야말로 발터 벤야민이 현대 사회에서 예견했던 대량복제의 예술 시대가 도래했음을 알리는 예술형태이다. 실크스크린의 상업적 기법은 그림 작품에 인위성의 느낌을 준다. 워홀이 작품을 통해 먼로의 이미지를 영구화하고 있지만, 먼로의 대중 이미지는 세세하게 계획된 환상임을 작가는 드러낸다.

워홀의 실크스크린 미술의 중심 주제는 대부분 초상화이다. 그의 초상화는 유명 인사의 얼굴을 그린 것이지만 동시에 정체성을 그리는 초상화이다. 그 대표적인 예는 자신의 얼굴을 그린 자화상이다. 어떤 자화상에서는 예술가 자신의 정체성에 혼란을 겪고 있는 취약한 자아의 모습이 그대로 투영되어 있다.

노쇠해 가는 몸

영국 출신의 존 코플란스(John Coplans, 1920
~2003)는 1960년 미국으로 건너온 이후 예
술잡지 편집자 및 박물관 큐레이터로 활동
하였다. 그가 사진작가로 처음 활동을 시작
한 것은 1980년 뉴욕에서였다. 4년간 여러
실험을 거친 후 64살이 되던 해부터 그의
사진 작업은 그만이 확립한 독특한 세계를
보여주었다. 흑백 자화상을 연달아 시리즈

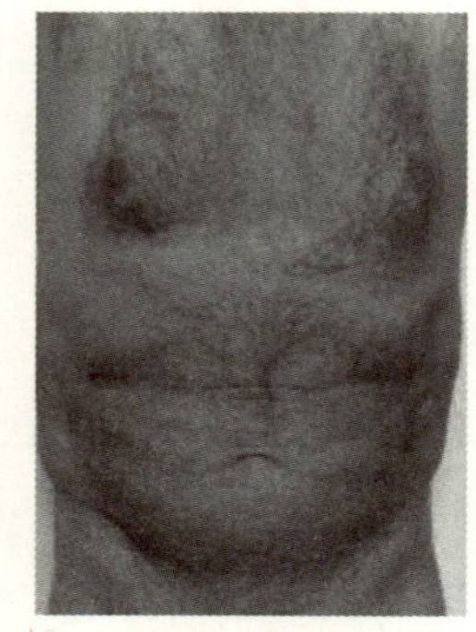

존 코플란스, 〈자화상〉(1986)

로 찍은 그의 사진들은 모두 나이 들어가는 남성의 벗은 몸, 특히 자신
의 몸에 초점을 맞추었다. 그의 렌즈는 발에서 시작하여 손끝의 주름
까지 노쇠해가는 몸의 각 부분들을 솔직하게 포착해갔다. 작품의 제목
을 통해 작가는 자신의 몸을 찍고 있음을 밝히지만, 특이하게도 그의
사진 작품에는 얼굴이 나오는 법이 없다. 이는 사진에 찍힌 몸이 어느
특정한 인물이나 정체성을 들어내 보이려는 의도가 아니라 개별 정체
성을 제거하거나 개별 이미지를 중성화시키려는 뜻이 담겨있음을 말
해준다. 얼굴의 모습을 삭제하는 대신 코플란스의 자화상 사진들은 몸
의 각 부분을 확대시켜 미세한 주름살, 늘어진 뱃살, 덥수룩한 털 등을
있는 그대로 솔직하고 직접적으로 보여준다. 젊음의 미를 높이 평가하
는 시대에 이 노쇠해가는 몸의 흉한 모습은 보는 이를 고통스럽게 만
들기도 하며 몸을 낯설게 느끼도록 만들기도 한다. 그만큼 노쇠해가는
몸은 우리가 피하고 싶어 하는 공통된 의식의 대상이다. 노쇠해가는
몸의 물리적 현실을 부정하는 것이 우리의 일반적 문화 코드임에도 불

438

구하고, 코플란스의 작품들은 이를 적극적으로 포용하는 점에서 오히려 인간적인 친숙함을 보여주기도 한다. 자신의 몸을 노출시켜 우리의 물리적 자아가 얼마나 연약하고 취약한지를, 동시에 얼마나 값지고 귀중한지를 상기시키는 것이다.

몸의 해방은 젊음과 건강을 찬미하지만 또한 동시에 죽음과 노쇠를 은폐한다. 노인들, 장애인들, 미친 사람들, 중환자들(에이즈, 암 등)이나 죽어가는 사람들의 지위가 무시되는 상황은 몸의 해방이 모호한 개념이라는 사실을 더욱 웅변해주고 있다.

한편 몸에 대한 투자에도 한계가 있다. 실제로 어떤 측면에서 개인들이 몸에 쏟는 노력은 결국 실패하게 되어 있다. 몸은 나이를 먹고 쇠퇴한다. 그리고 죽음이라는 피할 수 없는 현실은 몸에 중심을 둔 자아정체성을 가지고 있는 현대인들을 특히 불안하게 만든다. 젊고 건강하고 이상적인 여성적 육체 또는 남성적 육체에 대해 우리가 갖는 관심의 한계를 극명하게 보여줄 수 있는 것은 굵어지는 허리, 처지는 살, 피할 수 없는 죽음이라는 잔인한 사실이다.

몸은 결국 죽는다는 의미에서뿐만 아니라, 언제나 우리가 의도한 대로 만들어질 수는 없다는 점에서도 그 한계가 있다. 많은 예에서 보듯이 다이어트로 몸의 형태를 바꾸기가 쉽지 않다. 이런 점에서 몸은 우리의 행위를 용이하게 할 뿐만 아니라 구속하는데, 이는 단순히 죽음의 측면에서뿐만 아니라 살아 있는 동안에도 그렇다. 어느 면에서 보면 프로젝트로서의 몸에 대한 현대인의 집착은 "현재 몸이 직면한 특정한 한계를 계속해서 무너뜨림으로써 그 궁극적인 한계를 숨기려는 시도"이다. 이러한 실용주의적 관심은 몸의 궁극적인 한계(죽음)는 무엇인가, 왜 몸이 우리의 자아정체성에 그렇게 중요시되어야만 하는가, 몸이란 무엇인가에 관한 두려운 실존적 질문들을 유예시키려는 시도 인 것이다.

신체의 분비물

인간의 모습을 대상으로 하는 미술 전통은 인간 내면의 심리나 영혼을 드러낼 때에도 표정이나 자세 등 인간의 외적 모습을 통해 표현해왔 다. 그렇다면 인간 신체의 내부 세계는 우리의 시각으로 직접 들여다 볼 수는 없는 숨겨진 공간인가? 이 숨겨진 내부 공간에는 우리의 정체 성을 결정짓는 무엇이 들어있는 것인가? 아니면 단순한 생물학적 신체 기관에 지나지 않는 것인가? 우리의 정체성은 신체의 외면을 통해서만 표현될 수 있는 것인가? 신체의 외면과 내부를 경계 짓는 신체피부의 정체는 무엇인가?

　이런 질문들은 인간 신체의 내부에 대한 호기심을 자극한다. 18세 기에 유행하기 시작했던 신체해부에 많은 사람들이 놀랄만한 호기심 과 관심을 기울였던 이유도 신체 내부의 숨겨진 세계가 신비스럽기 때 문이었을 것이다. 이제 신체해부는 의학도라면 반드시 전문의사가 되 기 위한 필수과정의 하나가 되었고, 신체해부도 및 신체해부의 실제 모형을 대중들에게 공개적으로 보여주는 전시회도 열리지만 이런 과 정들이 신체 내부의 진정한 신비를 해명해주는 통로가 되지는 못한다. 즉, 생리학적 신비는 과학과 의학에 의해 급속도로 해명되고 있지만 이들의 존재론적 또는 사회적 의미는 여전히 쉽게 설명되지 않는다.

신체예술가들은 바로 이 지점에서 신체의 내부에 관심을 기울인다. 앞서 살펴보았던 오를랑식으로 신체내부를 (성형)수술하는 장면을 드러내는 방식이 있는가 하면, 신체의 분비물 내지는 배설물에 또는 배설행위에 관심을 기울이는 예술가들도 있다.

이미 20세기 초에 마르셀 뒤샹(Marcel Duchamp, 1887~1968)은 전시회에 변기를 갖다놓아 예술과 비예술, 창작과 기성제품, 사적 행위와 공적 행위간의 경계선을 무너뜨렸다. 뒤샹의 작품은 배관 상점에서 구입해 전시장에 덩그러니 갖다놓은 변기 하나로 이루어졌으며, 더구나 그 작품의 제목이 〈원천〉이었다. 아마도 배설물의 원천은 인간의 몸이라는 걸 강조하는 듯하며, 또한 배설(물)이 삶과 생명의 원천이라는 걸 뜻하는지도 모르겠다. 사실상 우리의 내부 분비물 또는 배설물은 가장 사적인 것으로 치부된다. 침, 콧물, 눈물, 그리고 성적 배설물, 오줌과 똥 등이 가능한 공적 공간에서 숨긴 채 처리되는 걸 보면 우리의 삶과 생명에 필수적인 "원천"임에도 불구하고 남에게 드러내 보이고 싶지 않은 몸의 일부분임이 명백하다.

미국의 추상파 화가 잭슨 폴록(Jackson Pollock, 1912~1956)은 여러 번 남들 앞에서 오줌을 눈 일화로 잘 알려져 왔다. 특히 구게하임 박물관의 재정적 후원자인 페기 구게하임의 집에서 벽난로에 오줌을 갈겼던 사건은 널리 알려져 있다. 흥미롭게도 폴록은 지면에 평평하게 눕힌 화폭에 물감을 줄줄 흘리거나 뿌려대는 그만의 독특한 방식으로 유명하다. 이러한 그림방식을 오줌을 누는 행위의 은유로 비평가들은 보통 해석한다. 어린 시절 폴록이 남동생과 함께 누가 멀리 오줌을 누는가 하는 시합을 즐기곤 했다는 개인적 이야기와도 연관하여 물감을 뿌리고 흘리는 그의 화법은 남성성의 표시로 이해된다.

앤디 워홀도 오줌을 누어 그림을 그리는 창작행위를 1961년 처음 시도했다. 이 작품은 현재 사진으로만 남아있다고 하는데, 이 시도는 폴록에게 보내는 경의의 표시와 함께 1950년대 미국의 이미지 표현주의에 연관된 남성성을 패로디하려는 의도였다고 한다. 워홀이 본격적으로 오줌 누는 일을 그림에 빌려온 것은 〈산화酸化 그림〉(1977)이었다. 70년대 그가 제작한 여러 편의 산화 그림은 주석 물감이 깔린 캔버스에 오줌을 누어 오줌의 산성이 캔버스에 산화를 일으키게 만드는 것이었다. 워홀은 친구들에게 산성이 강한 멕시코산 맥주를 마시게 한 다음 오줌을 캔버스에 누게 하여 작품을 만들었다.

여성 작가 키키 스미스의 작품은 폴록이나 워홀과는 전혀 다른 입장에서 신체의 배설물에 접근한다. 키키 스미스(Kiki Smith, 1954~)는 페미니스트 예술가로 잘 알려진 미국의 대표적인 예술가이다. 그녀의 이름에 페미니스트 예술가라는 명칭이 붙은 데서 보듯이 그녀의 작품세계는 정치적 의미와 중요성을 담고 있다. 특히 키키 스미스의 예술은 신체예술이라고 불릴 만큼 인간의 몸을 재현하는 데 깊은 관심을 기울이고 있는데, 이는 그녀의 페미니스트 정신과 결합되어 그녀만의 독특한 작품세계를 구성한다. 즉, 남성 예술가들이 여성을 그릴 때 성적 에로티시즘을 강조하는 재현의 전통을 전복시키기 위해 그녀는 여성 몸 내부의 생리 체계를 드러내는 방식을 채택한다. 여성의 에로티시즘에 초점을 맞추는 그림은 몸의 외면세

키키 스미스, 〈오줌누는 신체〉(1992),
포그 미술관, 케임브리지.

계에 시선을 머물게 하는 반면, 이러한 남성적 시선을 전복시키는 키키 스미스의 방식은 사회적 이슈를 정면으로 불러일으키는 페미니스트의 의식적인 실험이다. 따라서 그녀는 여성의 출생, 생식, 건강의 주제들을 종종 다루며, 에이즈, 젠더, 인종, 학대당하는 여성 등의 사회적 문제에 대한 토론과 강연에 적극적으로 참여한다. 그렇지만 그녀의 작품세계에서 반복된 주제로 등장하는 인간의 몸이 단순히 페미니스트의 관점에서만 제시되는 것은 아니다. 그녀의 작품세계에서 몸은 지식, 믿음, 서사를 전달하는 그릇이다.

스미스의 초기 작품들은 드레스, 스카프, 셔츠 등에 주로 신체 부분을 그린 실크 스크린으로 출발하였다. 그녀의 명성은 1970년대 후반에 처음으로 시작한 조각 작품에서 확립되었는데, 그녀의 조각은 인간의 외면을 드러내던 조각의 전통을 뒤엎고 신체 기관, 세포 형태, 신경체계 등을 드러낸 인체를 새겨나갔다. 또한 80년대에는 프린트를 비롯한 여러 형태의 매체를 활용한 미술 제작으로 작품세계를 넓혀갔다. 그렇지만 그녀의 작품들은 매체가 어느 것이든 언제나 인간의 몸을 중심 주제로 하여 사회적이고 정치적인 문제를 다루고 있어 미술 비평계에서도 높은 찬사를 받고 있다. 예를 들어, 그녀의 대표작 중의 하나인 실크 스크린 〈내가 여기 있는 것 나는 어떻게 아는가〉(1985)는 심장, 허파, 남녀 성기가 포함된 몸의 내부 기관을 묘사하는가 하면, 〈막달라 마리아〉(1994)는 실리콘 청동과 제련한 강철로 만든 한 여성의 누드 조각품으로, 여성의 얼굴, 유방, 배꼽 주위 부분만을 제외한 몸 전체는 피부가 벗겨져 제거된 채 세밀한 근육조직이 그대로 드러난다. 이처럼 신체의 내부세계로 파고드는 이유에 대해 키키 스미스는 다음과 같이 말한다.

피부는 육체의 한계를 긋는 표면 또는 경계선이다. 피부는 사실상 무수한 구멍이 있는 막이라서, 미시적 차원에서는 무엇이 그 안에 있고 무엇이 밖에 있는지의 물음을 묻게 된다. 모든 것들이 항상 그것을 통해 여러분에게 침투한다. 자신의 내부와 외부 간에 벽이 있다는 환상을 갖지만 여러분은 표면에서 실제로 침투당할 수 있다. 요즈음 사람들은 점점 더 피부가 교정 가능하며 몸 내부에서 다른 기능들을 수행하는 기관이라고 얘기들을 한다. 바로 그러한 기관을 어느 특정 내용 없이 만드는 것이 내가 하고 싶은 일이다. 피부는 그저 공허한 껍질이다.[11]

스미스의 말처럼 피부는 사람의 정체성을 파악하는 통로가 된다. 각 개인의 외적 특성이 피부에 그대로 담긴다. 개인의 외모와 피부색은 그 개인의 종족을 설명해주는 기호가 된다. 그러나 우리 신체 내부 기관은 개인들의 특별한 특징을 설명해주지는 않는다. 그것은 아마도 그 신체기관이 진정한 특성을 결여하고 있어서가 아니라 우리가 그 특성을 어떻게 읽어야 하는지를 알지 못하기 때문인지도 모른다. 키키 스미스의 예술작업은 바로 내부의 신체기관이 갖는 고유한 특성을 해독하려는 시도이다.

신체의 내부를 재현하는 키키 스미스의 작품세계는 신체의 분비물에도 관심을 기울인다. 특히 1980년대 중반 예술가들이 에이즈로 죽는 일이 빈번하게 퍼지면서 에이즈에 대한 위기의식은 정자, 피, 침과 같은 신체의 체액에 새로운 문화적 의미를 부여하기 시작했다. 스미스는

11. Kiki Smith, "Interview with Carlo McCormick", *Journal of Contemporary Art*, http://www.jca-online.com/ksmith.html 참조.

여러 개의 빈 유리병을 늘어놓고 각 유리병마다 신체 분비물의 이름을
에칭으로 부식시키는 작품을 제작하기도 하였다. 이것은 인간 신체의
연약함과 취약함을 탐색하는 신체예술 작업의 일부분을 이룬다. 1990
년 스미스는 "비속한 몸"이라는 개념에 매력을 느끼고 이를 형상화하
는 작업에 몰두하였다. 그러한 작업의 하나가 〈오줌을 누는 신체〉다.
이 작품에서 스미스는 오줌의 흐름을 호박 빛깔의 아름다운 구슬로 염
주처럼 길게 이어지게 하였다. 신체의 생리작용이란 자연적 기능을 부
각시키는 이 작품을 통해 우리의 신체가 바로 우리의 진면목이라는 사
실을 환기시킨다. 주저앉은 채 깊이 고개를 숙인 이 조각상의 외면적
정체성은 드러나지 않고 오히려 무더기로 길게 늘어진 오줌의 흐름이
오히려 강렬하게 전면으로 드러난다. 밖으로 나온 신체 내부의 세계가
그 인물의 정체성을 대변해주는 듯하다. 우리가 공적 토론의 장에서
금기시하는 신체의 배설이 우리의 정체성을 구성하는 실체임을 언명
하는 것이다.

현존하는 몸뚱어리

루치안 프로이트(Lucian Freud, 1922~)의 누드화 〈잠이 든 사회복지 감
독관〉(1995)은 2008년 5월 뉴욕의 크리스티 경매에서 생존화가의 작품
중에 최고가에 해당하는 3,360만불에 팔려 전 세계 미술계를 흥분시켰
다. 프로이트의 그림은 이미 오래 전부터 미술관 수집가들에게 큰 인
기가 있어 여러 작품들이 비싼 값으로 구매되었지만, 350억에 해당하
는 이 누드화의 엄청난 가격에 놀란 신문과 방송들은 앞다투어 보도하

포스트모던 시대의 몸

기에 바빴다. 이 누드화의 모델로 섰던 수 틸리는 직업소개소 감독관으로 일하고 있는 여성이었다. 1990년대 초부터 약 4년간 프로이트의 그림 모델이 되곤 했다. BBC 방송과의 인터뷰에서 그녀는 하루 20파운드의 적은 모델료를 받고 프로이트 그림을 위해 모델이 되었지만, 세계적 대가에게 "창조의 원천"이 되었다는 데 자부심과 희열을 느낀다는 소감을 피력하였다.

이 누드화의 인물은 전통 여성 누드화의 대상이었던 아름다운 몸매의 여성과는 완전히 동떨어져 있다. 현대 사회에서 몸에 대한 지나친 집착 또는 몸 이데올로기를 비웃기라도 하듯이 늘어진 살을 지닌 한 여성이 태평하게 소파에서 낮잠을 즐기는 모습이다. 비정상적으로 온몸에 살이 찐 이 여성은 몸 프로젝트의 관점에서 보면 가장 혐오스런 대상이기에 너무나 평화로운 모습과 자세가 오히려 폭력적으로 느껴진다. 그야말로 영혼이 떠나간 푸줏간의 고깃덩어리에 더 가까운 모습이다. 이 여성이 잘못된 것인가, 아니면 우리의 의식이 잘못된 것인가? 사실 티티안, 루벤스, 벨라스케즈의 그림 중에는 풍요로운 몸매를 지닌 여성들의 누드화도 많이 있지만, 그 그림들에서 아름다움을 느꼈던 우리들의 미의식이 갑자기 프로이트의 그림에서 변화된 것인가? 그 변화의 원인이 무엇인지를 자문해보게 된다.

그러나 한편 이 누드화에는 우리의 눈을 잡아끄는 친근한 면모가 있다. 자신의 몸매를 전혀 의식하지 않고 소파에서 달콤한 잠에 빠진 채 왼쪽 팔은 소파의 위를 잡고 있다. 자신의 몸을 감추는 것이 아니라 전혀 의식하지 않는 상태의 포즈다. 바로 이런 점을 프로이트는 누드화에서 표현한다. 그는 모델이 몇 시간 동안 계속 자세를 취하다 스스로 지쳐 자기 몸에 대한 통제력이 약화되고 자의식이 무너지는 순간을 포착해낸다. 겉으로 드러나는 몸의 외면 세계가 흐트러질 때 숨겨져 있던 내면의 자아가 점차 그 진면목을 드러낸다. 거친 몸의 물질성 이면에 인간적인 세계가 담겨 있는 것이다.

프로이트의 누드화는 현대사회가 몰입해온 몸의 "물신화"를 노골적으로 풍자한다.[12] 아름다운 몸의 비례에서 우러나는 고귀한 영혼의 빛이 그의 초상화에서는 철저하게 배제된다. 대신 몸이 표피적으로 드러내는 살덩이의 물질이 우리의 시선을 압박한다. 몸의 물질적 현존성이 우리의 존재를 대변하는 전체인양 그림의 화면을 가득 채우지만, 그러면서도 몸의 외면으로 스며 나오는 내면의 주관적 특성을 드러낸다. 감각적이고 육감적인 몸의 아름다움이 오히려 불안과 근심, 혐오감을 불러일으키는 대상으로 변해가며 우리에게 새로운 주체의식을 드러낸다. 신고전주의 화가 앵그르에 빗대어 그를 "실존주의자 앵그르"라고 부르는 이유도 여기에 있다.

---

12. 심상용, 「현대미술에 있어서 몸-해체와 부재의 장」, 피종호 엮음, 『몸의 위기』(서울: 까치글방, 2004), 53쪽

그의 누드화에 그려진 모델의 몸매는 이 그림을 바라보는 우리들의 성적 자극을 일으키기는커녕 오히려 우리의 시선을 돌리게 만들며 마음을 불안하게 만든다. 가슴과 아랫배, 엉덩이와 허벅지의 각 부위마다 축 늘어진 살덩이, 술에 취한 듯이 얼굴과 손발에서 적나라하게 드러난 불그레한 혈색, 충혈된 눈이나 헝클어진 머리칼, 아무렇게나 흐트러진 채 의자에 걸터앉아 있거나 양다리를 벌린 채 침대 시트에 누워있는 자세에서는 누드화의 전통에서 보편적으로 인식되던 몸의 아름다움은 발견되지 않는다. 더구나 과도한 조명에 반사되어 번들거리는 피부는 우리의 시선을 자극하며 불쾌한 느낌을 강화시킨다. 그의 누드화는 때로 우리 자신의 몸에 대해 갖고 있을 자아도취의 감정을 조금의 여분도 없이 깡그리 부숴버리는 당혹감을 던져준다. 몸에 초점을 맞추기 위해 인물이 자세를 취하는 배경은 극히 단순하다. 보통은 화가의 화실이 되기도 하는데, 언제나 장식이 거의 없는 내부 공간으로 간단한 소파나 침대만이 놓여 있다.

루치안 프로이트는 저명한 정신심리학자 지그문트 프로이트의 친손자로 독일 베를린에서 태어났지만, 히틀러가 정권을 차지하고 나치에 의해 반유대주의 물결이 일기 시작한 1933년 11살의 나이로 부모와 함께 영국으로 이주하였다. 전후 런던의 자유로운 분위기에서 당대의 예술가들과 친교를 맺으며 성장한 그는 센트럴 미술학교에서 그림 수업을 하고 1944년 처음 개인전을 열면서 화가로 정식 데뷔했다. 그의 초기 작품들은 초현실주의 색채를 띠었으나 50년대부터는 가벼운 터치의 채색을 특징으로 하는 누드화와 초상화를 주로 그리면서 신객관주의 운동(New Objectivity movement)으로 작품세계를 바꾸어 나갔다. 특히 그에게 큰 영향을 준 화가는 프란시스 베이컨이었다. 프로이트가 드로잉에서 완전히 자유롭게 벗어나 대상 자체의 생생한 사실적 묘사에 몰입하도록 베이컨은 이끌었다. 프로이트는 캔버스에 물감을 직접 짜서 붓이나 팔레트 나이프로 물감을 두텁게 칠하는 임파스토 기법을 사용하여 거칠고 뻣뻣한 붓 자국이 그대로 드러나도록 했지만 그럼에도 세밀한 묘사를 놓치는 법이 없었다.

프로이트의 누드화에 주로 등장하는 인물들은 전문 모델이 아니라 대부분 주변의 가족과 친구, 동료화가들이어서 그만큼 그의 작품 소재는 자서전적인 내용을 담고 있다. 그는 동일한 인물을 여러 번 모델로 사용하며 자세의 미묘한 변화를 살려간다. 예를 들어, 그는 자신의 어머니를 모델로 여러 개의 그림을 계속 그려나갔는데, 이 그림들은 아버지를 여읜 후 슬픔에 잠긴 어머니에서 시작하여 점차 늙어가며 마지막 죽음을 맞이하기까지의 과정을 담고 있다. 이때 화가는 모델이 되는 어머니를 담담히 그려가지만 그의 시선에는 부드러운 감정의 유대감이 풍겨 나온다. 프로이트는 자신의 모델들을 있는 그대로의 배경에서 사실적으로 그려나갔다. 그의 작품은 모델들이 때로는 옷을 입거나 때로는 모두 벗은 상태에서, 눈을 내려 깔은 채 소파와 침대, 또는 마루에 누워있거나 기대앉아 조용히 휴식을 취하는 순간을 그려간다. 또한 개가 비스듬히 기댄 모델 옆에 친근하게 나란히 누워있기도 한다. 교묘한 속임수를 쓰는 법 없이 너무나도 솔직하게 모델의 몸을 그대로 드러내 보이면서, 그 몸이 본래 지닌 실존적 소외감을 포착한다. 그의 말을 빌리면, 그의 목적은 자신의 그림이 "살덩어리와 동일한 효과"를 갖게끔 만드는 것이다. 실제로 그의 사실적인 그림이 주는 효과는 소위 인위적인 누드화가 아니라 옷을 벗은 몸을 보여주는 것이다. 비평가들은 그의 누드화가 앵그르의 전통을 이어받고 있다고 지적한다. 그렇지만 인간 몸의 우아함과 세속성을 함께 포착했던 앵그르와는 달리 프로이트의 누드화에서는 몸의 우아함과 고상함이 사라지고, 대신 물질성이 두드러진다.

합리적 주체라는 환상의 해체

루치안 프로이트에게 큰 영향을 끼친, 영국 현대미술을 대표하는 화가는 프란시스 베이컨(Francis Bacon, 1909~1992)이다. 베이컨은 프로이트와 함께 런던 학파를 이루며 활동하면서 서로 초상화의 모델로 등장하기도 하였다. 프로이트와 마찬가지로 베이컨은 초상화의 영역에서 실험적 수법을 다각적으로 시도하면서 몸에 대한 새롭고 독창적인 인식을 탐구하였다. 두 화가는 각자 자기만의 예술세계를 구축하였지만, 특이하게도 프로이트는 모델을 반드시 앞에 두고 그림 작업을 한 반면 베이컨은 모델 없이 그림을 그려나갔다. 베이컨은 모델이 없는 대신 자신이 그리려는 모델을 찍은 여러 장의 사진들에서 이미지를 발굴하였다. 베이컨이 추구하는 작품세계는 몸의 이미지이다. 이러한 작업상의 차이는 두 화가의 그림에도 즉각 반영되어, 그림 속에 등장하는 베이컨의 인물들은 프로이트의 경우보다 훨씬 구상성이 배제되고 추상성의 모습을 띤다. 전반적으로 베이컨의 그림은 변형되고 해체된 얼굴과 몸의 형체로 인해 가혹하다고 할 정도로 대담하고 그로테스크한 몸의 이미지들이 등장한다. 조각나고 훼손되며, 과장되고 이중화되는 등 몸의 실체는 분산되면서도 복합성을 갖는다.

베이컨이 깊은 관심을 갖는 곳은 우리의 몸을 구성하는 이미지에 있다. 이미지는 실재하는 존재의 영상을 가리킨다. 그에게 이미지란 "신경계에 직접 호소하는" 방법으로 실재의 진실을 밝히는 즉각적인 수단이다. 그것은 마치 스크린에 슬라이드의 영상이 단번에 투사되는 것과 마찬가지이다. 이런 이미지의 힘을 통해 베이컨은 인간 주체의 정체성을 밝혀나가려고 한다. 한 개인의 주체는 타자의 응시

프란시스 베이컨, 〈헨리에테 모라에스의 초상을 위한 습작〉 (1969)

에 의해 구성된다는 포스트모더니즘의 주체 구성론에 베이컨은 깊이 동조하는 것 같다. 이처럼 시각에 의한 몸의 이미지가 주체와 맺는 상관관계를 해명하는 일이 베이컨이 추구하는 예술세계의 근간이다.

　애초에 가구 디자이너로 시작한 그의 미학세계는 이내 화가로서 자신만의 독특하고 창의적인 수법을 발전시켰다. 그는 자신이 경험했던 초라한 뒷거리의 삶과 동성애자로서의 별난 생활에서 그림의 주제를 취했으며 또한 사진이나 영화 또는 다른 화가들의 작품들을 바탕으로 자신이 표현하고자 하는 목적에 따라 그것들을 왜곡시킨 것이다. 그의 그림은 대부분 고립된 인물들을 묘사하고 있는데, 그 인물은 기하학적인 구조물에 둘러싸인 경우가 많고, 색깔이 서로 뭉개진 격렬한 색채로 묘사되어 있다. 그는 유화물감을 다루는 솜씨가 매우 뛰어났는데, 능숙한 기법으로 분노와 공포 및 흥분의 이미지를 표현했다. 그의 후

기 인물화에서는 보다 밝은 색상이 사용되었고, 인간의 얼굴과 몸체가 극도로 비틀리고 왜곡되는 극단적 변형의 형태가 종종 등장하였다. 그의 강렬하고 압도적인 몸의 이미지는 인간의 고립, 고독, 야만성, 그리고 공포를 표현한다.

프랑시스 베이컨은 그와 동일한 이름의 16세기 영국 철학자의 먼 후손으로 아일랜드의 더블린에서 태어났지만 부모는 모두 영국인이었다. 병약했던 그는 어린 시절부터 정상적인 학교생활에서 이탈하여 아버지와 많은 마찰을 빚었다. 마침내 16살에 베이컨은 정규 공부를 중단하고 집을 나와 베를린, 파리에서 어렵게 생활하며 피카소와 초현실주의 그림들에 매료되었다. 정식 미술교육을 받은 것은 거의 없이 혼자 화가로서의 길을 닦은 그는 런던에서 가구 디자이너로 예술 활동을 시작하였고, 1944년에 발표한 〈십자가형을 바탕으로 한 세 개의 인물습작〉이란 작품에서처럼 독창적이고도 강렬한 표현 양식으로 미술계에 널리 인정받게 되었다.

베이컨의 초기 그림들은 다른 예술가들의 이미지를 바탕으로 한 것으로, 그는 이 이미지들을 스스로의 표현적 목적으로 왜곡시켜 나갔다. 그런 예로 아이젠쉬타인의 영화 포템킨 전함에서 비명을 지르는 유모, 벨라스케즈가 그린 교황 인노켄티우스 10세, 19세기 사진작가 에드워드 마이브리지가 찍은 움직이는 인물사진 등이 있다. 남에게 공개하기를 무척 싫어했던 그의 작업실에는 신문이나 잡지에서 오린 무수한 사진들이 찢기고, 구겨지고, 또는 압정에 눌려 벽에 걸린 채 함부로 굴러다녔다고 한다. 베이컨은 이런 과거의 이미지들을 그 원천에서 건져내어 마치 무의식 속에 저장된 이미지가 꿈을 통해 표출되듯이 새롭게 변형시키면서 실체의 근원에 다가서려고 시도하였다.

베이컨은 근본적으로 표현주의 성향의 화가였다. 그는 인간 정신의 황폐함과 야만성을 그리기 위해 초상화 양식에 대담한 실험을 시도하였다. 그의 초상화에서 인물 형체는 대형정육점에 매달린 커다란 고기 덩어리와 갈비뼈로 환원되어 인물의 주체성은 더 이상 찾아볼 수 없다. 인간의 몸은 단순한 살덩어리와 뼈로 변형되어 그 실체를 더듬어 볼 수도 없어진다. 정육점의 쇠갈고리에 걸린 사체 덩어리는 영혼과 정신의 의미를 탐구하는 일이 얼마나 무의미한 것인지를 보여준다. 그런가 하면 때로는 인간의 얼굴과 몸이 무거운 추에 의해 뭉개진 듯이 올바른 형체를 잃어버리고 그로테스크한 형체와 색깔로 더럽혀져 있다. 눈에 부신 야한 색깔은 기괴한 느낌을 더욱 풍겨주어 야수의 얼굴을 보는 듯한 충격과 공포감을 일으킨다. 그러나 그가 표현한 몸의 이미지는 사진의 이미지처럼 고정되고 정지된 이미지가 아니라 시간의 흐름 속에서 요동치는, 또는 멈추지 않고 꿈틀거리는 욕망의 분출과 같이 살아 움직이는 인상을 준다. 이것은 응고된 순간의 이미지가 아니라 "여러 상태, 떨림, 경련과 같은... 수축과 팽창, 이완과 반작용" 이 동시에 작동하는 실존적 이미지를 구성한다.[13] 르네상스 시기에 신체의 내부를 들여다보려는 의학적 해부도가 성행한 이래 베이컨은 또 다른 형태의 해체된 몸의 해부도를 보게 된다. 이때 베이컨이 의도한 것은 신체의 신비가 아니라 몸을 주축으로 하는 주체의 신비를 야멸차게 해체해보는 일이었다. 20세기 후반 포스트모던 시대의 몸에 대한 인식은 주체의 개념과 함께 새로운 길로 나아간다.

---

13. 크리스토프 도미노, 성기완 옮김, 『베이컨: 회화의 괴물』(서울: 시공사, 1998), 82쪽.

강규한. 「인간과 기계사이」, 『영어영문학』 50.3 (2004), pp. 715-32.

강대석. 『니체 평전』 한얼미디어, 2005.

김영애. 『페로티시즘』 개마고원, 2004.

김정현. 『니체, 생명과 치유의 철학』 책세상, 2006.

김종갑. 『타자로서의 몸, 몸의 공동체』 건국대학교 출판부, 2004.

나데즈 라네리 다장. 박규현, 김연실 옮김. 『Art of Painting』 다빈치, 2008.

니콜라스 미르조예프. 이윤희, 이필 옮김. 『바디스케이프』 시각과 언어, 1999

다나 해러웨이. 민경숙 옮김. 『유인원, 사이보그, 그리고 여자』 동문선, 2002.

다비드 르 브르통. 홍성민 옮김. 『근대성과 육체의 정치학』 서울: 동문선, 2003.

데이비드 C. 토머스머, 토머신 쿠시너. 김완구, 이상헌, 이원봉 옮김. 『탄생에서
    죽음까지: 과학과 생명 윤리』 문예출판사, 2003.

레지스 드브레. 정진국 옮김. 『이미지의 삶과 죽음』 시각과 언어, 1994.

리차드 M. 자너. 최경호 옮김. 『신체의 현상학』 인간사랑, 1993.

르네 데카르트. 김형효 옮김. 『방법서설/성찰/정념론 외』 서울: 삼성출판사,
    1990.

마거릿 버트하임. 박인찬 옮김. 『공간의 역사』 생각의 나무, 2002.

마이클 카밀. 김수경 옮김. 『중세의 사랑과 미술』 예경, 2001.

메리 셸리. 오숙은 옮김. 『프랑켄슈타인』 미래사, 2002.

박찬국. 『해체와 창조의 철학자, 니체』 동녘, 2001.

베르나르 베르베르. 이세욱 옮김. 『나무』 열린책들, 2003.

에드워드 루시-스미스. 정유진 옮김. 『남자를 보는 시선의 역사』 개마고원,
    2005.

움베르토 에코. 손효주 옮김. 『중세의 미와 예술』 열린책들, 1998.

이덕형. 『비잔티움, 빛의 모자이크』 성균관대하교 출판부, 2006.

임영방. 『중세미술과 도상』 서울대학교출판부, 2006.

임종식, 구인호, 『삶과 죽음의 철학: 생명 윤리의 핵심 쟁점에 대한 철학적 해
　　부』 아카넷, 2003.

자닉 뒤랑. 조성애 옮김. 『중세미술』 생각의 나무, 2004.

장 피에르 베르낭. 김재홍 옮김. 『그리스 사유의 기원』 길, 2006.

장 피에르 베르낭. 박희영 옮김 『그리스인들의 신화와 사유』 아타넷, 2005.

정영도 외. 『니이체 철학의 현대적 이해와 수용』 세종출판사, 1999.

제인 빌링허스트. 석기용 옮김. 『요부, 그 이미지의 역사』 이마고, 2005.

조르주 뒤비. 김웅권 옮김. 『중세의 예술과 사회』 동문선, 2005.

존 로덴. 임산 옮김. 『초기 그리스도교와 비잔틴 미술』 한길아트, 1998.

존 브라이언트, 린다 바곳 라 벨, 존 설, 이원봉 옮김. 『생명과학의 윤리』 아카넷,
　　2008.

존 풀츠. 박주석 옮김. 『사진에 나타난 몸』 예경, 2000.

진중권. 『미학오디세이1』 휴머니스트, 2003.

진중권. 『춤추는 죽음 1』 세종서적, 2005.

찰스 보들레르. 윤영애 옮김. 『악의 꽃』 문학과 지성사, 2003.

찰스 나우어트. 진원숙 옮김. 『휴머니즘과 르네상스 유럽문화』 혜안, 2000.

카린 자그너. 안상원 옮김. 『고딕』 미술문화, 2007.

캐밀 파야. 이종인 옮김. 『성의 페르소나』 예경, 2003.

캐롤 스트릭랜드. 김호경 옮김. 『클릭, 서양미술사: 동굴벽화에서 비디오아트
　　까지』 예경, 2002.

크리스 쉴링. 임인숙 옮김. 『몸의 사회학』 나남출판, 1999.

크리스토프 도미노. 성기완 옮김. 『베이컨: 회화의 괴물』 시공사, 1998.

토마스 R. 호프만. 안상원 옮김. 『로마네스크』 미술문화, 2008.

토머스 F. 매튜스. 김이순 옮김. 『비잔틴 미술』 애경, 2006.

톰 플린. 『조각에 나타난 몸』 김애현 옮김, 예경, 2000.

프란츠 카프카. 이주동 옮김. 『변신』 솔출판사, 2003.

프리드리히 니체. 장희창 옮김. 『차라투스트라는 이렇게 말했다』 민음사, 2004.

피종호 엮음. 『몸의 위기』 까치, 2004.

피터 브라운. 정기문 옮김. 『성인숭배』 새물결, 2002.

피터 브라운. 이종경 옮김. 『기독교 세계의 등장』 새물결, 2004.

한국 기호학회 엮음. 『몸의 기호학』 문학과 지성사, 2002.

헤로도토스. 박광순 옮김. 『역사』 범우사, 1996.

홍성태 엮음. 『사이보그, 사이버컬처』 문화과학사, 2000.

C.M. 바우라. 이창대 옮김. 『그리스 문화예술의 이해』 철학과 현실사, 2006.

D.H. 로렌스. 강만식 옮김. 『채털리 부인의 사랑』 청목사, 1984.

R.W. 서던. 이길상 옮김. 『중세교회사』 크리스찬 다이제스트, 2002.

V.S. 네이폴. 오승아 옮김. 『자유국가에서』 문학세계사, 1996.

Bill Phillips. 전태원 옮김. 『Body for Life』 한언, 2001.

Aberdeen Body Group ed. *The Body: Critical Concepts in Sociology*. Vol 1-V. Routledge, 2004.

Bazin, Germain. *Baroque & Rococo*. Thames & Hudson, 2002.

Davies, Penelope J.E. and et al., *Janson's History of Art*. vol 1 & vol. 2. Pearson Education, Inc., 2007.

Jdovitz, Dalia. *The Culture of the Body*. University of Michigan Press, 2004.

Kantorowicz, Ernst H. *The King's Two Bodies*. Princeton University Press, 1997.

Opie, Mary-Jane. *Sculpture*. London: Dorling Kindersley, 1994.

Rifkin, Benjamin A., Michael J. Ackerman, and Gudith Folkenberg. Human Anatomy: Depicting the Body from the Renaissance to Today. Thames & Hudson, 2006.

Russell, John. *Francis Bacon*. Thames & Hudson, 1993.

Stokstad, Marilyn. *A View of the West Art History*. 3rd Ed. Pearson Education, Inc., 2008.

Todes, Samuel. *Body and World*. MIT Press, 2001.

Welton, Donn. ed. *The Body*. Blackwell, 1999.

Wendt, Monica K. "Jacques-Lous David: Artistic Interpretation in Tumultuous Times," *Anistoriton Journal*, vol. 11 (2008-2009), 1-7.

Jose Maria Faerna. *Munch*. New York: Harry N. Abrams, 1996.

---

http://penelope.uchicago.edu/Thayer/E/Roman/Texts/Vitruvius/home.html

http://www.fordham.edu/halsall/basis/johndamascus-images.html

http://en.wikipedia.org/wiki/Danse_Macabre

http://www.sacred-texts.com/aor/dv

http://www.cscs.umich.edu/~crshalizi/LaMettrie/Machine/

http://www.schoolhistory.co.uk/year8links/frenchrevolution/executionofking.pdf

www.nga.gov/collection/sculpture/flash/zone2-2.ht

http://www.getty.edu/art/gettyguide/artMakerDetails?maker=2026

http://www.english.ucsb.edu/faculty/ecook/courses/eng114em/surgeries.htm

http://supervert.com/essays/art/orlan

http://fleursdumal.org/poem/126

http://www.jca-online.com/ksmith.html

인명 및 용어